Rentenversicherung und Kapitalbildung

Wirtschaftswissenschaftliche Beiträge

Informationen über die Bände 1–99 sendet Ihnen auf Anfrage gerne der Verlag.

Band 100: K. Morasch, Strategische Allianzen, 1994, ISBN 3-7908-0783-4

Band 101: N. Lamar, Makroökonomische Konvergenz und Währungssystem, 1994, ISBN 3-7908-0784-2

Band 102: G.M. Winkler, Entscheidungen und Präferenzen, 1994, ISBN 3-7908-0786-9

Band 104: C. Fantapié Altobelli, Kompensationsgeschäfte im internationalen Marketing, 1994, ISBN 3-7908-0801-6

Band 105: R. Wagner, Die Grenzen der Unternehmung, 1994, ISBN 3-7908-0812-1

Band 106: H. Richter, Marktorientierte Neugestaltung des Einkommensteuersystems, 1995, ISBN 3-7908-0819-9

Band 107: M. Graff, Bildung und technischer Fortschritt als Determinanten wirtschaftlicher Entwicklung, 1995, ISBN 3-7908-0820-2

Band 109: T. Kuhn, Theorie des kommunalen Finanzausgleichs, 1995, ISBN 3-7908-0828-8

Band 110: B. Schaden, Effektive Kapitalsteuerbelastung in Europa, 1995, ISBN 3-7908-0831-8

Band 111: G. Georgi, Job Shop Scheduling in der Produktion, 1995, ISBN 3-7908-0833-4

Band 112: V. Kaltefleiter, Die Entwicklungshilfe der Europäischen Union, 1995, ISBN 3-7908-0838-5

Band 113: B. Wieland, Telekommunikation und vertikale Integration, 1995, ISBN 3-7908-0849-0

Band 114: D. Lucke, Monetäre Strategien zur Stabilisierung der Weltwirtschaft, 1995, ISBN 3-7908-0856-3

Band 115: F. Merz, DAX-Future-Arbitrage, 1995, ISBN 3-7908-0859-8

Band 116: T. Köpke, Die Optionsbewertung an der Deutschen Terminbörse, 1995, ISBN 3-7908-0870-9

Band 117: F. Heinemann, Rationalisierbare Erwartungen, 1995, ISBN 3-7908-0888-1

Band 118: J. Windsperger, Transaktionskostenansatz der Entstehung der Unternehmensorganisation, 1996, ISBN 3-7908-0891-1

Band 119: M. Carlberg, Deutsche Vereinigung, Kapitalbildung und Beschäftigung, 1996, ISBN 3-7908-0896-2

Band 120: U. Rolf, Fiskalpolitik in der Europäischen Währungsunion, 1996, ISBN 3-7908-0898-9

Band 121: M. Pfaffermayr, Direktinvestitionen im Ausland, 1996, ISBN 3-7908-0908-X

Band 122: A. Lindner, Ausbildungsinvestitionen in einfachen gesamtwirtschaftlichen Modellen, 1996, ISBN 3-7908-0912-8

Band 123: H. Behrendt, Wirkungsanalyse von Technologie- und Gründerzentren in Westdeutschland, 1996, ISBN 3-7908-0918-7

Band 124: R. Neck (Hrsg.) Wirtschaftswissenschaftliche Forschung für die neunziger Jahre, 1996, ISBN 3-7908-0919-5

Band 125: G. Bol, G. Nakhaeizadeh/ K.-H. Vollmer (Hrsg.) Finanzmarktanalyse und -prognose mit innovativen quantitativen Verfahren, 1996, ISBN 3-7908-0925-X

Band 126: R. Eisenberger, Ein Kapitalmarktmodell unter Ambiguität, 1996, ISBN 3-7908-0937-3

Band 127: M.J. Theurillat, Der Schweizer Aktienmarkt, 1996, ISBN 3-7908-0941-1

Band 128: T. Lauer, Die Dynamik von Konsumgütermärkten, 1996, ISBN 3-7908-0948-9

Band 129: M. Wendel, Spieler oder Spekulanten, 1996, ISBN 3-7908-0950-0

Band 130: R. Olliges, Abbildung von Diffusionsprozessen, 1996, ISBN 3-7908-0954-3

Band 131: B. Wilmes, Deutschland und Japan im globalen Wettbewerb, 1996, ISBN 3-7908-0961-6

Band 132: A. Sell, Finanzwirtschaftliche Aspekte der Inflation, 1997, ISBN 3-7908-0973-X

Band 133: M. Streich, Internationale Werbeplanung, 1997, ISBN-3-7908-0980-2

Band 134: K. Edel, K.-A. Schäffer, W. Stier (Hrsg.) Analyse saisonaler Zeitreihen, 1997, ISBN 3-7908-0981-0

Band 135: B. Heer, Umwelt, Bevölkerungsdruck und Wirtschaftswachstum in den Entwicklungsländern, 1997, ISBN 3-7908-0987-X

Fortsetzung auf Seite 330

Michael Bräuninger

Rentenversicherung und Kapitalbildung

Mit 62 Abbildungen
und 12 Tabellen

Physica-Verlag
Ein Unternehmen
des Springer-Verlags

Reihenherausgeber
Werner A. Müller

Autor
PD Dr. Michael Bräuninger
Institut für Theoretische Volkswirtschaftslehre
Fachbereich Wirtschafts- und Organisationswissenschaften
Universität der Bundeswehr Hamburg
Holstenhofweg 85
D-22043 Hamburg

Gedruckt mit Unterstützung der Universität der Bundeswehr Hamburg und mit Unterstützung der Gesellschaft der Freunde und Förderer der Universität der Bundeswehr Hamburg.

ISBN-13: 978-3-7908-1077-6

Die Deutsche Bibliothek – CIP-Einheitsaufnahme
Bräuninger, Michael: Rentenversicherung und Kapitalbildung / Michael Bräuninger. – Heidelberg: Physica-Verl., 1998
(Wirtschaftswissenschaftliche Beiträge; Bd. 160)
ISBN-13: 978-3-7908-1077-6 e-ISBN-13: 978-3-642-47017-2
DOI: 10.1007/978-3-642-47017-2

Umschlaggestaltung: Erich Kirchner, Heidelberg

SPIN 10657451 88/2202-5 4 3 2 1 0 – Gedruckt auf säurefreiem Papier

Vorwort

Die vorliegende Arbeit entstand während meiner Zeit als wissenschaftlicher Assistent an der Universität der Bundeswehr Hamburg am Lehrstuhl von Herrn Prof. Dr. Michael Carlberg. Ihm gilt mein besonderer Dank dafür, daß er wesentliche Anregungen für die Arbeit gegeben hat und stets bereit war, die Arbeit auf allen Ebenen und bis in Detailprobleme mit mir zu diskutieren.

Die Arbeit wurde vom Fachbereich Wirtschafts- und Organisationswissenschaften als Habilitationsschrift angenommen. In diesem Fachbereich habe ich stets eine für die Anfertigung einer Habilitationsschrift günstige - von der wissenschaftlichen Auseinandersetzung geprägte - Atmosphäre vorgefunden. Wesentlich zu dieser Atmosphäre beigetragen haben Herr Prof. Dr. Franco Reither, Herr Prof. Dr. Wolf Schäfer, Herr Prof. Dr. Thomas Straubhaar und Herr Prof. Dr. Götz Uebe. Ihnen danke ich auch für die Mitarbeit in der Habilitationskommission und für wertvolle Hinweise. Herrn Prof. Dr. Bernd Raffelhüschen von der Universität Freiburg danke ich für seine Bereitschaft, als Externer ein Gutachten über die Arbeit anzufertigen.

Auf Ebene der Mitarbeiter der Universität der Bundeswehr Hamburg hat insbesondere mein Kollege Herr Dr. Philipp Lichtenauer mit mir über die Arbeit diskutiert. Außerdem haben Herr Lic. rer. pol. Peter Fischer, Herr Dr. Harald Großmann, Frau Dr. Gudrun Peschutter und Herr Dr. Michael Schleicher zum Gelingen der Arbeit beigetragen. Ihnen allen sei hier herzlich gedankt.

Ich hatte Gelegenheit, Teile der Arbeit auf den Jahrestagungen 1995 und 1996 der European Economic Association, auf den Jahrestagungen 1994, 1995 und 1996 der European Society for Population Economics, auf dem World Congress of Social Economics 1994, auf der Jahrestagung der Deutschen Gesellschaft für Mathematik, Ökonomie und Operations Research 1995 und auf einem wirtschaftstheoretischen Forschungsseminar an der FU Berlin vorzutragen. Ich danke allen Teilnehmern, insbesondere aber Herrn Prof. Dr. Klaus Jaeger, Herrn PD Dr. Jochen Michaelis und Herrn Jean-Pierre Vidal, Ph.D.

Frau Sabine Homann und meiner Frau Monika danke ich für wiederholtes Korrekturlesen und die sorgfältige Durchsicht des Manuskripts.

Hamburg, im August 1997 Michael Bräuninger

Inhaltsverzeichnis

Teil 2. Offene Wirtschaft

For the U.S. economy, the net deadweight loss caused by the social security displacement of current and future private savings is, as of 1994, about $3 trillion.

The inefficiency of the traditional unfunded social security program implies that alternative methods of financing retirement consumption could achieve the current degree of protection with far less deadweight loss.

Martin Feldstein (1995)

Einleitung

Seit Entstehen des Sozialstaats sind die Ausgaben für die soziale Sicherung überproportional angestiegen. Mit zunehmender Alterung der Bevölkerung erscheint es wahrscheinlich, daß sich dieser Trend in den nächsten Jahrzehnten fortsetzt. Im wesentlichen werden diese Ausgaben im Umlageverfahren finanziert. In der Bundesrepublik Deutschland kann die Einführung der im Umlageverfahren finanzierten Pflegeversicherung als Beleg für diesen Trend gewertet werden.

In dieser Arbeit sollen die makroökonomischen Folgen dieses Anstiegs der Ausgaben für die Sozialversicherung analysiert werden. Gegenstand der Analyse ist die Wohlfahrt, die wesentlich durch die Kapitalakkumulation bestimmt wird. Deshalb wird der Analyse das neoklassische Wachstumsmodell zugrundegelegt. Das Sozialversicherungssystem wird durch die Rentenversicherung stilisiert. Besonders werden die folgenden Fragen untersucht: Welchen Einfluß hat die Rente? Wie wirkt die Rentenversicherung bei unterschiedlichen Finanzierungsverfahren? Existiert eine optimale Finanzierung, und durch welche Größen wird sie bestimmt? Welche Anpassungsprozesse werden durch eine Änderung der Rente und durch einen Wechsel der Finanzierung ausgelöst? Existiert eine optimale Anpassung?

Zur Untersuchung dieser Fragen wird ein allgemeines Modell der Rentenfinanzierung entwickelt. Dieses ermöglicht es, die häufig diskutierten Finanzierungsverfahren - das Umlageverfahren und das Kapitaldeckungsverfahren - als Spezialfälle zu betrachten. Des weiteren kann eine optimale Finanzierung abgeleitet werden. Dabei kann die Wirkung der unterschiedlichen Finanzierungsformen im langfristigen Gleichgewicht wie auch im Anpassungsprozeß untersucht werden. Dieser Anpassungsprozeß ist von besonderer Bedeutung, wenn ein Wechsel in der Finanzierung stattfindet.

Im Modell tritt der Staat als Träger der Rentenversicherung auf. Zur Kontrolle der Rentenversicherung stehen ihm drei Instrumente zur Verfügung: Die Rente, der als Steuer erhobene Rentenbeitrag und der Budgetüberschuß der Rentenversicherung. Bei einer wachsenden Bevölkerung muß er diese proportional zur Bevölkerungsgröße, d.h. in Pro-Kopf-Größen, fixieren. Es wird im folgenden durchgehend angenommen, daß die Rente pro Kopf exogen fixiert wird. Unter dieser Annahme kann der Staat entweder die Steuer pro Kopf oder den Budgetüberschuß pro Kopf fixieren. Sofern Rente und Steuer fixiert sind, ergibt sich der Budgetüberschuß endogen. Werden aber die Rente und der Budgetüberschuß fixiert, so muß die Steuer endogen angepaßt werden.

Im neoklassischen Wachstumsmodell werden die Produktion und das Einkommen durch den Arbeits- und Kapitaleinsatz bestimmt. Es wird angenommen, daß das Arbeitsangebot exogen wächst. Diese Arbeit konzentriert sich auf den Zusammenhang zwischen der Rentenversicherung und der Kapitalbildung. Kapital kann entweder durch privates Vermögen oder durch das Rentenvermögen finanziert werden. Folglich übt die Rentenversicherung über zwei Kanäle Einfluß auf die Kapitalakkumulation aus: Zum einen hat die Rente einen Einfluß auf die individuelle intertemporale Konsum-Spar-Entscheidung. Dabei bestimmt die Sparentscheidung die Entwicklung des privaten Vermögens. Die Mikrofundierung der Sparentscheidung wird hier durchgehend durch ein Modell überlappender Generationen gegeben. Zum anderen bestimmt der Budgetüberschuß die Entwicklung des Rentenvermögens.

In der geschlossenen Wirtschaft besteht offensichtlich ein Zusammenhang zwischen Rentenversicherung und Kapitalakkumulation. In der kleinen offenen Wirtschaft ist bei perfekter Kapitalmobilität der Zins und damit der Kapitalstock exogen determiniert. In diesem Fall beeinflußt das inländische Vermögen die Auslandsposition. Mit anderen Worten, die Rente und ihre Finanzierung entscheiden darüber, ob sich das inländische Kapital im Besitz von Inländern oder Ausländern befindet.

Die intertemporale Konsum-Spar-Entscheidung wird im Rahmen von überlappenden Generationen modelliert. Dabei muß unterschieden werden, ob private Transfers zwischen den Generationen in Form von Vererbung existieren oder nicht. Sofern Vererbung vorliegt, kann diese auf zwei Gründe zurückgeführt werden: Entweder ist sie durch intergenerationellen Altruismus oder durch unsichere Lebenszeit begründet. Das Vorliegen von Vererbung wie auch die Ursache für diese Vererbung sind für den Einfluß der Rentenversicherung auf die Kapitalakkumulation von entscheidender Bedeutung. Deshalb sollen hier verschiedene Szenarien untersucht werden.

Neben der Rente und der Form ihrer Finanzierung wirken weitere Parameter auf das Wachstumsgleichgewicht. Von besonderer Bedeutung sind dabei die Zeitpräferenz und die demographische Entwicklung. Dabei beeinflußt die Zeitpräferenz zu einem großen Teil die Sparentscheidung. Die Bevölkerungswachstumsrate bestimmt zum ersten das Wachstum im langfristigen Gleichgewicht, zum zweiten determiniert sie das Verhältnis zwischen Jungen und Alten in einer Wirtschaft und damit das Verhältnis zwischen Beitragszahlern zur Rentenversicherung und Rentenempfängern. Zum dritten beeinflußt sie die Kapitalausstattung und das Einkommen pro Kopf. Folglich werden Konsequenzen von Veränderungen der Zeitpräferenz und der demographischen Entwicklung sowohl für das langfristige Gleichgewicht als auch für den Anpassungsprozeß betrachtet.

Die Arbeit gliedert sich in zwei Teile: Im ersten Teil wird die geschlossene Wirtschaft und im zweiten Teil die offene Wirtschaft untersucht. Teil I umfaßt fünf Kapitel. In den Kapiteln I bis III wird unterstellt, daß die Individuen weder altruistisch gegenüber ihren Kindern noch unsicher über ihre Lebenszeit sind. Somit wird Vererbung ausgeschlossen. Im Kapitel I wird angenommen, daß der Staat die Rente und den Budgetüberschuß fixiert. Folglich ergibt sich die Steuer endogen. Im Kapitel II wird stattdessen eine Fixierung von Rente und Steuer unterstellt. Somit paßt sich hier der Budgetüberschuß an. Im Kapitel III maximiert der Staat eine Wohlfahrtsfunktion über einen unendlichen Horizont. Hier kann eine dynamisch optimale Anpassung des Budgetüberschusses abgeleitet werden. In den Kapiteln IV und V wird der Einfluß von Vererbung analysiert. Im Kapitel IV wird Altruismus der Individuen unterstellt und im Kapitel V Unsicherheit über die Lebenszeit. Der zweite Teil der Arbeit - die offene Wirtschaft - gliedert sich in die Kapitel VI bis IX. In den Kapiteln VI und VII werden die Strategien des fixierten Budgetüberschusses und der fixierten

Steuer untersucht. Kapitel VIII behandelt dann die dynamisch optimale Anpassung des Budgetüberschusses. Hierbei wird in diesen drei Kapiteln eine kleine offene Wirtschaft mit perfekter Kapitalmobilität unterstellt. Im Gegensatz dazu wird im Kapitel IX eine Zwei-Länder-Welt angenommen. Dabei wird in jedem Land der Budgetüberschuß und die Rente fixiert. Kapitel X gibt eine Zusammenfassung und einen Vergleich der Ergebnisse bei unterschiedlichen Modellannahmen.

Die einzelnen Kapitel gliedern sich folgendermaßen: Zu Beginn wird jeweils eine Einleitung gegeben. In dieser wird kurz auf die für die jeweiligen Modelle grundlegende Literatur eingegangen. Im zweiten Abschnitt wird das entsprechende Modell eingeführt. Das kurzfristige und das langfristige Gleichgewicht werden abgeleitet. Der dritte Abschnitt behandelt die durch Schocks ausgelöste Dynamik der Anpassung: Dabei werden neben Änderungen der Rente und der Rentenfinanzierung auch Änderungen der Zeitpräferenz und demographische Schocks untersucht. Phasendiagramme, Zeitpfade und numerische Beispiele dienen der Illustration der komparativ-statischen und dynamischen Ergebnisse. Jedes Kapitel schließt mit einer Zusammenfassung.

Teil 1

Geschlossene Wirtschaft

I

Fixierter Budgetüberschuß

1. Einleitung

Untersucht wird der Einfluß der Rentenversicherung auf die Ersparnis, die Kapitalakkumulation und die Wohlfahrt. Dabei wird unterstellt, daß die Individuen weder altruistische Motive gegenüber ihren Nachkommen noch Unsicherheit über ihre Lebensdauer haben. Aus diesen Gründen gibt es keine Vererbung. Diese Annahme ist einem wesentlichen Teil der Literatur zur Wirkungsweise der Rentenversicherung zugrundegelegt. Hier sei zunächst ein kurzer Blick auf die für die spätere Analyse wesentliche Literatur geworfen.

Wie Feldstein (1974) gezeigt hat, führt die Erhöhung einer umlagefinanzierten Rente zu einer Verdrängung von privaten Investitionen. Kapital und Einkommen werden durch die Rentenversicherung reduziert. Umgekehrt kann durch die Erhöhung des Fundierungsgrads der Rente die Kapitalakkumulation gestärkt werden. Somit ist es möglich, wie Samuelson (1975a) bewiesen hat, durch die Wahl des richtigen Fundierungsgrads, die Wirtschaft auf den optimalen Wachstumspfad zu steuern. Diese Politik ist langfristig optimal und unabhängig von der Höhe der Rente möglich.

Aus einer Veränderung der Kapitalbildung kann aber noch nicht direkt auf die Wohlfahrtseffekte geschlossen werden. Ob eine Senkung oder eine Erhöhung des Kapitals die Wohlfahrt erhöht, hängt von dem Niveau des Kapitals ab, welches ohne Rentenversicherung realisiert worden wäre. Dies ist darauf zurückzuführen, daß das Wachstumsgleichgewicht einer Wirtschaft bei einem endlichen Horizont der Individuen nicht dynamisch effizient sein muß. Dies wurde zunächst von Samuelson (1958) mit Hilfe eines Modells überlappender Generationen gezeigt. Diamond (1965) hat dieses Modell erweitert und produktives Kapital eingeführt. In diesem Rahmen hat er bewiesen, daß in einer dynamisch ineffizienten Wirtschaft eine Reduktion des Kapitals die Wohlfahrt erhöht. Ist die Wirtschaft hingegen dynamisch effizient, führt eine Reduktion des Kapitals, ausgelöst durch eine umlagefinanzierte Rente, zu einer Reduktion des Konsums und der Wohlfahrt.

Die Analysen von Feldstein (1974) und Samuelson (1975a) sind im wesentlichen auf die langfristigen Aspekte der Rentenversicherung gerichtet. Für politische Empfehlungen ist der Anpassungsprozeß, von einem langfristigen Gleichgewicht zu einem anderen, mindestens von gleicher Bedeutung wie der Vergleich der langfristigen Gleichgewichte. In den meisten Ländern wird die Rente zur Zeit im Umlageverfahren finanziert. Die Untersuchung von Breyer (1989) hat gezeigt, daß im Anpassungsprozeß von einem umlagefinanzierten zu einem kapitalgedeckten System der Rentenfinanzierung zumindest eine Generation schlechter gestellt wird. Damit kann der Übergang von einem Umlageverfahren zu einem Kapitaldeckungsverfahren nicht Pareto-optimal sein.

Ziel dieses Kapitels ist es, den Zusammenhang zwischen exogenen Größen wie der Zeitpräferenz, politisch gewählten Größen wie der Rente und ihrer Fundierung und endogenen Größen wie der Kapitalbildung und der Wohlfahrt, explizit in einem Modell zu erfassen. Dabei soll sowohl das langfristige Gleichgewicht als auch die Dynamik im Anpassungsprozeß betrachtet werden. Im ersten Abschnitt dieses Kapitels wird das entsprechende Modell hergeleitet. Dazu wird zunächst die Idee eines allgemeinen Modells der Rentenfinanzierung vorgestellt. Es wird angenommen, daß der Staat die Rente pro Kopf und den Budgetüberschuß pro Kopf fixiert. Die zur Finanzierung notwendige Steuer pro Kopf ergibt sich endogen. Dieses allgemeine Modell der Rentenfinanzierung wird dann in das neoklassische Wachstumsmodell mit überlappenden Generationen eingebunden. Für das vollständige Modell wird erst das kurzfristige Gleichgewicht und dann das langfristige Gleichgewicht abgeleitet. Im Anschluß wird die Stabilität des langfristigen Gleichgewichts mit Hilfe von

Phasendiagrammen geprüft. Dann wird auf spezielle Finanzierungsformen eingegangen. Dabei wird zunächst die optimale Finanzierung hergeleitet. Die Charakteristika des optimalen Wachstumspfads werden mit denen verglichen, die sich im Umlageverfahren und im Kapitaldeckungsverfahren ergeben. Im letzten Teil des zweiten Abschnitts wird ein Rückgang des Bevölkerungswachstums betrachtet. Im 3. Abschnitt wird die durch Schocks ausgelöste Dynamik der Anpassung untersucht. Zunächst wird der Anpassungsprozeß analysiert, der aus einer Erhöhung des Fundierungsgrads resultiert. Dann wird die Dynamik des Prozesses betrachtet, der durch eine Erhöhung der Rente ausgelöst wird. Im Anschluß wird auf eine kapitalgedeckte Rentenerhöhung eingegangen. Dabei werden die Rente und der Budgetüberschuß simultan erhöht. Zuletzt werden die Wirkungen von zwei demographischen Schocks untersucht. Der eine dieser Schocks besteht in dem Auftreten geburtenstarker Jahrgänge, die zu einem Anstieg der Bevölkerung führen. Der andere Schock ist ein permanenter Rückgang des Bevölkerungswachstums. Im 4. Abschnitt werden die wesentlichen Resultate zusammengefaßt.

2. Modell

2.1. Das allgemeine Modell der Rentenfinanzierung

Jedes Individuum lebt zwei Perioden - Jugend und Alter. Die Zahl der Jungen, die zu Beginn einer Periode geboren werden, ist N. Zum selben Zeitpunkt werden die Jungen der vorhergehenden Generation zu den Alten. Die Zahl der Alten entspricht somit der Zahl der Jungen der Vorperiode N_{-1}. Zu jedem Zeitpunkt wird die Relation zwischen Jungen und Alten durch die natürliche Wachstumsrate der Bevölkerung $n = N/N_{-1} - 1$ bestimmt. Diese wird als positiv und im Zeitablauf konstant angenommen.

Die Rentenversicherung zahlt an jede alte Person eine Pro-Kopf-Rente g. Die Höhe der Rente ist aus Gründen, die außerhalb des Modells liegen, fixiert. Die Rentenausgaben G entsprechen dem Produkt aus der Pro-Kopf-Rente und der Zahl der Alten: $G = gN_{-1}$. Zur Finanzierung der Rentenausgaben wird von den Jungen eine Kopfsteuer t erhoben. Die Steuereinnahmen T entsprechen dem Produkt aus der Kopfsteuer und der Zahl der Jungen: $T = tN$. Außerdem besitzt die Rentenversicherung ein Vermögen A, auf das sie den konstanten Zins r erzielt. Die Zinseinnahmen belaufen sich somit auf rA. Die Differenz zwischen Einnahmen und Rentenausgaben bildet den Budgetüberschuß der Rentenversicherung: $B = T + rA - G$. Der Budgetüberschuß vergrößert das Rentenvermögen, so daß sich das Rentenvermögen der nächsten Periode als Summe des Rentenvermögens dieser Periode und des Budgetüberschusses ergibt: $A_{+1} = A + B$.

Für die spätere Analyse ist es sinnvoll, das Modell in Pro-Kopf-Größen zu transformieren, oder präziser ausgedrückt, alle Größen auf die Zahl der Jungen N zu beziehen. Dividiert man in $B = T + rA - G$ alle Terme durch die Zahl der Jungen N, ergibt sich der Budgetüberschuß pro Kopf:

$$b = t + ra - \frac{g}{1+n} \tag{1}$$

Dabei stellt b den Pro-Kopf-Budgetüberschuß und a das Pro-Kopf-Rentenvermögen dar. Gleichung (1) ist die Budgetrestriktion der Rentenversicherung in Pro-Kopf-Größen. Da die Rente pro Kopf fixiert ist, kann der Staat als Träger der Rentenversicherung zwischen zwei Strategien wählen. Entweder er fixiert die Steuer pro Kopf oder den Budgetüberschuß pro Kopf. Hier wird letzteres angenommen. Unter dieser Bedingung wird die Steuer endogen angepaßt.

Mit Hilfe der Transformation $A_{+1}/N = A_{+1}/N_{+1} \cdot N_{+1}/N = (1+n)a_{+1}$ kann die Dynamik des Rentenvermögens $A_{+1} = A + B$ in Pro-Kopf-Größen gefaßt werden:

$$(1+n)a_{+1} = a + b \tag{2}$$

Dabei sind a und b exogen, und a_{+1} ist endogen. Im langfristigen Gleichgewicht ist das Pro-Kopf-Rentenvermögen konstant, also gilt: $a_{+1} = a$. Diese Bedingung in Gleichung (2) eingesetzt führt zu:

$$a = \frac{b}{n} \tag{3}$$

Folglich ist das Rentenvermögen pro Kopf durch den Budgetüberschuß pro Kopf und die Wachstumsrate der Bevölkerung determiniert. Da aus Gleichung (2) $da_{+1}/da = 1/(1+n) < 1$ folgt, ist das langfristige Gleichgewicht stabil.

Durch Einsetzen der Gleichgewichtsbedingung (3) in die Budgetrestriktion der Rentenversicherung (1) ergibt sich die Steuer pro Kopf:

$$t = \frac{g}{1+n} + \frac{(n-r)b}{n} \tag{4}$$

Sofern der Zins oberhalb der Wachstumsrate der Bevölkerung liegt ($r > n$), führt eine Erhöhung des Pro-Kopf-Budgetüberschusses zu einem Rückgang der

Pro-Kopf-Steuer. Liegt der Zins dagegen unterhalb der natürlichen Wachstumsrate ($r < n$), führt eine Erhöhung des Pro-Kopf-Budgetüberschusses zu einem Anstieg der Pro-Kopf-Steuer.

Nun zu zwei Spezialfällen des Modells, dem Umlageverfahren und dem Kapitaldeckungsverfahren. Im Umlageverfahren ist die Rente nicht fundiert, und der Budgetüberschuß ist Null. Die Gleichgewichtsbedingung (3) zeigt, daß für $b = 0$ kein Rentenvermögen existiert. Die Rentenausgaben werden vollständig durch die Steuereinnahmen finanziert: $G = T$. Daraus ergibt sich die Steuer pro Kopf: $t = g/(1 + n)$. Das Verhältnis zwischen Rente und Steuer entspricht somit dem Wachstumsfaktor: $g/t = 1 + n$. Damit erhält das Individuum auf die gezahlte Steuer eine "Verzinsung" in Höhe der Wachstumsrate.[1]

Betrachten wir nun das Kapitaldeckungsverfahren: Das Rentenvermögen der nächsten Periode wird durch die Steuereinnahmen dieser Periode gebildet: $A_{+1} = T$. Die Rente in der nächsten Periode wird durch das Rentenvermögen und die darauf erzielten Zinsen finanziert: $G_{+1} = (1+r)A_{+1}$. Damit ist dieses System vollständig fundiert. Ausgedrückt in Pro-Kopf-Größen ergibt sich: $(1 + n)a_{+1} = t$ und $g_{+1} = (1+r)a_{+1}$. Im langfristigen Gleichgewicht gilt: $a_{+1} = a = b/n$ und damit: $b = nt/(1 + n)$. Setzt man dies in die Budgetrestriktion (4) ein, so folgt durch Umformung: $t = g/(1 + r)$. Die interne Verzinsung der Steuer entspricht somit dem Zinsfaktor: $g/t = (1 + r)$.

Ein Vergleich der beiden Verfahren zeigt, daß das Kapitaldeckungsverfahren zu einer geringeren Steuer als das Umlageverfahren führt, sofern der Zins größer als die Wachstumsrate ist. Im umgekehrten Fall ist die Steuer im Umlageverfahren niedriger. Da Einkommen und Rente hier fixiert sind, wird sich ein Individuum immer für das Verfahren mit der niedrigeren Steuer entscheiden. Dies ist die bekannte Aaron-Bedingung.[2] Allerdings hat die bisher durchgeführte Analyse wesentliche Schwächen: Der Zins wurde als exogen angenommen. Tatsächlich ist er jedoch endogen und hängt von der Kapitalausstattung ab. Das

---

1 Samuelson (1958) spricht in diesem Zusammenhang von der "biological rate of return".

2 Die Äquivalenz zur Aaron (1966) Bedingung gilt nur für das langfristige Gleichgewicht. Da von Aaron eine proportionale Steuer angenommen wurde, entspricht die interne Verzinsung der Steuer der Summe aus Bevölkerungswachstumsrate und der Wachstumsrate des Lohns. Die Wachstumsrate des Lohns ist aber nur im langfristigen Gleichgewicht null.

Kapital ist abhängig vom Rentenvermögen und vom privaten Vermögen, das über die Ersparnis gebildet wird. Rentenvermögen und Ersparnis werden wiederum von der Ausgestaltung der Rentenversicherung beeinflußt. Somit ist ein komplexeres Modell zur Analyse erforderlich. Zwei wesentliche Erweiterungen sind notwendig: Zum einen muß das Modell den endogenen Prozeß der Produktion und Kapitalbildung erfassen. Zum anderen muß die Sparentscheidung aus einem individuellen Nutzenmaximierungskalkül hergeleitet werden.

2.2. Kurzfristiges Gleichgewicht

Zunächst sei hier der Produktionsprozeß betrachtet. Die Unternehmen verwenden Kapital K und Arbeit N, um einen homogenen Output Y zu produzieren. Alle Jungen bieten eine Einheit Arbeit an, somit entspricht das Arbeitsangebot der Zahl der Jungen. Der Lohn ist flexibel, so daß stets die gesamte angebotene Arbeit eingesetzt wird. Es wird angenommen, daß die Produktionsfunktion vom Cobb-Douglas-Typ ist: $Y = K^{\alpha}N^{\beta}$, wobei $\alpha + \beta = 1$ und $\alpha, \beta > 0$ gilt. Damit ist die Pro-Kopf-Produktion y eine Funktion des Pro-Kopf-Kapitals k: $y = k^{\alpha}$. Die Unternehmen maximieren den Gewinn unter vollständiger Konkurrenz. Folglich entspricht der Lohn dem Grenzprodukt der Arbeit $w = \beta Y/N = \beta y$ und der Zins dem Grenzprodukt des Kapitals $r = \alpha Y/K = \alpha y/k$.

Die Mikrofundierung der Konsum-Spar-Entscheidung wird durch ein Modell überlappender Generationen gegeben.[3] Alle Individuen leben zwei Perioden und haben identische Präferenzen. Der Nutzen u eines repräsentativen Individuums hängt von dessen Konsum während der Jugend c^1 und während des

3 Das Modell wurde zunächst von Samuelson (1958) eingeführt. Dabei wurde eine reine Tauschwirtschaft unterstellt. Eine ausführliche Darstellung des Modells findet sich in McCandless und Wallace (1991). Diamond (1965) hat das Modell erweitert und produktives Kapital eingeführt. Ausführliche Darstellungen finden sich bei Blanchard und Fischer (1989) sowie bei Azariadis (1993). Die theoretischen Grundlagen finden sich in Balsako, Cass und Shell (1980) und in Balsako und Shell (1980). In Burbidge (1983b) werden die Wirkung einer Rente und ihrer Finanzierung im Samuelson- und im Diamond-Modell betrachtet.

Alters c^2 ab. Die Präferenzstruktur wird durch eine Nutzenfunktion vom Cobb-Douglas-Typ abgebildet:

$$u = \gamma \log c^1 + \delta \log c^2, \qquad \text{mit } \gamma + \delta = 1 \text{ und } \gamma, \delta > 0 \tag{5}$$

Die Parameter γ und δ bestimmen die Zeitpräferenzrate $\theta = \gamma/\delta - 1$. Während der Jugend bietet das Individuum Arbeit an und erhält dafür den Lohn w. Ein Teil dieses Lohns muß als Rentenbeitrag, der als Steuer t erhoben wird, abgeführt werden. Der Rest kann entweder konsumiert c^1 oder gespart s werden. Damit ergibt sich die individuelle Budgetrestriktion für den ersten Lebensabschnitt: $w = c^1 + s + t$. Am Ende der Periode geht das Individuum in den Ruhestand. In der zweiten Lebenshälfte bezieht es somit keinen Lohn. Folglich kann der Konsum im Alter nur über die Ersparnis oder die Rente[4] g finanziert werden. Auf die Ersparnis wird der Zins r_{+1} erzielt, der perfekt vorhergesehen wird. Des weiteren erhält und hinterläßt das Individuum annahmegemäß keine Erbschaft. Somit entspricht die Budgetrestriktion für die zweite Lebenshälfte: $c^2 = (1 + r_{+1})s + g$. Aus den Budgetrestriktionen für die beiden Lebensabschnitte ergibt sich die individuelle intertemporale Budgetrestriktion:

$$w - t + \frac{g}{1 + r_{+1}} = c^1 + \frac{c^2}{1 + r_{+1}} \tag{6}$$

Diese besagt, daß der Barwert des verfügbaren Einkommens dem Barwert des Konsums entspricht. Die Maximierung der Nutzenfunktion (5) unter der Nebenbedingung der Budgetrestriktion (6) führt zu der Konsumfunktion: $c^1 = \gamma(w - t) + \gamma g/(1 + r_{+1})$. Unter Verwendung von $s = w - t - c^1$ und $w = \beta y$ ergibt sich die Sparfunktion: $s = \beta\delta y - \delta t - \gamma g/(1 + r_{+1})$. Aus dieser wird deutlich, daß die Rentenversicherung die individuelle Ersparnis aus zwei Gründen reduziert: Zum einen reduziert die Steuer das verfügbare Einkommen. Zum anderen kann ein Teil des Konsums während des Alters über die Rente finanziert werden. Eine geringere Ersparnis ist notwendig, um ein gegebenes Konsumniveau zu realisieren. Somit reduziert die Rente das Sparmotiv.

---

4 Formal ist diese die in der nächsten Periode gezahlte Rente g_{+1}. Da die Rente aber als im Zeitablauf konstant angenommen wird, wird auf eine Indizierung verzichtet.

Im folgenden wird nun die Ausgestaltung der Rentenversicherung betrachtet. Der Staat fixiert die Pro-Kopf-Rente g. Die Zahl der Rentner entspricht der Zahl der Beschäftigten in der vorherigen Periode, also N_{-1}. Daraus folgen die Ausgaben der Rentenversicherung in der laufenden Periode $G = gN_{-1}$. Zur Finanzierung dieser Ausgaben wird von jedem Jungen eine Kopfsteuer t erhoben. Die Steuereinnahmen sind folglich mit $T = tN$ gegeben. Weiter wird angenommen, daß der Staat den Budgetüberschuß pro Kopf b fixiert. Der aggregierte Budgetüberschuß entspricht $B = bN$. Der Budgetüberschuß vergrößert das Rentenvermögen A, somit ergibt sich das Rentenvermögen der nächsten Periode als: $A_{+1} = A + B$. Auf das Rentenvermögen werden Zinsen r erzielt. Damit kann die Budgetrestriktion der Rentenversicherung durch $B = T + rA - G$ ausgedrückt werden. Mit $a = A/N$ und der konstanten Bevölkerungswachstumsrate $n = N/N_{-1} - 1$ kann die Budgetrestriktion in Pro-Kopf-Größen transformiert werden: $b = t + ra - g/(1 + n)$. Da der Staat die Rente pro Kopf und den Budgetüberschuß pro Kopf fixiert, muß die Steuer pro Kopf endogen angepaßt werden. Mit Hilfe von $A_{+1}/N = (1 + n)a_{+1}$ kann die Dynamik des Pro-Kopf-Rentenvermögens spezifiziert werden: $(1 + n)a_{+1} = a + b$.

Nun zum letzten und wichtigen Punkt, der Kapitaldynamik. Zur Vereinfachung wird angenommen, daß Kapitalgüter eine unendliche Lebensdauer besitzen. Damit entspricht das Kapital der nächsten Periode der Summe aus den Investitionen und dem Kapital in dieser Periode: $K_{+1} = K + I$. Die Investitionen entsprechen der Differenz zwischen Einkommen Y und dem aggregierten Konsum der Alten[5] $C^2_{-1} = c^2_{-1}N_{-1}$ und dem aggregierten Konsum der Jungen $C^1 = c^1N$. Folglich gilt: $I = Y - C^1 - C^2_{-1}$. Dabei setzt sich das Einkommen aus Lohn- und Zinseinkommen zusammen: $Y = W + rK$. Damit kann die Gleichung für die Kapitalakkumulation zu $K_{+1} = (1 + r)K + W - C^1 - C^2_{-1}$ umgeformt werden. Das Kapital dieser Periode ist entweder durch privates Vermögen V oder das Rentenvermögen A finanziert worden. Das private Vermögen ist durch die Ersparnis der Alten während ihrer Jugend gebildet worden: $V = S_{-1}$. Folglich gilt: $K = A + V = A + S_{-1}$. Der Konsum der Alten wird nun aus dieser Ersparnis und dem darauf

5 c^2 ist der Konsum der derzeit Jungen im Alter, also in der nächsten Periode. Der Konsum der Alten in dieser Periode ist folglich c^2_{-1}.

erzielten Zins sowie aus der Rente finanziert: $C^2_{-1} = (1+r)S_{-1} + G$. Die Differenz zwischen dem Lohneinkommen und dem Konsum der Jungen entspricht der Summe aus Ersparnis der Jungen und den Steuerzahlungen: $W - C^1 = S + T$. Damit gilt für die Kapitalakkumulation: $K_{+1} = S + T + (1+r)A - G$. Mit $A_{+1} = A + B$ und $B = T + rA - G$ wird das Kapital in der nächsten Periode durch $K_{+1} = A_{+1} + S$ bestimmt. Unter Verwendung von $K_{+1}/N = (1+n)k_{+1}$ erhält man die Dynamik des Pro-Kopf-Kapitals: $(1+n)k_{+1} = (1+n)a_{+1} + s$.

Als Zusammenfassung der bisher dargestellten Zusammenhänge kann das kurzfristige Gleichgewicht, dargestellt in Pro-Kopf-Größen, als System von sechs Gleichungen charakterisiert werden:[6]

$$y = k^{\alpha} \tag{7.1}$$

$$r = \frac{\alpha y}{k} \tag{7.2}$$

$$s = \beta\delta y - \delta t - \frac{\gamma g}{1 + r_{+1}} \tag{7.3}$$

$$(1+n)k_{+1} = (1+n)a_{+1} + s \tag{7.4}$$

$$(1+n)a_{+1} = a + b \tag{7.5}$$

$$b = t + ra - \frac{g}{1+n} \tag{7.6}$$

Die endogenen Variablen des Modells sind: a_{+1}, k_{+1}, r, s, t, y.

6 Das Modell zeigt formal starke Analogien zum Modell mit Staatsschulden, vgl. Carlberg (1995). Durch die Einführung des Konzepts der Intergenerational Accounts hat Kotlikoff (1979) gezeigt, daß zwischen Staatsschulden und einer umlagefinanzierten Rentenversicherung eine inhaltliche Analogie besteht. Die Wirkungen einer umlagefinanzierten Rente gleichen denen der Staatsverschuldung, vgl. Raffelhüschen (1988). Eine Erhöhung der Fundierung hat dann ähnliche Wirkungen wie eine Reduktion der Staatsschuld.

2.3. Langfristiges Gleichgewicht

Im langfristigen Gleichgewicht sind das Pro-Kopf-Kapital und das Pro-Kopf-Rentenvermögen konstant, $k_{+1} = k$ und $a_{+1} = a$. Da das Kapital pro Kopf konstant ist, bleibt auch der Zins konstant, $r_{+1} = r$. Folglich kann das langfristige Gleichgewicht, wiederum in Pro-Kopf-Größen, als System von sechs Gleichungen formuliert werden:

$$y = k^{\alpha} \tag{8.1}$$

$$r = \frac{\alpha y}{k} \tag{8.2}$$

$$s = \beta\delta y - \delta t - \frac{\gamma g}{1+r} \tag{8.3}$$

$$(1+n)k = (1+n)a + s \tag{8.4}$$

$$a = \frac{b}{n} \tag{8.5}$$

$$b = t + ra - \frac{g}{1+n} \tag{8.6}$$

Dabei sind a, k, r, s, t und y die endogenen Variablen.

Im weiteren soll nun der Zusammenhang zwischen Kapital, Rente und Budgetüberschuß, jeweils pro Kopf, genauer untersucht werden. Zunächst wird Gleichung (8.5) in (8.6) eingesetzt. Dann wird der Zins durch das Grenzprodukt des Kapitals ersetzt, wobei sich aus (8.2) und (8.1) $r = \alpha k^{-\beta}$ ergibt. Als Resultat erhält man die Steuer pro Kopf:

$$t = \frac{g}{1+n} + \frac{(n - \alpha k^{-\beta})b}{n} \tag{9}$$

Nun zur Analyse der Sparfunktion (8.3). Die Produktion wird mit Hilfe von (8.1) und der Zins durch $\alpha k^{-\beta}$ ersetzt. Dann wird die Steuer durch Gleichung (9) substituiert:

$$s = \beta\delta k^{\alpha} - \frac{\delta g}{1+n} - \frac{\gamma g}{1+\alpha k^{-\beta}} - \frac{\delta(n-\alpha k^{-\beta})b}{n} \tag{10}$$

Die in (10) gegebene Ersparnis pro Kopf und das in (8.5) gegebene Rentenvermögen pro Kopf werden in (8.4) eingesetzt. Es resultiert eine implizite Gleichung für das Steady-State-Niveau des Pro-Kopf-Kapitals. Da es keine explizite Lösung für das Pro-Kopf-Kapital gibt, wird (8.4) nach dem exogen gegebenen Pro-Kopf-Budgetüberschuß aufgelöst:

$$b = \frac{n}{1+\gamma n+\delta\alpha k^{-\beta}}\left[(1+n)k - \beta\delta k^{\alpha} + \frac{\delta g}{1+n} + \frac{\gamma g}{1+\alpha k^{-\beta}}\right] \tag{11}$$

In Abbildung I.1 ist der Verlauf der Inversen von Gleichung (11) dargestellt. Als Resultat kann folgendes festgestellt werden: *Sofern ein positiver Pro-Kopf-Budgetüberschuß, also b > 0, vorliegt, existiert in der Regel ein eindeutiges gleichgewichtiges Niveau des Pro-Kopf-Kapitals. Dieses steigt, wenn der Pro-Kopf-Budgetüberschuß steigt. Liegt dagegen ein Budgetdefizit oder ein ausgeglichenes Budget vor, also b ≤ 0, ergeben sich zwei gleichgewichtige Niveaus des Pro-Kopf-Kapitals. Das Pro-Kopf-Kapital im niedrigen Gleichgewicht steigt, das im hohen Gleichgewicht fällt, wenn der Budgetüberschuß pro Kopf reduziert wird. Überschreitet das Budgetdefizit eine kritische Grenze, d.h. wenn das Defizit zu groß wird, also b < b', existiert kein Gleichgewicht. Damit entspricht b′ dem höchstzulässigen Budgetdefizit. Für sehr kleine positive Werte des Pro-Kopf-Budgetüberschusses existieren drei Gleichgewichte.*

In Abbildung I.2 werden die Gleichgewichtskurven für unterschiedliche Niveaus der Rente dargestellt, dabei ist $g_0 < g_1 < g_2$ unterstellt.

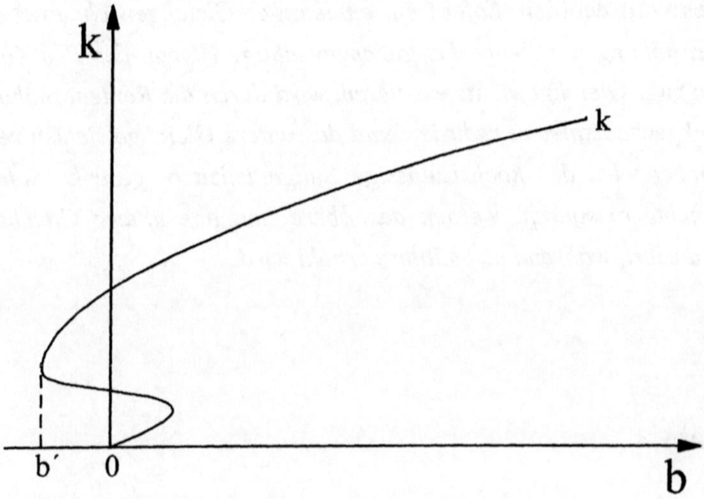

Abbildung I.1: Langfristiges Gleichgewicht - Kapital pro Kopf

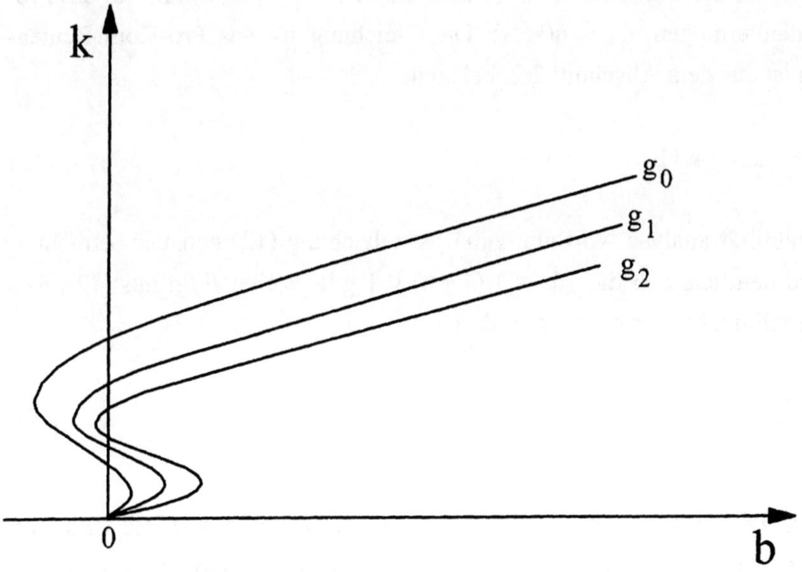

Abbildung I.2: Einfluß der Rente auf das Kapital pro Kopf

Folgendes wird deutlich: *Sofern ein eindeutiges Gleichgewicht existiert, reduziert eine Erhöhung der Rente das gleichgewichtige Niveau des Pro-Kopf-Kapitals. Sofern zwei Gleichgewichte existieren, wird durch die Rentenerhöhung das obere Gleichgewichtsniveau reduziert und das untere Gleichgewichtsniveau wird erhöht. Dabei wird das höchstzulässige Budgetdefizit b′ gesenkt. Sofern drei Gleichgewichte existieren, werden das obere und das untere Gleichgewichtsniveau reduziert, während das mittlere erhöht wird.*

2.4. Stabilität

Die Dynamik des kurzfristigen Gleichgewichts, dargestellt im Gleichungssystem (7), kann zu zwei Differenzengleichungen komprimiert werden. Formal sind dies die Gleichungen für das Pro-Kopf-Kapital $k_{+1} = p(k, a)$ und für das Pro-Kopf-Rentenvermögen $a_{+1} = q(k, a)$. Die Gleichung für das Pro-Kopf-Rentenvermögen ist aus dem Abschnitt 2.2. bekannt:

$$(1+n)a_{+1} = a + b \tag{12}$$

Für die Stabilitätsanalyse wird nun zunächst Gleichung (12) genauer betrachtet. Dabei wird deutlich, daß $da_{+1}/da = 1/(1+n) < 1$ gilt. Weiter folgt aus (12), daß die aa-Grenzlinie, bei der $a_{+1} = a$ gilt, durch:

$$a = \frac{b}{n} \tag{13}$$

definiert ist. Die in den Abbildungen I.3 und I.4 dargestellte aa-Linie ist somit eine Senkrechte. Dabei wird in Abbildung I.3 ein Pro-Kopf-Budgetüberschuß (b > 0) und in Abbildung I.4 ein Pro-Kopf-Budgetdefizit unterstellt (b < 0). Wie die Richtungspfeile anzeigen, fällt das Rentenvermögen pro Kopf im Bereich rechts von der aa-Linie, und es steigt links von der aa-Linie.

Um die Bewegungsgleichung für das Pro-Kopf-Kapital zu erhalten, werden die Sparfunktion (7.3) und die Bewegungsgleichung für das Pro-Kopf-Rentenvermögen in Gleichung (7.4) eingesetzt. Es ergibt sich $(1+n)k_{+1} = \beta\delta y - \delta t - \gamma g/(1+r_{+1}) + a + b$. Mit Hilfe der Produktionsfunktion (7.1) und der Grenzproduktivitätsbedingung (7.2) wird y durch k^{α} und r_{+1} durch $\alpha k_{+1}^{-\beta}$ ersetzt. Des weiteren wird die Steuer durch (7.6) substituiert. Dabei ergibt sich, unter Verwendung von $r = \alpha k^{-\beta}$, durch Umformung: $t = b - \alpha k^{-\beta} a + g/(1+n)$. Damit erhält man die Bewegungsgleichung des Pro-Kopf-Kapitals:

$$(1+n)k_{+1} = \beta\delta k^{\alpha} - \frac{\delta g}{1+n} - \frac{\gamma g}{1+\alpha k_{+1}^{-\beta}} + \gamma b + (1+\delta\alpha k^{-\beta})a \tag{14}$$

Unter Verwendung des Theorems für implizite Funktionen folgt:

$$\frac{dk_{+1}}{da} = \frac{1+\alpha\delta k^{-\beta}}{1+n+(\alpha\beta\gamma g k_{+1}^{-(1+\beta)})/(1+\alpha k_{+1}^{-\beta})^2} > 0$$

Ein Anstieg des Rentenvermögens pro Kopf führt zu einem Anstieg des Kapitals pro Kopf. Um die kk-Linie abzuleiten, wird in (14) $k_{+1} = k$ gesetzt. Da die resultierende Gleichung nicht explizit für das Pro-Kopf-Kapital gelöst werden kann, wird nach dem Pro-Kopf-Rentenvermögen aufgelöst:

$$a = \frac{1}{1+\delta\alpha k^{-\beta}}\left[(1+n)k - \beta\delta k^{\alpha} + \frac{\delta g}{1+n} + \frac{\gamma g}{1+\alpha k^{-\beta}} - \gamma b\right] \tag{15}$$

Die kk-Linien in den Abbildungen 1.3 und 1.4 sind die Inversen der Gleichung (15). Wie die Richtungsspfeile anzeigen, wächst das Pro-Kopf-Kapital rechts von der kk-Linie, und es fällt links davon. Unterstellt wird zunächst ein normaler positiver Pro-Kopf-Budgetüberschuß, der in Abbildung I.3 dargestellt wird. In diesem Fall existiert ein eindeutiges stabiles Gleichgewicht. In Abbildung I.4 wird ein Pro-Kopf-Budgetdefizit unterstellt. Wie im letzten Abschnitt festgestellt, existieren in diesem Fall zwei langfristige Gleichgewichte $k_1 > k_2$. Das Phasendiagramm zeigt, daß das hohe Gleichgewichtsniveau des Pro-Kopf-Kapitals k_1 stabil ist, während das niedrige Gleichgewichtsniveau k_2 instabil ist.

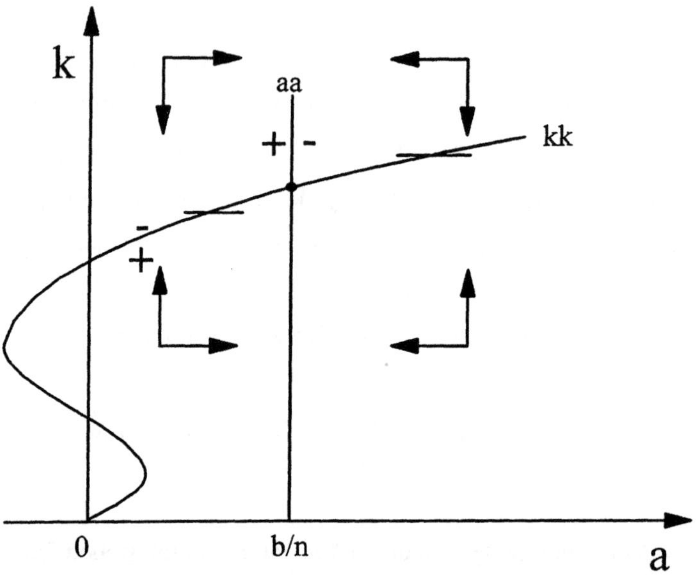

Abbildung I.3: Phasendiagramm

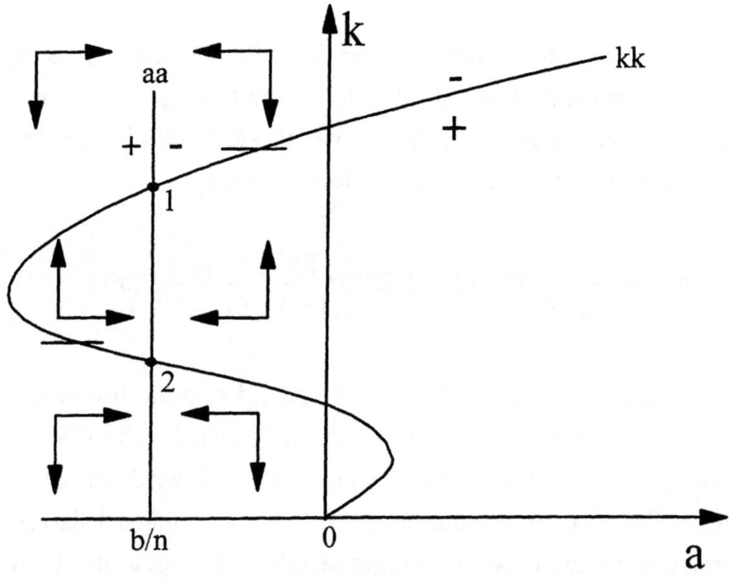

Abbildung I.4: Phasendiagramm für ein Budgetdefizit

Im Fall von sehr kleinen Budgetüberschüssen existieren drei Gleichgewichte $k_1 > k_2 > k_3$. In diesem Fall ist das Gleichgewicht auf mittlerem Niveau k_2 instabil, während die Gleichgewichte auf hohem und niedrigem Niveau, also k_1 und k_3, stabil sind. Dabei ist k_3 nur lokal, in einem sehr kleinen Intervall[7], stabil: Sofern k einmal eine kritische Grenze überschritten hat, konvergiert das Pro-Kopf-Kapital gegen k_1. Insofern konzentriert sich die Analyse auf das obere Gleichgewichtsniveau.

Aus der Stabilitätsanalyse kann das folgende Resultat festgehalten werden: *Sofern der Pro-Kopf-Budgetüberschuß oberhalb des kritischen Niveaus liegt (b > b'), existiert ein stabiles Gleichgewicht. Für dieses stabile Gleichgewicht ist bekannt, daß das Kapital pro Kopf steigt, wenn der Budgetüberschuß pro Kopf steigt, und es fällt, wenn die Rente pro Kopf steigt (siehe Abschnitt 2.3.).*

Bisher ist allerdings noch nicht bekannt, welche Wohlfahrtswirkungen sich aus Veränderungen des Pro-Kopf-Kapitals ergeben. Es gilt zu untersuchen, unter welchen Bedingungen ein Anstieg und unter welchen Bedingungen ein Rückgang des Pro-Kopf-Kapitals wünschenswert ist. Welches Pro-Kopf-Kapital ist optimal, und mit welchem Pro-Kopf-Budgetüberschuß wird dieses realisiert? Diese Fragen werden im nächsten Abschnitt untersucht.

2.5. Spezielle Finanzierungsformen

In diesem Abschnitt wird zunächst die optimale Finanzierung der Renten untersucht. Im Anschluß wird die optimale Finanzierung mit dem Kapitaldeckungsverfahren und dem Umlageverfahren verglichen. Um die optimale

---

7 In einem numerischen Beispiel, mit $\alpha = 0{,}2$; $\beta = 0{,}8$; $\gamma = 0{,}6$; $\delta = 0{,}4$; $g = 0{,}3$, $n = 1{,}427$ existieren drei Gleichgewichte im Intervall $b \in\ ]0,10^{-6}]$. Offensichtlich ist dieses Intervall im Vergleich zu dem Intervall, das als Grenzen den Budgetüberschuß im Umlage- und Kapitaldeckungsverfahren enthält, $b \in [0,\ 0{,}07]$, sehr klein. Sofern b für eine gewisse Zeit die Obergrenze des Intervalls, in dem drei Gleichgewichte existieren, übersteigt, steigt k in den Bereich, in dem das obere Gleichgewichtsniveau relevant ist.

Finanzierung abzuleiten, wird der Einfluß des Pro-Kopf-Budgetüberschusses auf die Wohlfahrt betrachtet. Die Wohlfahrt wird durch den Nutzen des repräsentativen Individuums gemessen, siehe Gleichung (5). Da im folgenden die Rente und die Steuer immer in Pro-Kopf-Größen fixiert werden, ist der Nutzen immer proportional zum Pro-Kopf-Konsum.[8] Damit kann die Wohlfahrt einzelner Generationen auch durch den Pro-Kopf-Konsum erfaßt werden.

Der optimale Pro-Kopf-Budgetüberschuß muß somit den Pro-Kopf-Konsum maximieren. Dieser entspricht der Differenz zwischen dem Einkommen und den Investitionen. In Pro-Kopf-Größen ergibt sich der Konsum als $c = y - i$. Die Investitionen pro Kopf i erhöhen das Pro-Kopf-Kapital der nächsten Periode: $(1 + n)k_{+1} = k + i$. Im Steady State halten die Investitionen pro Kopf das Kapital pro Kopf konstant $k_{+1} = k$, somit gilt $i = nk$. Werden diese Bedingung und die Produktionsfunktion $y = k^{\alpha}$ in die aggregierte Budgetrestriktion $c = y - i$ eingesetzt, ergibt sich der Pro-Kopf-Konsum im langfristigen Gleichgewicht als: $c = k^{\alpha} - nk$. Da der Pro-Kopf-Budgetüberschuß, wie oben gezeigt, das Pro-Kopf-Kapital im Bereich stabiler Gleichgewichte eindeutig erhöht, $dk/db > 0$, führt eine Erhöhung des Pro-Kopf-Budgetüberschusses zu einem Anstieg des Pro-Kopf-Konsums, sofern $dc/dk > 0$ gilt. Wie sich aus der Ableitung $dc/dk = \alpha k^{-\beta} - n$ ergibt, führt eine Erhöhung des Pro-Kopf-Budgetüberschusses zu einem Anstieg des Konsums, solange $\alpha k^{-\beta} = r > n$ gilt. In diesem Bereich führt eine Erhöhung des Pro-Kopf-Budgetüberschusses zu einem Anstieg des Pro-Kopf-Konsums. An der Stelle $r = n$ erreicht der Pro-Kopf-Konsum ein Maximum. Für $r < n$ sinkt der Pro-Kopf-Konsum, wenn das Pro-Kopf-Kapital steigt. Somit führt in diesem Bereich eine Erhöhung des Pro-Kopf-Budgetüberschusses zu einem Rückgang des Pro-Kopf-Konsums. Da in diesem Bereich die Wohlfahrt aller Generationen durch eine Absenkung des Pro-Kopf-Kapitals erhöht werden kann, ist die Wirtschaft dynamisch ineffizient. Abbildung I.5 verdeutlicht den Zusammenhang zwischen dem Budgetüberschuß pro Kopf und dem Konsum pro Kopf.

---

8 Ein Beweis findet sich bei Atkinson und Stiglitz (1980).

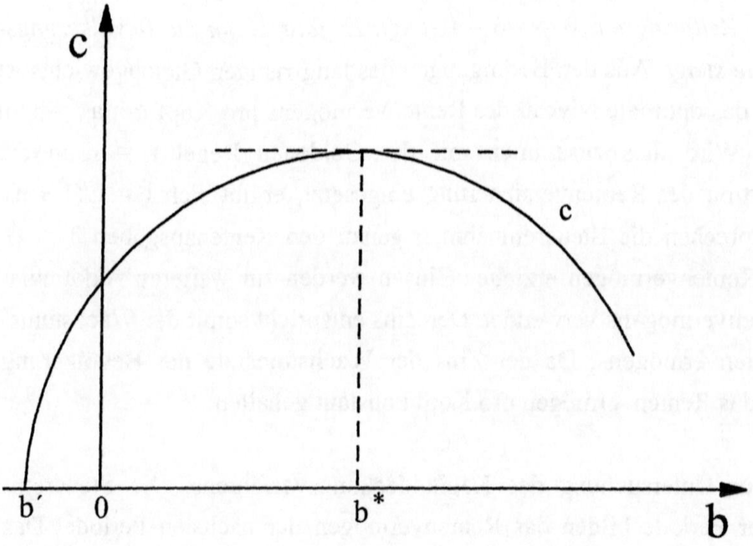

Abbildung I.5: Konsum pro Kopf

Wie gezeigt, ergibt sich der maximale Pro-Kopf-Konsum an der Stelle $\alpha k^{-\beta} = r = n$. Durch Umformen und Auflösen erhält man daraus das optimale Kapital pro Kopf:

$$k^* = \left[\frac{\alpha}{n}\right]^{\frac{1}{\beta}} \tag{16}$$

Die Rentenversicherung ist optimal finanziert, wenn das Pro-Kopf-Kapital dem optimalen entspricht.[9] Durch Einsetzen in Gleichung (11) kann der optimale Pro-Kopf-Budgetüberschuß b^* abgeleitet werden:

$$b^* = n\left[\frac{\alpha}{n}\right]^{\frac{1}{\beta}} - \frac{\beta\delta n}{1+n}\left[\frac{\alpha}{n}\right]^{\frac{\alpha}{\beta}} + \frac{ng}{(1+n)^2} \tag{17}$$

---

9 Für eine Herleitung des optimalen Pro-Kopf-Kapitals siehe Samuelson (1975a) sowie Blanchard und Fischer (1989). In Brunner (1990) wird die Rente verwendet, um die Wirtschaft zum optimalen Wachstumspfad zu steuern. Dies impliziert, daß die Rente negativ wird, wenn die Wirtschaft dynamisch effizient ist.

Der optimale Pro-Kopf-Budgetüberschuß steigt, wenn die Rente g angehoben wird oder die Zeitpräferenz $\theta = \gamma/\delta - 1$ *steigt. Er fällt, wenn die Bevölkerungswachstumsrate steigt.* Aus den Bedingungen des langfristigen Gleichgewichts ist bekannt, daß das optimale Niveau des Rentenvermögens pro Kopf mit $a^* = b^*/n$ gegeben ist. Wird dies zusammen mit der Goldenen Regel $r = n$ in die Budgetrestriktion der Rentenversicherung eingesetzt, ergibt sich $t = g/(1 + n)$. Folglich entsprechen die Steuereinnahmen genau den Rentenausgaben $T = G$. Die auf das Rentenvermögen erzielten Zinsen werden zur weiteren Akkumulation des Rentenvermögens verwendet. Der Zins entspricht somit der Wachstumsrate des Rentenvermögens. Da der Zins der Wachstumsrate der Bevölkerung gleicht, wird das Rentenvermögen pro Kopf konstant gehalten.

Nun zur Untersuchung des Kapitaldeckungsverfahrens. Die Steuereinnahmen dieser Periode bilden das Rentenvermögen der nächsten Periode. Das Rentenvermögen und die darauf erzielten Zinsen werden zur Finanzierung der Rente in der nächsten Periode verwendet. Damit ist dieses System vollständig fundiert. Ausgedrückt in Pro-Kopf-Größen ergibt sich $(1 + n)a_{+1} = t$. Im langfristigen Gleichgewicht gilt $a_{+1} = a = b/n$. Damit vereinfacht sich die Budgetrestriktion der Rentenversicherung (8.6) zu $(n - r)b/n = t - g/(1 + n)$. Im Kapitaldeckungsverfahren entspricht die interne Verzinsung der Kopfsteuer dem Zins; es gilt somit: $g = (1 + r)t$. Durch Einsetzen in die Budgetrestriktion und Auflösen folgt der Pro-Kopf-Budgetüberschuß $b = nt/(1 + n)$. Damit gilt:

$$b = \frac{ng}{(1+n)(1+r)} \tag{18}$$

Um den Einfluß des Kapitaldeckungsverfahrens zu verdeutlichen, wird (18) in die Gleichgewichtsbedingung für das Pro-Kopf-Kapital (11) eingesetzt. Durch Umformen vereinfacht sich die Gleichung zu $(1 + n)k = \beta\delta k^{\alpha}$ und somit folgt:

$$k = \left[\frac{\beta\delta}{1+n}\right]^{\frac{1}{\beta}} \tag{19}$$

Offensichtlich ist das Gleichgewichtsniveau des Pro-Kopf-Kapitals unabhängig von der Höhe der Rente. Es wird durch die Wachstumsrate, die Parameter der Produktionsfunktion und die Zeitpräferenz bestimmt. Worauf ist dieses Resultat zurückzuführen? Eine Erhöhung der Rente wird durch eine Erhöhung des Pro-Kopf-Budgetüberschusses kompensiert. Zur Finanzierung von Rente und Budgetüberschuß muß auch die Steuer angehoben werden. Die Sparfunktion (8.3) zeigt, daß in diesem Fall die Ersparnis pro Kopf genau um den Betrag des Steueranstiegs reduziert wird $\Delta s = -\Delta t$. Die Steuer ist somit ein perfektes Substitut für die private Ersparnis.[10] Dies ist offensichtlich darauf zurückzuführen, daß sich beide mit derselben Rate verzinsen. Der Budgetüberschuß pro Kopf steigt mit $\Delta b = n\Delta t/(1+n)$. Dadurch steigt das Pro-Kopf-Rentenvermögen um $\Delta a = \Delta t/(1+n)$. Das Kapital pro Kopf verändert sich nicht: $\Delta k = \Delta s/(1+n) + \Delta a = 0$.

Ein Vergleich zwischen (18) und (17) sowie zwischen (19) und (16) zeigt, daß der Pro-Kopf-Budgetüberschuß im Kapitaldeckungsverfahren größer oder kleiner als der optimale sein kann. Nur zufällig gleichen sich die beiden. Damit kann auch das Pro-Kopf-Kapital im Kapitaldeckungsverfahren größer oder kleiner als das optimale sein. Der optimale Budgetüberschuß gleicht dem im Kapitaldeckungsverfahren, wenn $\delta = \alpha(1 + n)/(\beta n)$ gilt. Um einen Eindruck davon zu vermitteln, inwieweit es realistisch ist anzunehmen, daß diese Bedingung erfüllt ist, wird ein numerisches Beispiel betrachtet. Der Wert von δ bestimmt die Zeitpräferenzrate $\theta = \gamma/\delta - 1$. Betrachtet wird nun die kritische Zeitpräferenzrate, bei der im Kapitaldeckungsverfahren das optimale Kapital realisiert wird.

In Tabelle I.1 wird gezeigt, wie die kritische Zeitpräferenzrate auf Jahresbasis mit den Parametern β und n variiert. Die der Tabelle zugrundegelegte Zeitdauer einer Periode (Generation) beträgt 30 Jahre.[11] Die für n unterstellten Werte sind empirisch als Wachstumsrate der Arbeit in effizienten Einheiten zu

---

10 Vgl. Samuelson (1975a) für den Steady State und Homburg (1988) für eine allgemeine Diskussion des Anpassungsprozesses.

11 Eine gewisse Verzerrung tritt hier ein, da im Modell die Arbeitsperiode und die Ruhestandsperiode gleich lang sind. Tatsächlich ist aber die Arbeitsperiode deutlich länger als die Ruhestandsperiode. Dies würde im Vergleich zu niedrigeren kritischen Zeitpräferenzraten führen.

interpretieren, d.h. als Summe aus Bevölkerungswachstum und exogenem technischen Fortschritt.

Tabelle I.1: Kritische Zeitpräferenzrate auf Jahresbasis

	Jahreswachstumsrate der Bevölkerung n_j		
β	0,02	0,03	0,04
0,7	-0,098	-0,032	-0,016
0,75	-0,035	-0,009	0,002
0,8	-0,008	0,010	0,019

Die Zeitpräferenzrate auf Basis der Perioden (Generationen) ist $\theta = (1+\theta_j)^{30}-1$
Die Wachstumsrate auf Basis der Perioden (Generationen) ist $n = (1+n_j)^{30}-1$
Dabei sind θ_j und n_j die Jahresraten.

Offensichtlich steigt die kritische Zeitpräferenz, wenn die Wachstumsrate n oder die Arbeitselastizität der Produktion β steigt. Es wird deutlich, daß die Zeitpräferenz sehr niedrig sein muß, wenn die Wirtschaft im Kapitaldeckungsverfahren optimal kapitalisiert ist. In einigen Fällen muß die Zeitpräferenz sogar negativ sein, und immer muß sie deutlich unter der Bevölkerungswachstumsrate liegen. Sofern die tatsächliche Zeitpräferenzrate größer ist als die kritische, ist der Kapitalstock im Kapitaldeckungsverfahren kleiner als der optimale. Die empirische Evidenz legt nahe, daß dies der Fall ist.[12]

Im Fall des Umlageverfahrens[13] decken die Steuereinnahmen der laufenden Periode genau die Rentenausgaben der laufenden Periode, und der Budgetüberschuß ist Null. Damit ist auch der Pro-Kopf-Budgetüberschuß Null. Aus $b = 0$ folgt im langfristigen Gleichgewicht $a = 0$. Es existiert somit kein Rentenvermögen. Die Budgetrestriktion der Rentenversicherung (8.6) reduziert sich zu $t = g/(1+n)$. Es ergeben sich zwei gleichgewichtige Niveaus des Pro-Kopf-Kapitals (vgl. Abbildung I.1). Wie durch die Analyse im Phasendiagramm (Abbildung I.4) gezeigt, ist das niedrige Gleichgewichtsniveau des Pro-Kopf-Kapitals k_2

12 Für die empirische Evidenz vgl. Abel et al. (1987).

13 Das langfristige Gleichgewicht und dessen Stabilität, in einem Modell mit einer umlagefinanzierten Rente, wird in Kitterer (1988) und in Bräuninger (1994, 1996b) untersucht.

instabil, wohingegen das hohe Gleichgewichtsniveau k_1 stabil ist. Für b = 0 vereinfacht sich die Bestimmungsgleichung für das Pro-Kopf-Kapital (11) zu:

$$(1+n)k - \beta\delta k^{\alpha} = -\frac{\delta g}{1+n} - \frac{\gamma g}{1+\alpha k^{-\beta}} \tag{20}$$

Die rechte Seite in (20) ist eindeutig negativ. Auf der linken Seite in (20) wird dies nur für $k < [\beta\delta/(1+n)]^{1/\beta}$ erfüllt. Im Kapitaldeckungsverfahren gilt: $k = [\beta\delta/(1+n)]^{1/\beta}$. Damit ist das Pro-Kopf-Kapital im Umlageverfahren eindeutig kleiner als im Kapitaldeckungsverfahren. Dies ist darauf zurückzuführen, daß die Rente die private Ersparnis reduziert und dies nicht durch das Rentenvermögen kompensiert wird. Da, wie oben gezeigt, das Pro-Kopf-Kapital im Kapitaldeckungsverfahren in der Regel unterhalb des optimalen liegt und da durch das Umlageverfahren das Pro-Kopf-Kapital weiter reduziert wird, reduziert das Umlageverfahren den Pro-Kopf-Konsum und damit die Wohlfahrt. Nur wenn das Pro-Kopf-Kapital im Kapitaldeckungsverfahren größer als das optimale ist, werden durch das Umlageverfahren der Pro-Kopf-Konsum und die Wohlfahrt erhöht.[14] Damit kann festgehalten werden: *In der Regel reduziert das Umlageverfahren die Wohlfahrt.*

Nun zu einem Vergleich der Kopfsteuern, die sich durch die verschiedenen Finanzierungsverfahren ergeben. Es wird davon ausgegangen, daß der Budgetüberschuß im Kapitaldeckungsverfahren kleiner ist als der optimale. Der Zusammenhang zwischen Steuer und Budgetüberschuß im langfristigen Gleichgewicht wird in Gleichung (9) angegeben:

$$t = \frac{g}{1+n} + \frac{(n-r)b}{n}$$

Im Umlageverfahren gilt b = 0 und damit t = g/(1 + n). Für jedes Budgetdefizit (b < 0) ist r > n und damit die Steuer höher als im Umlageverfahren. Beim optimalen Pro-Kopf-Budgetüberschuß b^* gilt r = n, und es folgt t = g/(1 + n). Für jedes $b > b^*$ gilt r < n, und damit führt eine Erhöhung des Pro-Kopf-Budgetüber-

14 Lang (1993) interpretiert das Umlageverfahren als einen Asset Bubble, der das Pro-Kopf-Kapital reduziert und damit dynamische Effizienz sicherstellt.

schusses zu einem Anstieg der Pro-Kopf-Steuer. Für jeden positiven Budgetüberschuß, der kleiner als der optimale ist $0 < b < b^*$, gilt $r > n$ und damit $t < g/(1+n)$. Innerhalb dieses Bereiches nimmt die Steuer somit ein Minimum an. Wie oben gezeigt, ist es sinnvoll anzunehmen, daß der Budgetüberschuß im Kapitaldeckungsverfahren kleiner ist als der optimale. Somit ist die im Kapitaldeckungsverfahren notwendige Kopfsteuer kleiner als im Umlageverfahren und im optimalen Verfahren. Abbildung I.6 verdeutlicht den Zusammenhang zwischen Budgetüberschuß und Steuer.

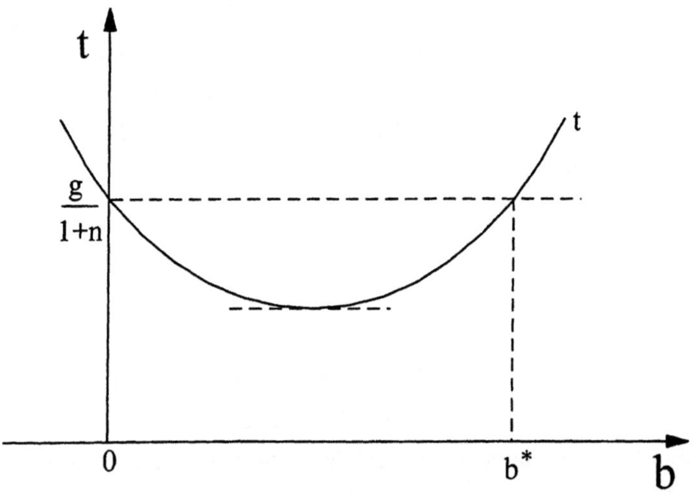

Abbildung I.6: Steuer pro Kopf

Die Wirkungen der verschiedenen Finanzierungsformen werden durch das in Tabelle I.2 dargestellte numerische Beispiel verdeutlicht. Angegeben sind die sich bei den verschiedenen Finanzierungsformen ergebenden Pro-Kopf-Werte von ausgewählten endogenen Variablen im langfristigen Gleichgewicht. Alle Variablen sind für Pro-Kopf-Renten von $g = 0{,}2$ und $g = 0{,}3$ berechnet. Die für die anderen exogenen Parameter angenommenen Werte sind in der letzten Zeile der Tabelle angegeben.

Tabelle I.2: Vergleich der speziellen Finanzierungsformen

Gleichgewichtswerte für g = 0,2													
	b	a	k	r	r_j	y	w	t	s	c^1	c^2	c	u
Umlageverfahren	0,0000	0,0000	0,0424	2,5075	0,0427	0,5314	0,4251	0,0824	0,1029	0,2399	0,5609	0,4709	0,3369
Kapitaldeckungsverfahren	0,0467	0,0327	0,0794	1,5171	0,0312	0,6026	0,4821	0,0795	0,1134	0,2892	0,4853	0,4892	0,3558
Optimale Finanzierung	0,0557	0,0390	0,0857	1,4273	0,0300	0,6118	0,4895	0,0824	0,1134	0,2937	0,4752	0,4895	0,3560
in Prozent der optimalen Finanzierung													
	b	a	k	r	r_j	y	w	t	s	c^1	c^2	c	u
Umlageverfahren	0,0000	0,0000	0,4944	1,7568	1,4239	0,8686	0,8686	1,0000	0,9074	0,8168	1,1802	0,9621	0,9463
Kapitaldeckungsverfahren	0,8389	0,8389	0,9266	1,0629	1,0416	0,9849	0,9849	0,9643	0,9998	0,9849	1,0213	0,9994	0,9993
Gleichgewichtswerte für g = 0,3													
	b	a	k	r	r_j	y	w	t	s	c^1	c^2	c	u
Umlageverfahren	0,0000	0,0000	0,0276	3,5368	0,0517	0,4876	0,3901	0,1236	0,0669	0,1996	0,6037	0,4483	0,3107
Kapitaldeckungsverfahren	0,0701	0,0491	0,0794	1,5170	0,0312	0,6026	0,4821	0,1192	0,0736	0,2892	0,4853	0,4892	0,3558
Optimale Finanzierung	0,0799	0,0560	0,0857	1,4273	0,0300	0,6118	0,4895	0,1236	0,0722	0,2937	0,4752	0,4895	0,3560
in Prozent der optimalen Finanzierung													
	b	a	k	r	r_j	y	w	t	s	c^1	c^2	c	u
Umlageverfahren	0,0000	0,0000	0,3216	2,4780	1,7233	0,7970	0,7970	1,0000	0,9272	0,6796	1,2703	0,9159	0,8728
Kapitaldeckungsverfahren	0,8770	0,8770	0,9266	1,0629	1,0416	0,9849	0,9849	0,9643	1,0200	0,9849	1,0213	0,9994	0,9993
Angenommene Parameterwerte: $\alpha = 0,2$; $\beta = 0,8$; $\gamma = 0,6$; $\delta = 0,4$, $n = 1,427$, r_j ist der Zins auf Jahresbasis													

Im Umlageverfahren ist das Kapital pro Kopf bei einer Rente von g = 0,3 niedriger als bei einer Rente von g = 0,2. Da die Wirtschaft dynamisch effizient ist, führt diese Reduktion des Pro-Kopf-Kapitals zu einem Rückgang des Konsums pro Kopf und des Nutzens. Im Gegensatz dazu wird das Pro-Kopf-Kapital weder im Kapitaldeckungsverfahren noch im optimalen Verfahren von der Höhe der Rente beeinflußt. In beiden Fällen wird die durch eine Erhöhung der Rente ausgelöste Reduktion der Ersparnis durch eine Erhöhung des Budgetüberschusses kompensiert. Im Kapitaldeckungsverfahren entspricht das Pro-Kopf-Kapital demjenigen, welches sich ohne Rentenversicherung ergeben hätte. Da das optimale Pro-Kopf-Kapital noch oberhalb dieses Niveaus liegt, bedeutet eine optimale Finanzierung den Aufbau eines Rentenvermögens, das größer ist als das kapitaldeckende.

2.6. Rückgang des Bevölkerungswachstums

In Deutschland ist die Diskussion um die Rentenversicherung insbesondere deshalb entbrannt, weil die Bevölkerungswachstumsrate - wie in den meisten anderen Industriestaaten - zurückgegangen ist. Da die Rente im Umlageverfahren finanziert wird, bedeutet ein Rückgang des Bevölkerungswachstums, gemäß $t = g/(1+n)$, einen Anstieg der Steuer. Aus den bisherigen Darstellungen wird jedoch deutlich, daß eine solche partialanalytische Betrachtung zu kurz greift. Bei einer Änderung des Bevölkerungswachstums bleibt das Kapital pro Kopf nicht konstant. Somit ändern sich auch die Pro-Kopf-Größen von Einkommen und Konsum, und mit dem Konsum ändert sich auch der Nutzen. Diese Effekte treten bei jeder Form der Rentenfinanzierung auf, wenn auch in unterschiedlichem Ausmaß.

Das Bevölkerungswachstum wirkt über zwei Kanäle auf die Kapitalausstattung: Zum einen kann ein Rückgang der Wachstumsrate über die Steuer die Pro-Kopf-Ersparnis der Jungen reduzieren. Dabei ist dieser Effekt abhängig vom Finanzierungsverfahren der Rentenversicherung, d.h. von der Höhe des Budgetüberschusses. Zum anderen ist bei einer niedrigeren Wachstumsrate eine geringere Ersparnis pro Kopf notwendig, um das gegebene Kapital pro Kopf konstant zu halten. Bei einer konstanten Ersparnis pro Kopf würde das Kapital pro Kopf somit ansteigen. Um den Nettoeffekt auf das Pro-Kopf-Kapital zu bestimmen, muß die Gleichgewichtsbedingung (11) nach n differenziert werden. Leider ist das Vorzeichen der Ableitung nicht eindeutig: Somit kann das Kapital pro Kopf bei einem Anstieg von n steigen oder fallen. Um dennoch zumindest Tendenzaussagen über die Wirkungen von Veränderungen des Bevölkerungswachstums zu erhalten, werden die speziellen Finanzierungsformen genauer untersucht.

Zunächst wird die optimale Finanzierung betrachtet. Bei dieser ergibt sich ein Pro-Kopf-Kapital von $k^* = (\alpha/n)^{1/\beta}$ und damit $r = n$. Ein Rückgang des Bevölkerungswachstums führt somit zu einem Rückgang des Zinses und zu einem Anstieg des optimalen Kapitals pro Kopf. Der Pro-Kopf-Konsum im langfristigen Gleichgewicht ist mit $c = k^\alpha - nk$ gegeben. Die Ableitung nach n entspricht:

$$\frac{dc}{dn} = (r - n)\frac{dk}{dn} - k \tag{21}$$

Da bei der optimalen Finanzierung stets $r = n$ gilt, ist dc/dn negativ. Somit führt ein Rückgang des Bevölkerungswachstums zu einem Anstieg des aggregierten Konsums pro Kopf. Wie zunächst von Samuelson und Deardorff gezeigt, ist dieser Anstieg des aggregierten Pro-Kopf-Konsums nicht notwendig mit einem Anstieg des Nutzens verbunden.[15] Der aggregierte Pro-Kopf-Konsum ist die gewichtete Summe aus dem Pro-Kopf-Konsum der Jungen und der Alten $c = c^1 + c^2_{-1}/(1+n)$. Im langfristigen Gleichgewicht gilt $c^2 = c^2_{-1}$ und damit $c = c^1 +$

15 Der Einfluß des Bevölkerungswachstums auf den Nutzen wurde zunächst von Samuelson (1975b) untersucht. Dabei hat Samuelson einen Extremwert abgeleitet, den er als optimale, d.h. nutzenmaximale Bevölkerungswachstumsrate interpretiert hat. Deardorff (1976) hat dann gezeigt, daß dieser Extremwert (im Fall in dem Produktionsfunktion und Nutzenfunktion vom Cobb-Douglas-Typ sind) tatsächlich ein Minimum darstellt. Für den Fall einer CES-Produktionsfunktion hat Deardorff gezeigt, daß sich ein Maximum ergibt, wenn die Bevölkerung schrumpft, wobei die negative Wachstumsrate der Abschreibungsrate entspricht. Samuelson (1976) hat dem zugestimmt, allerdings darauf hingewiesen, daß konstante Substitutionselastizitäten nicht sinnvoll erscheinen, wenn das Kapital pro Kopf gegen unendlich geht. Für weiterführende Analysen unter Variation der Annahmen über Produktionsfunktion und Nutzenfunktionen vgl. Jaeger (1989) und Schmitt-Rink (1989).

$c^2/(1+n)$. Das repräsentative Individuum maximiert die Nutzenfunktion $u = \gamma \log c^1 + \delta \log c^2$ unter Beachtung seiner Budgetrestriktion. Als Resultat ergibt sich die Aufteilung des Konsums über den Lebenszyklus mit $c^1/c^2 = (1+\theta)/(1+r)$. Dabei stellt $\theta = \gamma/\delta - 1$ die individuelle Zeitpräferenz dar. Im optimalen Steady State gilt $r = n$, und folglich gilt $c^2 = (1+n)c^1/(1+\theta)$. Einsetzen in die Gleichung für den aggregierten Konsum pro Kopf $c = c^1 + c^2/(1+n)$ und Auflösen führt zu: $c^1 = (1 + \theta)c/(2 + \theta)$. Damit kann der Nutzen in Abhängigkeit vom aggregierten Pro-Kopf-Konsum dargestellt werden:

$$u = \gamma \log (1 + \theta) + \delta \log (1 + n) + \log \frac{c}{2+\theta} \tag{22}$$

Es wird deutlich, daß bei Konstanz von n der Nutzen maximal ist, wenn der Konsum pro Kopf maximal ist. Bei einer Variation von n ist dies jedoch nicht der Fall. Die Ableitung des Nutzen nach n ergibt:

$$\frac{du}{dn} = \frac{\delta}{1+n} + \frac{1}{c}\frac{dc}{dn} \tag{23}$$

Mit $dc/dn = -k$ ergibt sich $du/dn = 0$ für $(1+n)/\delta = c/k$. Mit $c = k^{\alpha} - nk$ und $k = (\alpha/n)^{1/\beta}$ gilt $c/k = n/\alpha - n$. Einsetzen und Auflösen nach n zeigt einen Extremwert des Nutzen an der Stelle:

$$n^* = \frac{\alpha}{\delta - \alpha - \alpha\delta} \tag{24}$$

Die weitere Analyse der Ableitung zeigt, daß $du/dn \gtrless 0$ für $n \gtrless n^*$. Folglich liegt bei n^* ein Minimum vor. Bei einem Rückgang des Bevölkerungswachstums kann der Nutzen steigen oder fallen. Dies ist von dem Niveau von n vor und nach dem Schock abhängig.

Zusammenfassend läßt sich feststellen: *Bei einer optimalen Rentenfinanzierung führt ein Rückgang des Bevölkerungswachstums zu einem Anstieg des*

Kapitals pro Kopf und des aggregierten Konsums pro Kopf. Dabei kann der Nutzen steigen oder fallen.

Wie wirkt ein Rückgang des Bevölkerungswachstums, wenn die Rente im Kapitaldeckungsverfahren finanziert wird? In diesem Fall ergibt sich das Kapital pro Kopf als $k = [\beta\delta/(1 + n)]^{1/\beta}$. Offensichtlich läßt ein Rückgang des Bevölkerungswachstums das Pro-Kopf-Kapital ansteigen. Für den Konsum pro Kopf gilt wiederum $c = k^{\alpha} - nk$ und $dc/dn = (r - n)dk/dn - k$. Da im empirisch relevanten Parameterbereich im Kapitaldeckungsverfahren $r > n$ gilt und $dk/dn < 0$, wird der Konsum pro Kopf durch einen Rückgang des Wachstums erhöht. Für den Nutzen ergeben sich die gleichen Effekte wie beim optimalen Verfahren, somit kann dieser steigen oder fallen. Beim Kapitaldeckungsverfahren ergeben sich somit hinsichtlich der Wirkungsrichtung dieselben Effekte wie bei der optimalen Finanzierung.

Nun zum Umlageverfahren. In diesem wird die Gleichgewichtsbedingung (11) zur Gleichung (20) reduziert:

$$\beta\delta k^{\alpha} - (1+n)k = \frac{\delta g}{1+n} + \frac{\gamma g}{1+\alpha k^{-\beta}} \tag{20}$$

In Abbildung I.7 wird die Lösung von (20) graphisch dargestellt. Abbildung I.7.1 stellt das Gleichgewicht dar.[16] Dabei wird die rechte Seite von (20) mit p(k,n) und die linke Seite mit q(k,n) bezeichnet. Die Gleichgewichte befinden sich in den Schnittpunkten der beiden Kurven. Das Gleichgewicht auf niedrigem Niveau von k ist instabil, deshalb konzentriert sich die Diskussion auf das obere Gleichgewichtsniveau.

Eine Reduktion des Bevölkerungswachstums verschiebt die Kurven p und q nach oben. Dabei kann sich der Schnittpunkt nach links oder rechts verlagern. In der Teilabbildung I.7.2 ist die Situation dargestellt, in der das Kapital pro Kopf steigt, und in der Teilabbildung I.7.3 die Situation, in der das Kapital pro Kopf fällt. In Teilabbildung I.7.4 führt der Rückgang des Bevölkerungswachstums zu einer Situation ohne Gleichgewicht. Eine Reduktion der Rente

16 Eine genauere Analyse des Umlageverfahrens bei Änderungen des Bevölkerungswachstums findet sich in Bräuninger (1994, 1996b).

oder eine Erhöhung des Budgetüberschusses ist notwendig, um einen Zusammenbruch der Wirtschaft zu verhindern.

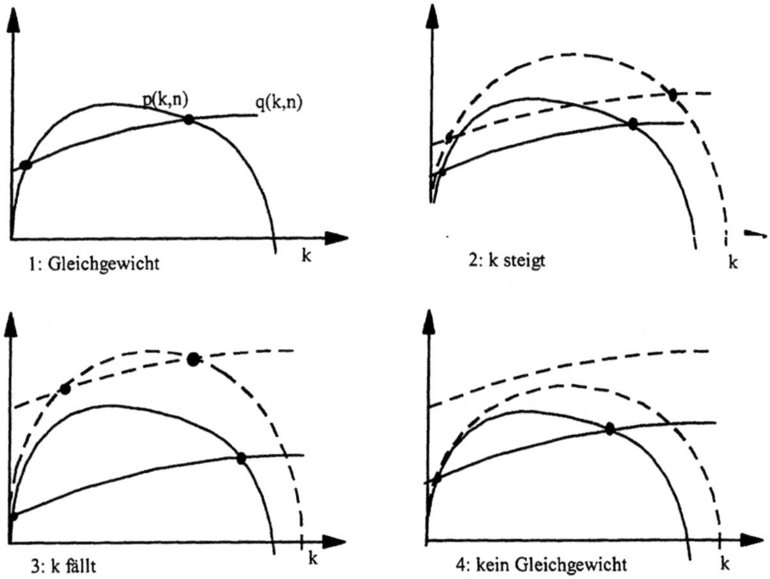

Abbildung I.7: Rückgang des Bevölkerungswachstums im Umlageverfahren

Wie im optimalen Verfahren verhält sich der Konsum pro Kopf $c = k^{\alpha} - nk$ gleichgerichtet zum Kapital pro Kopf. Steigt das Pro-Kopf-Kapital, so steigt auch der Pro-Kopf-Konsum. Fällt das Pro-Kopf-Kapital, fällt auch der Pro-Kopf-Konsum. Über den Nutzen lassen sich wiederum keine eindeutigen Aussagen treffen.

Als Resultat ergibt sich: *Bei einem Umlageverfahren kann das Kapital pro Kopf steigen oder fallen. Entsprechend steigt oder fällt der Konsum pro Kopf. Über den Nutzen lassen sich keine eindeutigen Aussagen treffen.*

In der Tabelle I.3 sind die Gleichgewichtswerte für ein numerisches Beispiel berechnet. Dabei wird die Jahreswachstumsrate der Bevölkerung zwischen

1% und 6% variiert. Es zeigt sich, daß beim optimalen Verfahren und beim Kapitaldeckungsverfahren der Nutzen bei einer Jahresrate von etwa 3% minimal ist. Beim Umlageverfahren existiert bei einer Wachstumsrate von nur 1% kein Gleichgewicht. Ansonsten gilt: Je höher die Wachstumsrate, desto geringer das Kapital pro Kopf und der Konsum pro Kopf. Aber je höher die Wachstumsrate, desto höher der Nutzen.

Tabelle I.3: Änderung des Bevölkerungswachstums

Optimale Finanzierung						
n_j	n	k	c	c^1	c^2	u
0,01	0,3478	0,5007	0,6966	0,4180	0,3756	0,4005
0,02	0,8114	0,1737	0,5637	0,3382	0,4084	0,3647
0,03	1,4273	0,0857	0,4895	0,2937	0,4752	0,3560
0,04	2,2434	0,0487	0,4371	0,2623	0,5671	0,3571
0,05	3,3219	0,0298	0,3963	0,2378	0,6851	0,3631
0,06	4,7435	0,0191	0,3625	0,2175	0,8328	0,3721
Kapitaldeckungsverfahren						
n_j	n	k	c	c^1	c^2	u
0,01	0,3478	0,1657	0,6404	0,3351	0,4115	0,3638
0,02	0,8114	0,1145	0,5554	0,3112	0,4423	0,3582
0,03	1,4273	0,0794	0,4892	0,2892	0,4853	0,3558
0,04	2,2434	0,0553	0,4364	0,2690	0,5429	0,3562
0,05	3,3219	0,0386	0,3933	0,2504	0,6178	0,3593
0,06	4,7435	0,0271	0,3574	0,2332	0,7136	0,3648
Umlageverfahren						
n_j	n	k	c	c^1	c^2	u
0,01	0,3478	-	-	-	-	-
0,02	0,8114	0,0277	0,4656	0,1747	0,5269	0,2717
0,03	1,4273	0,0276	0,4483	0,1996	0,6037	0,3107
0,04	2,2434	0,0242	0,4208	0,2091	0,6867	0,3364
0,05	3,3219	0,0200	0,3908	0,2100	0,7814	0,3552
0,06	4,7435	0,0159	0,3614	0,2059	0,8927	0,3703
Angenommene Parameterwerte: $\alpha = 0{,}2$; $\beta = 0{,}8$; $\gamma = 0{,}6$; $\delta = 0{,}4$; $g = 0{,}3$						

3. Dynamik der Anpassung

In den meisten Industriestaaten wird die Rente zur Zeit im Umlageverfahren finanziert. Wie im letzten Abschnitt gezeigt wurde, ist eine Erhöhung des Fundierungsgrads langfristig wünschenswert, sofern die Wirtschaft dynamisch effizient ist. Dies wird im folgenden unterstellt. Unter dieser Annahme wird der durch Schocks ausgelöste Anpassungsprozeß nun genauer betrachtet. Zunächst wird der durch eine Erhöhung des Pro-Kopf-Budgetüberschusses ausgelöste Prozeß analysiert. Dann wird die durch eine Erhöhung der Rente bei konstantem Budgetüberschuß ausgelöste Dynamik untersucht. Danach wird eine simultane Erhöhung der Rente und des Budgetüberschusses betrachtet. Die Rentenerhöhung wird dabei im Kapitaldeckungsverfahren finanziert. Im letzten Teil des Abschnitts werden die Wirkungen eines Anstiegs der Bevölkerung und eines Rückgangs der Bevölkerungswachstumsrate betrachtet.

3.1. Erhöhung des Budgetüberschusses

Am Anfang befindet sich die Wirtschaft in einem stabilen langfristigen Gleichgewicht. Der Pro-Kopf-Budgetüberschuß sowie das Pro-Kopf-Rentenvermögen sind konstant. Ebenso verharren die Pro-Kopf-Größen der Investitionen und des Kapitals auf konstantem Niveau. Folglich sind auch die Produktion und der Konsum, jeweils pro Kopf, konstant. Die Wirtschaft sei dynamisch effizient, was impliziert, daß das Kapital pro Kopf unterhalb des optimalen Niveaus liegt. Um die Kapitalbildung zu stärken, hebt der Staat den Budgetüberschuß pro Kopf an. Im Phasendiagramm verschiebt sich die aa-Linie nach rechts und die kk-Linie nach oben, siehe Abbildung I.8. Der Pfeil zeigt, wie sich die Wirtschaft im Zeitablauf hin zum neuen Gleichgewicht entwickelt.

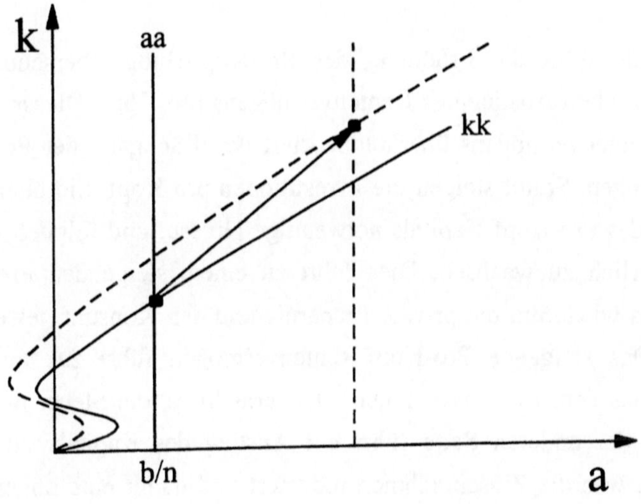

Abbildung I.8: Phasendiagramm - Erhöhung des Budgetüberschusses

Kurzfristig sind das Pro-Kopf-Rentenvermögen und das Pro-Kopf-Kapital konstant. Ebenso bleibt das Einkommen pro Kopf unverändert. Da der Budgetüberschuß pro Kopf ansteigt und die Rente konstant bleibt, muß die Steuer pro Kopf angehoben werden. Der Steueranstieg bewirkt einen Rückgang des Konsums und der Ersparnis der Jungen. Hier zeigt sich das Resultat von Breyer, der in einem ähnlichen Modell bewiesen hat, daß es keinen Pareto-optimalen Übergang vom Umlageverfahren zum Kapitaldeckungsverfahren gibt.[17] Damit muß zumindest eine Generation schlechter gestellt werden, wenn eine höhere

---

17 Dieses Resultat trifft immer zu, wenn das Arbeitsangebot exogen ist. Sofern das Arbeitsangebot endogen ist und die Rente durch eine verzerrende Einkommensteuer finanziert wird, existiert ein Pareto-effizienter Übergang vom Umlageverfahren zum Kapitaldeckungsverfahren. Dies wurde zunächst von Homburg (1990) für eine kleine offene Wirtschaft gezeigt, und von Breyer und Straub (1993) für eine geschlossene Wirtschaft. Eine Simulation des Pareto-optimalen Übergangs findet sich in Raffelhüschen (1993). Brunner (1994) hat bewiesen, daß die Existenz eines Pareto-effizienten Übergangs im wesentlichen von der simultanen Abschaffung des Umlageverfahrens und der Verzerrung abhängt.

Fundierung und damit ein höheres Gleichgewichtsniveau des Pro-Kopf-Konsums erzielt werden soll.[18]

Mittelfristig führt die Erhöhung des Pro-Kopf-Budgetüberschusses zu einem kontinuierlichen Anstieg des Rentenvermögens pro Kopf. Dieser Anstieg des Pro-Kopf-Rentenvermögens überkompensiert den Rückgang der Pro-Kopf-Ersparnis der Jungen. Somit steigen die Investitionen pro Kopf. Sie übersteigen das zum Erhalt des Pro-Kopf-Kapitals notwendige Niveau, und folglich beginnt dieses kontinuierlich zu wachsen. Dies führt zu einem steigenden Pro-Kopf-Einkommen, was wiederum die private Ersparnis und den Konsum, jeweils pro Kopf, erhöht. Das steigende Pro-Kopf-Rentenvermögen führt zu steigenden Zinseinnahmen aus dem Rentenvermögen. Dies erlaubt es, die Steuer pro Kopf zu senken. Auf der anderen Seite führt der Anstieg des Kapitals zu einem niedrigeren Zins, was die Zinseinnahmen reduziert und damit eine höhere Pro-Kopf-Steuer erforderlich macht. Ob die Steuer im Anpassungsprozeß steigt oder fällt, hängt somit von der Höhe des Budgetüberschusses vor und nach dem Schock ab (vergleiche Abbildung I.6).

Mit der Zeit konvergiert die Wirtschaft gegen ein neues langfristiges Gleichgewicht. Die Pro-Kopf-Größen des Budgetüberschusses und des Rentenvermögens sind wieder konstant. Die Investitionen pro Kopf und das Kapital pro Kopf bleiben unverändert, ebenso das Pro-Kopf-Einkommen und der Pro-Kopf-Konsum. Die Pro-Kopf-Größen des Kapitals und des Rentenvermögens sind gegenüber ihren Ausgangsniveaus gestiegen. Da die Wirtschaft annahmegemäß weiterhin dynamisch effizient ist, ist auch der Pro-Kopf-Konsum gestiegen. Abbildung I.9 illustriert die Zeitpfade einiger ausgewählter Variabler, dabei stellt τ den Zeitindex dar. In Box I.1 wird ein numerisches Beispiel für den Anpassungsprozeß, der sich bei dem Übergang von einem Umlageverfahren zu

---

18 Das Resultat von Breyer ist hier noch nicht vollständig gezeigt, da Breyer auch untersucht, ob eine Kompensation möglich ist. Daß diese Möglichkeit nicht besteht, ergibt sich, wenn man beachtet, daß die Kompensation nur durch eine höhere Rente in der nächsten Periode erfolgen kann. Ein Anstieg der Rente verursacht jedoch einen weiteren Rückgang der Ersparnis, vgl. Abschnitt 3.2. Zur vollständigen Kompensation der höheren Steuer müßte ihre interne Verzinsung (1+r) sein. Dann liegt jedoch der Fall eines vollständig fundierten Rentenanstiegs vor, bei dem die Kapitalbildung nicht tangiert wird, vgl. Abschnitt 3.3.

einem Kapitaldeckungsverfahren ergibt, dargestellt. Eine Tabelle mit den vollständigen Simulationsergebnissen findet sich im Anhang.[19]

Aus diesem Abschnitt soll das folgende Resultat festgehalten werden: *Ein Anstieg des Pro-Kopf-Budgetüberschusses wird den Konsum und den Nutzen von zumindest einer Generation verschlechtern, obwohl er langfristig wünschenswert ist.*

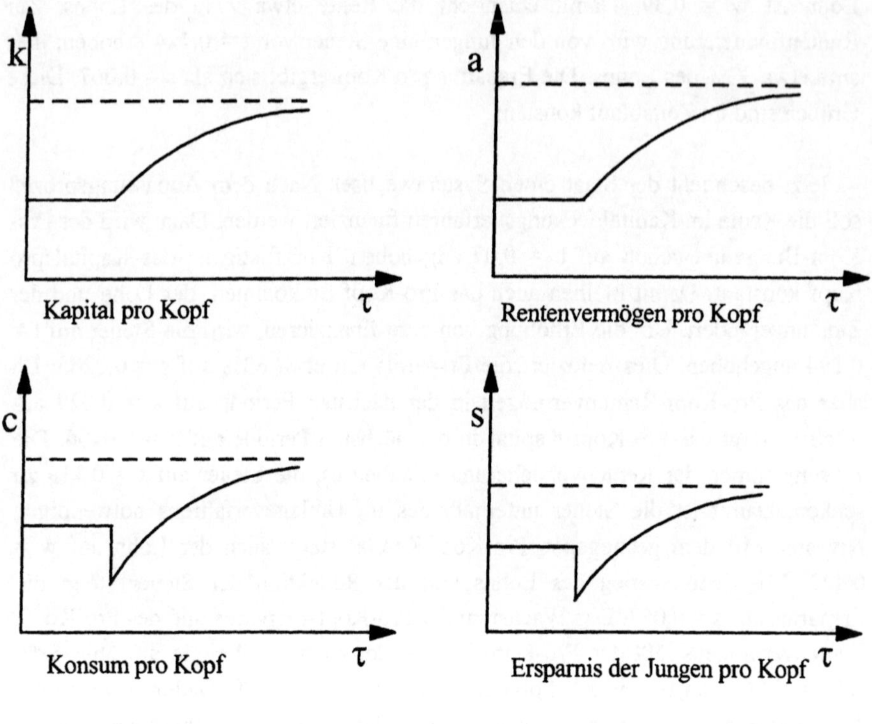

Abbildung I.9: Zeitpfade - Erhöhung des Budgetüberschusses

19 Die Simulationen dienen hier im wesentlichen der Illustration theoretischer Resultate. Für anspruchsvollere Simulationen vgl. Seidman (1983), Seidman (1986), Auerbach und Kotlikoff (1987), Raffelhüschen (1989) und Börsch-Supan und Stahl (1991).

Box I.1: Numerisches Beispiel - Erhöhung des Budgetüberschusses

Unterstellte Parameterwerte: $\alpha = 0{,}2$; $\beta = 0{,}8$; $\gamma = 0{,}6$; $\delta = 0{,}4$; g = 0,3; n = 1,427

Am Anfang befindet sich die Wirtschaft im langfristigen Gleichgewicht. Eine Rente von g = 0,3 wird im Umlageverfahren finanziert, also b = 0. Das Kapital pro Kopf entspricht k = 0,0276. Damit ist das Pro-Kopf-Einkommen bei y = 0,488. Der Zins stellt sich bei r = 3,537 ein, was einer Jahresrate von 5,1% entspricht. Der Lohn ist w = 0,39. Damit entspricht die Rente etwa 77% des Lohns. Zur Rentenfinanzierung wird von den Jungen eine Steuer von t = 0,124 erhoben; dies sind etwa 32% des Lohns. Die Ersparnis pro Kopf ergibt sich als s = 0,067. Diese Größen sind im Zeitablauf konstant.

Jetzt beschließt der Staat einen Systemwechsel. Nach dem Anpassungsprozeß soll die Rente im Kapitaldeckungsverfahren finanziert werden. Dazu wird der Pro-Kopf-Budgetüberschuß auf b = 0,07 angehoben. Kurzfristig ist das Kapital pro Kopf konstant. Damit bleiben auch das Pro-Kopf-Einkommen, der Lohn und der Zins unverändert. Um die Erhöhung von b zu finanzieren, wird die Steuer auf t = 0,194 angehoben. Dies reduziert die Ersparnis um etwa 60% auf s = 0,0285. Da aber das Pro-Kopf-Rentenvermögen in der nächsten Periode auf a = 0,029 anwächst, steigt das Pro-Kopf-Kapital in der nächsten Periode auf k = 0,0406. Die Zinseinnahmen der Rentenversicherung erlauben es, die Steuer auf t = 0,119 zu senken. Damit ist die Steuer unterhalb des im Umlageverfahrens notwendigen Niveaus. Mit dem gestiegenen Pro-Kopf-Kapital steigt auch der Lohn auf w = 0,422. Mit dem Anstieg des Lohns und der Reduktion der Steuer steigt die Ersparnis auf s = 0,057. Das Wachstum der Pro-Kopf-Ersparnis und des Pro-Kopf-Rentenvermögens läßt das Pro-Kopf-Kapital der nächsten Periode um über 58% auf k = 0,0642 ansteigen. Als Folge fällt der Zins auf r = 1,80. Dadurch sinken die Zinseinnahmen der Rentenversicherung trotz des Anstiegs des Pro-Kopf-Rentenvermögens auf a = 0,041. Die Steuer pro Kopf muß geringfügig angehoben werden. Gleichzeitig steigt jedoch der Lohn, da das Pro-Kopf-Kapital anwächst. Das Verhältnis zwischen Steuer und Lohn fällt kontinuierlich. In der Folgeperiode steigen die Pro-Kopf-Ersparnis und das Pro-Kopf-Rentenvermögen, so daß das Pro-Kopf-Kapital auf k = 0,0736 anwächst. Damit sind über 90% des Anpassungsprozesses abgeschlossen. Nach zwei weiteren Perioden ist diese Rate bei 99%.

Langfristig konvergiert die Wirtschaft in ein neues Steady State. Das Pro-Kopf-Rentenvermögen verharrt bei a = 0,0491 und die Ersparnis der Jungen pro Kopf bei s = 0,0736. Damit wird ein Pro-Kopf-Kapital von k = 0,0795 finanziert. Das Pro-Kopf-Einkommen erreicht den Wert von y = 0,603 und der Lohn geht gegen w = 0,482. Die Steuer verbleibt auf einem Niveau von t = 0,119. Der Anteil der Steuer am Lohn beträgt etwa 25%. Im Verlauf des Anpassungsprozesses ist das Pro-Kopf-Kapital um etwa 190% gewachsen. Dies führt zu einem Anstieg des Einkommens von beinahe 24%. Der Konsum und die Ersparnis pro Kopf sind um jeweils etwa 10% und das Niveau des Nutzens um 14% angestiegen.

3.2. Erhöhung der Rente

Vor der Rentenerhöhung befindet sich die Wirtschaft im stabilen langfristigen Gleichgewicht. Der Budgetüberschuß pro Kopf ist ebenso wie das Rentenvermögen pro Kopf konstant. Die Pro-Kopf-Investitionen und das Pro-Kopf-Kapital verändern sich nicht. Folglich sind auch die Pro-Kopf-Größen des Einkommens, des Konsums und der Ersparnis konstant. Annahmegemäß befindet sich die Wirtschaft im dynamisch effizienten Bereich. In dieser Situation erhöht der Staat die an die Alten gezahlte Rente pro Kopf. Dadurch wird im Phasendiagramm (Abbildung I.10) die kk-Linie nach unten verschoben. Die aa-Linie wird hingegen nicht tangiert. Wie Abbildung I.10 zeigt, bewegt sich die Wirtschaft entlang der aa-Linie in ein neues langfristiges Gleichgewicht mit einem niedrigeren Niveau des Pro-Kopf-Kapitals.

Kurzfristig sind Kapital und Einkommen pro Kopf konstant. Da mit der Erhöhung der Rente die Pro-Kopf-Ausgaben der Rentenversicherung ansteigen, der Budgetüberschuß pro Kopf aber konstant bleibt, muß die Steuer pro Kopf erhöht werden. Diese Steuererhöhung reduziert das verfügbare Pro-Kopf-Einkommen der Jungen. Der Konsum der Jungen sinkt, da die in der nächsten Periode bezogene höhere Rente den Steueranstieg nicht kompensieren kann. Die zum Zeitpunkt der Rentenerhöhung Alten werden durch die zusätzliche Rente besser gestellt: ihr Konsum steigt. Der Anstieg der Pro-Kopf-Steuer reduziert das verfügbare Einkommen und die Rentenerhöhung reduziert das Sparmotiv. Beides führt zu einem Absinken der Pro-Kopf-Ersparnis der Jungen.

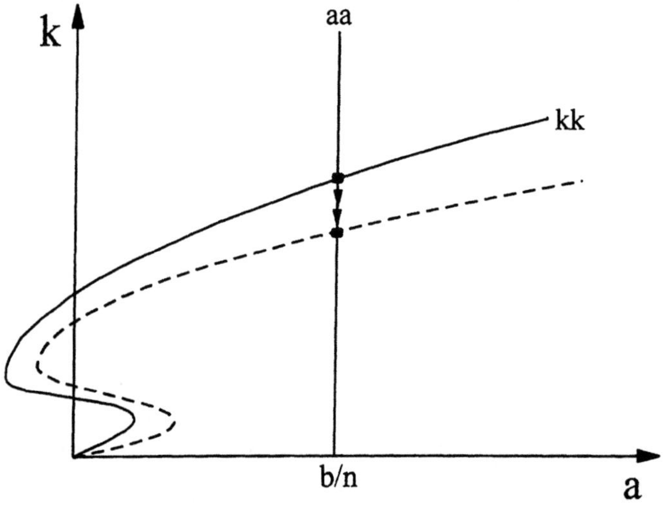

Abbildung I.10: Phasendiagramm - Erhöhung der Rente

Die Reduktion der Pro-Kopf-Ersparnis bewirkt mittelfristig einen kontinuierlichen Rückgang des privaten Vermögens und damit des Pro-Kopf-Kapitals. Das Rentenvermögen pro Kopf bleibt unberührt. Mit dem Pro-Kopf-Kapital fallen auch die Pro-Kopf-Niveaus des Einkommens, des Konsums und der Ersparnis. Der Rückgang der Pro-Kopf-Ersparnis der Jungen läßt das Pro-Kopf-Kapital weiter sinken. Damit fallen auch das Pro-Kopf-Einkommen und der Pro-Kopf-Konsum. Dabei wird der Pro-Kopf-Konsum der Jungen und der Alten im gleichen Maße betroffen. Im weiteren Zeitverlauf konvergiert die Wirtschaft gegen ein neues langfristiges Gleichgewicht. Die Pro-Kopf-Größen des Kapitals, der Investitionen, des Einkommens, des Konsums und der Ersparnis bleiben auf einem im Vergleich zum Ausgangsniveau niedrigeren Wert konstant. Der Pro-Kopf-Budgetüberschuß und das Pro-Kopf-Rentenvermögen sind weiterhin auf ihrem ursprünglichen Wert konstant. Abbildung I.11 zeigt die Zeitpfade ausgewählter Variabler. In der Box I.2 findet sich ein numerisches Beispiel. Im Anhang sind die Simulationsergebnisse in einer Tabelle zusammengefaßt.

Sofern das Niveau der Rente pro Kopf schon sehr hoch und der Budgetüberschuß pro Kopf klein ist, besteht die Möglichkeit von noch drastischeren Wirkungen der Rentenerhöhung: Die Erhöhung der Pro-Kopf-Rente reduziert das Pro-Kopf-Kapital und damit auch das höchstzulässige Pro-Kopf-Budgetdefizit b'. (Möglicherweise wird das höchstzulässige Defizit negativ, d.h. es wird zu einem mindestens erforderlichen Budgetüberschuß.) Es entsteht eine Situation mit $b < b'$. In dieser existiert kein Gleichgewicht, und es kommt zum Zusammenbruch der Wirtschaft.

Als Fazit kann festgehalten werden: *Eine Erhöhung der Rente pro Kopf führt bei konstantem Budgetüberschuß pro Kopf zu einer Reduktion des Konsums pro Kopf und des Nutzens, und zwar für alle Generationen außer der ersten. Diese erhält die höhere Pro-Kopf-Rente, obwohl sie dafür nicht gezahlt hat.*

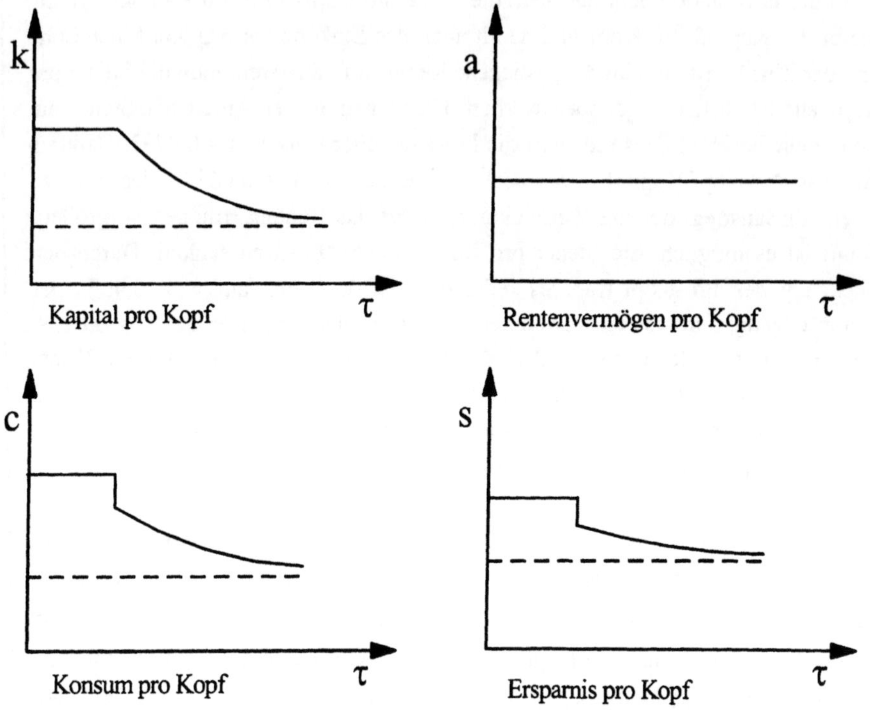

Abbildung I.11: Zeitpfade - Erhöhung der Rente

Box I.2: Numerisches Beispiel - Erhöhung der Rente

Unterstellte Parameterwerte: $\alpha = 0,2$; $\beta = 0,8$; $\gamma = 0,6$; $\delta = 0,4$; $b = 0,05$; $n = 1,427$

Zu Beginn befindet sich die Wirtschaft im langfristigen Gleichgewicht. Die Rente pro Kopf ist mit $g = 0,2$ gegeben. Der Pro-Kopf-Budgetüberschuß entspricht $b = 0,05$. Damit ist die Fundierung oberhalb derer im Kapitaldeckungsverfahren, aber unterhalb der optimalen Fundierung. Als Pro-Kopf-Kapital ergibt sich $k = 0,0818$, woraus ein Pro-Kopf-Einkommen von $y = 0,606$ und ein Zins von $r = 1,48$ folgt. Der Zins entspricht einer Jahresrate von $r_j = 3,1\%$. Der Lohn ist $w = 0,485$. Damit entspricht das Verhältnis zwischen Rente und Lohn 0,41. Zur Finanzierung der Rente werden Steuern pro Kopf in Höhe von $t = 0,08$ erhoben. Damit entspricht die Steuer etwa 17% des Lohns. Die Pro-Kopf-Ersparnis ist mit $s = 0,113$ gegeben. Somit sparen die Jungen etwa 23% und konsumieren etwa 60% ihres Lohns.

In dieser Situation hebt der Staat die Rente pro Kopf auf $g = 0,3$ an. Kurzfristig bleibt das Kapital pro Kopf und damit auch das Einkommen pro Kopf, der Lohn und der Zins konstant. Um die gestiegene Rente zu finanzieren, muß die Steuer pro Kopf auf $t = 0,121$ angehoben werden. Damit beträgt der Anteil der Steuer am Lohn beinahe 25%. Dies reduziert die Pro-Kopf-Ersparnis zu $s = 0,0792$. Dadurch fällt das Pro-Kopf-Kapital in der nächsten Periode auf $k = 0,0677$. Dies führt zu einem Zinsanstieg, der das Zinseinkommen auf das Rentenvermögen vergrößert. Somit ist es möglich, die Steuer pro Kopf auf $t = 0,113$ zu senken. Durch den Rückgang des Pro-Kopf-Kapitals reduziert sich der Lohn auf $w = 0,467$. Der Lohnrückgang führt zu einer weiteren Reduktion der Ersparnis auf $s = 0,0758$. Dies induziert in der nächsten Periode einen weiteren Rückgang des Pro-Kopf-Kapitals auf $k = 0,0664$. Damit steigt der Zins auf $r = 1,75$, was einer Jahresrate von 3,4% entspricht. Nach diesen beiden Perioden ist der Anpassungsprozeß des Pro-Kopf-Kapitals zu 99% abgeschlossen.

Langfristig konvergiert die Wirtschaft gegen ein neues Steady State. Das Rentenvermögen pro Kopf ist unverändert bei $a = 0,0351$. Die Ersparnis pro Kopf konvergiert gegen $s = 0,0758$. Daraus ergibt sich ein Pro-Kopf-Kapital von $k = 0,0662$. Das Einkommen pro Kopf entspricht $y = 0,581$ und der Lohn $w = 0,465$. Die Steuer pro Kopf bleibt bei $t = 0,112$ konstant und entspricht damit 24% des Lohns. Im Verlauf der Anpassung ist das Pro-Kopf-Kapital um 19% gesunken. Dies hat zu einem Rückgang des Pro-Kopf-Einkommens um 4% geführt. Die Ersparnis ist um 33% gefallen, während der Konsum pro Kopf und der Nutzen jeweils um etwa 1% zurückgegangen sind.

Die durch die Rentenerhöhung ausgelöste Dynamik soll nun kurz mit derjenigen verglichen werden, die sich bei einer Erhöhung der Zeitpräferenz ergibt. Die Individuen haben eine stärkere Präferenz für den augenblicklichen Konsum und werden deshalb während der Jugend mehr konsumieren und weniger sparen. Formal bedeutet dies, daß sich die Parameter der Nutzenfunktion verändern: γ steigt und δ fällt. Die Analyse beginnt wiederum im langfristigen Gleichgewicht einer dynamisch effizienten Wirtschaft. Alle Pro-Kopf-Größen sind konstant. Nun steigt die Zeitpräferenz. Im Phasendiagramm bleibt die aa-Linie unverändert und die kk-Linie verschiebt sich nach unten, siehe Abbildung I.10. Der Anpassungsprozeß des Pro-Kopf-Kapitals entspricht dem, der durch eine Erhöhung der Rente ausgelöst wurde. Folglich entwickeln sich auch das Pro-Kopf-Einkommen, die Pro-Kopf-Ersparnis und der Pro-Kopf-Konsum entsprechend, siehe Abbildung I.11.

3.3. Kapitalgedeckte Erhöhung der Rente

Wie oben gezeigt, führt eine Rentenerhöhung bei konstantem Pro-Kopf-Budgetüberschuß zu einer Reduktion des Pro-Kopf-Kapitals, des Pro-Kopf-Einkommens und des Pro-Kopf-Konsums. Dies kann jedoch vermieden werden, indem der Pro-Kopf-Budgetüberschuß angehoben wird. Wie für das langfristige Gleichgewicht gezeigt, bleibt das Pro-Kopf-Kapital von der Rente unberührt, wenn diese im Kapitaldeckungsverfahren finanziert wird. Da hier eine Erhöhung der Rente betrachtet wird, bedeutet dies, daß die zusätzliche Rente im Kapitaldeckungsverfahren finanziert werden muß. Betrachtet wird jetzt der Anpassungsprozeß, der sich ergibt, wenn die Rentenerhöhung im Kapitaldeckungsverfahren finanziert wird. Dabei wird zwischen zwei Szenarien unterschieden. Im ersten ist der Staat um die Wohlfahrt der derzeit Jungen besorgt, wenn sie alt werden. Deshalb wird die Rente in der nächsten Periode erhöht und verbleibt dann auf dem gestiegenen Niveau. Im zweiten Szenario will der Staat die Wohlfahrt der derzeit Alten erhöhen. Deshalb erhöht er die Rente sofort. Die derzeit Alten und die Alten in allen zukünftigen Perioden erhalten diese höhere Pro-Kopf-Rente. Offensichtlich wird die Wohlfahrt der derzeit Alten erhöht, da diese nicht für die höhere Rente gezahlt haben. Dann stellt sich die Frage, welche Generation diesen Wohlfahrtsanstieg finanziert.

Zum ersten Szenario. Am Anfang ruht die Wirtschaft im langfristigen Gleichgewicht. Die Investitionen pro Kopf und das Kapital pro Kopf sind ebenso wie der Budgetüberschuß pro Kopf und das Rentenvermögen pro Kopf konstant. Folglich sind auch das Pro-Kopf-Einkommen und der Pro-Kopf-Konsum unveränderlich. Der Staat beschließt die Rente, welche die derzeit Jungen im Alter erhalten, zu erhöhen. Diese Rentenerhöhung wird im Kapitaldeckungsverfahren vorgenommen. Deshalb wird den Jungen eine höhere Steuer auferlegt. Dabei entspricht der Steueranstieg dem Barwert der Rentenerhöhung: $\Delta t = \Delta g/(1 + r_{+1})$. Da die Rente in der laufenden Periode unverändert bleibt, vergrößert die gestiegene Kopfsteuer in vollem Umfang den Pro-Kopf-Budgetüberschuß: $\Delta b = \Delta t$. Aufgrund der höheren Rente und Steuer reduzieren die Jungen ihre Ersparnis pro Kopf: $\Delta s = - \delta\Delta t - \gamma\Delta g/(1 + r_{+1}) = - \Delta t$. Offensichtlich kompensiert der Anstieg des Pro-Kopf-Budgetüberschusses genau den Rückgang der Pro-Kopf-Ersparnis, so daß das Pro-Kopf-Kapital nicht tangiert wird. In der Folgeperiode gilt weiter, daß die Steuererhöhung dem Barwert der Rentenerhöhung entspricht: $\Delta t = \Delta g/(1 + r_{+1})$. Damit wird die Pro-Kopf-Ersparnis der in dieser Periode Jungen wieder um den Betrag der Steuererhöhung reduziert. In der Budgetrestriktion der Rentenversicherung muß jetzt aber berücksichtigt werden, daß nun die Rentenerhöhung wirksam wird, und daß in der vorangegangenen Periode ein zusätzliches Rentenvermögen geschaffen wurde. Es gilt: $\Delta b = \Delta t + r\Delta a - \Delta g/(1 + n)$. Unter Berücksichtigung von $\Delta g = \Delta t_{-1}/(1 + r) = \Delta t/(1 + r)$ und $\Delta a = \Delta b_{-1}/(1 + n) = \Delta t/(1 + n)$ ergibt sich $\Delta b = n\Delta t/(1 + n) = n\Delta g/[(1 + n)(1 + r)]$. Damit steigt das Rentenvermögen auch in der Folgeperiode um $\Delta t/(1 + n)$, so daß die Reduktion der Pro-Kopf-Ersparnis genau kompensiert wird. Das Pro-Kopf-Kapital bleibt weiter unverändert. Die Zeitpfade ausgewählter Größen finden sich in Abbildung I.12.

Damit kann das folgende Resultat festgehalten werden: *Wird eine Erhöhung der Rente für die derzeit Jungen im Kapitaldeckungsverfahren finanziert, bleibt das Pro-Kopf-Kapital sowohl im Anpassungsprozeß als auch im langfristigen Gleichgewicht unberührt. Der Pro-Kopf-Budgetüberschuß wird über zwei Perioden endogen angepaßt. In jeder Periode gilt, daß der Barwert der Rentenerhöhung dem Steueranstieg entspricht.*

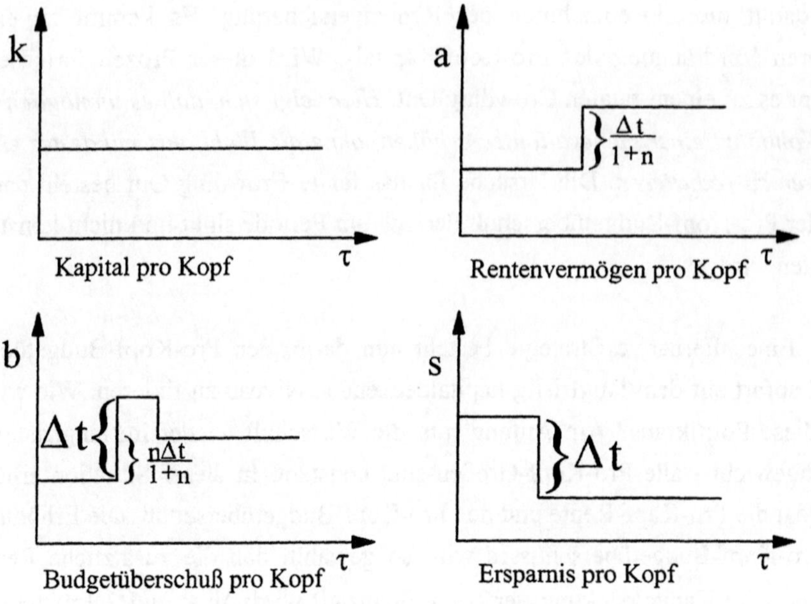

Abbildung I.12: Zeitpfade - Kapitalgedeckte Rentenerhöhung

Im zweiten Szenario wird nun unterstellt, daß der Staat die Rente sofort erhöht. Die Wohlfahrt der derzeit Alten wird dadurch eindeutig gesteigert, da sie nicht für die höhere Rente gezahlt haben. Dies impliziert, daß die Rente für diese Generation nicht kapitalgedeckt erhöht wird. Zunächst wird unterstellt, daß der Staat versucht, die Rente für die Alten zu erhöhen, ohne dabei eine andere Generation schlechter zu stellen. Die Steuererhöhung für die Jungen soll, wie im ersten Szenario, dem Barwert der Rentenerhöhung entsprechen $\Delta t = \Delta g/(1 + r_{+1})$. Da das Rentenvermögen pro Kopf kurzfristig konstant ist, folgt aus der Budgetrestriktion der Rentenversicherung: $\Delta b = \Delta t - \Delta g/(1 + n) = (n - r_{+1})\Delta g/[(1 + n)(1 + r_{+1})] < 0$. Da der Budgetüberschuß pro Kopf sinkt und da, wie im ersten Szenario, die private Pro-Kopf-Ersparnis der Jungen um den Betrag der Steuererhöhung reduziert wird, sinkt in der nächsten Periode das Pro-Kopf-Kapital. Wird das Postulat, daß die Steuererhöhung dem Barwert der Rentenerhöhung entspricht, weiter aufrechterhalten, so sinkt der Budgetüberschuß in der zweiten Periode noch weiter. Wieder entsprechen die zusätzlichen Steuern nicht den zusätzlichen Ausgaben. Zudem ist auch das Rentenvermögen pro Kopf gesunken und damit die Zinseinnahmen der Rentenversicherung. Es kommt zu einer weiteren Verdrängung des Pro-Kopf-Kapitals. Wird dieser Prozeß fortgesetzt, kommt es zu einem fatalen Crowding Out. *Hier zeigt sich, daß es unmöglich ist, die Wohlfahrt einer Generation zu erhöhen, ohne die Wohlfahrt mindestes einer anderen zu reduzieren.* Die Ursache für das fatale Crowding Out besteht darin, daß der Pro-Kopf-Budgetüberschuß Periode um Periode sinkt und nicht konstant gehalten wird.

Eine alternative Strategie besteht nun darin, den Pro-Kopf-Budgetüberschuß sofort auf dem langfristig kapitaldeckenden Niveau zu fixieren. Wie wirkt sich diese Politik aus? Am Anfang ruht die Wirtschaft wieder im langfristigen Gleichgewicht - alle Pro-Kopf-Größen sind konstant. In dieser Situation erhöht der Staat die Pro-Kopf-Rente und den Pro-Kopf-Budgetüberschuß. Die Erhöhung des Pro-Kopf-Budgetüberschusses wird so gewählt, daß die zusätzliche Rente langfristig im Kapitaldeckungsverfahren finanziert wird: $\Delta b = \Delta g/[(1+n)(1+r)]$. Im Phasendiagramm, siehe Abbildung I.13, verschieben sich die aa-Linie nach rechts und die kk-Linie nach unten. Der Pfeil zeigt die Bewegung in der Zeit.

Kurzfristig wird die Steuer über das langfristig im Kapitaldeckungsverfahren notwendige Maß angehoben. Die Renten- und Steuererhöhung reduzieren die Pro-Kopf-Ersparnis der Jungen. Zunächst kann dies nicht durch die Erhöhung des Budgetüberschusses ausgeglichen werden. Somit kommt es in der Folgeperiode zu einem Rückgang des Pro-Kopf-Kapitals. Damit sinken auch das Pro-Kopf-Einkommen und die Pro-Kopf-Ersparnis der Jungen. Auf der anderen Seite vergrößert der Pro-Kopf-Budgetüberschuß das Pro-Kopf-Rentenvermögen. Mit dem steigenden Rentenvermögen kann die Steuer reduziert werden. Damit steigt auch die Pro-Kopf-Ersparnis der Jungen. Durch das Wachstum des Rentenvermögens und der Pro-Kopf-Ersparnis beginnt auch das Pro-Kopf-Kapital zu steigen. Damit wächst auch das Pro-Kopf-Einkommen, was wiederum die Pro-Kopf-Ersparnis erhöht.

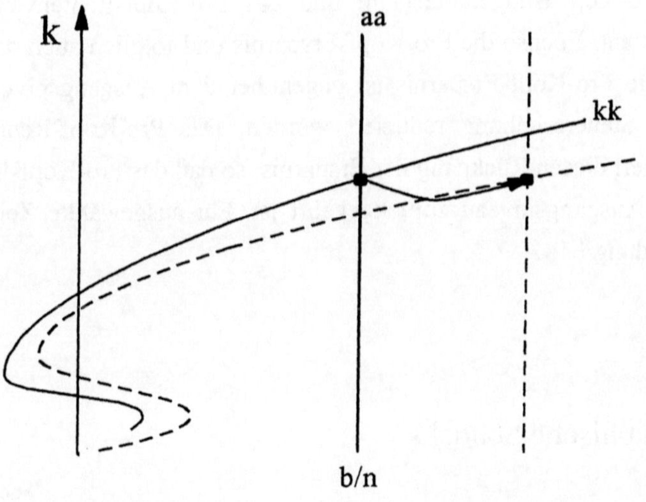

Abbildung I.13: Phasendiagramm - Langfristig kapitalgedeckte Rentenerhöhung

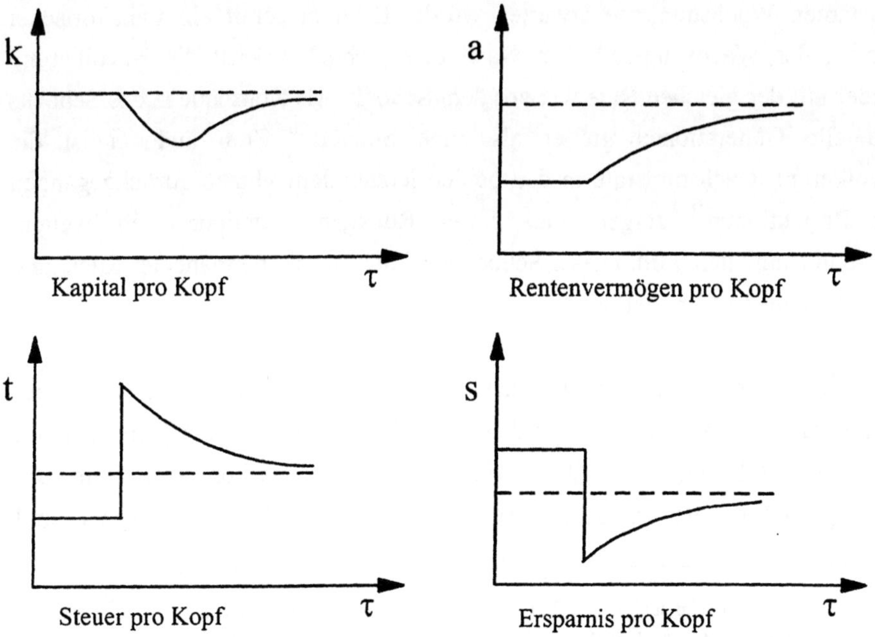

Abbildung I.14: Zeitpfade - Langfristig kapitalgedeckte Rentenerhöhung

Langfristig konvergiert die Steuer gegen den Barwert der Rentenerhöhung. Der Pro-Kopf-Budgetüberschuß und das Pro-Kopf-Rentenvermögen sind wieder konstant. Ebenso die Pro-Kopf-Ersparnis und folglich auch das Pro-Kopf-Kapital. Die Pro-Kopf-Ersparnis ist gegenüber dem Ausgangsniveau um den Betrag der Steuererhöhung reduziert worden. Das Pro-Kopf-Rentenvermögen kompensiert diesen Rückgang der Ersparnis, so daß das Pro-Kopf-Kapital wieder auf sein Ausgangsniveau zurückgekehrt ist. Für ausgewählte Zeitpfade vergleiche Abbildung I.14.

3.4. Demographische Schocks

In vielen Industrienationen sind in den letzten Jahrzehnten zwei Formen von demographischen Veränderungen aufgetreten. Zum einen befinden sich zur Zeit besonders geburtenstarke Jahrgänge auf dem Arbeitsmarkt. Somit ist eine Generation - die geburtenstarken Jahrgänge - größer, als man bei einer konstanten Wachstumsrate erwarten würde. Es liegt somit ein transitorischer Anstieg der Wachstumsrate vor. Nach dem Schock wächst die Bevölkerung wieder mit der gleichen Rate wie vor dem Schock. Als Konsequenz des Schocks sind alle Generationen größer als ohne Schock.[20] Zum anderen ist die Bevölkerungswachstumsrate in den beiden letzten Jahrzehnten zurückgegangen und Projektionen[21] zeigen, daß dieser Rückgang zumindest für weitere Jahrzehnte anhalten wird. Dieser Schock wird hier als ein permanenter Rückgang der Wachstumsrate modelliert.[22]

Zunächst zu den Konsequenzen eines transitorischen Anstiegs der Bevölkerungswachstumsrate. Vor dem Schock befindet sich die Wirtschaft im langfristigen Gleichgewicht. Die Bevölkerung wächst mit konstanter Rate. Die Pro-Kopf-Größen des Budgetüberschusses und des Rentenvermögens sind

---

20 Dieser Schock wird auch in Kotlikoff (1992) und in Ihori (1995) untersucht.

21 Vergleich z.B. Auerbach et al. (1989) und Hagemann und Nicoletti (1989).

22 Untersuchungen über Änderungen der Wachstumsrate finden sich in: Seidman (1983), Steinmann (1984), Schmähl (1990), Boadway, Marchand und Pestieau (1991), Börsch-Supan (1992), Bräuninger (1994, 1996b), Nishimura und Zhang (1995).

ebenso wie die der Investitionen und des Kapitals konstant. Entsprechend verändern sich das Pro-Kopf-Einkommen und der Pro-Kopf-Konsum nicht. In dieser Situation kommt es zu einem Anstieg der Geburtenrate, der die Bevölkerung vergrößert. Da der Anstieg der Wachstumsrate transitorisch ist, werden im Phasendiagramm weder die aa-Linie noch die kk-Linie berührt, siehe Abbildung I.15. Das langfristige Gleichgewicht wird nicht verändert.

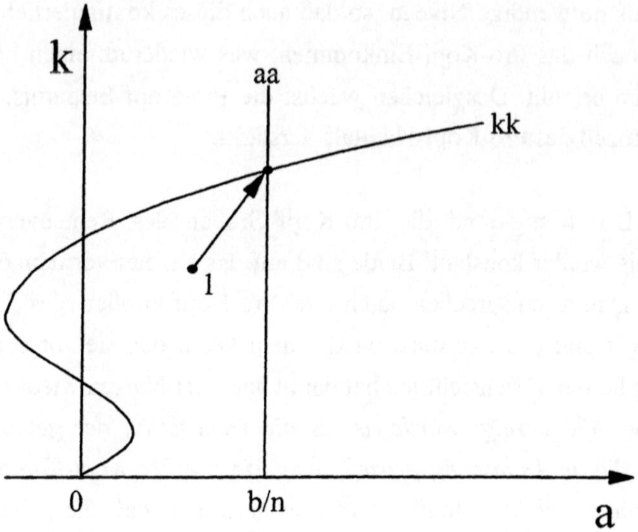

Abbildung I.15: Phasendiagramm - Anstieg der Bevölkerung

Kurzfristig wird die Wirtschaft aus dem Gleichgewicht gebracht. Die Ursache dafür ist, daß Kapital und Rentenvermögen kurzfristig fixiert sind. Damit führt der Bevölkerungsanstieg zu niedrigeren Pro-Kopf-Größen des Kapitals und des Rentenvermögens. Das kurzfristige Gleichgewicht befindet sich im Punkt 1 in Abbildung I.15. Die Reduktion des Pro-Kopf-Kapitals führt zu einem niedrigeren Pro-Kopf-Einkommen, zu einem Rückgang des Lohns und zu einem Anstieg des Zinses. Der gestiegene Zins erlaubt den Alten einen höheren Konsum aus der gegebenen Ersparnis. Die Reduktion des Lohns läßt die Jungen weniger sparen. Dies wird teilweise durch einen Steuerrückgang kompensiert, der möglich ist, weil sich das Verhältnis zwischen Alten und Jungen zugunsten der Jungen verändert hat. Dies gilt jedoch nur in der ersten Periode. Wenn die geburtenstarken Jahrgänge alt werden, wird das Verhältnis zwischen Alten und Jungen wieder durch die alte Wachstumsrate der Bevölkerung n determiniert.

Mittelfristig übersteigt der Budgetüberschuß pro Kopf das zum Erhalt des Rentenvermögens pro Kopf notwendige Niveau. Somit wächst das Pro-Kopf-Rentenvermögen Periode um Periode. Die Summe aus Pro-Kopf-Ersparnis der Jungen und Pro-Kopf-Rentenvermögen übersteigt das zum Erhalt des Pro-Kopf-Kapitals notwendige Niveau, so daß auch dieses kontinuierlich anwächst. Damit steigt auch das Pro-Kopf-Einkommen, was wiederum einen höheren Pro-Kopf-Konsum erlaubt. Desgleichen wächst die Pro-Kopf-Ersparnis, was den Wachstumsprozeß des Pro-Kopf-Kapitals verstärkt.

Langfristig sind die Pro-Kopf-Größen des Rentenvermögens und des Kapitals wieder konstant. Beide sind auf das Niveau vor dem Schock zurückgekehrt. Damit entsprechen auch die Pro-Kopf-Größen des Einkommens, der Ersparnis und des Konsums wieder dem Wert, den sie vor dem Bevölkerungsanstieg hatten. Offensichtlich hat damit auch der Nutzen wieder sein altes Niveau erreicht. *Wie gezeigt wurde, ist es die Generation der geburtenstarken Jahrgänge, die im Anpassungsprozeß das geringste Pro-Kopf-Kapital und Pro-Kopf-Einkommen erhält.* Häufig wird nun gefordert, daß die geburtenstarken Jahrgänge einen größeren Beitrag zur Finanzierung ihrer eigenen Rente leisten müssen, d.h. diese Generation sollte einen Anstieg des Pro-Kopf-Budgetüberschusses finanzieren. Obwohl - wie oben gezeigt - ein Anstieg des Budgetüberschusses pro Kopf wünschenswert ist, erscheint diese Forderung fragwürdig, da dies die ohnehin schon schlechter gestellte Generation zusätzlich belasten würde.

Wie wirkt sich nun im Vergleich ein Rückgang des Bevölkerungswachstums aus. Vor dem Schock befindet sich die Wirtschaft im langfristigen Gleichgewicht. Die Bevölkerung wächst mit konstanter Rate. Alle Pro-Kopf-Größen bleiben unverändert. In dieser Situation kommt es zu einem permanenten Rückgang der Geburtenrate. Im Phasendiagramm werden die aa-Linie nach rechts und die kk-Linie im relevanten Bereich nach oben verschoben, siehe Abbildung I.16. Das neue Gleichgewicht liegt bei einem höheren Rentenvermögen pro Kopf. Ebenso ist das Pro-Kopf-Kapital im neuen Gleichgewicht gestiegen.

Kurzfristig wird die Wirtschaft aus dem Gleichgewicht gebracht. Der Rückgang des Wachstums der Bevölkerung führt zu einer geringeren Zahl von Jungen als bei konstanter Wachstumsrate zu erwarten wäre. Bei konstanter Wachstumsrate wäre das Kapital pro Kopf und das Rentenvermögen pro Kopf unverändert. Da die Zahl der Jungen im Vergleich nun geringer ist, steigen Rentenvermögen und Kapital pro Kopf. Das kurzfristige Gleichgewicht liegt im Punkt 1 der Abbildung I.16.[23]

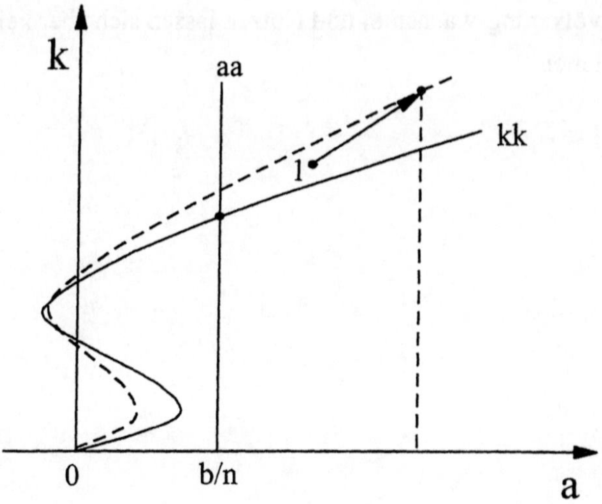

Abbildung I.16: Reduktion der Bevölkerungswachstumsrate

Mittelfristig übersteigen der Budgetüberschuß und die Investitionen die zum Erhalt des Gleichgewichts notwendigen Ausmaße, so daß Rentenvermögen und Kapital, jeweils pro Kopf, ansteigen. Damit steigt auch der Konsum pro Kopf. Langfristig konvergiert die Wirtschaft gegen das neue Steady State. Die

23 Das Rentenvermögen pro Kopf ist kurzfristig kleiner als im neuen langfristigen Gleichgewicht. Wie sich leicht zeigen läßt, gilt dies immer, es sei denn der Budgetüberschuß und das Rentenvermögen sind Null. Im dargestellten Fall ist auch das Kapital pro Kopf kleiner als im neuen langfristigen Gleichgewicht. Daß dies nicht notwendig ist, wird deutlich, wenn man beachtet, daß das langfristige Gleichgewicht auch unterhalb des ursprünglichen Gleichgewichts liegen kann. Kurzfristig kommt es jedoch in jedem Fall zu einem Anstieg des Kapitals pro Kopf. Insofern ist eine Anpassung von oben sehr wohl möglich und, wie in Bräuninger (1994, 1996b) gezeigt, im Fall des Umlageverfahrens sogar sicher.

Pro-Kopf-Größen des Kapitals, des Rentenvermögens und des Konsums sind wieder konstant und gegenüber dem Ausgangsniveau gestiegen. Wie schon im Abschnitt 2.6 dargestellt, läßt sich daraus nicht auf den Nutzen schließen.

Aus dem Anpassungsprozeß ergibt sich, daß die Generationen nach dem Rückgang der Bevölkerungswachstumsrate einen höheren Konsum pro Kopf erhalten als die Generationen vor dem Rückgang der Wachstumsrate. Insofern erscheint es fragwürdig, ob die Generationen nach dem Rückgang der Wachstumsrate durch das Rentenversicherungssystem besonders belastet sind. Letztlich muß darüber aber der Nutzen entscheiden. Über den Zusammenhang zwischen Bevölkerungswachstum und Nutzen lassen sich aber keine allgemeinen Aussagen ableiten.[24]

---

24 In Raffelhüschen und Erling Risa (1995) wird gezeigt, daß die Wohlfahrtswirkungen des Schocks nicht allein durch Verhältnis zwischen Steuer und Rente gemessen werden können. So geben auch Intergenerational Accounts keinen Aufschluß über die Wohlfahrtsimplikationen.

4. Zusammenfassung

In diesem Kapitel wurde ein allgemeines Modell der Rentenfinanzierung entwickelt. Dabei stehen dem Staat als Träger der Rentenversicherung drei Instrumente zur Verfügung: die Rente pro Kopf, der Budgetüberschuß pro Kopf und die Steuer pro Kopf. Es wurde angenommen, daß die Rente und der Budgetüberschuß pro Kopf fixiert werden. Die Steuer ergibt sich dann endogen. Dieses Rentenversicherungssystem wurde in ein neoklassisches Wachstumsmodell integriert. Dabei wurde die Mikrofundierung der Konsum-Spar-Entscheidung durch ein Modell überlappender Generationen gegeben. Damit ermöglicht das Modell die Analyse und den Vergleich verschiedener Finanzierungsformen der Rentenversicherung. Sowohl das langfristige Gleichgewicht als auch die Dynamik der Anpassung wurden analysiert.

Untersucht wurde der Einfluß der Rente und ihrer Finanzierung auf das Pro-Kopf-Kapital, das Pro-Kopf-Einkommen und die Wohlfahrt. Die Einführung einer Rente reduziert die Pro-Kopf-Ersparnis der Jungen zum einen, da in der Jugend eine Steuer zur Finanzierung der Rente abgeführt werden muß, zum anderen, weil die Rente das Sparmotiv - die Altersvorsorge - reduziert. Die Reduktion der Pro-Kopf-Ersparnis führt, sofern die Rente nicht fundiert wird, zu einer geringeren Kapitalbildung und damit zu einem niedrigeren Pro-Kopf-Einkommen. Eine Fundierung der Rente, durch einen Budgetüberschuß, kann den Rückgang der Pro-Kopf-Ersparnis kompensieren: Der Budgetüberschuß erzeugt ein Rentenvermögen, und dieses steht für die Kapitalakkumulation zur Verfügung.

Die Analyse des langfristigen Gleichgewichts hat gezeigt, daß eine Erhöhung des Pro-Kopf-Budgetüberschusses zu einer Erhöhung des Pro-Kopf-Kapitals und des Einkommens führt. Solange die Wirtschaft dynamisch effizient ist, werden dadurch der Pro-Kopf-Konsum und die Wohlfahrt gesteigert. Bei einer optimalen Rentenfinanzierung wird der Pro-Kopf-Budgetüberschuß so fixiert, daß es zu einer optimalen Kapitalbildung kommt. Diese ermöglicht den höchsten Pro-Kopf-Konsum und damit den maximalen Nutzen. Dabei ist der optimale Pro-Kopf-Budgetüberschuß um so höher, je höher die Rente und um so höher die Zeitpräferenz der Individuen ist.

Im Kapitaldeckungsverfahren bilden die Steuereinnahmen dieser Periode das Rentenvermögen der nächsten Periode. Die Rente wird in jeder Periode durch das bestehende Rentenvermögen und die darauf erzielten Zinsen finanziert. In diesem System kompensiert das Rentenvermögen genau den durch die Einführung einer Rente ausgelösten Rückgang der Ersparnis der Jungen, somit wird das Pro-Kopf-Kapital durch die Existenz einer Rentenversicherung nicht tangiert. Ein Vergleich zwischen dem Pro-Kopf-Budgetüberschuß, der im Kapitaldeckungsverfahren realisiert wird, und dem optimalen macht deutlich, daß diese nur zufällig übereinstimmen. Die empirische Evidenz legt nahe, daß der kapitaldeckende Budgetüberschuß in der Regel kleiner als der optimale ist. Somit ist auch das Pro-Kopf-Kapital kleiner als das optimale. Dies hat zur Folge, daß Pro-Kopf-Konsum und Nutzen nicht ihr Maximum erreichen.

Im Umlageverfahren decken die Steuereinnahmen einer Periode genau die Rentenausgaben derselben Periode. Der Budgetüberschuß ist Null und es besteht kein Rentenvermögen. Da die Einführung einer Rente die private Pro-Kopf-Ersparnis reduziert und diese Reduktion nicht durch einen Budgetüberschuß kompensiert wird, ist das Pro-Kopf-Kapital im Umlageverfahren immer kleiner als im Kapitaldeckungsverfahren. Wenn das Pro-Kopf-Kapital schon im Kapitaldeckungsverfahren geringer als das optimale ist, reduziert das Umlageverfahren den Pro-Kopf-Konsum und die Wohlfahrt. Ebenso reduziert eine Erhöhung der Rente, bei konstantem Budgetüberschuß, die private Pro-Kopf-Ersparnis. Dies führt - da diese Reduktion der privaten Ersparnis nicht kompensiert wird - zu einer Reduktion des Pro-Kopf-Kapitals, und damit sinken auch das Pro-Kopf-Einkommen und der Pro-Kopf-Konsum.

Bei einem Rückgang des Bevölkerungswachstums können die Effekte auf Kapital pro Kopf, das Einkommen pro Kopf und den Konsum pro Kopf nicht allgemein und eindeutig abgeleitet werden. Für die speziellen Finanzierungsverfahren wurde jedoch gezeigt, daß im optimalen Verfahren und im Kapitaldeckungsverfahren das Pro-Kopf-Kapital und der Pro-Kopf-Konsum steigen, wenn die Bevölkerungswachstumsrate zurückgeht. Allerdings ist kein eindeutiger Effekt auf den Nutzen ableitbar, dieser kann in Abhängigkeit von der Wachstumsrate vor und nach dem Schock steigen oder fallen. Im Umlageverfahren können durch einen Rückgang der Wachstumsrate das Kapital pro Kopf und der Konsum pro Kopf erhöht oder gesenkt werden. Je höher die Rente und je niedriger die Wachstumsrate, desto eher wird eine Reduktion des Kapitals und des Konsum pro Kopf hervorgerufen. Die Wirkung auf den Nutzen ist auch hier nicht eindeutig ableitbar.

Die Untersuchung der Anpassungsprozesse beruhte auf der Annahme, daß die Kapitalausstattung der Wirtschaft unterhalb der optimalen ist. Eine Erhöhung des Budgetüberschusses pro Kopf erfordert zunächst höhere Steuern. Kurzfristig bleiben aber das Kapital pro Kopf und damit das Einkommen pro Kopf konstant. Somit senkt die Steuererhöhung den Pro-Kopf-Konsum. Mittelfristig führt der erhöhte Budgetüberschuß zu einem Anwachsen des Pro-Kopf-Rentenvermögens. Damit steigen auch das Pro-Kopf-Kapital, das Pro-Kopf-Einkommen und der Pro-Kopf-Konsum. Langfristig konvergiert die Wirtschaft gegen ein neues Steady State. In diesem sind Kapital, Einkommen und Konsum, jeweils pro Kopf, auf einem im Vergleich zur Ausgangssituation höheren Niveau konstant. Damit wurde gezeigt, daß durch eine Erhöhung des Budgetüberschusses pro Kopf die Wohlfahrt im langfristigen Gleichgewicht zwar verbessert wird, dafür aber mindestens eine Generation schlechter gestellt wird. Folglich ist diese Politik nicht Pareto-effizient.

Eine Erhöhung der Rente reduziert die Ersparnis der Jungen. Wenn diese Reduktion der Ersparnis nicht durch einen höheren Budgetüberschuß ausgeglichen wird, sinkt das Pro-Kopf-Kapital und damit der Pro-Kopf-Konsum. Dies reduziert die Wohlfahrt aller Generationen außer der ersten, welche die höhere Rente bezieht, obwohl sie nicht dafür gezahlt hat. Der Anpassungsprozeß bei einer Erhöhung der Rente gleicht im wesentlichen dem, der durch einen Anstieg der Zeitpräferenz ausgelöst wird. Um die negativen Folgen einer Rentenerhöhung oder eines Anstiegs der Zeitpräferenz auszugleichen, muß auch der Budgetüberschuß pro Kopf erhöht werden. Damit das Pro-Kopf-Kapital durch eine Rentenerhöhung nicht tangiert wird, muß die zusätzliche Rente im Kapitaldeckungsverfahren finanziert werden.

Für diese kapitalgedeckte Rentenerhöhung wurden zwei Szenarien betrachtet. Im ersten wird die von den derzeit Jungen im Alter bezogene Rente angehoben. Zur Finanzierung dieser Rente wird den Jungen eine Steuer in Höhe des Barwerts der Rentenerhöhung auferlegt. Als Folge von Renten- und Steuererhöhung reduzieren die Jungen die Pro-Kopf-Ersparnis um den Betrag der Steuererhöhung. Im gleichen Umfang steigt jedoch der Pro-Kopf-Budgetüberschuß, so daß die Kapitalbildung nicht beeinflußt wird. In den folgenden Perioden gleicht das Rentenvermögen den Rückgang des privaten Vermögens aus, so daß das Pro-Kopf-Kapital weiter konstant bleibt.

Im zweiten Szenario wird die Rente sofort erhöht. Die zum Zeitpunkt der Rentenerhöhung Alten beziehen diese Rente, obwohl sie nicht dafür gezahlt haben. Somit wird ihre Wohlfahrt eindeutig erhöht. Mindestens eine andere Generation muß dafür eine Reduktion ihrer Wohlfahrt hinnehmen. Sofern der Staat den Pro-Kopf-Budgetüberschuß zum Zeitpunkt der Rentenerhöhung auf das Niveau anhebt, das langfristig die zusätzliche Rente im Kapitaldeckungsverfahren finanziert, bedeutet dies für die in der ersten Periode Jungen eine Steuer, die größer ist als der Barwert der Rentenerhöhung. Die dadurch ausgelöste Reduktion der Ersparnis kann zunächst nicht durch den Budgetüberschuß kompensiert werden. Folglich sinken das Pro-Kopf-Kapital, das Pro-Kopf-Einkommen und der Pro-Kopf-Konsum. Mittelfristig steigt das Rentenvermögen. Damit wachsen auch die Zinseinnahmen der Rentenversicherung und die Steuer kann reduziert werden. Dies führt zu einer höheren Pro-Kopf-Ersparnis der Jungen. Das Anwachsen des Rentenvermögens und der Ersparnis erlaubt eine verstärkte Kapitalakkumulation. Langfristig konvergieren das Pro-Kopf-Kapital und damit das Pro-Kopf-Einkommen sowie der Pro-Kopf-Konsum gegen ihre ursprünglichen Niveaus.

Weiter wurden zum einen die Folgen eines transitorischen Anstiegs der Geburtenrate und zum anderen die eines permanenten Rückgangs der Geburtenrate untersucht. Der transitorische Anstieg der Bevölkerungswachstumsrate führt zu einem Anstieg der Bevölkerung. Es zeigt sich, daß die geburtenstarken Jahrgänge am meisten unter dem Schock leiden, da sie mit niedrigerem Kapital pro Kopf ausgestattet sind. Die dadurch ausgelöste Reduktion des Pro-Kopf-Einkommens wird nicht durch die niedrigere Pro-Kopf-Steuer zur Rentenversicherung kompensiert. Bei einem permanenten Rückgang der Geburtenrate werden in der Regel das Pro-Kopf-Kapital und der Pro-Kopf-Konsum für alle Generationen nach dem Rückgang der Bevölkerungswachstumsrate höher sein, als für die Generationen vor dem Rückgang der Wachstumsrate. Der Nutzen kann jedoch durch eine Rückgang des Bevölkerungswachstums steigen oder fallen.

II

Fixierte Steuer

1. Einleitung

Wiederum wird das allgemeine Modell der Rentenfinanzierung zugrundegelegt. Dem Staat stehen drei Instrumente zur Verfügung: Die Rente pro Kopf, die Steuer pro Kopf und der Budgetüberschuß pro Kopf. Im Kapitel I wurde angenommen, daß der Staat die Rente und den Budgetüberschuß jeweils pro Kopf fixiert. Im Gegensatz dazu setzt der Staat jetzt die Pro-Kopf-Rente und die Pro-Kopf-Steuer fest. Damit ergibt sich der Pro-Kopf-Budgetüberschuß endogen.

Aus der Literatur zur Staatsverschuldung ist bekannt, daß dieser Strategiewechsel die Charakteristika des langfristigen Gleichgewichts vollständig verändert. Im Fall eines primären Budgetdefizits, in dem die Pro-Kopf-Steuer niedriger als die Pro-Kopf-Staatskäufe ist, wird in der Regel kein langfristiges Gleichgewicht existieren. Nur wenn die Pro-Kopf-Ersparnis sehr hoch und das primäre Budgetdefizit sehr klein ist, gibt es eine Ausnahme von dieser Regel, und es existieren zwei langfristige Gleichgewichte. Dies wird in Carlberg (1983, 1988, 1995) für ein Solow-Wachstumsmodell gezeigt. In Michaelis (1989) und in Carlberg (1995) wird ein Modell mit überlappenden Generationen in einer wachsenden Wirtschaft untersucht. Im wesentlichen bestätigen sich dabei die Resultate aus dem Solow-Modell. Ebenso wird in Okuno (1983) und in Ihori (1988) ein Modell überlappender Generationen mit Staatsverschuldung und einer fixierten Pro-Kopf-Steuer untersucht. Ähnliche Annahmen finden sich auch bei Schmid (1990), der ein Zwei-Länder-Modell analysiert. Als Ergebnis zeigt sich, daß zwei Gleichgewichte existieren, von denen das eine instabil und das andere stabil und dynamisch ineffizient ist. Dabei resultiert das stabile Gleichgewicht möglicherweise aus einem primären Budgetüberschuß.

Da ein durch die Rentenversicherung verursachtes primäres Budgetdefizit im wesentlichen die gleichen Effekte wie ein durch Staatsausgaben verursachtes primäres Defizit haben wird, konzentriert sich dieses Kapitel auf die Darstellung eines primären Budgetüberschusses: Bei diesem übersteigen die über Steuern erhobenen Rentenbeiträge immer die Rentenausgaben. Im nächsten Abschnitt wird das Modell eingeführt. Zu Beginn wird das allgemeine Modell der Rentenfinanzierung mit fester Steuer eingeführt. Im Anschluß werden das kurzfristige und das langfristige Gleichgewicht abgeleitet. Dann wird die Stabilität des langfristigen Gleichgewichts untersucht. Der 3. Abschnitt behandelt die Dynamik. Dabei wird zum einen der durch eine permanente und zum anderen der durch eine transitorische Erhöhung der Steuer ausgelöste Anpassungsprozeß untersucht. Im 4. Abschnitt werden die Resultate zusammengefaßt.

2. Modell

2.1. Das allgemeine Modell der Rentenfinanzierung

Jedes Individuum lebt zwei Perioden, und die Bevölkerung setzt sich aus zwei Generationen zusammen, den Jungen und den Alten. Die Zahl der Jungen ist N. Die Alten sind die Jungen der vorangegangenen Periode, somit entspricht deren Zahl N_{-1}. Die Wachstumsrate der Bevölkerung ist konstant n. Somit entspricht die Relation zwischen Jungen und Alten $N/N_{-1} = 1 + n$.

Die Rentenversicherung zahlt an jede alte Person eine fixierte Pro-Kopf-Rente g. Die Rentenausgaben G entsprechen dem Produkt aus Pro-Kopf-Rente und der Zahl der Alten: $G = gN_{-1}$. Um diese zu finanzieren, wird von jeder jungen Person eine fixierte Kopfsteuer t erhoben. Das Steueraufkommen ist das Produkt aus der Kopfsteuer und der Zahl der Jungen: $T = tN$. Der primäre Budgetüberschuß ergibt sich als Differenz zwischen Steuereinnahmen und Rentenausgaben. Die Rentenversicherung besitzt ein Vermögen A, auf das sie den konstanten Zins r erzielt. Die Summe aus Zinseinnahmen rA und dem primären Budgetüberschuß $T - G$ bildet den Budgetüberschuß: $B = T + rA - G$. Der Budgetüberschuß vergrößert das Rentenvermögen, so daß sich das Rentenvermögen der nächsten Periode als Summe des Rentenvermögens dieser Periode und des Budgetüberschusses ergibt: $A_{+1} = A + B$. Durch Einsetzen folgt: $A_{+1} = (1 + r)A + T - G$. Für die spätere Analyse ist es sinnvoll, das Modell in Pro-Kopf-Größen (genauer Pro-Kopf der Jungen) zu transformieren. Mit $A_{+1}/N = A_{+1}/N_{+1} \cdot N_{+1}/N = (1 + n)a_{+1}$ kann die Dynamik des Pro-Kopf-Rentenvermögens a durch:

$$(1+n)a_{+1} = (1+r)a + t - \frac{g}{1+n} \tag{1}$$

beschrieben werden. Dabei ist a_{+1} endogen, während a, g, n, r und t exogen sind. Im langfristigen Gleichgewicht bleibt das Rentenvermögen pro Kopf konstant, somit gilt: $a_{+1} = a$. Einsetzen in Gleichung (1) liefert:

$$a = \frac{1}{n-r}\left[t - \frac{g}{1+n}\right] \tag{2}$$

Die Analyse wird im folgenden auf den Fall eines primären Pro-Kopf-Budgetüberschusses, also auf $t - g/(1+n) > 0$, beschränkt. Wie Gleichung (2) für diesen Fall zeigt, existiert im Steady State ein positives Pro-Kopf-Rentenvermögen, sofern der Zins unterhalb der Bevölkerungswachstumsrate liegt ($r < n$). Liegt der Zins hingegen oberhalb der Wachstumsrate ($r > n$), ist das Pro-Kopf-Rentenvermögen im langfristigen Gleichgewicht negativ. In diesem Fall führt ein Anstieg des primären Pro-Kopf-Budgetüberschusses zu einer Reduktion des Rentenvermögenens pro Kopf. Dieses paradoxe Resultat läßt Instabilität des Gleichgewichts vermuten. Aus Gleichung (1) ergibt sich $da_{+1}/da = (1+r)/(1+n)$. Sofern der Zins kleiner als die Wachstumsrate ist, gilt $da_{+1}/da < 1$, somit ist das langfristige Gleichgewicht stabil. Ist der Zins aber größer als die Wachstumsrate, so gilt $da_{+1}/da > 1$. Folglich ist das langfristige Gleichgewicht instabil. In der Realität ist der Zins jedoch endogen: Deshalb ist ein komplexeres Modell zur Analyse notwendig.

2.2. Kurzfristiges Gleichgewicht

Die Modellierung des privaten Sektors entspricht der im ersten Kapitel. Die Produktionsfunktion ist vom Cobb-Douglas-Typ $Y = K^{\alpha}N^{\beta}$. Die Pro-Kopf-Produktion ist somit eine Funktion des Pro-Kopf-Kapitals $y = k^{\alpha}$. Aufgrund der vollständigen Konkurrenz entspricht der Zins dem Grenzprodukt des Kapitals $r = \alpha y/k$ und der Lohn dem Grenzprodukt der Arbeit $w = \beta y$.

Der individuelle Lebenszyklus erstreckt sich über zwei Perioden. Der Nutzen des repräsentativen Individuums u wird durch den Konsum während der Jugend c^1 und während des Alters c^2 bestimmt. Dessen Präferenzstruktur wird durch eine Cobb-Douglas-Nutzenfunktion wiedergegeben: $u = \gamma \log c^1 + \delta \log c^2$. Die Jungen bieten jeweils eine Einheit Arbeit an und erhalten dafür den Lohn w. Mit diesem müssen der Konsum während der Jugend, die Ersparnis s und die

Steuer t finanziert werden. Damit entspricht die individuelle Budgetrestriktion in der ersten Lebensphase: $w = c^1 + s + t$. Am Ende des ersten Lebensabschnitts beginnt der Ruhestand. Somit kann der Konsum im Alter nur durch die private Ersparnis, auf die der Zins r_{+1} erzielt wird, und durch die Rente g finanziert werden. Folglich ist die Budgetrestriktion für die zweite Lebenshälfte durch $c^2 = (1+r_{+1})s+g$ gegeben. Die Maximierung der Nutzenfunktion unter Beachtung der Budgetrestriktionen führt zu der Konsumfunktion: $c^1 = \gamma(w-t) + \gamma g/(1+r_{+1})$. Unter Verwendung von $s = w-t-c^1$ und $w = \beta y$ resultiert die Sparfunktion: $s = \beta\delta y-\delta t-\gamma g/(1+r_{+1})$.

Das Rentenversicherungssystem wird durch das in Abschnitt 2.1. dargestellte allgemeine Modell beschrieben. Der Staat zahlt an jede alte Person die konstante Pro-Kopf-Rente g. Zur Finanzierung erhebt er von jeder jungen Person die konstante Pro-Kopf-Steuer t. Des weiteren erzielt der Staat den Zins r auf das Rentenvermögen. Das Rentenvermögen pro Kopf ist mit a gegeben, die Zinseinnahmen pro Kopf sind ra. Folglich kann die Dynamik des Pro-Kopf-Rentenvermögens durch $(1+n)a_{+1} = (1+r)a+t-g/(1+n)$ beschrieben werden.

Nun zur Kapitaldynamik. Die private Ersparnis der Jungen entspricht der Pro-Kopf-Ersparnis der Jungen multipliziert mit deren Anzahl: $S = sN$. Die Ersparnis der Jungen in der laufenden Periode bestimmt das private Vermögen der nächsten Periode. Das Kapital der nächsten Periode wird durch das Rentenvermögen und das private Vermögen finanziert: $K_{+1} = A_{+1} + S$. Demzufolge kann die Dynamik des Pro-Kopf-Kapitals durch $(1+n)k_{+1} = (1+n)a_{+1} + s$ beschrieben werden.

Als Zusammenfassung der bisher dargestellten Zusammenhänge kann das kurzfristige Gleichgewicht durch ein System von fünf Gleichungen erfaßt werden:

$$y = k^{\alpha} \tag{3.1}$$

$$r = \frac{\alpha y}{k} \tag{3.2}$$

$$s = \beta\delta k^{\alpha} - \delta t - \frac{\gamma g}{1 + r_{+1}} \tag{3.3}$$

$$(1+n)k_{+1} = (1+n)a_{+1} + s \tag{3.4}$$

$$(1+n)a_{+1} = (1+r)a + t - \frac{g}{1+n} \tag{3.5}$$

Dabei sind a_{+1}, k_{+1}, r, s, und y endogen.

2.3. Langfristiges Gleichgewicht

Im Steady State sind das Kapital pro Kopf und das Rentenvermögen pro Kopf konstant, $k_{+1} = k$ und $a_{+1} = a$. Unter diesen Bedingungen kann das langfristige Gleichgewicht durch das folgende Gleichungssystem beschrieben werden:

$$y = k^{\alpha} \tag{4.1}$$

$$r = \frac{\alpha y}{k} \tag{4.2}$$

$$s = \beta\delta k^{\alpha} - \delta t - \frac{\gamma g}{1 + r} \tag{4.3}$$

$$(1+n)k = (1+n)a + s \tag{4.4}$$

$$a = \frac{1}{n-r}\left[t - \frac{g}{1+n}\right] \tag{4.5}$$

Die endogenen Variablen sind a, k, r, s und y.

Der weitere Verlauf des Abschnitts konzentriert sich auf zwei Punkte: Zunächst wird die Existenz eines langfristigen Gleichgewichts bewiesen. Dann wird der Einfluß der Steuer genauer untersucht. Für den Existenzbeweis werden die Sparfunktion (4.3) und die Gleichung für das Pro-Kopf-Rentenvermögen (4.5) in die Gleichung für das Pro-Kopf-Kapital (4.4) eingesetzt. Es folgt:

$$(1+n)k = \beta\delta k^{\alpha} - \delta t - \frac{\gamma g}{1+r} + \frac{1+n}{n-r}\left[t - \frac{g}{1+n}\right] \tag{5}$$

Ein langfristiges Gleichgewicht existiert, sofern Gleichung (5) eine Lösung hat. Durch Umstellen und das Ersetzen des Zinses mit Hilfe von (4.2) und (4.1) erhält man:

$$(1+n)k - \beta\delta k^{\alpha} + \frac{\gamma g}{1+\alpha k^{-\beta}} = \frac{1+n}{n-\alpha k^{-\beta}}\left[t - \frac{g}{1+n}\right] - \delta t \tag{6}$$

Die linke Seite der Gleichung (6) wird als Funktion p(k) bezeichnet. Die Funktion p(k) hat zwei Nullstellen, die eine bei $k = 0$ und die andere bei $k^{\#}$, wobei $k^{\#} < [\beta\delta/(1+n)]^{1/\beta}$ gilt. Zwischen diesen Nullstellen ist p(k) negativ. Für $k > k^{\#}$ ist p(k) positiv. Des weiteren zeigt sich, daß p(k) im positiven Bereich kontinuierlich ansteigt und für k gegen unendlich gegen unendlich geht. Betrachtet wird nun die rechte Seite der Gleichung (6), die mit q(k) bezeichnet wird. q(k) ist für $\alpha k^{-\beta} = r > n$ negativ und nur für hohe Niveaus des Pro-Kopf-Kapitals positiv, d.h. bei $\alpha k^{-\beta} = r < n$. Der Verlauf der Kurven von p(k) und q(k) ist in Abbildung II.1 dargestellt. Die Schnittpunkte der Kurven stellen Lösungen der Gleichung (6) dar und charakterisieren somit Gleichgewichte.

Es zeigt sich, daß drei Gleichgewichte existieren. Von diesen befinden sich zwei bei niedrigen Niveaus des Pro-Kopf-Kapitals und eines bei einem hohen Niveau. Für das hohe Gleichgewichtsniveau gilt $r < n$. Somit ist dieses Gleichgewicht dynamisch ineffizient.

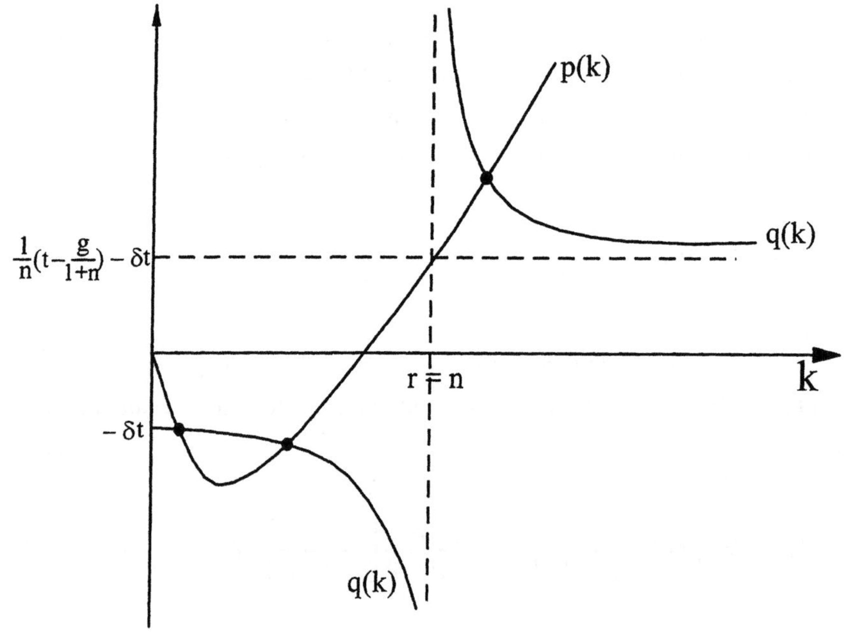

Abbildung II.1: Langfristiges Gleichgewicht - Pro-Kopf-Kapital

Nun soll der Einfluß einer Steuererhöhung analysiert werden. Die linke Seite der Gleichung (6), also die Funktion p(k), wird nicht durch die Pro-Kopf-Steuer beeinflußt. Für die rechte Seite, also für q(k), können wir feststellen, daß eine Erhöhung der Steuer den Absolutwert von q(k) steigert. Im negativen Bereich von q(k) wird q reduziert. Damit steigt das Gleichgewicht auf dem niedrigsten Niveau von k, und das Gleichgewicht auf dem mittleren Niveau fällt. Steigt die Kopfsteuer auf ein kritisches Niveau t', fallen die Gleichgewichte zusammen. Sofern die Steuer das kritische Niveau übersteigt, existiert kein Gleichgewicht bei einem Niveau des Pro-Kopf-Kapitals bei dem $r > n$ gilt. Im positiven Bereich von q(k) führt eine Erhöhung der Kopfsteuer in der Regel zu einem Anstieg von q(k). Das Gleichgewicht auf hohem Niveau des Pro-Kopf-Kapitals steigt weiter an, und die Wirtschaft wird noch stärker dynamisch ineffizient. Sofern die Präferenz für den Konsum während des Alters δ und/oder die Bevölkerungswachstumsrate sehr hoch sind, konkret sofern $\delta n > 1$ gilt, verschiebt sich die Asymptote von q nach unten. In diesem Fall sind bei $t_1 > t_0$

die Werte von $q(k,t_1)$ bis zu einem bestimmten Niveau des Pro-Kopf-Kapitals oberhalb derer von $q(k,t_0)$ und über diesem Niveau unterhalb. Der Schnittpunkt von p(k) und q(k) liegt jedoch in dem Bereich, in dem eine Steuererhöhung den Wert von q(k,t) vergrößert. Somit vergrößert eine Erhöhung der Steuer das Pro-Kopf-Kapital im langfristigen Gleichgewicht. Abbildung II.2 illustriert die Wirkung der Steuer, dabei wird $t_2 > t_1 > t_0$ angenommen. In Tabelle II.1 sind die Gleichgewichtswerte des Pro-Kopf-Kapitals für unterschiedliche Niveaus der Steuer pro Kopf angegeben.

Zusammenfassend kann das folgende Resultat festgehalten werden: *Sofern ein primärer Budgetüberschuß vorliegt, also bei $t > g/(1+n)$, existiert zumindest ein langfristiges Gleichgewicht. Dieses ist dynamisch ineffizient. Eine Steuererhöhung vergrößert das Pro-Kopf-Kapital und damit die dynamische Ineffizienz. Sofern die Steuer niedrig ist, existieren zwei weitere Gleichgewichte. Diese sind dynamisch effizient. Eine Erhöhung der Steuer reduziert das Pro-Kopf-Kapital im höheren Gleichgewicht und vergrößert das Pro-Kopf-Kapital im niedrigeren Gleichgewicht.*

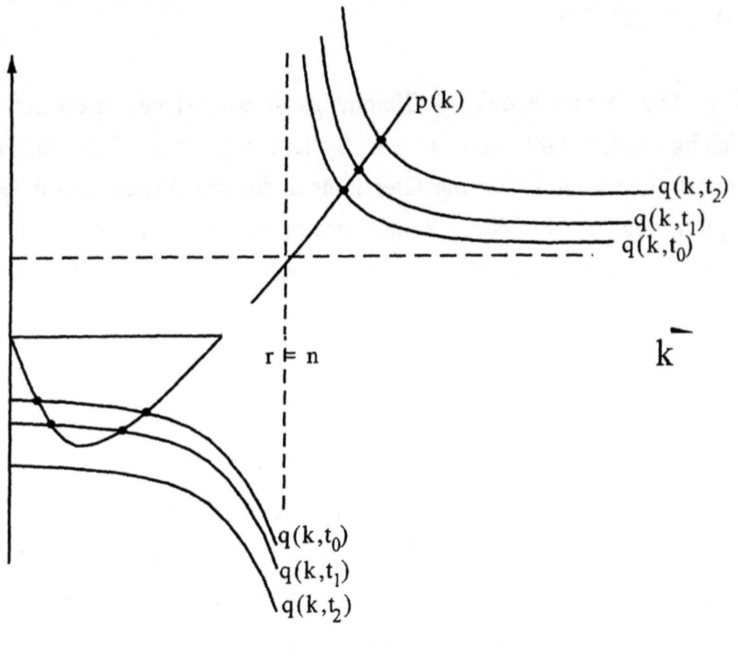

Abbildung II.2: Wirkung der Steuer pro Kopf auf das Kapital pro Kopf

Tabelle II.1: Langfristige Gleichgewichte

Variation der Steuer pro Kopf				
t	$t-g/(1+n)$	k_1	k_2	k_3
0,08	0,0000	0,00001	0,04239	0,08573[1]
0,10	0,0176	0,00003	0,02841	0,11122
0,12	0,0376	0,00008	0,01978	0,13281
0,14	0,0576	0,00019	0,01380	0,15159
0,16	0,0776	0,00044	0,00913	0,16888
0,18	0,0976	0,00118	0,00486	0,18519
0,20	0,1176			0,20082

Angenommene Parameterwerte: $\alpha = 0{,}2$; $\beta = 0{,}8$; $\gamma = 0{,}6$; $\delta = 0{,}4$; $g = 0{,}2$; $n = 1{,}427$

1 Gegen dieses Gleichgewicht konvergiert k, sofern eine transitorische Erhöhung der Steuer vorgenommen wird, vgl. Abschnitt 3.2.

2.4. Stabilität

Die Dynamik des im Gleichungssystem (3) beschriebenen kurzfristigen Gleichgewichts läßt sich in ein System von zwei Differenzengleichungen komprimieren. Dies sind die Gleichungen für die Akkumulation des Pro-Kopf-Kapitals und des Pro-Kopf-Rentenvermögens, die sich formal als $k_{+1} = p(k,a)$ und $a_{+1} = q(k,a)$ darstellen. Die Gleichung für das Pro-Kopf-Rentenvermögen ist aus Abschnitt 2.2. bekannt:

$$(1+n)a_{+1} = (1+r)a + t - \frac{g}{1+n} \tag{7}$$

Die Stabilitätsanalyse beginnt mit der Untersuchung von Gleichung (7). Durch Differenzieren zeigt sich: $da_{+1}/da = (1+r)/(1+n)$. Damit gilt $da_{+1}/da > 1$ für $r > n$ und $da_{+1}/da < 1$ für $r < n$. Da der Zins dem Grenzprodukt des Kapitals entspricht $r = \alpha k^{-\beta}$, siehe (3.1) und (3.2), liegt das kritische Niveau des Pro-Kopf-Kapitals bei $k^* = (\alpha/n)^{1/\beta}$. Die aa-Grenzlinie, bei der $a_{+1} = a$ gilt, ergibt sich als:

$$a = \frac{1}{n - \alpha k^{-\beta}}\left[t - \frac{g}{1+n}\right] \tag{8}$$

Dargestellt ist diese aa-Linie in Abbildung II.3. Die Grenzlinie verläuft für $k < k^*$ im negativen Bereich und für $k > k^*$ im positiven Bereich. Bei $k = k^*$ ergibt sich eine Asymptote gegen plus und minus unendlich. Betrachtet wird zunächst der Bereich $k < k^*$. Die aa-Linie verläuft im negativen Bereich und es gilt: $da_{+1}/da > 1$. Daraus folgt, daß das Pro-Kopf-Rentenvermögen links der aa-Linie fällt und rechts der aa-Linie steigt. Nun zu dem Bereich, in dem $k > k^*$ gilt. Die aa-Linie verläuft im positiven Bereich, und es gilt: $da_{+1}/da < 1$. Daraus folgt, daß das Pro-Kopf-Rentenvermögen rechts der aa-Linie fällt und links der aa-Linie steigt. Dies wird durch die Richtungsspfeile verdeutlicht.

Nun zur Ableitung der Bewegungsgleichung für das Pro-Kopf-Kapital. Zunächst werden die Sparfunktion (3.3) und die Bewegungsgleichung des Pro-Kopf-Rentenvermögens (3.5) in (3.4) eingesetzt. Dadurch folgt: $(1+n)k_{+1} = \beta\delta y - \delta t - \gamma g/(1+r_{+1}) + (1+r)a + t - g/(1+n)$. Dann gelangt man unter Verwendung der Produktionsfunktion (3.1) und der Grenzproduktivitätsbedingung (3.2) zu:

$$(1+n)k_{+1} = \beta\delta k^{\alpha} - \delta t - \frac{\gamma g}{(1+\alpha k_{+1}^{-\beta})} + (1+\alpha k^{-\beta})a + t - \frac{g}{1+n} \tag{9}$$

Gleichung (9) gibt die Bewegung des Pro-Kopf-Kapitals wieder. Ein Anstieg des Pro-Kopf-Rentenvermögens führt zu einem Anstieg des Pro-Kopf-Kapitals in der nächsten Periode, wie aus der Ableitung

$$\frac{dk_{+1}}{da} = \frac{1+\alpha k^{-\beta}}{1+n+(\alpha\beta\gamma k_{+1}^{-(1+\beta)}g)/(1+\alpha k_{+1}^{-\beta})^2} > 0 \tag{10}$$

gefolgert werden kann. Um die in Abbildung II.3 dargestellte kk-Linie zu erhalten, wird in (9) die Bedingung $k_{+1} = k$ gesetzt. Da die resultierende Gleichung nicht explizit für das Pro-Kopf-Kapital gelöst werden kann, wird nach dem Pro-Kopf-Rentenvermögen aufgelöst:

$$a = \frac{1}{1+\alpha k^{-\beta}} \left((1+n)k - \beta\delta k^{\alpha} - \gamma t + \frac{g}{1+n} + \frac{\gamma g}{1+\alpha k^{-\beta}} \right) \qquad (11)$$

Wie aus der Ableitung dk_{+1}/da geschlossen werden kann, steigt das Pro-Kopf-Kapital rechts von der kk-Linie und es fällt links davon. In der Abbildung II.3 wird dies durch die Richtungsspfeile verdeutlicht. Als Resultat folgt: *Das dynamisch ineffiziente Gleichgewicht ist lokal stabil, wohingegen die beiden dynamisch effizienten Gleichgewichte instabil sind.*

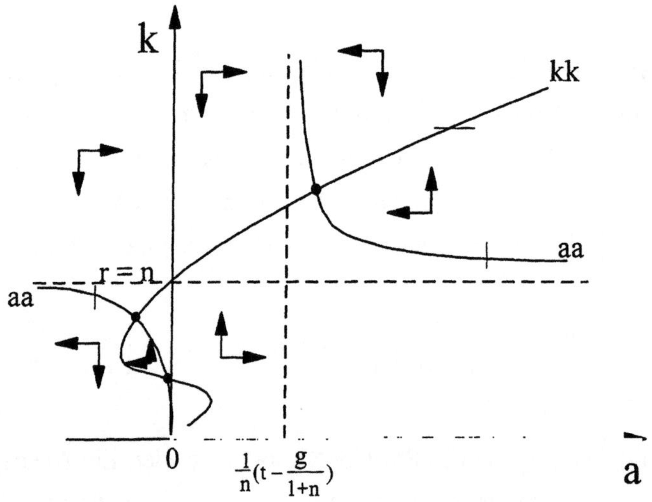

Abbildung II.3: Phasendiagramm

Sofern der Ausgangswert des Rentenvermögens rechts der im negativen Bereich verlaufenden aa-Linie liegt, konvergiert das System gegen das dynamisch ineffiziente Gleichgewicht. Zurückzuführen ist dies darauf, daß in diesem Bereich ein positiver Budgetüberschuß realisiert wird. Damit wird das Rentenvermögen in der nächsten Periode erhöht. Auf das Rentenvermögen werden Zinsen erzielt, so daß in der nächsten Periode der Budgetüberschuß vergrößert wird. Der Budgetüberschuß steigt Periode um Periode, als Folge wächst das Rentenvermögen kontinuierlich. Das Rentenvermögen wird zur Kapitalakkumulation verwendet. Solange der Zins größer als die Wachstumsrate der Bevölkerung ist, wachsen das Rentenvermögen und das Kapital schneller als die Bevölkerung. Folglich wachsen das Pro-Kopf-Rentenvermögen und das Pro-Kopf-Kapital. Dadurch sinkt der Zins. Erst wenn der Zins unter die Wachstumsrate der Bevölkerung sinkt, wird das Wachstum des Pro-Kopf-Rentenvermögens und damit des Pro-Kopf-Kapitals gebremst. Bei $r < n$ konvergieren das Pro-Kopf-Rentenvermögen und das Pro-Kopf-Kapital gegen konstante Werte.

Sofern in der Ausgangssituation eine Pro-Kopf-Verschuldung der Rentenversicherung vorliegt, bei der a links von der im negativen Bereich verlaufenden aa-Linie liegt, explodiert die Pro-Kopf-Verschuldung der Rentenversicherung. Der Grund liegt darin, daß der primäre Pro-Kopf-Budgetüberschuß nicht ausreicht, die Schuldzinsen zu begleichen. Es existiert ein Budgetdefizit, daß die Verschuldung erhöht. In der nächsten Periode steigen die Schuldzinsen, so daß das Budgetdefizit vergrößert wird. Mittelfristig wachsen die Schulden pro Kopf kontinuierlich und verdrängen das Pro-Kopf-Kapital. Langfristig explodieren die Rentenschulden, und das Kapital wird vollständig verdrängt.

3. Dynamik der Anpassung

3.1. Erhöhung der Steuer

Vor der Steuererhöhung ruht die Wirtschaft in einem stabilen langfristigen Gleichgewicht. Die Pro-Kopf-Investitionen und das Pro-Kopf-Kapital sind konstant. Als Folge verbleiben auch die Pro-Kopf-Größen des Einkommens und des Konsums unverändert. Es liegt ein primärer Budgetüberschuß vor, d.h. es gilt $t > g/(1+n)$. Trotzdem verharren der Budgetüberschuß pro Kopf und das Rentenvermögen pro Kopf auf dem gegebenen Niveau. Somit muß die Wirtschaft dynamisch ineffizient sein. In dieser Situation hebt der Staat die Kopfsteuer an. Im Phasendiagramm verschieben sich die aa-Linie nach rechts und die kk-Linie nach oben, siehe Abbildung II.4. Ein Vergleich der beiden langfristigen Gleichgewichte zeigt, daß sowohl das Pro-Kopf-Rentenvermögen als auch das Pro-Kopf-Kapital ansteigen. Der Pfeil zeigt an, wie sich die Wirtschaft im Zeitablauf hin zum neuen Gleichgewicht entwickelt.

Kurzfristig sind das Pro-Kopf-Rentenvermögen und das Pro-Kopf-Kapital konstant. Ebenso verbleibt das Pro-Kopf-Einkommen unverändert. Da die Steuer pro Kopf angehoben wird, reduziert sich der Pro-Kopf-Konsum und die Pro-Kopf-Ersparnis der Jungen. Eine Steuererhöhung führt bei konstanter Pro-Kopf-Rente zu einem Anstieg des Pro-Kopf-Budgetüberschusses. Die Ausweitung des Budgetüberschusses pro Kopf führt zu höheren Pro-Kopf-Investitionen, wohingegen die Reduktion der Pro-Kopf-Ersparnis die Pro-Kopf-Investitionen verringert. Da die Ersparnis pro Kopf nur um $\delta\Delta t$ reduziert wird, der Budgetüberschuß pro Kopf aber um Δt ansteigt, kommt es zu höheren Pro-Kopf-Investitionen.

Mittelfristig erhöhen die gestiegenen Pro-Kopf-Investitionen das Kapital pro Kopf und der gestiegene Pro-Kopf-Budgetüberschuß das Rentenvermögen pro Kopf. Mit dem steigenden Rentenvermögen pro Kopf steigen auch die Pro-Kopf-Zinseinnahmen. Dadurch vergrößert sich der Budgetüberschuß pro Kopf Periode um Periode. Das Wachstum des Pro-Kopf-Kapitals führt zu einem

Zinsrückgang, der das Wachstum des Pro-Kopf-Budgetüberschusses abbremst. Zusammen mit dem Pro-Kopf-Kapital steigen auch das Pro-Kopf-Einkommen und der Lohn. Dies führt zu einem Anstieg des Pro-Kopf-Konsums. Dieser kann jedoch nicht den ursprünglichen Rückgang des Konsums aufgrund der Steuer-erhöhung kompensieren, so daß der Pro-Kopf-Konsum weiterhin unterhalb des Niveaus im ursprünglichen Steady State verbleibt. Dies ist ein Charakteristikum einer dynamisch ineffizienten Wirtschaft.

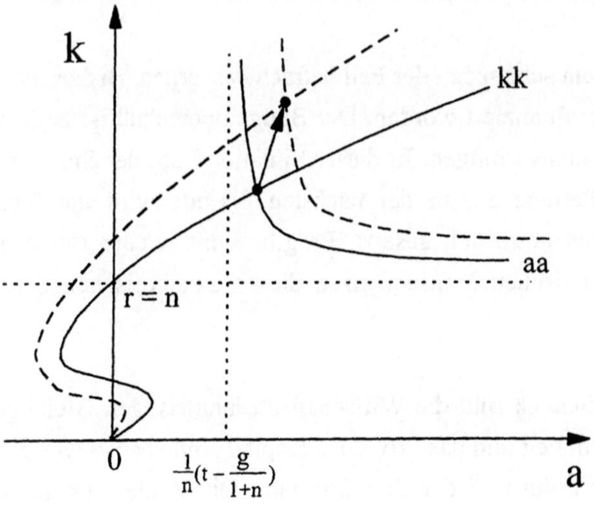

Abbildung II.4: Phasendiagramm - Erhöhung der Steuer

Langfristig konvergiert die Wirtschaft gegen ein neues Steady State. Der Pro-Kopf-Budgetüberschuß und das Pro-Kopf-Rentenvermögen erreichen ein neues konstantes Niveau. Ebenso verbleiben die Pro-Kopf-Investitionen und das Pro-Kopf-Kapital konstant. Verglichen mit dem Ausgangsniveau sind das Pro-Kopf-Rentenvermögen und das Pro-Kopf-Kapital gestiegen. Das höhere Pro-Kopf-Kapital impliziert ein höheres Pro-Kopf-Einkommen. Außerdem sind die Pro-Kopf-Investitionen gestiegen, da höhere Investitionen notwendig sind, um das Pro-Kopf-Kapital konstant zu halten. Diese zusätzlich notwendigen Investitionen übersteigen das zusätzliche Einkommen, somit ist der Konsum pro Kopf gefallen.

Als Resultat stellen wir fest: *Die höhere Pro-Kopf-Steuer belastet alle Generationen. Dies ergibt sich aus der dynamischen Ineffizienz, die durch die gestiegene Steuer noch vergrößert wird.*

3.2. Transitorische Erhöhung der Steuer

Hier soll ein sehr spezieller Fall betrachtet werden. Bisher ist die Rente im Umlageverfahren finanziert worden. Der Budgetüberschuß ist Null, und folglich existiert kein Rentenvermögen. In dieser Situation hebt der Staat die Steuer pro Kopf für eine Periode an. In der nächsten Periode wird die Steuer auf das ursprüngliche Niveau zurück gesetzt. Es gilt somit wieder $t = g/(1 + n)$. Nun werden die dynamischen Konsequenzen dieser transitorischen Steuererhöhung betrachtet.

Vor dem Schock ruht die Wirtschaft im langfristigen Gleichgewicht. Die Pro-Kopf-Investitionen und das Pro-Kopf-Kapital sind ebenso wie das Pro-Kopf-Einkommen, der Lohn und der Zins konstant. Die Rente wird im Umlageverfahren finanziert: Der Budgetüberschuß und das Rentenvermögen sind Null. Wie aus Kapitel I bekannt, ist es realistisch anzunehmen, daß die Wirtschaft in dieser Situation dynamisch effizient ist.

Nun hebt der Staat die Pro-Kopf-Steuer an. Da die Rente konstant ist, entsteht ein Budgetüberschuß. In der nächsten Periode wird die Kopfsteuer wieder auf ihr ursprüngliches Niveau gesenkt. Damit decken die Steuereinnahmen genau die Rentenausgaben, also ist das primäre Budget ausgeglichen. Allerdings hat der temporäre primäre Budgetüberschuß ein Rentenvermögen entstehen lassen. Dieses wirft nun Zinsen ab. Da die Steuereinnahmen genau die Rentenausgaben decken, bilden die Zinseinnahmen den Budgetüberschuß. Damit entspricht der Zins der Wachstumsrate des Rentenvermögens. Da die Wirtschaft dynamisch effizient ist, gilt $r > n$. Folglich wächst das Rentenvermögen schneller als die Bevölkerung, und damit kommt es zu einem Wachstum des Pro-Kopf-Rentenvermögens. Das Rentenvermögen steht zur Kapitalakkumulation zur Verfügung. Somit steigen das Pro-Kopf-Kapital und damit auch das Pro-Kopf-Einkommen und der Pro-Kopf-Konsum. Gleichzeitig führt der Anstieg des Pro-Kopf-Kapitals zu einem Rückgang des Zinses. Da dieser die Wachstumsrate des Rentenvermögens bestimmt, wird dessen Wachstumsrate reduziert. Das Pro-Kopf-Rentenvermögen wächst jedoch weiter, bis der Zins der Bevölkerungswachstumsrate entspricht. Dann wächst das Rentenvermögen mit der Rate $r = n$, was zu einem konstanten Pro-Kopf-Rentenvermögen führt.

Langfristig konvergiert die Wirtschaft gegen ein neues Gleichgewicht. Der Pro-Kopf-Budgetüberschuß ist konstant, und das Pro-Kopf-Rentenvermögen bleibt unverändert. Die Pro-Kopf-Investitionen und das Pro-Kopf-Kapital sind wieder unbeweglich. Das Pro-Kopf-Kapital hat den optimalen Wert angenommen, und somit ist der Pro-Kopf-Konsum maximal. In Box II.1 wird ein numerisches Beispiel für den Anpassungsprozeß gegeben. Eine tabellarische Darstellung findet sich im Anhang.

Als Ergebnis wird deutlich: *Ein transitorischer Anstieg der Pro-Kopf-Steuer führt zur Akkumulation des Rentenvermögens und des Kapitals. Langfristig konvergiert das Pro-Kopf-Rentenvermögen gegen ein konstantes Niveau. Das Pro-Kopf-Kapital konvergiert gegen seinen optimalen Wert. Im Anpassungsprozeß wird die erste Generation schlechter gestellt, da sie die Steuererhöhung finanzieren muß, alle anderen Generationen profitieren.*

Box II.1: Numerisches Beispiel -

Transitorischer primärer Budgetüberschuß

Unterstellte Parameterwerte: $\alpha = 0{,}2$; $\beta = 0{,}8$; $\gamma = 0{,}6$; $\delta = 0{,}4$; $g = 0{,}3$; $n = 1{,}427$

Die Wirtschaft befindet sich im langfristigen Gleichgewicht. Eine Pro-Kopf-Rente von $g = 0{,}3$ wird im Umlageverfahren finanziert, somit gilt $b = 0$ und $a = 0$. Das Pro-Kopf-Kapital ist mit $k = 0{,}0276$ gegeben. Damit ist das Pro-Kopf-

Einkommen bei y = 0,488, und der Zins bei r = 3,537. Der jährliche Zins entspricht 5,2%. Der Lohn ist w = 0,390. Zur Finanzierung der Rente wird eine Pro-Kopf-Steuer von t = 0,124 erhoben. Die Ersparnis pro Kopf ist mit s = 0,067 gegeben, damit werden etwa 17% des Lohns gespart. Der Pro-Kopf-Konsum ist c = 0,448. Alle Größen sind im Zeitablauf konstant.

Nun entscheidet der Staat, die Steuer um 10% auf t = 0,136 anzuheben. Kurzfristig verbleiben das Pro-Kopf-Kapital, das Pro-Kopf-Einkommen sowie der Lohn und der Zins konstant. Die Steuererhöhung führt zu einem Pro-Kopf-Budgetüberschuß von b = 0,0124. Aufgrund der Steuererhöhung sinkt die Ersparnis um 10% auf s = 0,060. Da der Pro-Kopf-Budgetüberschuß in der nächsten Periode zu einem Pro-Kopf-Rentenvermögen von a = 0,005 führt, steigt trotz des Rückgangs der Pro-Kopf-Ersparnis der Jungen das Pro-Kopf-Kapital in der nächsten Periode auf k = 0,0298. In dieser Periode wird die Steuer auf ihr ursprüngliches Niveau von t = 0,124 zurückgenommen. Das Zinseinkommen auf das Rentenvermögen führt zu einem Pro-Kopf-Budgetüberschuß von b = 0,0169. Außerdem führt das gestiegene Pro-Kopf-Kapital zu einem höheren Lohn w = 0,396. Mit dem Lohn steigt auch die Pro-Kopf-Ersparnis auf s = 0,063. Die höhere Ersparnis und der Pro-Kopf-Budgetüberschuß führen zu einer Ausweitung des Pro-Kopf-Rentenvermögens und des Pro-Kopf-Kapitals. In der nächsten Periode ergibt sich a = 0,009 und k = 0,0351. Der Zins wird auf r = 2,918 reduziert. Trotz der Zinsreduktion führt das auf a = 0,009 gestiegene Rentenvermögen zu vermehrten Zinseinnahmen. Damit steigt der Budgetüberschuß pro Kopf auf b = 0,0265. In den folgenden Perioden setzt sich der Prozeß steigender Zinseinnahmen fort. Damit steigt auch der Pro-Kopf-Budgetüberschuß Periode um Periode. Das Wachstum des Pro-Kopf-Budgetüberschusses führt zu einem steigenden Pro-Kopf-Rentenvermögen. Damit steigt auch das Pro-Kopf-Kapital kontinuierlich, und mit diesem wachsen auch das Pro-Kopf-Einkommen, der Lohn und die Pro-Kopf-Ersparnis. Das Wachstum der Ersparnis verstärkt den Prozeß der Kapitalakkumulation. Nach 9 Perioden (Generationen) sind 90% des Anpassungsprozesses abgeschlossen. Nach 6 weiteren Perioden sind es 99%.

Endlich konvergiert die Wirtschaft in ein neues langfristiges Gleichgewicht. Der Pro-Kopf-Budgetüberschuß verbleibt bei b = 0,0799. Daraus ergibt sich ein Pro-Kopf-Rentenvermögen von a = 0,0560. Die Ersparnis konvergiert gegen s = 0,0722. Damit ergibt sich ein Pro-Kopf-Kapital von k = 0,0857. Das Einkommen pro Kopf erreicht den Wert von y = 0,612, und der Lohn geht gegen w = 0,4895. Da das Pro-Kopf-Kapital dem optimalen entspricht, korrespondiert der Zins mit der Bevölkerungswachstumsrate r = n = 1,427. Der Pro-Kopf-Konsum ist im Anpassungsprozeß um 8% auf c = 0,4895 gestiegen. Daraus ergibt sich ein Anstieg des Nutzens um 13%.

4. Zusammenfassung

In diesem Kapitel wurde das allgemeine Modell der Rentenfinanzierung entwickelt und in ein neoklassisches Wachstumsmodell mit überlappenden Generationen eingebunden. Der Staat fixiert die Pro-Kopf-Rente und die Pro-Kopf-Steuer. Der Pro-Kopf-Budgetüberschuß ergibt sich endogen. Bei der Analyse wurde ein primärer Budgetüberschuß, bei dem die Steuereinnahmen immer die Rentenausgaben übersteigen, unterstellt. Das Modell erlaubt die Analyse des langfristigen Gleichgewichts und der Anpassungsprozesse.

Für das langfristige Gleichgewicht wurde bewiesen, daß drei gleichgewichtige Niveaus des Pro-Kopf-Kapitals existieren. Bei zweien dieser Gleichgewichte befindet sich das Pro-Kopf-Kapital auf niedrigem Niveau, bei dem dritten auf einem hohen Niveau: Dieses impliziert eine dynamisch ineffiziente Wirtschaft. Die beiden niedrigen Gleichgewichtsniveaus des Pro-Kopf-Kapitals sind instabil. Dagegen ist das Gleichgewicht auf hohem Niveau stabil. Somit führt eine fixierte Steuer zu einer dynamisch ineffizienten Wirtschaft. Zurückzuführen ist dies darauf, daß die Steuereinnahmen die Rentenausgaben übersteigen. Damit ergibt sich ein Budgetüberschuß, der das Rentenvermögen vergrößert. Auf das Rentenvermögen werden Zinsen erziehlt, die wiederum den Budgetüberschuß vergrößern. Der Budgetüberschuß steigt Periode um Periode, als Folge wächst das Rentenvermögen kontinuierlich. Da das Rentenvermögen zur Kapitalakkumulation zur Verfügung steht, wächst auch das Pro-Kopf-Kapital. Dadurch sinkt der Zins. Solange der Zins größer als die Wachstumsrate der Bevölkerung ist, wächst das Rentenvermögen schneller als die Bevölkerung. Folglich wächst das Pro-Kopf-Rentenvermögen und damit das Pro-Kopf-Kapital. Erst wenn der Zins unter die Wachstumsrate der Bevölkerung sinkt, wird das Wachstum des Pro-Kopf-Rentenvermögens und des Pro-Kopf-Kapitals gebremst.

Weiter wurden die durch zwei verschiedene Schocks ausgelösten Anpassungsprozesse untersucht. Es wurde gezeigt, daß, ausgehend von einer dynamisch ineffizienten Situation, eine permanente Erhöhung der Pro-Kopf-

Steuer alle Generationen schlechter stellt. Dies ist eine Folge der dynamischen Ineffizienz, die durch die Steuererhöhung noch vergrößert wird. Weiter wurde eine temporäre Steuererhöhung betrachtet. Es wurde angenommen, daß die Rente bisher im Umlageverfahren finanziert wurde. Es existiert kein Rentenvermögen, und das Pro-Kopf-Kapital ist gering. Nun wird die Pro-Kopf-Steuer in einer Periode angehoben. In der folgenden Periode wird sie auf ihr ursprüngliches Niveau zurückgesetzt. Aufgrund der transitorischen Steuererhöhung entsteht ein Rentenvermögen. Dieses wirft in den folgenden Perioden Zinsen ab. Diese werden zur weiteren Akkumulation des Rentenvermögens verwendet. Damit steigt das Pro-Kopf-Rentenvermögen Periode um Periode, was zu einem kontinuierlichem Anstieg des Pro-Kopf-Kapitals führt. Das Pro-Kopf-Rentenvermögen und das Pro-Kopf-Kapital akkumulieren weiter, bis der Zins der Bevölkerungswachstumsrate entspricht. Folglich führt eine transitorische Steuererhöhung zum optimalen Pro-Kopf-Kapital.

III

Dynamik der optimalen Finanzierung

1. Einleitung

Im ersten Kapitel wurde die Strategie eines fixierten Pro-Kopf-Budgetüberschusses untersucht. Im zweiten Kapitel hat der Staat die Steuer pro Kopf fixiert. Da die fixierte Kopfsteuer zu einer dynamisch ineffizienten Wirtschaft führt, erscheint diese Strategie nicht sinnvoll. Für den fixierten Pro-Kopf-Budgetüberschuß wurde gezeigt, daß eine Erhöhung des Pro-Kopf-Budgetüberschusses zu einer Vermehrung des Pro-Kopf-Kapitals führt. Unter der Annahme einer dynamisch effizienten Wirtschaft führt dies langfristig zu einem Anstieg des Pro-Kopf-Konsums und des Nutzens. Allerdings ist diese Politik nicht Pareto-optimal, da zumindest eine Generation im Anpassungsprozeß schlechter gestellt wird. Damit stellt sich die Frage, wie eine optimale Politik aussieht, die den Nutzen aller Generationen berücksichtigt. In diesem Kapitel maximiert der Staat eine Wohlfahrtsfunktion, die den Nutzen der derzeit lebenden Generationen wie auch den diskontierten Nutzen aller zukünftig lebenden Generationen berücksichtigt. Also optimiert der Staat über einen unendlichen Horizont. Im Gegensatz dazu optimieren die Individuen ihren Nutzen über den Lebenszyklus.[1]

Welcher Pro-Kopf-Budgetüberschuß maximiert diese Wohlfahrtsfunktion? Wie sieht die optimale Anpassung des Pro-Kopf-Budgetüberschusses aus? Ist es optimal, den Budgetüberschuß langsam Periode um Periode anzu-

1 Politökonomisch erscheint es allerdings fraglich, wie es bei Individuen mit einem endlichen Horizont zu einem Staat mit unendlichem Horizont kommt. Wählen werden die Individuen eine Regierung, die ihren Nutzen maximiert. Insofern ist die hier durchgeführte Analyse normativ zu verstehen. Sie bildet das Referenzmaß für ein optimales Verhalten.

heben, bis er sein optimales Niveau erreicht hat? Oder ist es optimal, den Budgetüberschuß pro Kopf direkt auf das langfristig optimale Niveau anzuheben? Oder besteht die beste Politik darin, den Pro-Kopf-Budgetüberschuß kurzfristig über das langfristig optimale Niveau anzuheben, um so in einer kürzeren Zeitspanne das optimale Niveau des Pro-Kopf-Rentenvermögens zu erreichen?

Die Untersuchung in diesem Kapitel beruht auf der dynamischen Optimierung. Das betrachtete Modell ist ein diskretes Analogon zu Modellen vom Ramsey-Typ (1928). Modelle dieser Art werden in Vosgerau (1965), Burmeister und Dobell (1970), Blanchard und Fischer (1989) und in Chiang (1992) vorgestellt. Während in dieser Literatur angenommen wird, daß die Haushalte ihren Nutzen über einen unendlichen Horizont optimieren, wird hier eine langfristige Perspektive des Staates postuliert. Diese Annahme findet sich auch in Grill (1988) und in Carlberg (1995), die Staatsschulden in einem Modell mit stetiger Zeit betrachten. Im Gegensatz dazu wird die Rentenversicherung hier in einem diskreten Modell überlappender Generationen betrachtet. Methoden zur Analyse diskreter Modelle mit unendlichem Zeithorizont finden sich in Sargent (1987) und in Stokey und Lucas (1989).

Nun zu einer kurzen Darstellung der Struktur dieses Kapitels: Im 2. Abschnitt wird das Modell entwickelt. Das kurzfristige und das langfristige Gleichgewicht werden abgeleitet. Dann wird die Stabilität des langfristigen Gleichgewichts geprüft. Der 3. Abschnitt behandelt die Dynamik der Anpassung. Den Schwerpunkt bildet der Abschnitt 3.1. In diesem wird ein Strategiewechsel des Staates betrachtet. Es wird angenommen, daß der Staat die langfristigen Konsequenzen der Rentenfinanzierung bisher nicht beachtet hat. Deshalb wird die Rente im Umlageverfahren finanziert. Nun wechselt der Staat die Strategie und optimiert eine Wohlfahrtsfunktion über einen unendlichen Horizont. Abgeleitet wird die optimale Anpassung des Pro-Kopf-Budgetüberschusses. In den Abschnitten 3.2., 3.3. und 3.4. werden die dynamischen Konsequenzen einer Reduktion der sozialen Zeitpräferenzrate, einer Rentenerhöhung und eines Anstiegs der Bevölkerung betrachtet. Im 4. Abschnitt werden die Ergebnisse zusammengefaßt.

2. Modell

2.1. Kurzfristiges Gleichgewicht

Zu jedem Zeitpunkt leben zwei Generationen, die Jungen und die Alten. Die Zahl der Jungen ist N und die der Alten N_{-1}. Das Verhältnis zwischen der Zahl der Alten und der Zahl der Jungen ist durch die konstante Bevölkerungswachstumsrate $n = N/N_{-1} - 1$ bestimmt.

Wie in den vorangegangenen Kapiteln verwenden die Unternehmen Kapital und Arbeit, um einen homogenen Output zu produzieren. Die Produktionsfunktion ist vom Cobb-Douglas-Typ und damit ist die Pro-Kopf-Produktion eine Funktion des Pro-Kopf-Kapitals: $y = k^{\alpha}$. Der Zins entspricht dem Grenzprodukt des Kapitals $r = \alpha y/k$ und der Lohn dem Grenzprodukt der Arbeit $w = \beta y$.

Der Staat zahlt an jede alte Person eine Pro-Kopf-Rente g. Zur Finanzierung dieser Rente erhebt er von jeder jungen Person eine Kopfsteuer t. Außerdem hält der Staat ein Rentenvermögen A, auf das er den Zins r erzielt. Das Pro-Kopf-Rentenvermögen ist durch a gegeben. Der Pro-Kopf-Budgetüberschuß entspricht der Differenz zwischen den Pro-Kopf-Einnahmen aus Steuern und Vermögen und den Pro-Kopf-Rentenausgaben: $b = t + ra - g/(1+n)$. Der Budgetüberschuß vermehrt das Rentenvermögen, so daß sich das Rentenvermögen der nächsten Periode als Summe des Rentenvermögens und des Budgetüberschusses dieser Periode ergibt. Formuliert in Pro-Kopf-Größen gilt: $(1+n)a_{+1} = a + b$.

Wie in den vorangegangenen Kapiteln fixiert der Staat die Pro-Kopf-Rente. Im Gegensatz zu diesen Kapiteln wird nun unterstellt, daß der Staat den Pro-Kopf-Budgetüberschuß und die Pro-Kopf-Steuer verwendet, um die Wohlfahrtsfunktion über einen unendlichen Horizont zu maximieren. Konkret sei diese durch

$$W = \sum_{\tau=0}^{\infty} \log c_{\tau} \left(\frac{1}{1+\rho} \right)^{\tau} \tag{1}$$

gegeben. Die Wohlfahrt zu jedem Zeitpunkt τ ist eine Funktion des aggregierten Pro-Kopf-Konsums.[2] Der Nutzen zukünftiger Generationen wird mit dem Faktor $1+\rho$, mit $\rho > 0$, diskontiert.[3] Dabei ist ρ die soziale Zeitpräferenzrate.

Zu jedem Zeitpunkt muß der Staat entscheiden, welcher Teil des Einkommens für den augenblicklichen Konsum verwendet wird und welcher Teil für Investitionen: $Y = C + I$. Ein Anstieg des augenblicklichen Konsums erhöht die Wohlfahrt der derzeit lebenden Generationen, wohingegen ein Anstieg der Investitionen das Kapital und damit das Einkommen und die Konsummöglichkeit zukünftiger Generationen erhöht. Das Kapital der nächsten Periode entspricht der Summe aus dem Kapital und den Investitionen dieser Periode: $K_{+1} = K + I$. Wird für die Investitionen $Y - C$ eingesetzt, folgt die aggregierte Budgetrestriktion: $K_{+1} = Y + K - C$. Da die Wohlfahrt durch den Konsum des repräsentativen Individuums gemessen wird, ist es notwendig, diese Budgetrestriktion in Pro-Kopf-Größen zu transformieren: $(1+n)k_{+1} = y + k - c$. Mit $y = k^{\alpha}$ ist der Pro-Kopf-Konsum durch

$$c = k^{\alpha} + k - (1+n)k_{+1} \tag{2}$$

gegeben. Diese Beziehung erlaubt es, den Pro-Kopf-Konsum in der Wohlfahrtsfunktion zu substituieren:

$$W = \sum_{\tau=0}^{\infty} p_{\tau}(k_{\tau}, k_{\tau+1}) \left(\frac{1}{1+\rho} \right)^{\tau} \tag{3}$$

---

2 Sicherlich sinnvoller wäre es anzunehmen, daß die Wohlfahrt zu jedem Zeitpunkt eine Funktion des Nutzens und nicht des Pro-Kopf-Konsums ist. Dadurch würde die Komplexität der Analyse erheblich erhöht, ohne daß sich eines der wesentlichen Ergebnisse ändern würde.

3 Bezüglich sozialer Wohlfahrtsfunktionen unterscheidet Neumann (1987) den Fall der "Gleichbehandlung von Individuen" und den Fall von "Gleichbehandlung von Generationen". Hier werden alle Generationen gleichbehandelt. Im Fall einer Gleichbehandlung von Individuen müßte der Nutzen jeder Periode mit der Größe der Generation gewichtet werden vgl. auch Neumann (1985) und Neumann (1992). Bezüglich der Effekte der Rente und ihrer Finanzierung würde sich keines der im folgenden abgeleiteten Resultate ändern, wenn eine Gleichbehandlung von Individuen unterstellt würde. Vgl. dazu die Diskussion zwischen Burbidge (1983) und Buiter und Carmichael (1984). Unterschiede ergeben sich ausschließlich bei demographischen Schocks.

Dabei gilt: $p_\tau(k_\tau,k_{\tau+1}) = \log[\,k_\tau^\alpha + k_\tau - (1+n)k_{\tau+1}] = \log c_\tau$. In der Periode τ ist das Pro-Kopf-Kapital gegeben. Somit ist die Kontrollvariable des Staates das Pro-Kopf-Kapital in der Periode $\tau + 1$. Offensichtlich ist die Variable $k_{\tau+1}$ nur in den Funktionen p_τ und $p_{\tau+1}$ enthalten. Die Optimierung von W führt zu der folgenden Bedingung:

$$\frac{\partial W}{\partial k_{\tau+1}} = \frac{\partial p_\tau}{\partial k_{\tau+1}}\left(\frac{1}{1+\rho}\right)^\tau + \frac{\partial p_{\tau+1}}{\partial k_{\tau+1}}\left(\frac{1}{1+\rho}\right)^{\tau+1} = 0 \tag{4}$$

Die Auswertung der partiellen Ableitungen ergibt $\partial p_\tau/\partial k_{\tau+1} = -(1+n)/c_\tau$ und $\partial p_{\tau+1}/\partial k_{\tau+1} = (1+r_{\tau+1})/c_{\tau+1}$. Damit hat Gleichung (4) in der Periode $\tau = 0$ die folgende Lösung:

$$\frac{c_{+1}}{c} = \frac{(1+r_{+1})}{(1+n)(1+\rho)} \tag{5}$$

Mit (5) ist die optimale Entwicklung des aggregierten Pro-Kopf-Konsums determiniert. Kausal ist (5) so zu interpretieren, daß der Konsum dieser Periode eine Funktion des Konsums der folgenden Periode ist.

Nun zur individuellen Nutzenmaximierung. Das repräsentative Individuum lebt zwei Perioden und maximiert eine Cobb-Douglas-Nutzenfunktion:

$$u = \gamma \log c^1 + \delta \log c^2 \qquad \text{mit } \gamma + \delta = 1 \text{ und } \gamma, \delta > 0 \tag{6}$$

Der Nutzen wird durch den Konsum während der Jugend c^1 und während des Alters c^2 bestimmt. Die individuelle Zeitpräferenzrate ist durch $\theta = \gamma/\delta - 1$ definiert. Während der Jugend bietet das Individuum Arbeit an und erhält dafür den Lohn w. Ein Teil dieses Lohns muß zur Finanzierung der Steuer t verwendet werden. Der Rest kann entweder konsumiert c^1 oder gespart s werden. Der Konsum im Alter kann über die Rente g oder die Ersparnis, auf die der Zins r_{+1} erzielt wird, finanziert werden. Die Maximierung der Nutzenfunktion unter Beachtung der Budgetrestriktionen führt zur Konsumfunktion: $c^1 = \gamma[\beta y - t + g/(1 + r_{+1})]$. Daraus folgt die Sparfunktion: $s = \delta(\beta y - t) - \gamma g/(1 + r_{+1})$. Der Pro-Kopf-

Konsum während des Alters ist mit $c^2 = (1 + r_{+1})s + g$ gegeben. Durch Einsetzen der Sparfunktion und Umformen folgt: $c^2 = (1 + r_{+1})\delta[\beta y - t + g/(1 + r_{+1})]$. Entsprechend ist das Verhältnis zwischen dem Konsum während des Alters und dem während der Jugend durch $c^2/c^1 = (1 + r_{+1})/(1 + \theta)$ bestimmt.

Der aggregierte Konsum pro Kopf in jeder Periode ist die gewichtete Summe aus dem Pro-Kopf-Konsum der Jungen und der Alten: $c = c^1 + c^2_{-1}/(1 + n)$. Dabei determiniert die individuelle Nutzenmaximierung das Verhältnis zwischen dem Konsum während der Jugend und dem während des Alters: $c^2/c^1 = (1 + r_{+1})/(1 + \theta)$. Darin kann der Term $(1 + r_{+1})$ mit Hilfe von (5) ersetzt werden:

$$\frac{c^2}{c^1} = \frac{(1+n)(1+\rho)}{(1+\theta)} \frac{c_{+1}}{c} \tag{7}$$

Dies impliziert ein konstantes Verhältnis zwischen c^2/c_{+1} und c^1/c. Der Pro-Kopf-Konsum der Jungen und der der Alten wächst folglich mit der Rate des aggregierten Pro-Kopf-Konsums. Einsetzen von $c^2_{-1} = c^2\, c/c_{+1}$ in $c = c^1 + c^2_{-1}/(1 + n)$ und ersetzen von c^2 mit Hilfe von $c^2 = (1 + r_{+1})c^1/(1 + \theta)$ liefert: $c = [1 + (1 + \rho)/(1 + \theta)]c^1$. Zur Vereinfachung der Notation wird $\mu := 1 + (1 + \rho)/(1 + \theta)$ definiert. Nun wird für c^1 die Verhaltensfunktion verwendet, um eine Funktion für den aggregierten Konsum pro Kopf zu erhalten:

$$c = \mu\gamma \left[\beta y - t + \frac{g}{1 + r_{+1}} \right] \tag{8}$$

Die Zusammenfassung der bisherigen Argumente führt zu einem System von sieben Gleichungen, die das kurzfristige Gleichgewicht charakterisieren:

$$y = k^{\alpha} \tag{9.1}$$

$$r = \frac{\alpha y}{k} \tag{9.2}$$

$$c = \frac{(1+\rho)(1+n)}{1+r_{+1}} c_{+1} \tag{9.3}$$

$$c = \mu\gamma \left[\beta y - t + \frac{g}{1+r_{+1}} \right] \tag{9.4}$$

$$(1+n)k_{+1} = y + k - c \tag{9.5}$$

$$(1+n)a_{+1} = a + b \tag{9.6}$$

$$b = t + ra - \frac{g}{1+n} \tag{9.7}$$

Die endogenen Variablen sind: a_{+1}, b, c, k_{+1}, r, t und y.

2.2. Langfristiges Gleichgewicht

Im Steady State sind der Pro-Kopf-Konsum, das Pro-Kopf-Rentenvermögen und das Pro-Kopf-Kapital konstant. Folglich kann das langfristige Gleichgewicht durch ein System von sieben Gleichungen beschrieben werden:

$$y = k^{\alpha} \tag{10.1}$$

$$r = \frac{\alpha y}{k} \tag{10.2}$$

$$(1+r) = (1+\rho)(1+n) \tag{10.3}$$

$$c = \mu\gamma \left[\beta y - t + \frac{g}{1+r} \right] \tag{10.4}$$

$$y = c + nk \tag{10.5}$$

$$a = \frac{b}{n} \tag{10.6}$$

$$b = t + ra - \frac{g}{1+n} \tag{10.7}$$

Hier sind die endogenen Variablen a, b, c, k, r, t und y.

Im weiteren Verlauf dieses Abschnitts werden die Steady-State-Niveaus der endogenen Variablen explizit gemacht. Aus Gleichung (10.3) ergibt sich der Zins: $r = \rho + n + \rho n$. Einsetzen in (10.2) und ersetzen der Produktion durch (10.1) liefert:

$$k = \left[\frac{\alpha}{\rho + n + \rho n}\right]^{\frac{1}{\beta}} \tag{11}$$

Das Pro-Kopf-Kapital ist ausschließlich durch die Parameter der Produktionsfunktion, die soziale Zeitpräferenzrate und die Bevölkerungswachstumsrate bestimmt. Insbesondere hat die Höhe der Pro-Kopf-Rente keinen Einfluß. Ein Anstieg der sozialen Zeitpräferenzrate und der Bevölkerungswachstumsrate führt zu einem Rückgang des Pro-Kopf-Kapitals. Aus (10.1) und (10.5) kann nun das Niveau des Pro-Kopf-Konsums gefolgert werden:

$$c = k^{\alpha} - nk \tag{12}$$

Damit wird deutlich: *Auch der Pro-Kopf-Konsum wird nicht durch das Niveau der Pro-Kopf-Rente beeinflußt.*

Nun wird das System nach den Parametern der Rentenversicherung aufgelöst. Gleichung (10.6) bestimmt das langfristige Niveau des Pro-Kopf-Rentenvermögens. Um die Steuer zu erhalten, wird dieses in (10.7) eingesetzt. Der Zins wird mit Hilfe von (10.3) durch $\rho + n + \rho n$ ersetzt. Dann folgt durch Umformen:

$$t = \frac{g}{1+n} - \frac{\rho(1+n)b}{n} \tag{13}$$

Die Steuer aus (13) wird zusammen mit (10.1) und (10.3) in der Sparfunktion verwendet:

$$s = \beta\delta k^{\alpha} + \frac{\delta\rho(1+n)b}{n} - \frac{\delta g}{1+n} - \frac{\gamma g}{(1+\rho)(1+n)} \tag{14}$$

Das Pro-Kopf-Kapital der nächsten Periode muß entweder durch die Ersparnis der Jungen oder durch das Rentenvermögen finanziert werden. Im langfristigen Gleichgewicht gilt somit: $(1+n)k = s + (1+n)a$. Entsprechend (10.6) gilt $a = b/n$. Damit kann der zur Finanzierung des Pro-Kopf-Kapitals notwendige Pro-Kopf-Budgetüberschuß berechnet werden: $b = n(k - s/(1+n))$. Einsetzen der Sparfunktion und Umformen ergibt:

$$b = \frac{n}{1+n+\delta\rho(1+n)}\left[(1+n)k - \beta\delta k^{\alpha} + \frac{(1+\delta\rho)g}{(1+\rho)(1+n)}\right] \tag{15}$$

Für $\rho = 0$ entspricht b dem im ersten Kapitel abgeleiteten optimalen Pro-Kopf-Budgetüberschuß. Für $\rho > 0$ ist der Budgetüberschuß pro Kopf kleiner als b^* in Kapitel I. Dies ist darauf zurückzuführen, daß das optimale Pro-Kopf-Kapital geringer ist, da der zukünftige Konsum diskontiert wird. Eine Erhöhung der Pro-Kopf-Rente erhöht offensichtlich den Pro-Kopf-Budgetüberschuß. Tabelle III.1 zeigt für ein numerisches Beispiel die Folgen von Variationen der Pro-Kopf-Rente, der sozialen Zeitpräferenz und der Bevölkerungswachstumsrate.[4] Folgendes wird deutlich: *Das Pro-Kopf-Kapital wird nicht durch die Höhe der Pro-Kopf-Rente beeinflußt. Eine Erhöhung der Pro-Kopf-Rente erfordert einen Anstieg der Kopfsteuer und reduziert die Pro-Kopf-Ersparnis. Die Reduktion der Ersparnis wird exakt durch die Erhöhung des Pro-Kopf-Budgetüberschusses ausgeglichen. Ein Anstieg der sozialen Zeitpräferenzrate und der*

---

4 Die Bevölkerungswachstumsrate hat keinen Einfluß auf das Pro-Kopf-Kapital, wenn in der Terminologie von Neumann (1987) eine Gleichbehandlung von Individuen unterstellt wird. Vgl. dazu auch: Meijdam und Verbon (1995), Canton und Meijdam (1996) sowie Meijdam und Verbon (1996).

Bevölkerungswachstumsrate reduziert das Pro-Kopf-Kapital und den Pro-Kopf-Budgetüberschuß. Die Pro-Kopf-Steuer steigt, wenn die soziale Zeitpräferenzrate steigt, und sie sinkt, wenn die Wachstumsrate steigt.

Tabelle III.1: Langfristige Gleichgewichte

Variationen der Pro-Kopf-Rente					
g	b	t	k	y	c
0,1	0,0123	0,0391	0,0705	0,5883	0,4877
0,2	0,0343	0,0766	0,0705	0,5883	0,4877
0,3	0,0563	0,1140	0,0705	0,5883	0,4877
Angenommene Parameterwerte: $\alpha = 0,2$; $\beta = 0,8$; $\gamma = 0,6$; $\delta = 0,4$; $\rho = 0,1$; n = 1,427					
Variationen der sozialen Zeitpräferenzrate					
ρ	b	t	k	y	c
0,000	0,0799	0,1236	0,0857	0,6118	0,4895
0,037	0,0701	0,1192	0,0794	0,6027	0,4892
0,500	0,0134	0,1122	0,0397	0,5246	0,4679
0,869	0,0000	0,1236	0,0276	0,4876	0,4483
Angenommene Parameterwerte: $\alpha = 0,2$; $\beta = 0,8$; $\gamma = 0,6$; $\delta = 0,4$; g = 0,3; n = 1,427					
Variationen der Bevölkerungswachstumsrate					
n_j (n)	b	t	k	y	c
0,01 (0,3478)	0,0997	0,1839	0,3325	0,8023	0,6867
0,03 (1,4273)	0,0563	0,1140	0,0705	0,5883	0,4877
0,05 (3,3219)	0,0166	0,0672	0,0256	0,4804	0,3954
Angenommene Parameterwerte: $\alpha = 0,2$; $\beta = 0,8$; $\gamma = 0,6$; $\delta = 0,4$; $\rho = 0,1$; g = 0,3 n_j ist die jährliche Bevölkerungswachstumsrate					

Bei der Variation der sozialen Zeitpräferenz ist folgendes anzumerken: Bei $\rho = 0$ findet keine Diskontierung des zukünftigen Nutzen statt. Der Pro-Kopf-Budgetüberschuß entspricht dem in Kapitel I abgeleiteten optimalen Budgetüberschuß. Für $\rho = 0,037$ ergibt sich der Pro-Kopf-Budgetüberschuß, der im Kapitaldeckungsverfahren realisiert wird. Bei $\rho = 0,5$ entspricht die soziale Zeitpräferenz der privaten. Der Unterschied zwischen den beiden besteht darin, daß mit der sozialen Zeitpräferenz über einen unendlichen Horizont maximiert wird, wohingegen die Individuen ihren Nutzen nur über zwei Perioden optimieren. Bei dieser sozialen Zeitpräferenz wird ein Pro-Kopf-Budgetüberschuß realisiert, der deutlich unter dem kapitaldeckenden ist. Bei $\rho = 0{,}869$ ergibt sich ein Budgetüberschuß von Null. Somit ist bei dieser sozialen Zeitpräferenz das Umlageverfahren optimal.

2.3. Stabilität

Die im kurzfristigen Gleichgewicht enthaltene Dynamik kann durch ein System von zwei Differenzengleichungen beschrieben werden: Die Bewegungsgleichung des Pro-Kopf-Konsums und die des Pro-Kopf-Kapitals. Die Gleichung für das Kapital pro Kopf ist in (9.5) angegeben. Wird darin y durch die Produktionsfunktion (9.1) ersetzt, so ergibt sich:

$$(1+n)k_{+1} = k^{\alpha} + k - c \qquad (16)$$

Dabei gilt $dk_{+1}/dc = -1/(1+n) < 0$. Um die in Abbildung III.1 dargestellte kk-Linie zu erhalten, wird die Gleichgewichtsbedingung $k_{+1} = k$ in (16) eingesetzt. Aufgelöst nach dem Pro-Kopf-Konsum gilt:

$$c = k^{\alpha} - nk \qquad (17)$$

Entlang der kk-Linie ist das Pro-Kopf-Kapital konstant. Wie sich aus der Ableitung dk_{+1}/dc ergibt, steigt das Pro-Kopf-Kapital unterhalb der kk-Linie und es fällt oberhalb.

Gleichung (9.3) bestimmt die Bewegung des Pro-Kopf-Konsums. Unter Verwendung von (9.1) und (9.2) wird der Zins der nächsten Periode durch das Grenzprodukt des Kapitals der nächsten Periode ersetzt. Wie (16) zeigt, ist das Pro-Kopf-Kapital der nächsten Periode vom Pro-Kopf-Kapital und Pro-Kopf-Konsum dieser Periode abhängig. Unter Beachtung dieser Beziehungen folgt:

$$c_{+1} = \left[1+\alpha\left(\frac{k^{\alpha}+k-c}{1+n}\right)^{-\beta}\right]\frac{c}{(1+\rho)(1+n)} \tag{18}$$

Demzufolge gilt $dc_{+1}/dc \gtrless 1$ für $\alpha\beta c/(1+n) \gtrless (\rho+n+\rho n-r_{+1})k^{1+\beta}$. Dabei steigt die rechte Seite mit dem Pro-Kopf-Konsum c, wohingegen die linke Seite mit c fällt. Weiter wird nun die Gleichgewichtsbedingung $c_{+1} = c$ in (18) eingesetzt:

$$c = k^{\alpha}+k-(1+n)\left[\frac{\alpha}{\rho+n+\rho n}\right]^{\frac{1}{\beta}} \tag{19}$$

Dies definiert das Niveau des Pro-Kopf-Kapitals, bei dem der Pro-Kopf-Konsum konstant ist. Entsprechend hat die in Abbildung III.1 dargestellte cc-Linie eine positive Steigung von $1+\alpha k^{-\beta}$. Wie aus der Ableitung dc_{+1}/dc bekannt, fällt der Konsum unterhalb der cc-Linie, und er steigt oberhalb.

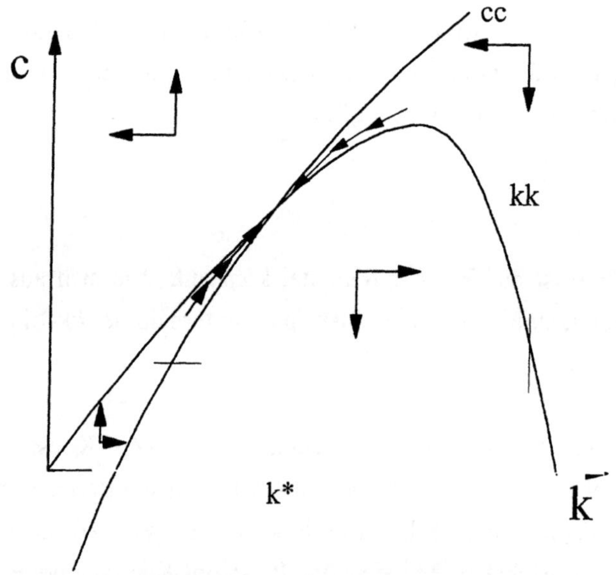

Abbildung III.1: Phasendiagramm

Wie das Phasendiagramm zeigt, ist das Gleichgewicht sattelpunktstabil. Daraus ergibt sich das folgende Resultat: *Es existiert ein eindeutiger optimaler Pfad der Anpassung*.

3. Dynamik der Anpassung

3.1. Wechsel zur optimalen Finanzierung

Zu Beginn der dynamischen Analyse wird das folgende Szenario betrachtet: Bis jetzt wurde die Rente im Umlageverfahren finanziert, da der Staat die langfristigen Konsequenzen nicht beachtet hat. Nun entscheidet der Staat, einen Strategiewechsel vorzunehmen und die Rente optimal zu finanzieren. Dazu führt er eine dynamische Optimierung aus. Dieser Abschnitt konzentriert sich auf die optimale Anpassung des Pro-Kopf-Kapitals, des Pro-Kopf-Konsums und des Pro-Kopf-Budgetüberschusses.

Zu Beginn wird die Rente im Umlageverfahren finanziert. Als Konsequenz sind das Pro-Kopf-Kapital und der Pro-Kopf-Konsum auf niedrigem Niveau. Punkt 0 kennzeichnet diese Ausgangssituation im Phasendiagramm in Abbildung III.2.

Nun entscheidet der Staat, eine intertemporale Wolfahrtsoptimierung vorzunehmen. Die soziale Zeitpräferenz läßt dabei langfristig ein höheres Pro-Kopf-Kapital wünschenswert erscheinen. Im Anpassungsprozeß zwingt der Staat die Wirtschaft auf den Sattelpfad. Augenblicklich wird der Konsum pro Kopf reduziert. Das Kapital pro Kopf ist dagegen kurzfristig konstant. Im Phasendiagramm springt die Wirtschaft in den Punkt 1. Die Reduktion des Pro-Kopf-Konsums erlaubt einen Anstieg der Pro-Kopf-Investitionen. Mittelfristig führt dieser zu einem Anwachsen des Kapitals pro Kopf und damit des Einkommens pro Kopf. Dies erlaubt einen Anstieg des Pro-Kopf-Konsums. Anders ausgedrückt: Die Wirtschaft bewegt sich entlang des Sattelpfads. Im Verlauf der Zeit konvergiert die Wirtschaft gegen das langfristige Gleichgewicht im Punkt 2. In diesem sind der Konsum pro Kopf und das Kapital pro Kopf konstant. Damit bleiben auch die Pro-Kopf-Ersparnis, der Pro-Kopf-Budgetüberschuß und die Pro-Kopf-Steuer unverändert. Offensichtlich sind sowohl das Pro-Kopf-Kapital als auch der Pro-Kopf-Konsum im Vergleich zu ihren Ausgangsniveaus gestiegen.

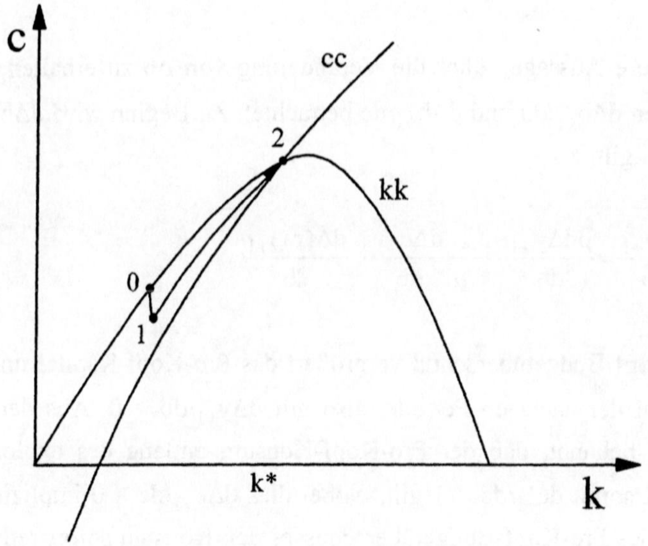

Abbildung III.2: Optimale Anpassung

Soweit konnte der Anpassungspfad des Konsums und des Kapitals, jeweils pro Kopf, mit Hilfe des Phasendiagramms abgeleitet werden. Es fehlt jedoch der dazugehörige Pfad des Pro-Kopf-Budgetüberschusses. Dieser ist von besonderer Bedeutung, da der Budgetüberschuß die treibende Kraft im Anpassungsprozeß ist.

Um die hinter der Anpassung des Konsums und des Kapitals stehende Bewegung des Pro-Kopf-Budgetüberschusses zu erkennen, ist es notwendig, in Gleichung (9.4) erste Differenzen zu bilden. Dadurch wird die Veränderung des Pro-Kopf-Konsums im Zeitablauf deutlich: $\Delta c_{+1} = \mu\gamma[\beta\Delta y_{+1} - \Delta t_{+1} + \Delta(g/(1 + r_{+2}))]$. Die Veränderung der Kopfsteuer kann über die Budgetrestriktion (9.7) bestimmt werden: $\Delta t_{+1} = \Delta b_{+1} - \Delta(ra)_{+1} + \Delta(g/(1 + n))$. Unter Beachtung von $\Delta(g/(1 + n)) = 0$ und $\Delta(g/(1 + r_{+2})) \approx 0$ kann die Funktion für die Veränderung des Konsums vereinfacht werden. Umformen führt dann zu einer Funktion für die Veränderung des Pro-Kopf-Budgetüberschusses:

$$\Delta b_{+1} = \beta\Delta y_{+1} - \frac{\Delta c_{+1}}{\mu\gamma} + \Delta(ra)_{+1} \tag{20}$$

Um genauere Aussagen über die Veränderung von Δb zu erhalten, werden die Ableitungen $d\Delta b_{+1}/db$ und $d\Delta b_{+1}/dc$ betrachtet. Zu Beginn wird $d\Delta b_{+1}/db$ analysiert. Dabei gilt:

$$\frac{d\Delta b_{+1}}{db} = \frac{\beta d\Delta y_{+1}}{db} - \frac{1}{\gamma\mu}\frac{d\Delta c_{+1}}{db} + \frac{d\Delta(ra)_{+1}}{db} \tag{21}$$

Der Pro-Kopf-Budgetüberschuß vergrößert das Pro-Kopf-Kapital und damit das Einkommen der nächsten Periode, also gilt $d\Delta y_{+1}/db > 0$. Aus der Stabilitätsanalyse ist bekannt, daß der Pro-Kopf-Konsum entlang des explosiven Pfads wächst und somit $dc_{+1}/dc > 1$ gilt, wobei dies $d\Delta c_{+1}/dc > 0$ impliziert. Da eine Erhöhung des Pro-Kopf-Budgetüberschusses den Konsum sofort reduziert $dc/db < 0$, wie sich aus (9.4) und (9.7) ergibt, kann gefolgert werden, daß er auch den Pro-Kopf-Konsum in der nächsten Periode reduziert, also $d\Delta c_{+1}/db < 0$. Der letzte Term in (21) gibt die durch eine Erhöhung des Pro-Kopf-Budgetüberschusses ausgelösten Veränderungen der Pro-Kopf-Zinseinnahmen an. Eine Erhöhung des Budgetüberschusses pro Kopf vergrößert auf der einen Seite das Rentenvermögen pro Kopf, reduziert aber auf der anderen Seite den Zins, da das Pro-Kopf-Kapital steigt. Somit ergibt sich kein eindeutiger Effekt auf die Pro-Kopf-Zinseinnahmen. Aber selbst wenn der Effekt auf die Zinseinnahmen negativ ist, wird dieses nicht den positiven Effekt auf das Einkommen kompensieren. Folglich ist das Vorzeichen der Ableitung in (21) positiv. Damit kann festgestellt werden: Eine Erhöhung des Pro-Kopf-Budgetüberschusses führt zu einer größeren Veränderung des Pro-Kopf-Budgetüberschusses in der nächsten Periode, also $d\Delta b_{+1}/db > 0$. Ein formaler Beweis dieses Resultats findet sich im Anhang dieses Kapitels.

Jetzt zur Analyse von:

$$\frac{d\Delta b_{+1}}{dc} = \frac{\beta d\Delta y_{+1}}{dc} - \frac{1}{\gamma\mu}\frac{d\Delta c_{+1}}{dc} + \frac{d\Delta(ra)_{+1}}{dc} \tag{22}$$

Ein Anstieg des Pro-Kopf-Konsums reduziert die Pro-Kopf-Investitionen und damit das Pro-Kopf-Kapital sowie das Pro-Kopf-Einkommen der nächsten Periode. Folglich ist $d\Delta y_{+1}/dc$ negativ. Auf der anderen Seite wird durch den Rückgang des Pro-Kopf-Kapitals der Zins angehoben und somit das Zinseinkommen pro Kopf erhöht, $d\Delta(ra)_{+1}/dc > 0$. Wie bereits bekannt, ist der Term $d\Delta c_{+1}/dc$ positiv und trägt somit ebenfalls negativ zur Ableitung bei. Somit trägt von den drei Termen in (22) nur die Veränderung des Zinseinkommens positiv zur Ableitung bei. Dieser positive Effekt wird jedoch nicht die beiden negativen Terme kompensieren. Dies führt zu dem Resultat: Ein Anstieg des Pro-Kopf-Konsums führt zu einer Reduktion der Veränderung des Pro-Kopf-Budgetüberschusses. Die Ableitung in (22) ist somit insgesamt negativ: $d\Delta b_{+1}/dc < 0$. Ein formaler Beweis findet sich wiederum im Anhang.

Welche Schlußfolgerungen lassen sich jetzt aus $d\Delta b_{+1}/db > 0$ und $d\Delta b_{+1}/dc < 0$ ziehen? Angenommen der Budgetüberschuß pro Kopf steigt in einer Periode des Anpassungsprozesses. Dann steigt er entsprechend der Ableitung $d\Delta b_{+1}/db$ in der nächsten Periode in noch größerem Ausmaß. Andererseits zeigt das Phasendiagramm, daß der Pro-Kopf-Konsum im Anpassungsprozeß kontinuierlich steigt. Entsprechend der Ableitung $d\Delta b_{+1}/dc < 0$ muß dann die Veränderung des Pro-Kopf-Budgetüberschusses im Zeitablauf kleiner werden. Somit besteht ein Widerspruch zwischen den in (21) und (22) angegebenen Ableitungen. Wenn der Pro-Kopf-Budgetüberschuß jedoch in einer Periode fällt, wird die Reduktion in der nächsten Periode kleiner. Dies setzt sich von Periode zu Periode fort und zwar entsprechend der beiden Gleichungen (21) und (22). Es besteht somit kein Widerspruch.

Als Konsequenz kann das folgende Resultat festgehalten werden: *Im Verlauf des Anpassungsprozesses fällt der Pro-Kopf-Budgetüberschuß kontinuierlich.* Der Anpassungsprozeß wird in Abbildung III.3 dargestellt. In Box III.1 findet sich eine Simulation. Diese wird im Anhang tabellarisch dargestellt.

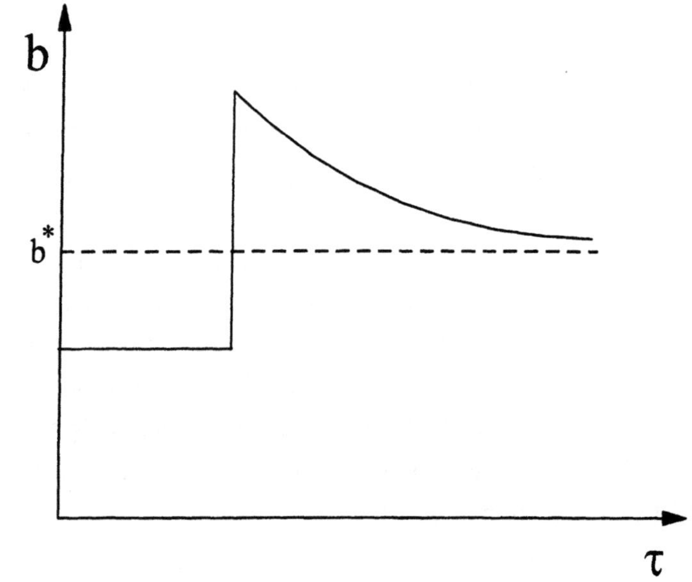

Abbildung III.3: Optimale Anpassung des Pro-Kopf-Budgetüberschusses

Box III.1: Numerisches Beispiel - Wechsel zur optimalen Finanzierung

Unterstellte Parameterwerte: $\alpha = 0{,}2$; $\beta = 0{,}8$; $\gamma = 0{,}6$; $\delta = 0{,}4$; $\rho = 0{,}5$; $g = 0{,}3$, $n = 1{,}427$

Zu Beginn ruht die Wirtschaft im langfristigen Gleichgewicht. Ein Rente von $g = 0{,}3$ wird im Umlageverfahren finanziert, $b = 0$. Das Pro-Kopf-Kapital ist $k = 0{,}0276$, woraus ein Pro-Kopf-Einkommen von $y = 0{,}488$ resultiert. Der Pro-Kopf-Konsum ist mit $c = 0{,}448$ gegeben. Somit wird eine Konsumquote von 91% realisiert. Alle Größen sind im Zeitablauf konstant.

Nun entscheidet der Staat, eine dynamische Optimierung vorzunehmen. Dabei wird eine soziale Zeitpräferenzrate angenommen, die der individuellen entspricht, also $\rho = 0{,}5$. Der Unterschied zur individuellen Zeitpräferenz besteht darin, daß der Staat einen unendlichen Horizont hat, während die Individuen nur die nächste Periode einbeziehen. Die optimale Strategie des Staates besteht darin, den Pro-Kopf-Budgetüberschuß auf $b = 0{,}0214$ anzuheben.* Kurzfristig verbleibt das

Kapital pro Kopf konstant und damit auch das Pro-Kopf-Einkommen, der Lohn und der Zins. Um die Erhöhung des Budgetüberschusses zu finanzieren, muß der Konsum um 4% auf c = 0,428 gesenkt werden.

In der nächsten Periode steigt das Pro-Kopf-Rentenvermögen auf a = 0,0088 und damit das Pro-Kopf-Kapital um beinahe 30% auf k = 0,0357. Mit diesem wächst auch das Pro-Kopf-Einkommen um etwa 5% auf y = 0,514. Das höhere Einkommen gewährt einen höheren Konsum und eine höhere Ersparnis. Das Anwachsen der Pro-Kopf-Ersparnis erlaubt es, den Pro-Kopf-Budgetüberschuß um etwa 40% auf b = 0,0136 zu senken. Damit kann die Kopfsteuer reduziert werden was den Pro-Kopf-Konsum erhöht. Der Konsum pro Kopf liegt bei c = 0,456, was einem Anstieg um etwa 6% im Vergleich zur vorangegangenen Periode und einem Anstieg um etwa 2% im Vergleich zum ursprünglichen Steady State entspricht. In der folgenden Periode wächst das Pro-Kopf-Kapital um weitere 10%, was einen Anstieg des Pro-Kopf-Einkommens um etwa 2% induziert. Folglich steigen auch der Pro-Kopf-Konsum und die Pro-Kopf-Ersparnis. Damit kann der Pro-Kopf-Budgetüberschuß noch einmal um 0,5% gesenkt werden. Das höhere Pro-Kopf-Einkommen und der niedrigere Pro-Kopf-Budgetüberschuß erlauben ein Wachstum des Pro-Kopf-Konsums um etwa 2%. Der Anpassungsprozeß ist nun im wesentlichen abgeschlossen.

In den folgenden Perioden setzt sich aber der Prozeß steigender Pro-Kopf-Größen des Kapitals, des Einkommens und des Konsums fort. Dabei kann der Pro-Kopf-Budgetüberschuß weiter reduziert werden. Die Wirtschaft konvergiert gegen ein neues langfristiges Gleichgewicht. Der Pro-Kopf-Budgetüberschuß verbleibt bei b = 0,01345, woraus ein Pro-Kopf-Rentenvermögen von a = 0,0094 folgt. Die Pro-Kopf-Ersparnis konvergiert gegen s = 0,0736. Daraus ergibt sich ein Pro-Kopf-Kapital von k = 0,0397. Das Pro-Kopf-Einkommen erreicht y = 0,525. Im Verlauf der Anpassung ist das Pro-Kopf-Kapital um 44% gestiegen. Damit steigt das Pro-Kopf-Einkommen um etwa 8%, der Pro-Kopf-Konsum um etwa 4% und der Nutzen um etwa 7%.

* Die Startwerte des Anpassungsprozesses sind mit dem Multiple-Shooting-Verfahren ermittelt worden, vgl. Lipton et al. (1982) sowie Taylor (1983).

3.2. Reduktion der sozialen Zeitpräferenz

Dem in 3.1. dargestellten Anpassungsprozeß kann eine weitere Interpretation gegeben werden. Der Schock besteht jetzt nicht in einem Wechsel der Strategie sondern in einer Reduktion der Zeitpräferenz. Vor dem Schock befindet sich die Wirtschaft im langfristigen Gleichgewicht. Der Budgetüberschuß und das Rentenvermögen, jeweils pro Kopf, verbleiben konstant. Ebenso die Pro-Kopf-Größen der Investitionen und des Kapitals. Folglich bewegen sich auch das Pro-Kopf-Einkommen und der Pro-Kopf-Konsum nicht. Nun sinkt die soziale Zeitpräferenzrate. Im Phasendiagramm verschiebt sich die cc-Linie nach rechts, wohingegen die kk-Linie unverändert bleibt, siehe Abbildung III.4. Ein Vergleich der beiden langfristigen Gleichgewichte zeigt, daß das Pro-Kopf-Kapital und der Pro-Kopf-Konsum ansteigen. Der Pfeil zeigt, wie sich die beiden Größen mit der Zeit entwickeln.

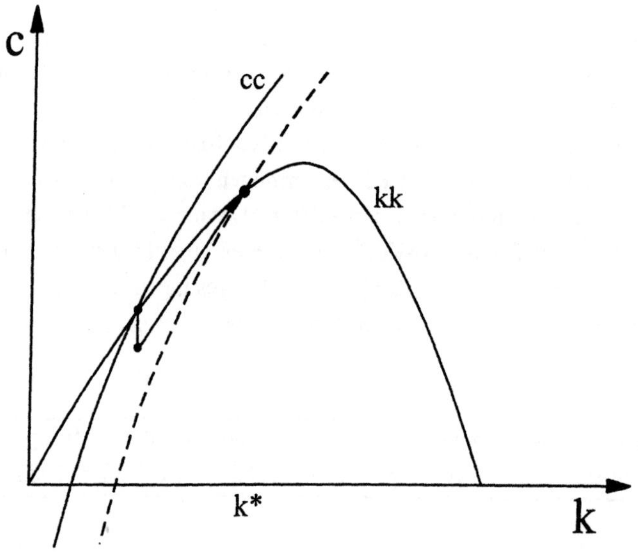

Abbildung III.4: Phasendiagramm - Reduktion der Sozialen Zeitpräferenz

Im Augenblick der Reduktion der sozialen Zeitpräferenz entscheidet der Staat, den Pro-Kopf-Budgetüberschuß anzuheben. Das Pro-Kopf-Rentenvermögen und das Pro-Kopf-Kapital sind kurzfristig konstant. Damit bleiben auch das Pro-Kopf-Einkommen und die Pro-Kopf-Zinseinnahmen unverändert. Die Erhöhung des Pro-Kopf-Budgetüberschusses muß somit durch einen Steueranstieg finanziert werden. Dieser reduziert den Konsum und die Ersparnis der Jungen.

Mittelfristig führt die Erhöhung des Pro-Kopf-Budgetüberschusses zu einem Wachstum des Pro-Kopf-Rentenvermögens. Dieses überkompensiert den Rückgang der Ersparnis, und somit steigen die Pro-Kopf-Investitionen. Diese erhöhen das Pro-Kopf-Kapital kontinuierlich. Als Folge steigt das Pro-Kopf-Einkommen und damit die Pro-Kopf-Ersparnis und der Pro-Kopf-Konsum. Dies erlaubt es dem Staat, den Budgetüberschuß pro Kopf zu senken.

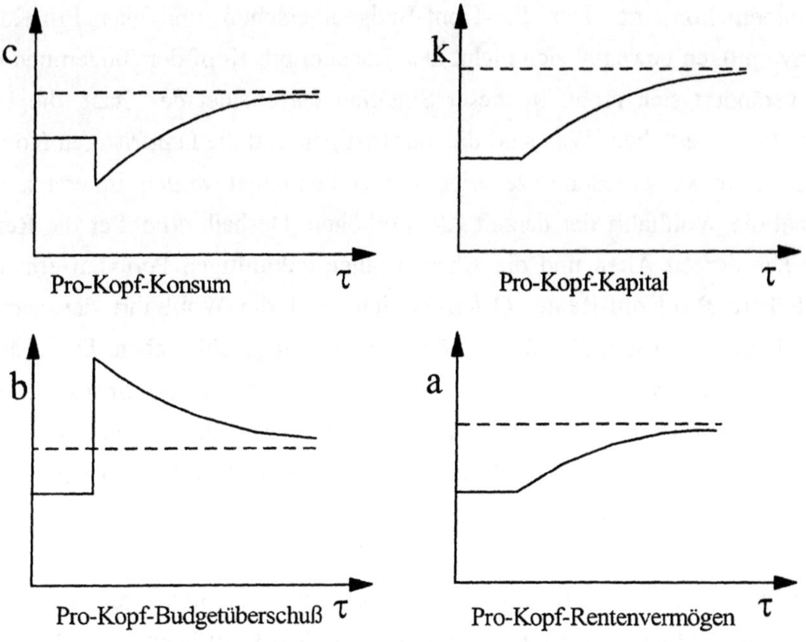

Abbildung III.5: Zeitpfade - Reduktion der sozialen Zeitpräferenz

Mit fortschreitender Zeit konvergiert die Wirtschaft in ein neues langfristiges Gleichgewicht. Die Pro-Kopf-Größen des Budgetüberschusses, des

Rentenvermögens, der Investitionen und des Kapitals verbleiben konstant. Dabei sind das Pro-Kopf-Rentenvermögen, das Pro-Kopf-Kapital und der Pro-Kopf-Konsum gegenüber ihren Ausgangsniveaus gestiegen. Abbildung III.5 illustriert die Zeitpfade von einigen Variablen.

Als Resultat kann festgehalten werden: *Eine Reduktion der sozialen Zeitpräferenz führt langfristig zu einem höheren Pro-Kopf-Konsum, wohingegen sie kurzfristig den Konsum reduziert.*

3.3. Erhöhung der Rente

Zu Beginn ruht die Wirtschaft im langfristigen Gleichgewicht. Die Pro-Kopf-Investitionen sind ebenso wie das Pro-Kopf-Kapital und das Pro-Kopf-Einkommen konstant. Der Pro-Kopf-Budgetüberschuß und das Pro-Kopf-Rentenvermögen bewegen sich nicht. Der Konsum pro Kopf der Jungen und der Alten verändert sich nicht. In dieser Situation entscheidet der Staat, die Pro-Kopf-Rente zu erhöhen. Was sind die kurzfristigen und die langfristigen Konsequenzen? Zwei verschiedene Szenerien müssen betrachtet werden. Im ersten will der Staat die Wohlfahrt der derzeit Alten erhöhen. Deshalb erhöht er die Rente sofort. Die derzeit Alten und die Alten in allen zukünftigen Perioden erhalten diese höhere Pro-Kopf-Rente. Offensichtlich wird die Wohlfahrt der derzeit Alten erhöht, da diese nicht für die höhere Rente eingezahlt haben. Dann stellt sich die Frage, welche Generation diesen Wohlfahrtsanstieg finanziert. Im zweiten Szenario ist der Staat um die Wohlfahrt der derzeit Jungen besorgt, wenn sie alt werden. Deshalb wird die Rente in der nächsten Periode erhöht und verbleibt dann auf dem gestiegenen Niveau.

Zunächst das erste Szenario: Der Staat erhöht die an die derzeit Alten und die Alten aller zukünftigen Generationen gezahlte Pro-Kopf-Rente. Die Analyse startet mit den langfristigen Konsequenzen. Aus dem langfristigen Gleichgewicht (siehe die Gleichungen (11) und (12)) ist bekannt, daß weder Pro-Kopf-Kapital noch der Pro-Kopf-Konsum durch die Höhe der Pro-Kopf-Rente beeinflußt werden. Eine Erhöhung der Pro-Kopf-Rente reduziert jedoch die Pro-Kopf-Ersparnis der Jungen. Da das Pro-Kopf-Kapital aber nicht beeinflußt wird, muß die Reduktion der Ersparnis durch das Rentenvermögen kompensiert werden. Gleichung (15), zusammen mit der Bedingung $(1+r) = (1+\rho)(1+n)$, ermöglicht die Berechnung der notwendigen Erhöhung des Pro-Kopf-Budgetüberschusses:

$$\Delta b = \frac{n\Delta g}{(1+n)(1+r)} \tag{23}$$

Eingesetzt in (13) ergibt sich die Veränderung der Pro-Kopf-Steuer:

$$\Delta t = \frac{\Delta g}{(1+r)} \tag{24}$$

Die Veränderungen des Pro-Kopf-Budgetüberschusses und der Pro-Kopf-Steuer entsprechen denen, die sich bei einer kapitalgedeckten Rentenerhöhung ergeben (vgl. Kapitel I). Damit ist gezeigt, daß die Rentenerhöhung langfristig kapitalgedeckt wird. Damit werden Pro-Kopf-Kapital und Pro-Kopf-Konsum nicht tangiert.

Nun zur Dynamik der Anpassung: Wie (9.3) zeigt, ist der Pro-Kopf-Konsum dieser Periode von dem der nächsten Periode abhängig. Da sich der Pro-Kopf-Konsum langfristig nicht ändert, verändert er sich auch kurzfristig nicht. Das Pro-Kopf-Kapital der nächsten Periode ist von dem Pro-Kopf-Kapital und dem Pro-Kopf-Konsum dieser Periode abhängig, wie sich aus (9.5) zusammen mit (9.1) ergibt. Das Pro-Kopf-Kapital dieser Periode ist gegeben, und der Pro-Kopf-Konsum verändert sich nicht. Folglich gleicht das Pro-Kopf-Kapital der nächsten Periode dem dieser Periode.

Ein im Zeitablauf konstantes Niveau des aggregierten Pro-Kopf-Konsums impliziert, daß der Anstieg des Pro-Kopf-Konsums der Alten in der ersten Periode durch einen Rückgang des Pro-Kopf-Konsums der Jungen ausgeglichen werden muß. Des weiteren führt ein Anstieg der Pro-Kopf-Rente sofort zu einer Reduktion der Pro-Kopf-Ersparnis. Aus der individuellen Nutzenmaximierung ergibt sich die Veränderung der Pro-Kopf-Ersparnis: $\Delta s = -\delta\Delta t - \gamma\Delta g/(1+r_{+1})$.

Dabei ist der Zins konstant, da das Pro-Kopf-Kapital konstant auf seinem langfristigen Niveau verharrt: $r_{+1} = r = \rho + n + \rho n$. Da das Pro-Kopf-Rentenvermögen kurzfristig unverändert bleibt, entspricht die Veränderung des Pro-Kopf-Budgetüberschusses: $\Delta b = \Delta t - \Delta g/(1 + n)$. Um das Pro-Kopf-Kapital konstant zu halten, muß der Budgetüberschuß die Veränderung der Ersparnis ausgleichen: $\Delta b = -\Delta s$. Durch Einsetzen der Verhaltensfunktionen und Umformen ergibt sich:

$$\Delta t = \frac{\Delta g}{1+r} + \frac{\Delta g}{\gamma(1+n)} \tag{25}$$

Daraus folgt:

$$\Delta b = \frac{\gamma(1+n) + \delta(1+r)}{\gamma(1+n)(1+r)} \Delta g \tag{26}$$

Ein Vergleich der Gleichungen (26) mit (23) und (25) mit (24) zeigt, daß die Pro-Kopf-Steuer und der Pro-Kopf-Budgetüberschuß kurzfristig über ihre langfristigen Niveaus angehoben werden. Dies begründet sich darin, daß kurzfristig das Pro-Kopf-Rentenvermögen und damit die Pro-Kopf-Zinseinnahmen fixiert sind. Da die den Jungen auferlegte Steuer oberhalb des im Kapitaldeckungsverfahrens notwendigen Niveaus liegt, kompensiert die Rentenerhöhung nicht den Steueranstieg. Damit wird der Konsum der in der ersten Periode Jungen auch in deren zweiter Lebenshälfte reduziert. Der aggregierte Pro-Kopf-Konsum ist aber im Zeitablauf konstant. Also muß der Rückgang des Pro-Kopf-Konsums der Alten in der zweiten Periode durch einen Anstieg des Pro-Kopf-Konsums der Jungen in dieser Periode ausgeglichen werden. Der Konsum der Jungen steigt, wenn die Steuer unterhalb des im Kapitaldeckungsverfahren notwendigen Niveaus liegt. Wenn dies der Fall ist, wird deren Konsum auch im Alter ansteigen. Dies impliziert wiederum eine Reduktion des Konsums der Jungen in dieser (dritten) Periode.

Mittelfristig akkumuliert das Pro-Kopf-Rentenvermögen und damit steigen die Pro-Kopf-Zinseinnahmen. Von daher können die Veränderungen der Pro-Kopf-Steuer und des Pro-Kopf-Budgetüberschusses reduziert werden. Letztlich konvergiert die Wirtschaft in das langfristige Gleichgewicht. Der Budgetüberschuß pro Kopf und das Rentenvermögen pro Kopf verbleiben konstant. Der Pro-Kopf-Konsum der Jungen und der Alten bewegt sich nicht mehr. Weder der aggregierte Pro-Kopf-Konsum noch das Pro-Kopf-Kapital wurden im Anpassungsprozeß verändert. Abbildung III.6 gibt die Zeitpfade ausgewählter Größen wieder.

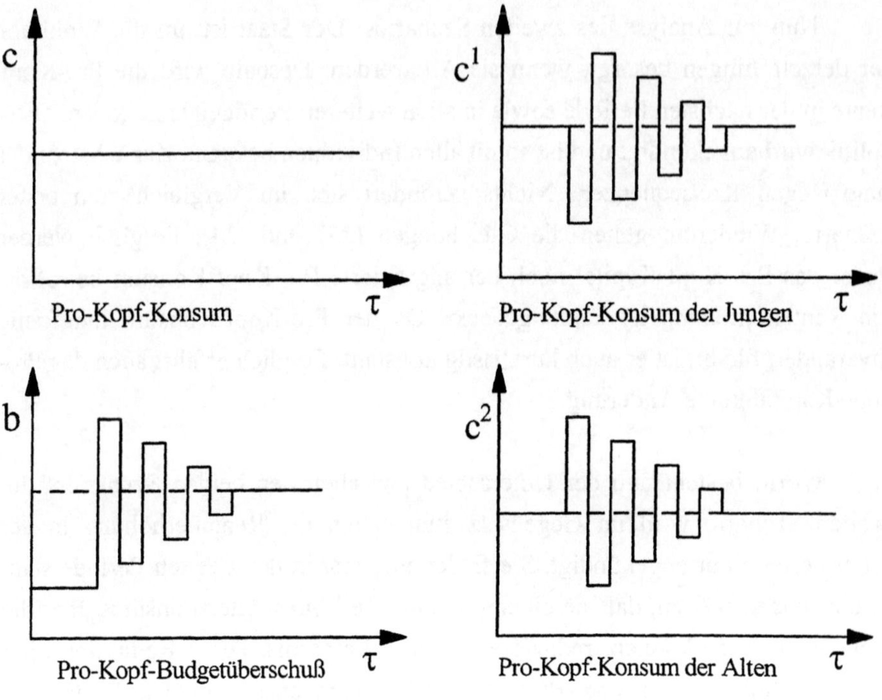

Abbildung III.6: Zeitpfade - Erhöhung der Rente

Zusammenfassend ergibt sich folgendes Resultat: *Wenn der Staat eine Erhöhung der Pro-Kopf-Rente beschließt, die an die derzeit Alten sowie an alle zukünftigen Alten gezahlt wird, führt eine optimale Anpassung des Pro-Kopf-Budgetüberschusses dazu, daß das Pro-Kopf-Kapital und der aggregierte Pro-Kopf-Konsum unverändert bleiben. Die Wohlfahrt der derzeit Alten wird erhöht, da diese nicht für die höhere Rente gezahlt haben. Die derzeit Jungen müssen dies finanzieren, ihr Konsum wird sowohl während der Jugend als auch während des Alters reduziert. Die weitere Analyse des Anpassungsprozesses zeigt, daß die Kinder derer, die zum Zeitpunkt der Rentenerhöhung jung waren, einen höheren Konsum während ihres gesamten Lebens erfahren. Dafür werden die Enkel gezwungen, wieder weniger zu konsumieren als ohne die Rentenerhöhung. Diese intergenerationelle Umverteilung läßt diese Politik nicht als besonders sinnvoll erscheinen.*[5]

Nun zur Analyse des zweiten Szenarios: Der Staat ist um die Wohlfahrt der derzeit Jungen besorgt, wenn sie Alt werden. Deshalb wird die Pro-Kopf-Rente in der nächsten Periode sowie in allen weiteren Perioden angehoben. Diese Politik wird angekündigt und ist somit allen Individuen bekannt. Zunächst zu den langfristigen Konsequenzen: Nichts verändert sich im Vergleich zum ersten Szenario. Wiederum gelten die Gleichungen (23) und (24). Folglich werden weder das Pro-Kopf-Kapital noch der aggregierte Pro-Kopf-Konsum betroffen. Die Rentenerhöhung ist kapitalgedeckt. Da der Pro-Kopf-Konsum langfristig unverändert bleibt, ist er auch kurzfristig konstant. Folglich erfährt auch das Pro-Kopf-Kapital keine Änderung.

Worin besteht nun der Unterschied zwischen den beiden Szenarien? Im zweiten Szenario wird im Gegensatz zum ersten die Rentenerhöhung in der ersten Periode nur angekündigt. Sie findet aber erst in der zweiten Periode statt. Da die Jungen wissen, daß sie einen größeren Teil ihres Alterskonsums über die Rente finanzieren können, reduzieren sie ihre Ersparnis. Diese Reduktion muß über einen höheren Pro-Kopf-Budgetüberschuß kompensiert werden. Dafür muß die Steuer in der ersten Periode ansteigen, was die Pro-Kopf-Ersparnis wiederum verringert. Die Reduktion der Pro-Kopf-Ersparnis ist $\Delta s = -\delta\Delta t - \gamma\Delta g/(1+r)$, und die Erhöhung des Budgetüberschusses entspricht: $\Delta b = \Delta t$. Da das Pro-Kopf-Kapital konstant bleibt, gilt $\Delta b = -\Delta s$. Durch Auflösen ergibt sich $\Delta t = \Delta g/(1+r)$. Der Anstieg der Kopfsteuer entspricht dem langfristig notwendigen. Dagegen ist

5 Anzumerken ist hier, daß die beschriebene Politik ausgeschlossen wäre, wenn die Wohlfahrt einer Periode nicht durch den aggregierten Pro-Kopf-Konsum, sondern durch den Nutzen bestimmt würde. Wenn der Nutzen als Kriterium in die Wohlfahrtsfunktion eingeht, kann eine Rentenerhöhung für die derzeit Alten nicht vorgenommen werden.

der Pro-Kopf-Budgetüberschuß in der ersten Periode um mehr als langfristig notwendig gestiegen. In der zweiten Periode ist die Veränderung des Pro-Kopf-Budgetüberschusses durch $\Delta b = \Delta t + r\Delta a - \Delta g/(1+n)$ gegeben. Unter Beachtung von $\Delta a = \Delta b_{-1}/(1+n)$ und $\Delta t = \Delta g/(1+r)$ ergibt sich für die zweite Periode: $\Delta b = n\Delta g/[(1+r)(1+n)]$. Dies ist der langfristig notwendige, kapitaldeckende Budgetüberschuß pro Kopf.

Damit gilt das folgende Resultat: *Wenn der Staat die Rente, welche die derzeit Jungen sowie alle zukünftigen Generationen im Alter beziehen, erhöhen will, ist es dynamisch optimal, die Rentenerhöhung kapitalgedeckt vorzunehmen. Der Pro-Kopf-Konsum wird weder im langfristigen Gleichgewicht noch im Anpassungsprozeß berührt.*

3.4. Demographische Schocks

Zwei Schocks werden im folgenden betrachtet. Zum einen ein Anstieg der Bevölkerung zum anderen ein Rückgang des Bevölkerungswachstums. Zunächst zum Anstieg der Bevölkerung: Es wird angenommen, daß eine Generation größer ist als bei einer konstanten Wachstumsrate. Es kommt somit zu geburtenstarken Jahrgängen, d.h. zu einem transitorischen Anstieg der Wachstumsrate. Als Folge ist die Bevölkerung in allen weiteren Perioden größer als ohne Schock.

Was sind die Folgen dieses Schocks? Vor dem Schock befindet sich die Wirtschaft im langfristigen Gleichgewicht. Die Bevölkerung wächst mit konstanter Rate. Die Pro-Kopf-Größen des Budgetüberschusses und des Rentenvermögens sind, ebenso wie die der Investitionen und des Kapitals, konstant. Entsprechend verändern sich das Pro-Kopf-Einkommen und der Pro-Kopf-Konsum nicht. In dieser Situation kommt es zum Anstieg der Geburtenrate, die zu einem Anstieg der Bevölkerung führt. Da der Schock transitorisch ist, wird das langfristige Gleichgewicht nicht tangiert. Im Phasendiagramm verschieben sich weder die cc-Linie noch die kk-Linie.

Kurzfristig wird die Wirtschaft aus dem Gleichgewicht gebracht, da das Rentenvermögen und das Kapital gegeben sind. Dann führt ein Anstieg der Bevölkerung zu einer Reduktion des Pro-Kopf-Kapitals. Dies läßt auch das Pro-Kopf-Einkommen und den Lohn sinken. Damit fällt auch der Konsum. Ohne staatliche Intervention würde von den Individuen ein Punkt zwischen den Punkten 0 und 1 in Abbildung III.2 realisiert. Nun wird es offensichtlich, daß der Anpassungsprozeß im wesentlichen so verläuft wie bei dem Wechsel zur Strategie der dynamischen Optimierung. Der Staat realisiert sofort, daß das Pro-Kopf-Kapital unterhalb des langfristigen Niveaus liegt. Folglich wird er die Wirtschaft auf den Sattelpfad zwingen, d.h. im Phasendiagramm in Abbildung III.2 wird der Punkt 1 realisiert.

Mittelfristig übersteigt der Budgetüberschuß pro Kopf das zum Erhalt des Rentenvermögens pro Kopf notwendige Niveau. Somit wächst das Pro-Kopf-Rentenvermögen kontinuierlich. Die Summe aus der Pro-Kopf-Ersparnis und dem Pro-Kopf-Rentenvermögen übersteigt das zum Erhalt des Pro-Kopf-Kapitals notwendige Niveau, so daß auch dieses anwächst. Damit steigt auch das Pro-Kopf-Einkommen, was wiederum einen höheren Pro-Kopf-Konsum erlaubt. Desgleichen wächst die Pro-Kopf-Ersparnis, was den Wachstumsprozeß des Pro-Kopf-Kapitals verstärkt. Dies erlaubt es, den Pro-Kopf-Budgetüberschuß zu reduzieren.

Langfristig verbleiben das Pro-Kopf-Rentenvermögen und das Pro-Kopf-Kapital konstant. Beide haben wieder das Niveau vor dem Schock erreicht. Damit entsprechen auch die Pro-Kopf-Größen des Einkommens, der Ersparnis und des Konsums wieder dem Wert, den sie vor dem Bevölkerungsanstieg hatten. *Wie gezeigt wurde, ist es dynamisch optimal, die geburtenstarken Jahrgänge am stärksten zu belasten.*

Nun wird der zweite demographische Schock betrachtet: Untersucht wird eine permanente Reduktion der Wachstumsrate. Vor dem Schock befindet sich die Wirtschaft im langfristigen Gleichgewicht - alle Pro-Kopf-Größen verbleiben konstant. Das Gleichgewicht liegt im Punkt 1 der Abbildung III.7. In dieser Situation sinkt die Bevölkerungswachstumsrate. Im Phasendiagramm verschiebt sich die cc-Linie nach rechts und die kk-Linie nach oben. Das neue Gleichgewicht befindet sich im Punkt 4. Offensichtlich steigen Pro-Kopf-Kapital und aggregierter Pro-Kopf-Konsum im Vergleich zum ursprünglichen Gleichgewicht.

Kurzfristig führt der Rückgang der Wachstumsrate zu einem Rückgang der Bevölkerung. Da das Kapital gegeben ist, steigt das Kapital pro Kopf, siehe Punkt 2 im Phasendiagramm. Mit dem Kapital pro Kopf steigt auch das Einkommen. Die Individuen würden einen Punkt oberhalb von Punkt 3 realisieren. Aber der Staat führt die Wirtschaft auf den optimalen Anpassungspfad der im Punkt 3 startet. Dazu wird der Budgetüberschuß pro Kopf erhöht, und damit der Pro-Kopf-Konsum gegenüber der individuellen Entscheidung reduziert.

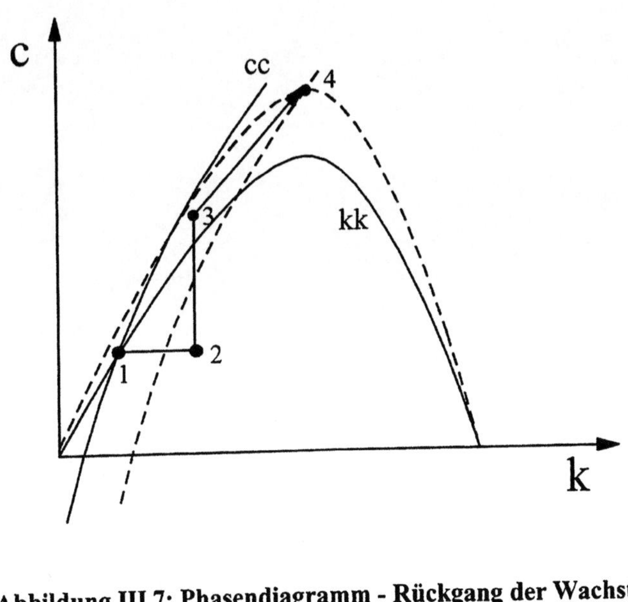

Abbildung III.7: Phasendiagramm - Rückgang der Wachstumsrate

Mittelfristig akkumuliert das Kapital pro Kopf, da die Investitionen die zum Erhalt des Pro-Kopf-Kapitals notwendigen Investitionen übersteigen. Damit steigen Einkommen und Konsum pro Kopf. Der Staat reduziert den Pro-Kopf-Budgetüberschuß, wodurch der Anstieg des Konsums verstärkt wird. Die Wirtschaft bewegt sich entlang des optimalen Anpassungspfads.

Langfristig sind die Pro-Kopf-Größen des Budgetüberschusses, des Kapitals, des Konsums und des Rentenvermögens wieder auf - im Vergleich zum urspünglichen Gleichgewicht - höheren Niveaus konstant. Im Anpassungsprozeß sind Konsum pro Kopf und Kapital pro Kopf kontinuierlich gestiegen, der Budgetüberschuß pro Kopf ist nach einer einmaligen Erhöhung reduziert worden. Leztlich soll hier darauf hingewiesen werden, daß aus dem Anstieg des aggregierten Pro-Kopf-Konsums nicht auf den Nutzen geschlossen werden kann. Für diesen lassen sich keine eindeutigen Aussagen ableiten (vgl. Kapitel I, 2.6.)

4. Zusammenfassung

In diesem Kapitel wurde die Dynamik einer optimalen Finanzierung der Rente untersucht. Es wurde angenommen, daß der Staat eine Wohlfahrtsfunktion über einen unendlichen Horizont maximiert. Der Nutzen zukünftiger Generationen wird mit der sozialen Zeitpräferenzrate diskontiert. Die Pro-Kopf-Rente ist fixiert, und der Staat verwendet den Pro-Kopf-Budgetüberschuß zur Optimierung der Wohlfahrtsfunktion. Das daraus resultierende langfristige Gleichgewicht und die Dynamik wurden abgeleitet.

Bei der Untersuchung des langfristigen Gleichgewichts wurde gezeigt, daß das Pro-Kopf-Kapital, das Pro-Kopf-Einkommen und der Pro-Kopf-Konsum unabhängig von der Höhe der Rente sind. Ihre Niveaus hängen ausschließlich von Parametern der Produktionsfunktion, der Bevölkerungswachstumsrate und der sozialen Zeitpräferenzrate ab. Der Staat verwendet den Pro-Kopf-Budgetüberschuß dazu, das gewünschte Pro-Kopf-Kapital sicherzustellen. Dabei gilt: je niedriger die Zeitpräferenz, desto höher das Pro-Kopf-Kapital und der Budgetüberschuß pro Kopf. Eine Erhöhung der Pro-Kopf-Rente führt zu einer Reduktion der Pro-Kopf-Ersparnis. Da das Pro-Kopf-Kapital aber unabhängig von der Rente ist, muß der Rückgang der Ersparnis vollständig durch den Budgetüberschuß kompensiert werden.

Wie die Untersuchung der Dynamik gezeigt hat, ist das langfristige Gleichgewicht sattelpunktstabil. Damit existiert ein eindeutiger optimaler Anpassungspfad. Dann wurde ein Wechsel zur optimalen Finanzierung analysiert. Dabei wurde folgendes angenommen: Bisher hat der Staat die langfristigen Konsequenzen der Rentenfinanzierung nicht beachtet. Die Rente wurde im Umlageverfahren finanziert. Als Folge sind das Pro-Kopf-Kapital und der Pro-Kopf-Konsum niedrig. Nun wechselt der Staat die Strategie und führt eine dynamische Optimierung aus. Es wurde bewiesen, daß die optimale Politik darin besteht, den Pro-Kopf-Budgetüberschuß kurzfristig über das langfristig notwendige Niveau hinaus anzuheben. Daraus resultiert ein starker Rückgang des Pro-

Kopf-Konsums. Aber der hohe Pro-Kopf-Budgetüberschuß erlaubt einen starken Anstieg der Pro-Kopf-Investitionen und damit ein hohes Wachstum des Pro-Kopf-Kapitals. Damit können in der nächsten Periode die Pro-Kopf-Größen des Einkommens, des Konsums und der Ersparnis ansteigen. Die gestiegene Pro-Kopf-Ersparnis erlaubt einen Rückgang des Pro-Kopf-Budgetüberschusses. Der Prozeß steigender Pro-Kopf-Niveaus des Kapitals, des Einkommens und des Konsums setzt sich Periode um Periode fort. In jeder Periode kann der Budgetüberschuß pro Kopf reduziert werden. Dies reduziert die Wachstumsraten des Pro-Kopf-Kapitals und des Pro-Kopf-Konsums und erhöht das Niveau des Pro-Kopf-Konsums. Die Wirtschaft konvergiert gegen ein neues langfristiges Gleichgewicht. Das Pro-Kopf-Kapital und der Pro-Kopf-Konsum sind wieder konstant. Beide sind gegenüber ihren Ausgangsniveaus gestiegen. Der Pro-Kopf-Budgetüberschuß ist gegenüber dem Ausgangsniveau gestiegen, aber im Vergleich zu dem kurzfristig realisierten Niveau gefallen. Zusammenfassend kann gesagt werden, daß es dynamisch optimal ist, die höchsten Kosten der Anpassung der ersten Generation aufzuerlegen.

Alternativ kann der Wechsel zur optimalen Finanzierung auch als Reduktion der sozialen Zeitpräferenz interpretiert werden. Diese führt langfristig zu einem höheren Pro-Kopf-Konsum. Kurzfristig wird dagegen der Pro-Kopf-Konsum reduziert.

Für eine Erhöhung der Pro-Kopf-Rente wurde gezeigt, daß sie weder das Pro-Kopf-Kapital noch den aggregierten Pro-Kopf-Konsum beeinflußt. Zwei Szenarien wurden betrachtet. Im ersten Szenario wurde die Rente, welche die derzeit Alten sowie die Alten aller zukünftiger Generationen beziehen, erhöht. Offensichtlich haben die derzeit Alten nicht für die höhere Rente gezahlt. Damit wird durch die Rentenerhöhung ihr Konsum angehoben. Die derzeit Jungen tragen die Last, ihr Konsum wird reduziert, so daß der aggregierte Pro-Kopf-Konsum konstant bleibt. Der induzierte Anpassungsprozeß führt dazu, daß die Kinder derer, die zum Zeitpunkt der Rentenerhöhung jung waren, einen höheren Konsum pro Kopf erhalten als ohne Rentenerhöhung. Dann werden aber deren Kinder wieder schlechter gestellt. Diese intergenerationelle Umverteilung läßt diese Politik nicht als sinnvoll erscheinen. Im zweiten Szenario wurde eine

Erhöhung der Rente in der nächsten Periode betrachtet. Die derzeit Jungen beziehen die höhere Rente, wenn sie alt sind. Ebenso natürlich die Alten aller zukünftigen Generationen. Hier ist es dynamisch optimal, die Rentenerhöhung kapitalgedeckt vorzunehmen. Dann wird das Pro-Kopf-Kapital nicht verändert. Ebenso werden der aggregierte Pro-Kopf-Konsum und seine intergenerative Verteilung nicht verändert.

Zuletzt wurde ein Anstieg der Bevölkerung und ein Rückgang des Bevölkerungswachstums untersucht. Ein Anstieg der Bevölkerung reduziert kurzfristig die Pro-Kopf-Niveaus des Kapitals, des Einkommens und des Konsums. Im Gegensatz dazu wird das langfristige Gleichgewicht nicht tangiert. Während des Anpassungsprozesses ist es dynamisch optimal, die höchsten Kosten der Anpassung auf die geburtenstarke Generation zu legen. Ein Rückgang des Bevölkerungswachstums führt langfristig zu einer Erhöhung der Pro-Kopf-Größen des Budgetüberschusses, des Kapitals, des Konsums und des Rentenvermögens. Im Anpassungsprozeß steigen der Konsum pro Kopf und das Kapital pro Kopf kontinuierlich. Der Budgetüberschuß pro Kopf wird zum Zeitpunkt des Schocks angehoben und dann reduziert.

Anhang

Gleichung (20) gibt die Veränderung des Pro-Kopf-Budgetüberschusses an:

$$\Delta b_{+1} = \beta\Delta y_{+1} - \frac{\Delta c_{+1}}{\mu\gamma} + \Delta(ra)_{+1} \tag{A.1}$$

Es ist zu beweisen, daß die Ableitung $d\Delta b_{+1}/db$ positiv ist:

$$\frac{d\Delta b_{+1}}{db} = \frac{\beta d\Delta y_{+1}}{db} - \frac{1}{\gamma\mu}\frac{d\Delta c_{+1}}{db} + \frac{d\Delta(ra)_{+1}}{db} > 0 \tag{A.2}$$

Die Analyse startet mit $d\Delta y_{+1}/db$. In Wachstumsrate ausgedrückt gilt: $\Delta y_{+1} = (y_{+1}/y - 1)y = \hat{y}y$. Unter Beachtung von $y = k^{\alpha}$ gilt $\hat{y} = \alpha\hat{k}$. Die Wachstumsrate des Pro-Kopf-Kapitals ist $\Delta k_{+1}/k$, und somit gilt $\Delta y_{+1} = \alpha\Delta k_{+1}y/k$. Wird r durch $\alpha y/k$ substituiert, ergibt sich: $\Delta y_{+1} = r\Delta k_{+1}$. Damit folgt:

$$\frac{\beta\, d\Delta y_{+1}}{db} = \frac{\beta r\, d\Delta k_{+1}}{db} \tag{A.3}$$

Nun wird die Veränderung des Zinseinkommens auf das Pro-Kopf-Rentenvermögen betrachtet $\Delta(ra)_{+1}$. Explizit ist $\Delta(ra)_{+1} = r_{+1}a_{+1} - ra$. Weder der Zins noch das Pro-Kopf-Rentenvermögen dieser Periode werden durch den Pro-Kopf-Budgetüberschuß beeinflußt, also $d(ra)/db = 0$. Im Gegensatz dazu werden sowohl der Zins als auch das Rentenvermögen der nächsten Periode durch den Budgetüberschuß dieser Periode beeinflußt, es gilt: $d(ra)_{+1}/db = a_{+1}\, dr_{+1}/db + r_{+1}\, da_{+1}/db$. Der in der nächsten Periode herrschende Zins ist $r_{+1} = (1 + \hat{r})r$. Wie sich aus $r = y/k$ ergibt, ist die Wachstumsrate des Zinses durch $\hat{r} = \alpha - \beta\hat{k}$ gegeben. Unter Verwendung von $\hat{k} = \Delta k_{+1}/k$ resultiert $r_{+1} = (1 + \alpha - \beta\Delta k_{+1}/k)r$. Daraus ergibt sich $dr_{+1}/db = -\beta r/k\ d\Delta k_{+1}/db$. Weiter gilt $da_{+1}/db = 1/(1 + n)$, und somit folgt:

$$\frac{d\Delta(ra)_{+1}}{db} = -\beta r \frac{a_{+1}}{k}\frac{d\Delta k_{+1}}{db} + \frac{r_{+1}}{1+n} \tag{A.4}$$

Mit Hilfe von (A.3) und (A.4) wird nun (A.2) umgeschrieben in:

$$\frac{d\Delta b_{+1}}{db} = \beta r(1-\frac{a_{+1}}{k})\frac{d\Delta k_{+1}}{db} - \frac{1}{\gamma\mu}\frac{d\Delta c_{+1}}{db} + \frac{r_{+1}}{1+n} \tag{A.5}$$

Aus Gleichung (9.5) ist bekannt: $\Delta k_{+1} = (k^{\alpha} - nk - c)/(1+n)$. Da $dk/db = 0$, folgt $d\Delta k_{+1}/db = -1/(1+n)\ dc/db$. Gleichung (9.3) besagt $\Delta c_{+1} = [(1+r_{+1})/((1+\rho)(1+n)) - 1]c$. Daraus ergibt sich: $d\Delta c_{+1}/db = [(1+r_{+1})/((1+\rho)(1+n)) - 1]dc/db + c/[(1+\rho)(1+n)]\ dr_{+1}/db$. Nun wird $dr_{+1}/db = -\beta r/k\ d\Delta k_{+1}/db$ und $d\Delta k_{+1}/db = -1/(1+n)\ dc/db$ verwendet, um $d\Delta c_{+1}/db = [(1+r_{+1})/((1+\rho)(1+n)) - 1 + c/((1+\rho)(1+n))\ \beta r/((1+n)k)]dc/db$ zu erreichen. Damit kann (A.5) umgeformt werden:

$$\frac{d\Delta b_{+1}}{db} = -\frac{\beta r}{1+n}\left[1+\frac{c}{\gamma\mu k(1+\rho)(1+n)} - \frac{a_{+1}}{k}\right]\frac{dc}{db}$$
$$-\frac{1}{\gamma\mu}\left[\frac{1+r_{+1}}{(1+\rho)(1+n)} - 1\right]\frac{dc}{db} + \frac{r_{+1}}{1+n} \tag{A.6}$$

Die Terme innerhalb der Klammern sind außer für einige extreme Parameterwerte positiv. Dann ist (A.6) positiv, wenn $dc/db < 0$ gilt. Aus (9.4) und (9.7) folgt: $c = [\beta y - b + ra - g/(1+n) + g/(1+r_{+1})]/\gamma\mu$. Und somit gilt:

$$\frac{dc}{db} = -\frac{1}{\gamma\mu} - \frac{g}{(1+r_{+1})^2}\frac{dr_{+1}}{db} \tag{A.7}$$

Da $-g/(1+r_{+1})^2\ dr_{+1}/db \approx 0$ gilt, kann festgestellt werden, daß $dc/db < 0$ ist. Somit gilt: $d\Delta b_{+1}/db > 0$.•

Nun zur Ableitung $d\Delta b_{+1}/dc$. Gleichung (20) gibt die Veränderung des Pro-Kopf-Budgetüberschusses an:

$$\Delta b_{+1} = \beta \Delta y_{+1} - \frac{\Delta c_{+1}}{\mu\gamma} + \Delta(ra)_{+1} \tag{A.8}$$

Es ist zu beweisen, daß die Ableitung $d\Delta b_{+1}/dc$ negativ ist:

$$\frac{d\Delta b_{+1}}{dc} = \frac{\beta d\Delta y_{+1}}{dc} - \frac{1}{\gamma\mu}\frac{d\Delta c_{+1}}{dc} + \frac{d\Delta(ra)_{+1}}{dc} < 0 \tag{A.9}$$

Unter Verwendung der im ersten Beweis durchgeführten Transformationen resultieren:

$$\frac{\beta d\Delta y_{+1}}{dc} = \frac{\beta r d\Delta k_{+1}}{dc} \tag{A.10}$$

und

$$\frac{d\Delta(ra)_{+1}}{dc} = -\beta r \frac{a_{+1}}{k}\frac{d\Delta k_{+1}}{dc} \tag{A.11}$$

(A.10) und (A.11) in (A.9) eingesetzt führt zu

$$\frac{d\Delta b_{+1}}{dc} = \beta r\left(1 - \frac{a_{+1}}{k}\right)\frac{d\Delta k_{+1}}{dc} - \frac{1}{\gamma\mu}\frac{d\Delta c_{+1}}{dc} \tag{A.12}$$

Aus (9.5) ist bekannt: $\Delta k_{+1} = (k^{\alpha} - nk - c)/(1+n)$. Mit $dk/dc = 0$ gilt $d\Delta k_{+1}/dc = -1/(1+n)$. Somit ist der erste Term in (A.12) negativ. (9.3) besagt: $\Delta c_{+1} = [(1+r_{+1})/((1+\rho)(1+n)-1)]c$. Aus der Stabilitätsanalyse ist bekannt, daß entlang des Sattelpfads $d\Delta c_{+1}/dc > 0$ gilt. Damit ist auch der zweite Term in (A.12) negativ. Somit gilt $d\Delta b_{+1}/dc < 0$.•

IV

Altruistische Individuen

1. Einleitung

In diesem und im nächsten Kapitel wird der Einfluß von Vererbung untersucht. Welche Wirkungen zeigen die Rente und die Form ihrer Finanzierung, wenn freiwillige private Transfers zwischen Generationen vorliegen? In diesem Kapitel wird angenommen, daß die Individuen altruistisch gegenüber ihren Kindern sind. Wie bei Becker (1974) ist der Nutzen der Kinder ein Argument in der Nutzenfunktion der Eltern. Kinder werden in der nächsten Periode zu Eltern, die wiederum den Nutzen ihrer Kinder berücksichtigen. Damit ist der Nutzen aller zukünftigen Generationen ein indirektes Argument in jeder individuellen Nutzenfunktion. Damit maximieren Individuen mit endlichem Lebenszeitraum den Nutzen über einen unendlichen Zeithorizont. Insofern besteht eine formale Äquivalenz zwischen diesem und dem vorangegangenen Kapitel. Die Kapitel unterscheiden sich darin, daß es jetzt die Individuen sind und nicht der Staat, die eine dynamische Optimierung über einen unendlichen Horizont betreiben.

Das Vererbungsmotiv wurde zuerst von Barro (1974) in ein Modell überlappender Generationen eingeführt. Er hat gezeigt, daß bei altruistischen Individuen Ricardianische Äquivalenz gilt. Die empirische Relevanz dieser Annahme und deren Implikationen für die Rentenversicherung waren Gegenstand einer Kontroverse zwischen Barro (1978) und Feldstein (1978). In Buiter (1979) und in Buiter (1980) ist der Beitrag von Barro in verschiedene Richtungen erweitert worden: Dabei wurde gezeigt, daß das Vererbungsmotiv in einer wachsenden Wirtschaft nicht wirksam sein muß. Weiter wurde bewiesen, daß die Einführung einer umlagefinanzierten Rente zu einem Wirkamswerden des

Vererbungsmotivs führen kann. Die Frage, ob und unter welchen Bedingungen das Vererbungsmotiv wirksam ist, wurde auch in den Arbeiten von Carmichael (1979), Carmichael und Hawtrey (1981), Abel (1987b), Weil (1987) und Michaelis (1989) untersucht. Dabei konzentrieren sich diese Arbeiten auf die Wirkungen der Staatsverschuldung und die des Umlageverfahrens. Im Vordergrund der Analyse steht dabei jeweils das langfristige Gleichgewicht.

Im Gegensatz zur Literatur soll hier die Wirkung der Rente bei unterschiedlichen Finanzierungsformen untersucht werden. Dabei werden sowohl das langfristige Gleichgewicht als auch der Anpassungsprozeß betrachtet. Dazu wird im zweiten Abschnitt das Modell entwickelt. Zunächst wird das kurzfristige und dann das langfristige Gleichgewicht abgeleitet. Die Bedingungen für die Existenz von Vererbung werden dabei untersucht. Anschließend werden die speziellen Finanzierungsformen, also das Umlageverfahren, das Kapitaldeckungsverfahren und das optimale Verfahren, analysiert. Dann wird die Stabilität des langfristigen Gleichgewichts geprüft. Der 3. Abschnitt behandelt die Dynamik der Anpassung auf Schocks. Zunächst wird eine Erhöhung des Pro-Kopf-Budgetüberschusses und dann eine Erhöhung der Pro-Kopf-Rente betrachtet. Zuletzt wird eine Veränderung der interpersonellen Zeitpräferenz analysiert. Im 4. Abschnitt wird abschließend eine Zusammenfassung der Resultate gegeben.

2. Modell

2.1. Kurzfristiges Gleichgewicht

Zu jedem Zeitpunkt leben zwei Generationen, die Jungen und die Alten. Die Zahl der Jungen ist N und die der Alten N_{-1}. Das Verhältnis zwischen der Zahl der Alten und der Zahl der Jungen ist durch die konstante Bevölkerungswachstumsrate $n = N/N_{-1} - 1$ bestimmt. Analog zu den vorangegangen Kapiteln wird eine Produktionsfunktion vom Cobb-Douglas-Typ unterstellt. Damit ist die Pro-Kopf-Produktion eine Funktion des Pro-Kopf-Kapitals: $y = k^{\alpha}$. Der Zins entspricht dem Grenzprodukt des Kapitals $r = \alpha y/k$ und der Lohn dem Grenzprodukt der Arbeit $w = \beta y$.

Das Rentenversicherungssystem ist durch das im ersten Kapitel entwickelte Modell charakterisiert. Der Staat fixiert die Pro-Kopf-Rente g und den Pro-Kopf-Budgetüberschuß b. Zu deren Finanzierung erhebt er von jeder jungen Person eine Kopfsteuer t. Außerdem hält der Staat ein Rentenvermögen A, auf das er den Zins r erzielt. Das Pro-Kopf-Rentenvermögen ist durch a gegeben. Der Pro-Kopf-Budgetüberschuß entspricht der Differenz zwischen den Pro-Kopf-Einnahmen aus Steuern und Zinsen und den Pro-Kopf-Rentenausgaben: $b = t + ra - g/(1+n)$. Der Budgetüberschuß vermehrt das Rentenvermögen, so daß sich das Rentenvermögen der nächsten Periode als Summe des Rentenvermögens und des Budgetüberschusses dieser Periode ergibt. Formuliert in Pro-Kopf-Größen gilt: $(1+n)a_{+1} = a + b$.

Das repräsentative Individuum lebt zwei Perioden und maximiert eine Nutzenfunktion, in die der Konsum während der Jugend, der Konsum während des Alters und der Nutzen der nachfolgenden Generation eingeht.[1] Dabei wird der Konsum in der zweiten Lebensphase mit der Rate der intrapersonellen Zeit-

1 Die Darstellung der individuellen Nutzenmaximierung folgt im wesentlichen Carmichael (1979) und Michaelis (1989).

präferenz $\theta = \gamma/\delta - 1$ diskontiert. Der Nutzen der folgenden Generation wird dagegen mit der interpersonellen Zeitpräferenzrate ρ diskontiert:

$$u = \gamma \log c^1 + \delta \log c^2 + \frac{1}{1+\rho} u_{+1} \qquad \text{mit } \gamma, \delta, \rho > 0 \text{ und } \gamma + \delta = 1 \tag{1}$$

Sofern zukünftige Generationen die gleiche Nutzenfunktion haben, wird u_{+1} durch den Nutzen der in zwei Perioden lebenden Generation bestimmt. Dieser wird wieder durch den Nutzen der in der darauf folgenden Periode lebenden Generation beeinflußt. Dadurch, daß jedes Individuum den Nutzen der nachfolgenden Generation berücksichtigt, beeinflußt es dann den Nutzen aller zukünftig lebenden Generationen. Somit ergibt sich trotz einer endlichen Lebensdauer der Individuen ein unendlicher Planungshorizont.

Wie im Modell ohne Vererbung wird unterstellt, daß die Individuen die erste Hälfte ihres Lebens arbeiten und den Lohn w erhalten. Von diesem Lohn muß die Kopfsteuer t bezahlt werden. Der verbleibende Nettolohn kann entweder für den Konsum während der Jugend c^1 oder für die Ersparnis s verwendet werden. Damit ergibt sich für die erste Lebensphase die Budgetrestriktion: $w = c^1 + s + t$.

Für die Ausgaben während des Alters steht dem Individuum seine verzinste Ersparnis $(1 + r_{+1})s$, die vom Staat gezahlte Rente g und die verzinste Erbschaft von seinen Eltern $(1 + r_{+1})q$ zur Verfügung. Ein Teil dieser Einnahmen wird im Alter für den Konsum c^2 verwendet, der Rest wird an die Nachkommen vererbt. Sofern jedes Kind eine Erbschaft in Höhe von q_{+1} erhält, erfolgt eine Vererbung in Höhe von $(1 + n)q_{+1}$. Damit ergibt sich die Budgetrestriktion während des Alters: $c^2 = (1 + r_{+1})s + (1 + r_{+1})q + g - (1 + n)q_{+1}$. Durch Einsetzen der Budgetrestriktion für die erste Lebensphase erhält man die intertemporale Budgetrestriktion:

$$c^1 + \frac{c^2}{1+r_{+1}} + \frac{(1+n)q_{+1}}{1+r_{+1}} = w + q + \frac{g}{1+r_{+1}} - t \tag{2}$$

Diese besagt, daß der Barwert der Ausgaben eines Individuums dem Barwert der Einnahmen entspricht. Die Optimierung der Nutzenfunktion (1) unter Berücksichtigung der Nebenbedingung (2) mit Hilfe der Lagrange-Funktion führt zu:

$$\frac{\partial L}{\partial c^1} = \frac{\gamma}{c^1} - \lambda = 0 \tag{3.1}$$

$$\frac{\partial L}{\partial c^2} = \frac{\delta}{c^2} - \frac{\lambda}{1 + r_{+1}} = 0 \tag{3.2}$$

$$\frac{\partial L}{\partial q_{+1}} = \frac{1}{1+\rho} \frac{\partial u_{+1}}{\partial q_{+1}} - \frac{\lambda(1+n)}{1+r_{+1}} = 0 \tag{3.3}$$

$$\frac{\partial L}{\partial \lambda} = w + q + \frac{g}{1+r_{+1}} - t - c^1 - \frac{c^2}{1+r_{+1}} - \frac{(1+n)q_{+1}}{1+r_{+1}} = 0 \tag{3.4}$$

Aus (3.1) und (3.2) resultiert die Aufteilung des Konsums über den Lebenszyklus:

$$c^2 = \frac{\delta}{\gamma}(1 + r_{+1})c^1 \tag{4}$$

Mit Hilfe von Gleichung (3.3) wird die Aufteilung des Einkommens auf den eigenen Konsum und die Vererbung bestimmt. Dabei ergibt sich das Problem, daß die Vererbung nicht negativ werden kann. Dazu müßte ein in der Ruhestandsperiode lebendes Individuum einen Kredit erhalten. Dies ist nicht möglich, da es diesen selbst nicht zurückzahlen kann und Kinder nicht gezwungen werden können, die Schulden der Eltern zu übernehmen. Im folgenden sei zunächst unterstellt, daß das Vererbungsmotiv wirksam ist, d.h. es kommt zu einer positiven Vererbung. Im Abschnitt 2.3. werden dann die Bedingungen, unter denen dies der Fall ist, genauer untersucht. Die von einer Generation vorgenommene Vererbung erhöht den Nutzen der nachfolgenden Generation. Dieser Anstieg des Nutzens, abgezinst mit dem Diskontsatz ρ, bewirkt einen Anstieg des Nutzens der vererbenden Generation. Andererseits setzt jede Vererbung einen Konsumverzicht während des Alters voraus. Dieser reduziert den

Nutzen der vererbenden Generation. Löst man Gleichung (3.1) und (3.3) nach λ auf, so folgt:

$$\frac{\gamma}{c^1} = \frac{1}{(1+n)(1+\rho)} \frac{\partial u_{+1}}{\partial q_{+1}} \tag{5}$$

Der Grenznutzen des Konsums während der Arbeitsperiode entspricht dem Grenznutzen der Vererbung. Der Nutzen, den ein Individuum der folgenden Generation aus der zusätzlichen Erbschaft zieht, wird zum einen mit dem interpersonellen Diskontsatz gewichtet, zum anderen wird berücksichtigt, daß die Vererbung auf die (1 + n) Nachkommen verteilt werden muß. Der Term $[(1 + n)(1 + \rho)]^{-1}$ kann somit als intergenerationeller Diskontsatz interpretiert werden.[2] Um nun die nutzenmaximale Vererbung zu bestimmen, muß der Einfluß der Erbschaft auf das Nutzenniveau eines Individuums der nachfolgenden Generation ermittelt werden. Dieser ist offensichtlich davon abhängig, in welcher Form die Erbschaft verwendet wird. Dabei stehen drei Verwendungsrichtungen offen: Die Erbschaft kann für den Konsum während der Arbeitsperiode, der Ruhestandsperiode und für die Vererbung an die nachfolgende Generation verwendet werden. Durch die Bildung des vollständigen Differentials ergibt sich:

$$\frac{\partial u_{+1}}{\partial q_{+1}} = \frac{\partial u_{+1}}{\partial c^1_{+1}} \cdot \frac{dc^1_{+1}}{dq_{+1}} + \frac{\partial u_{+1}}{\partial c^2_{+1}} \cdot \frac{dc^2_{+1}}{dq_{+1}} + \frac{\partial u_{+1}}{\partial q_{+1}} \cdot \frac{dq_{+2}}{dq_{+1}} \tag{6}$$

Geht man davon aus, daß die folgende Generation ihren Nutzen maximiert, so gelten ebenfalls die Bedingungen 3.1 bis 3.4, die hier in allgemeiner Form verwendet werden. Damit ergibt sich:

2 Neumann (1987) unterscheidet den Fall der "Gleichbehandlung von Individuen" und den Fall von "Gleichbehandlung von Generationen". Hier werden alle Generationen gleichbehandelt, das heißt der Nutzen aller Kinder wird mit dem Diskontsatz ρ abgezinst. Da die Vererbung q_{+1} auf die Individuen der nächsten Generation bezogen ist, muß deren zukünftiger Nutzen zusätzlich mit dem Faktor (1+n) abgezinst werden, da die nächste Generation größer ist. Bei einer Gleichbehandlung von Individuen würde dieser Faktor nicht berücksichtigt, vgl. dazu auch Neumann (1985) und Neumann (1992). Solange die Wachstumsrate n konstant ist, können diese Unterschiede durch eine entsprechende Wahl von ρ ausgeglichen werden. Insofern wird sich keines der im folgenden abgeleiteten Resultate ändern, wenn eine Gleichbehandlung von Individuen unterstellt würde, vgl. dazu die Diskussion zwischen Burbidge (1983a) und Buiter und Carmichael (1984).

$$\frac{\partial u_{+1}}{\partial q_{+1}} = \frac{\partial u_{+1}}{\partial c_{+1}^2}\left[(1+r_{+1})\frac{dc_{+1}^1}{dq_{+1}} + \frac{dc_{+1}^2}{dq_{+1}} + (1+n)\frac{dq_{+2}}{dq_{+1}}\right] \tag{7}$$

Des weiteren folgt aus der Budgetrestriktion (3.4) für die folgende Periode durch Differenzieren: $dq_{+1} = dc_{+1}^1 + dc_{+1}^2/(1 + r_{+1}) + (1 + n)dq_{+2}/(1 + r_{+1})$. Somit kann in Gleichung (7) die Klammer auf der rechten Seite substituiert werden, und man erhält:

$$\frac{\partial u_{+1}}{\partial q_{+1}} = (1+r_{+1})\frac{\partial u_{+1}}{\partial c_{+1}^2} \tag{8}$$

Für den Grenznutzen des Konsums während des Alters folgt bei Konstanz der Nutzenfunktion: $\partial u_{+1} / \partial c_{+1}^2 = \delta / c_{+1}^2$. Ersetzt man nun c_{+1}^2 entsprechend von Gleichung (4) und $\partial u_{+1} / \partial q_{+1}$ durch die aufgelöste Gleichung (5), so resultiert aus (8) das Verhältnis zwischen dem Konsum der Jungen dieser und der nächsten Generation:

$$c^1 = \frac{(1+n)(1+\rho)}{(1+r_{+1})}c_{+1}^1 \tag{9}$$

Die Gleichungen (4) und (9) determinieren den Pro-Kopf-Konsum des repräsentativen Individuums während der Jugend und des Alters. Der aggregierte Pro-Kopf-Konsum in jeder Periode entspricht $c = c^1 + c_{-1}^2/(1+n)$. Aus (4) und (9) folgt $c_{-1}^2 = (1+n)\ (1+\rho)\ c^1/\ (1+\theta)$. Offensichtlich ist somit das Verhältnis zwischen c^1 und c_{-1}^2 konstant, und somit entspricht die Bewegungsgleichung des aggregierten Pro-Kopf-Konsum der in (9) angegebenen Bewegungsgleichung des Pro-Kopf-Konsums der Jungen.

Im folgenden wird die aggregierte Vermögensdynamik betrachtet. Das Nettoeinkommen der privaten Haushalte entspricht der Summe aus Lohneinkommen W, Zinseinkommen auf das private Vermögen rV und Rentenzahlungen des Staates G, vermindert um die Steuerzahlungen: $W + rV + G - T$. Dieses Einkommen kann entweder für den Konsum oder zur Akkumulation neuen Vermögens verwendet werden. Das private Vermögen der nächsten Periode ergibt sich dann als Summe aus dem Vermögen dieser Periode und dem neu geschaffenen Vermögen: $V_{+1} = W + (1+r)V + G - T - C$. Mit Hilfe von $C = C^1 + C^2_{-1}$ und den Budgetrestriktionen $S = W - C^1 - T$ und $Q_{+1} = (1+r)V + G - C^2_{-1}$ wird deutlich, daß das private Vermögen der Summe aus der Ersparnis der Jungen und der Vererbung, welche die Rentner vornehmen, entspricht: $V_{+1} = Q_{+1} + S$. Bei der Transformation in Pro-Kopf-Größen ist zu beachten, daß Q_{+1} die von den Alten vorgenommene Vererbung ist. Jeder Alte vererbt $(1+n)q_{+1}$, und somit bezieht jeder Junge eine Erbschaft in Höhe von q_{+1}. Wird $V_{+1} = Q_{+1} + S$ in Pro-Kopf-Größen (der Jungen) transformiert, ergibt sich somit: $(1+n)v_{+1} = q_{+1} + s$.

Das Kapital der folgenden Perioden wird aus privatem und aus öffentlichem Vermögen finanziert: $K_{+1} = V_{+1} + A_{+1}$. Mit $A_{+1} = A + B = (1+r)A + T - G$, $V_{+1} = W + (1+r)V + G - T - C$ und $K = V + A$ ergibt sich: $K_{+1} = Y + K - C$ oder in Pro-Kopf-Größen: $(1+n)k_{+1} = y + k - c$.

Zusammenfassend kann das kurzfristige Gleichgewicht zu einem System von sechs Gleichungen komprimiert werden:

$$y = k^{\alpha} \tag{10.1}$$

$$r = \frac{\alpha y}{k} \tag{10.2}$$

$$c = \frac{(1+\rho)(1+n)}{(1+r_{+1})} c_{+1} \tag{10.3}$$

$$(1+n)k_{+1} = y + k - c \tag{10.4}$$

$$(1+n)a_{+1} = a + b \tag{10.5}$$

$$b = t + ra - \frac{g}{1+n} \tag{10.6}$$

Die endogenen Variablen sind: a_{+1}, c, k_{+1}, r, t und y.

2.2. Langfristiges Gleichgewicht

Im Steady State sind der Pro-Kopf-Konsum, das Pro-Kopf-Rentenvermögen und das Pro-Kopf-Kapital konstant. Folglich kann das langfristige Gleichgewicht durch ein System von sechs Gleichungen beschrieben werden:

$$y = k^{\alpha} \tag{11.1}$$

$$r = \frac{\alpha y}{k} \tag{11.2}$$

$$(1+r) = (1+\rho)(1+n) \tag{11.3}$$

$$y = c + nk \tag{11.4}$$

$$a = \frac{b}{n} \tag{11.5}$$

$$b = t + ra - \frac{g}{1+n} \tag{11.6}$$

Hier sind die endogenen Variablen a, c, k, r, t und y.

Im folgenden werden die Steady-State-Niveaus der endogenen Variablen explizit angegeben. Dabei wird auch die Höhe der Vererbung bestimmt. Aus Gleichung (11.3) ergibt sich der Zins: $r = \rho + n + \rho n$. Einsetzen in (11.2) und Ersetzen der Produktion durch (11.1) liefert:

$$k = \left[\frac{\alpha}{\rho + n + \rho n}\right]^{\frac{1}{\beta}} \tag{12}$$

Das Pro-Kopf-Kapital ist ausschließlich durch die Parameter der Produktionsfunktion, die interpersonelle Zeitpräferenzrate und die Bevölkerungswachstumsrate bestimmt. Insbesondere ist festzustellen, daß der Pro-Kopf-Budgetüberschuß und die Pro-Kopf-Rente keinen Einfluß auf das Pro-Kopf-Kapital haben. Ein Anstieg des interpersonellen Diskontsatzes oder der Bevölkerungswachstumsrate führt zu einem Rückgang des Pro-Kopf-Kapitals. Aus (11.1) und (11.4) kann nun das Niveau des Pro-Kopf-Konsums gefolgert werden:

$$c = k^{\alpha} - nk \tag{13}$$

Aus Gleichung (4) zusammen mit (11.3) ergibt sich der Konsum der Jungen als $c^1 = \gamma c/(1+\delta\rho)$ und der Konsum der Alten als $c^2 = \delta(1+\rho)(1+n)c/(1+\delta\rho)$. *Damit wird deutlich, daß sowohl der aggregierte Pro-Kopf-Konsum als auch der Pro-Kopf-Konsum der Jungen und der Alten nicht durch den Pro-Kopf-Budgetüberschuß und die Pro-Kopf-Rente beeinflußt werden. Es besteht somit Ricardianische Äquivalenz.*[3]

Wie läßt sich dieses Resultat erklären? Aus der Vermögensdynamik ist bekannt, daß das Kapital durch das Rentenvermögen und durch das private Vermögen finanziert wird: $k = a + v$. Dabei setzt sich das private Vermögen aus der Ersparnis der Jungen und der Erbschaft aus dem Vermögen der Alten zusammen. In Pro-Kopf-Größen wird das private Vermögen durch $v = s/(1+n) + q/(1+n)$ bestimmt. Einsetzen in $k = a + v$ und Auflösen führt zu: $q = (1+n)(k-a)-s$. Aus der individuellen Budgetrestriktion für die Jugend ist bekannt: $s = w - c^1 - t$. Für den Lohn gilt $w = \beta k^{\alpha}$ und für den Konsum während der Jugend $c^1 = \gamma c/(1+\delta\rho)$, wobei der aggregierte Pro-Kopf-Konsum durch (13) gegeben ist. Die Kopfsteuer kann aus der Gleichgewichtsbedingung (11.5) und der Budgetrestriktion (11.6) berechnet werden: $t = (n-r)b/n + g/(1+n)$. Einsetzen führt zu der Pro-Kopf-Ersparnis der Jungen:

$$s = \left(\beta - \frac{\gamma}{1+\delta\rho}\right)k^{\alpha} + \frac{\gamma nk}{1+\delta\rho} + \frac{(r-n)b}{n} - \frac{g}{1+n} \tag{14}$$

3 Die Diskussion der Ricardianischen Äquivalenz folgte dem Aufsatz von Barro (1974). Für eine kritische Auseinandersetzung vgl. Tobin (1980). Zur empirischen Relevanz vgl. die Diskussion zwischen Barro (1978) und Feldstein (1978).

Die Pro-Kopf-Ersparnis steigt, wenn der Pro-Kopf-Budgetüberschuß steigt, und sie sinkt, wenn die Pro-Kopf-Rente steigt. Einsetzen von (14) und (11.5) in die aggregierte Budgetrestriktion $q = (1+n)(k-a)-s$ führt zu:

$$q = \left(1+n-\frac{n\gamma}{(1+\delta\rho)}\right)k - \left(\beta-\frac{\gamma}{(1+\delta\rho)}\right)k^{\alpha}$$

$$-\frac{(1+r)b}{n}+\frac{g}{(1+n)} \tag{15}$$

Die Pro-Kopf-Erbschaft wird durch eine Erhöhung des Pro-Kopf-Budgetüberschusses reduziert und durch eine Rentenerhöhung erhöht. Ursächlich dafür ist, daß eine Erhöhung des Budgetüberschusses den Anteil der Rente erhöht, den die Alten selbst finanziert haben. Ceteris paribus findet somit ein über die Rentenversicherung induzierten Transfer von den Alten zu den Jungen statt. Dieser wird durch eine Reduktion der Vererbung kompensiert. Eine Erhöhung der Rente bei konstantem Budgetüberschuß bedeutet einen induzierten Transfer von den Jungen zu den Alten. Dieser wird durch eine Erhöhung der Vererbung kompensiert. Diese Einflüsse sind denen auf die Ersparnis der Jungen genau entgegengesetzt. Somit bestimmen die Rente und der Grad ihrer Fundierung über das Verhältnis zwischen dem im Lebenszyklus gebildeten und dem ererbten Vermögen.

Gleichung (15) zeigt weiter, daß es nicht notwendig zu einer positiven Vererbung kommt. Unterstellt man eine Wirtschaft ohne Rentenversicherung, also mit $b = 0$ und $g = 0$, kommt es zu Vererbung, sofern k ausreichend groß ist. Dies ist um so eher der Fall, je stärker ausgeprägt das Vererbungsmotiv ist, d.h. je weniger der Konsum der nachfolgenden Generation diskontiert wird. Die genauere Analyse zeigt, daß es zu Vererbung kommt, wenn $[\alpha/(\rho + n + \rho n)] > [(\beta-\gamma + \beta\delta\rho)/((1 + n)(1 + \delta\rho)-\gamma n)]$ gilt. Offensichtlich hängt die Gültigkeit der Ungleichung von ρ, n und der Relationen zwischen α und β sowie der intrapersonellen Zeitpräferenz $\theta = \gamma/\delta - 1$ ab. Gegeben diese Parameter kommt es um so eher zu Vererbung, je höher die Rente und je niedriger der Budgetüberschuß ist.[4] Zur Illustration wird hier ein numerisches Beispiele ausgewertet. In Tabelle IV.1 werden der interpersonelle Diskontsatz ρ und der Budgetüberschuß exogen variiert. Unter dem Diskontsatz ist jeweils der sich bei dieser interpersonellen Zeitpräferenz ergebende Lohn angegeben. In der Tabelle ist das berechnete kritische Rentenniveau absolut und als Prozentsatz vom Lohn angegeben. Übersteigt die Rente dieses kritische Niveau, kommt es zur Vererbung. Unterschreitet sie dieses Niveau, kommt es zu einer Randlösung ohne Vererbung.

Tabelle IV.1: Kritische Rentenniveaus (Absolut und in Prozent des Lohns)

Unterstellte Parameterwerte: $\alpha = 0{,}2$; $\beta = 0{,}8$; $\gamma = 0{,}6$; $\delta = 0{,}4$; $n = 1{,}427$						
	b = 0	b = 0,005	b = 0,01	b = 0,03	b = 0,05	b = 0,07
ρ = 0,0 w = 0,49	0,00 0%	0,00 0%	0,01 2%	0,09 19%	0,18 36%	0,26 53%
ρ = 0,1 w = 0,47	0,04 9%	0,07 14%	0,09 19%	0,18 38%	0,27 58%	0,36 77%
ρ = 0,3 w = 0,44	0,15 33%	0,17 39%	0,20 46%	0,31 70%	0,42 94%	0,52 118%
ρ = 0,5 w = 0,42	0,22 52%	0,25 59%	0,28 66%	0,40 96%	0,53 125%	0,65 155%

Zusammenfassend kann folgendes festgehalten werden: *In einer Wirtschaft mit Vererbung hat die Höhe der Pro-Kopf-Rente und die des Pro-Kopf-Budgetüberschusses keinen Einfluß auf Pro-Kopf-Kapital und Pro-Kopf-Konsum. Eine Erhöhung des Pro-Kopf-Budgetüberschusses führt zu geringerer Vererbung und eine Erhöhung der Pro-Kopf-Rente zu höherer Pro-Kopf-Vererbung. Somit entscheiden ceteris paribus die Pro-Kopf-Rente und der Pro-Kopf-Budgetüberschuß darüber, ob es in der Wirtschaft zu einer Vererbung kommt oder nicht. In jedem Fall entscheiden sie über das Verhältnis zwischen dem im*

4 Kritische Werte für die interpersonelle Zeitpräferenz in einem Modell ohne Rentenversicherung sind in Weil (1987) angegeben.

Lebenszyklus gebildeten und dem vererbten Pro-Kopf-Vermögen sowie über das Verhältnis zwischen dem privaten Pro-Kopf-Vermögen und dem Pro-Kopf-Rentenvermögen. Tabelle IV.2 zeigt für ein numerisches Beispiel die Anteile der Pro-Kopf-Vermögenskomponenten am Gesamtvermögen pro Kopf, welches dem Pro-Kopf-Kapital entspricht.

Tabelle IV.2: Langfristige Gleichgewichte

Ausgangsbedingung				
Wird eine Wirtschaft ohne Rentenversicherung unterstellt, ergibt sich ein kritischer Diskontsatz von $\rho' = 0{,}037$. Für $\rho > \rho'$ kommt es zu einer Randlösung, und bei $\rho < \rho'$ findet Vererbung statt. Wird dagegen eine umlagefinanzierte Pro-Kopf-Rente von $g = 0{,}3$ unterstellt, kommt es zu Vererbung, sofern der interpersonelle Diskontsatz kleiner als 0,869 ist. Angenommen wird ein Wert von $\rho = 0{,}5$, damit entspricht der interpersonelle dem intrapersonellen Diskontsatz. Es kommt zu Vererbung, solange der Pro-Kopf-Budgetüberschuß kleiner als 0,013 ist. Aus ρ und n ergibt sich ein Pro-Kopf-Kapital von $k = 0{,}0397$. Daraus resultiert ein Pro-Kopf-Einkommen von $y = 0{,}525$ und ein Lohn von $w = 0{,}42$. Der resultierende Pro-Kopf-Konsum ist $c = 0{,}468$, und damit entspricht die Konsumquote 0,89.				
Angenommene Parameterwerte: $\alpha = 0{,}2$; $\beta = 0{,}8$; $\gamma = 0{,}6$; $\delta = 0{,}4$; $\rho = 0{,}5$; $n = 1{,}427$				
Variationen des Pro-Kopf-Budgetüberschusses				
b	a/k	v/k	s/[k(1+n)]	q/[k(1+n)]
0,000	0,00	1,00	0,64	0,36
0,005	0,09	0,91	0,69	0,22
0,010	0,18	0,82	0,73	0,09
0,013	0,23	0,77	0,77	0,00
Angenommene Parameterwerte : $\alpha = 0{,}2$; $\beta = 0{,}8$; $\gamma = 0{,}6$; $\delta = 0{,}4$; $\rho = 0{,}5$; $g = 0{,}3$; $n = 1{,}427$				
Variationen der Pro-Kopf-Rente				
g	a/k	v/k	s/k	q/k
0,25	0,09	0,91	0,90	0,01
0,30	0,09	0,91	0,69	0,22
0,35	0,09	0,91	0,47	0,44
Angenommene Parameterwerte: $\alpha = 0{,}2$; $\beta = 0{,}8$; $\gamma = 0{,}6$; $\delta = 0{,}4$; $\rho = 0{,}5$; $b = 0{,}005$; $n = 1{,}427$				

Zum Abschluß soll hier darauf hingewiesen werden, daß in einer Wirtschaft, in der es nicht zur Vererbung kommt, auch keine Ricardianische Äquivalenz vorliegt. Die Wirtschaft befindet sich in einer Situation, wie sie durch das Modell überlappender Generationen bei vollständig egoistischen Individuen beschrieben wird.

2.3. Spezielle Finanzierungsformen

Beim Umlageverfahren decken die Steuereinnahmen genau die Rentenausgaben, und der Budgetüberschuß ist Null. Wenn eine im Umlageverfahren finanzierte Rente eingeführt wird, reduzieren die Jungen, gemäß (14), ihre Pro-Kopf-Ersparnis im Umfang der Steuer $\Delta s = -t = -g/(1+n)$. Der Konsum während der Jugend wird nicht tangiert. Im Gegenzug steigt, wie (15) zeigt, die Erbschaft aus dem Vermögen der Alten $\Delta q = g/(1+n)$. Folglich wird die Rente vollständig vererbt. Das private Pro-Kopf-Vermögen $v = s/(1+n) + q/(1+n)$ wird nicht betroffen. Als Resultat kann festgehalten werden: *Die Einführung einer im Umlageverfahren finanzierten Rente erhöht die Vererbung und reduziert die Ersparnis der Jungen. Das private Vermögen wird nicht tangiert. Ebenso bleiben das Pro-Kopf-Kapital, das Pro-Kopf-Einkommen sowie der Pro-Kopf-Konsum und seine Aufteilung über den Lebenszyklus unbeeinflußt.*

Im Kapitaldeckungsverfahren werden die Steuereinnahmen für den Aufbau des Rentenvermögens in der nächsten Periode verwendet, in Pro-Kopf-Größen gilt: $(1+n)a_{+1} = t$. Das Rentenvermögen und die darauf erzielten Zinsen in der jeweiligen Periode werden zur Deckung der Rentenausgaben verwendet. Im langfristigen Gleichgewicht ist das Pro-Kopf-Rentenvermögen mit $a = b/n$ gegeben. Daraus folgt der Budgetüberschuß pro Kopf als $b = nt/(1+n)$. Damit ergibt sich, daß die interne Verzinsung der Steuer dem Zins entspricht: $g = (1 + r)t$. Einsetzen in (14) und (15) zeigt, daß bei der Einführung einer im Kapitaldeckungsverfahren finanzierten Rente die Pro-Kopf-Ersparnis der Jungen im Umfang der Kopfsteuer reduziert wird, während die Pro-Kopf-Vererbung konstant bleibt. Wie im Modell ohne Vererbung ist die Steuer ein perfektes

Substitut für die Ersparnis. Es ergibt sich das folgende Resultat: *Bei Einführung einer im Kapitaldeckungsverfahren finanzierten Rente wird die Pro-Kopf-Ersparnis der Jungen reduziert, während die Pro-Kopf-Vererbung konstant bleibt. Das Pro-Kopf-Kapital, das Pro-Kopf-Einkommen und der Pro-Kopf-Konsum werden nicht tangiert.*

Eine Erhöhung des Pro-Kopf-Budgetüberschusses führt, da sie alle anderen Größen in (15) unbeeinflußt läßt, zu einer immer geringeren Vererbung. Ein ausreichend großer Budgetüberschuß führt somit immer zu einer Situation ohne Vererbung und damit zu einer Randlösung. In dieser Situation gilt dann nicht mehr das hier dargestellte Modell, sondern die Individuen reagieren wie im Modell ohne Vererbung. Damit gilt offensichtlich nicht mehr die Ricardianische Äquivalenz. Die Rente und ihre Finanzierung sind bezüglich der Kapitalakkumulation nicht mehr neutral.

Betrachtet wird nun der optimale Pro-Kopf-Budgetüberschuß b^*: Wie im ersten Kapitel gezeigt, ist der Pro-Kopf-Budgetüberschuß optimal, wenn er zu einem Rentenvermögen führt, welches das optimale Pro-Kopf-Kapital und damit den maximalen Pro-Kopf-Konsum sicherstellt. Es muß somit gelten $r = n$ und damit $k = (\alpha/n)^{1/\beta}$. Sofern die Individuen den Konsum ihrer Kinder nicht diskontieren, d.h. bei $\rho = 0$, wird das optimale Pro-Kopf-Kapital bei $b = 0$ angenommen. Bei einem positiven interpersonellen Diskontfaktor ist der über das optimale Rentenvermögen erzeugte Kapitalstock größer als der, der sich aufgrund der intertemporalen Optimierung der Individuen ergibt. Somit liegt der optimale Pro-Kopf-Budgetüberschuß oberhalb des kritischen Werts, bei dem es noch zu Vererbung kommt.[5] Anders ausgedrückt: Bei dem optimalen Budgetüberschuß würde eine zusätzliche Vererbung die Wirtschaft in den dynamisch ineffizienten Bereich drängen. Die Vererbung würde den Nutzen der vererbenden wie auch den Nutzen der nachfolgenden Generationen senken.[6] Somit läßt sich als Resultat festhalten: *Bei einem positiven interpersonellen*

---

5 Michaelis (1989) zeigt ausführlich, daß eine optimale Finanzpolitik zu einer Randlösung führt, d.h. zu einer Situation ohne Vererbung.

6 Es soll hier noch einmal darauf hingewiesen werden, daß in diesem Abschnitt nur Steady-State-Betrachtungen durchgeführt werden. Ein Erbschaft erhöht natürlich immer den Nutzen der erbenden Generation, wenn diese nicht gezwungen ist, selbst eine Vererbung in gleicher Höhe vorzunehmen und damit das Pro-Kopf-Kapital konstant zu halten.

Diskontfaktor führt eine optimale Rentenfinanzierung immer zu einer Randlösung ohne Vererbung. Das Pro-Kopf-Kapital und das Pro-Kopf-Einkommen werden erhöht. Der Pro-Kopf-Konsum und der Nutzen sind maximal.

2.4. Stabilität

Die im kurzfristigen Gleichgewicht enthaltene Dynamik kann durch ein System von zwei Differenzengleichungen beschrieben werden: Die Bewegungsgleichung des Pro-Kopf-Konsums und die des Pro-Kopf-Kapitals. Die Reduktion des Gleichungssystems verläuft vollständig anlog zu der im Kapitel III. Aus (10.1) und (10.4) ergibt sich die Gleichung für das Pro-Kopf-Kapital:

$$(1+n)k_{+1} = k^{\alpha} + k - c \tag{16}$$

Dabei gilt $dk_{+1}/dc = -1/(1+n) < 0$. Um die in Abbildung IV.1 dargestellte kk-Linie zu erhalten, wird die Gleichgewichtsbedingung $k_{+1} = k$ in (16) eingesetzt. Aufgelöst gilt:

$$c = k^{\alpha} - nk \tag{17}$$

Entlang der kk-Linie ist das Pro-Kopf-Kapital konstant. Wie sich aus der Ableitung dk_{+1}/dc ergibt, steigt das Pro-Kopf-Kapital unterhalb der kk-Linie, und es fällt oberhalb.

Gleichung (10.3) bestimmt die Bewegung des Pro-Kopf-Konsums. Unter Verwendung von (10.1), (10.2) und (16) folgt:

$$c_{+1} = \left[1 + \alpha\left(\frac{k^{\alpha} + k - c}{1+n}\right)^{-\beta}\right]\frac{c}{(1+\rho)(1+n)} \tag{18}$$

Demzufolge gilt $dc_{+1}/dc \gtrless 1$ für $\alpha\beta c/(1+n) \gtrless (\rho+n+\rho n-r_{+1})k^{1+\beta}$. Dabei steigt die rechte Seite mit dem Pro-Kopf-Konsum, wohingegen die linke Seite mit c fällt. Weiter wird nun die Gleichgewichtsbedingung $c_{+1} = c$ in (18) eingesetzt:

$$c = k^{\alpha} + k - (1+n)\left[\frac{\alpha}{\rho+n+\rho n}\right]^{\frac{1}{\beta}} \tag{19}$$

Dies definiert das Pro-Kopf-Kapital, bei dem der Pro-Kopf-Konsum konstant ist. Entsprechend hat die in Abbildung IV.1 dargestellte cc-Linie eine positive Steigung von $1+\alpha k^{-\beta}$. Wie aus der Ableitung dc_{+1}/dc bekannt, fällt der Konsum unterhalb der cc-Linie, und er steigt oberhalb.

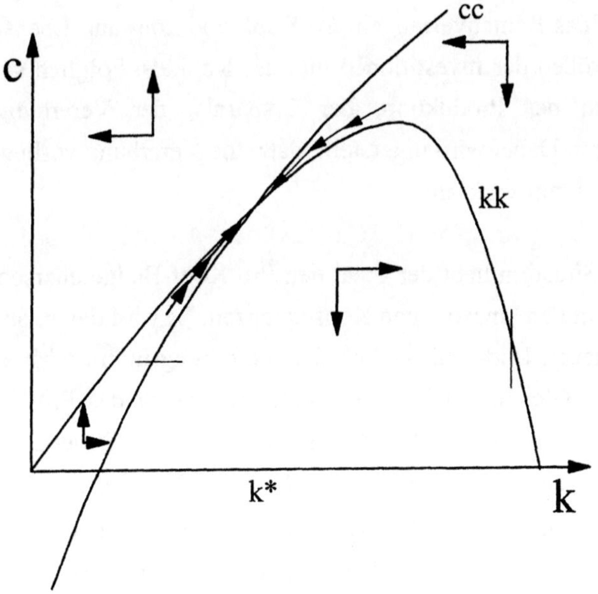

Abbildung IV.1: Phasendiagramm

Wie das Phasendiagramm zeigt, ist das Gleichgewicht sattelpunktstabil. Daraus ergibt sich: *Es existiert ein eindeutiger optimaler Pfad der Anpassung.*

3. Dynamik der Anpassung

Welche Konsequenzen für die Dynamik der Anpassung ergeben sich nun aus der Stattelpunktstabilität? Im folgenden werden verschiedene Schocks untersucht: Zunächst wird eine Erhöhung des Pro-Kopf-Budgetüberschusses, dann eine Erhöhung der Pro-Kopf-Rente untersucht. In Abschnitt 3.3. wird ein Rückgang der interpersonellen Zeitpräferenz analysiert.

3.1. Erhöhung des Budgetüberschusses

Die Wirtschaft ruht im langfristigen Gleichgewicht. Der Budgetüberschuß pro Kopf sowie das Rentenvermögen pro Kopf sind konstant. Ebenso verharren die Pro-Kopf-Größen der Investitionen und des Kapitals. Folglich sind auch die Pro-Kopf-Größen der Produktion, der Ersparnis, der Vererbung und des Konsums konstant. Dabei wird unterstellt, daß eine Vererbung vorliegt: Das Vererbungsmotiv ist somit wirksam.

In dieser Situation hebt der Staat den Pro-Kopf-Budgetüberschuß an. Die Analyse startet mit den langfristigen Konsequenzen. Es wird davon ausgegangen, daß auch zum neuen Budgetüberschuß das Vererbungsmotiv wirksam ist. Aus dem langfristigen Gleichgewicht ist bekannt, daß weder das Pro-Kopf-Kapital noch der Pro-Kopf-Konsum der Jungen und der Alten vom Budgetüberschuß pro Kopf abhängig ist, siehe die Gleichungen (12) und (13). Das Pro-Kopf-Rentenvermögen steigt, wobei $\Delta a = \Delta b/n$ gilt. Des weiteren steigt die Pro-Kopf-Ersparnis der Jungen um $\Delta s = (r - n)\Delta b/n$. Der Rückgang der Vererbung kompensiert diese beiden Effekte $\Delta q = -(1 + r)\Delta b/n$.

Nun zur Analyse der Anpassung: Aus (18) ist bekannt, daß der Pro-Kopf-Konsum dieser Periode von dem der nächsten Periode abhängt. Da sich der Pro-Kopf-Konsum langfristig nicht ändert, verändert er sich auch kurzfristig nicht. Das Pro-Kopf-Kapital der nächsten Periode ist abhängig von dem Pro-Kopf-

Kapital und dem Pro-Kopf-Konsum dieser Periode, wie sich aus (16) ergibt. Das Pro-Kopf-Kapital dieser Periode ist gegeben, und der Pro-Kopf-Konsum verändert sich nicht. Folglich gleicht das Pro-Kopf-Kapital der nächsten Periode dem dieser Periode, d.h. das Kapital pro Kopf bleibt auch kurzfristig konstant.

Kurzfristig hat der gestiegene Pro-Kopf-Budgetüberschuß bei einer konstanten Pro-Kopf-Rente zur Folge, daß die Pro-Kopf-Steuer angehoben werden muß: $\Delta t = \Delta b$. Da der Konsum am langfristigen Gleichgewicht ausgerichtet ist, halten die Jungen ihren Pro-Kopf-Konsum konstant. Somit muß die Pro-Kopf-Ersparnis entsprechend der gestiegenen Steuer reduziert werden: $\Delta s = -\Delta t$. Um den Konsum auch während des Alters konstant zu halten, wird in der nächsten Periode die Vererbung reduziert: $\Delta q = (1+r)\Delta s$.

Mittelfristig führt der gestiegene Pro-Kopf-Budgetüberschuß zu einem wachsenden Rentenvermögen. Deshalb wird die Kopfsteuer gesenkt. Bei konstantem Pro-Kopf-Konsum der Jungen muß die Ersparnis pro Kopf ansteigen. Im Alter erhalten die Individuen eine geringere Erbschaft. Deshalb vererben sie selbst weniger. Dieser Prozeß setzt sich Periode um Periode fort. In dem Maß, in dem das Rentenvermögen wächst, fällt die Vererbung und damit das Vermögen der Privaten. Die Vermögensbildung insgesamt bleibt von dem gestiegenen Pro-Kopf-Budgetüberschuß unbeeinflußt, so daß das Pro-Kopf-Kapital unverändert bleibt. Die Zeitpfade ausgewählter Variabler finden sich in Abbildung IV.2. wieder.

Zusammenfassend wird festgestellt: *Ein Anstieg des Pro-Kopf-Budgetüberschusses hat weder kurzfristig noch langfristig Folgen für das Pro-Kopf-Kapital und den Pro-Kopf-Konsum. Ausschließlich die Aufteilung der Vermögenskomponenten verändert sich.*

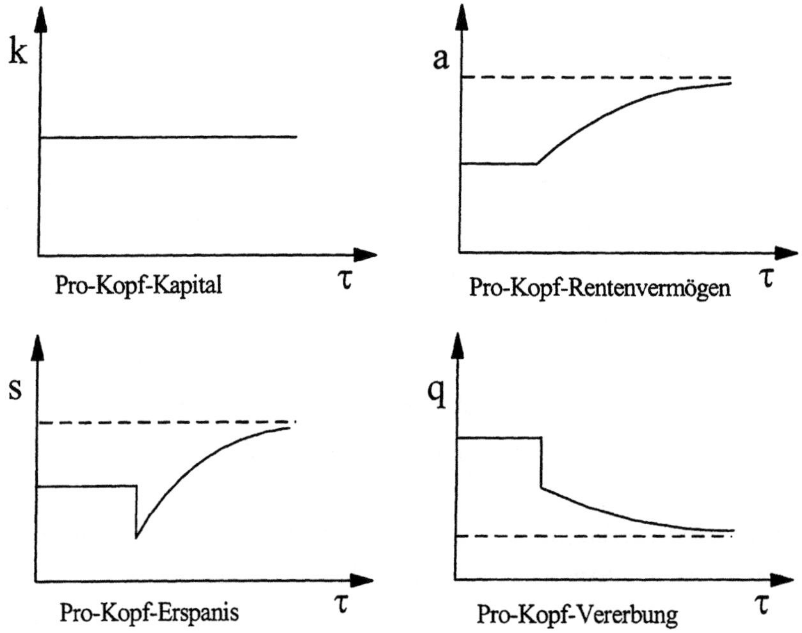

Abbildung IV.2: Zeitpfade - Erhöhung des Budgetüberschusses

3.2. Erhöhung der Rente

Die Wirtschaft befindet sich im langfristigen Gleichgewicht. Das Pro-Kopf-Kapital und das Pro-Kopf-Vermögen der Rentenversicherung sind ebenso wie der Pro-Kopf-Konsum konstant. Daraus ergibt sich, daß auch Einkommen, Ersparnis und Vererbung jeweils pro Kopf unverändert bleiben.

In dieser Situation hebt der Staat die Pro-Kopf-Rente an. Da der Budgetüberschuß pro Kopf fixiert ist, muß die Pro-Kopf-Steuer steigen: $\Delta t = \Delta g/(1 + n)$. Der Pro-Kopf-Konsum ist jedoch am langfristigen Gleichgewicht ausgerichtet. Dieses bleibt unverändert, und somit halten die Individuen ihren Konsum auch kurzfristig konstant. Dies impliziert, daß die Jungen ihre Ersparnis entsprechend der gestiegenen Pro-Kopf-Steuer senken und die Alten ihre Vererbung entsprechend der gestiegenen Rente erhöhen. Damit bleibt die private Vermögensbildung insgesamt konstant, und somit bleibt auch das Pro-Kopf-Kapital unverändert. *Die Rente hat somit weder kurzfristig noch langfristig Auswirkungen auf Pro-Kopf-Konsum und Pro-Kopf-Kapital.*[7] *Allerdings hat die Rente erheblichen Einfluß auf die Form der privaten Vermögensbildung. Je höher die Rente ist, desto geringer ist das über den Lebenszyklus gebildete und desto größer ist das vererbte Vermögen.*[8]

3.3. Anstieg der interpersonellen Zeitpräferenz

Im folgenden wird untersucht, welche Wirkungen von einem Anstieg des interpersonellen Diskontsatzes ρ ausgehen. Die Eltern legen somit weniger Gewicht auf das Wohlergehen ihrer Kinder und bevorzugen den eigenen Konsum in größerem Ausmaß.

Vor dem Schock befindet sich die Wirtschaft im langfristigen Gleichgewicht. Die Pro-Kopf-Größen von Kapital, Einkommen, und Konsum sind konstant. Ebenso bleibt das Vermögen der Rentenversicherung und das der Privaten jeweils pro Kopf unberührt. In dieser Situation steigt der interpersonelle Diskontsatz ρ. Im Phasendiagramm verschiebt sich die cc-Linie nach links, während die kk-Linie unverändert bleibt, siehe Abbildung IV.3. Der Anpassungsprozeß zum neuen langfristigen Gleichgewicht wird durch den Richtungspfeil dargestellt.

---

7 Vgl. dazu Buiter (1979), Buiter (1980), Carmichael (1982) und Carmichael und Hawtrey (1981).

8 Über die empirische Größenordnung dieser beiden Komponenten der Vermögensbildung hat eine Diskussion zwischen Modigliani und Kotlikoff/Summers stattgefunden. Vgl. Modigliani (1988), Kotlikoff und Summers (1981) und Kotlikoff (1988).

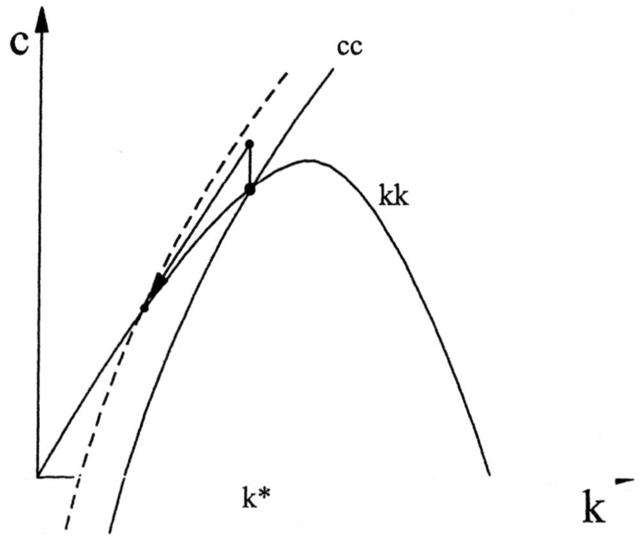

Abbildung IV.3: Phasendiagramm - Anstieg des interpersonellen Diskontsatzes

Kurzfristig springt der Pro-Kopf-Konsum nach oben. Die Alten reduzieren ihre Pro-Kopf-Vererbung, und die Jungen reduzieren die Pro-Kopf-Ersparnis. Dagegen sind Kapital und Einkommen pro Kopf konstant. Ebenso bleiben die Pro-Kopf-Steuer und das Pro-Kopf-Rentenvermögen unberührt. Mittelfristig sinkt das private Pro-Kopf-Vermögen und damit das Pro-Kopf-Kapital. Die Folge ist ein sinkendes Einkommen pro Kopf und ein Rückgang des Konsums pro Kopf. Weil das Pro-Kopf-Kapital sinkt, steigen die Zinsen und damit die Zinseinnahmen der Rentenversicherung. Dies erlaubt einen Rückgang der Kopfsteuer. Dieser kann jedoch nicht den Einkommensrückgang kompensieren, so daß Einkommen und Konsum pro Kopf weiter fallen. Langfristig führt der Prozeß in eine neues Gleichgewicht. Die Pro-Kopf-Größen des Kapitals, des privaten Vermögens und des Konsums sind wieder konstant. In Box IV.1 wird ein numerisches Beispiel für den Anpassungsprozeß dargestellt. Im Anhang werden die Ergebnisse in tabellarischer Form angegeben.

Box IV.1: Numerisches Beispiel - Anstieg der interpersonellen Zeitpräferenz

Unterstellte Parameterwerte:

$\alpha = 0{,}2$; $\beta = 0{,}8$; $\gamma = 0{,}6$; $\delta = 0{,}4$; $\rho = 0{,}5$; $g = 0{,}3$; $b = 0$; $n = 1{,}427$

Die Wirtschaft befindet sich im langfristigen Gleichgewicht. Bei $\rho = 0{,}5$ ergibt sich ein Pro-Kopf-Kapital von $k = 0{,}0397$. Das resultierende Pro-Kopf-Einkommen ist $y = 0{,}525$ und der Pro-Kopf-Konsum $c = 0{,}468$. Daraus folgt eine Konsumquote von 0,89. In dieser Situation steigt der interpersonelle Diskontsatz auf $\rho = 0{,}7$.

Die Alten erhöhen ihren Konsum und reduzieren die Vererbung. Kurzfristig* steigt der Konsum um 2,8%, die Konsumquote steigt auf 0,92. Durch den Rückgang der Vererbung schrumpft das private Vermögen und damit das Pro-Kopf-Kapital. Als Folge sinken auch das Einkommen, die Ersparnis und der Konsum pro Kopf. In der nachfolgenden Periode entspricht der Konsum etwa dem im Ausgangsgleichgewicht. Die Alten beziehen eine geringere Erbschaft und vererben aus diesem Grund selbst weniger. Durch den Rückgang der Pro-Kopf-Vererbung und der Pro-Kopf-Ersparnis fällt das Pro-Kopf-Kapital weiter. In der dritten Periode liegt der Konsum unterhalb des Ausgangsniveaus. Dieser Prozeß setzt sich fort, bis ein neues Gleichgewicht erreicht wird.

Langfristig fällt das Pro-Kopf-Kapital um fast 20%, das Pro-Kopf-Einkommen um etwa 4% und der Pro-Kopf-Konsum um 2,5%. Dabei beträgt die Konsumquote im neuen Gleichgewicht etwa 0,91. Der Anteil des über den Lebenszyklus gebildeten Vermögens am gesamten Vermögen steigt im Zuge der Anpassung von 0,64 auf 0,83.

* Die Startwerte des Anpassungsprozesses sind mit dem Multiple-Shooting-Verfahren ermittelt worden, vgl. Lipton et al. (1982) sowie Taylor (1983).

4. Zusammenfassung

Es wurde unterstellt, daß Eltern altruistisch gegenüber ihren Kindern sind. Jede Generation berücksichtigt den Nutzen der nachfolgenden Generation. Somit haben die Individuen trotz einer endlichen Lebenszeit einen unendlichen Planungshorizont. Unter dieser Annahme wird das in Kapitel I entwickelte Modell mit fixiertem Pro-Kopf-Budgetüberschuß analysiert.

Sofern der Altruismus gegenüber der nachfolgenden Generation genügend stark ausgeprägt ist, werden die Eltern planmäßig Vererbungen vornehmen. Dies führt dazu, daß das Pro-Kopf-Kapital und der Pro-Kopf-Konsum unabhängig von der Rente und ihrer Finanzierung sind. Die Rente reduziert die Ersparnis der Jungen und erhöht die Vererbung der Alten. Insgesamt bleibt die private Vermögensbildung unberührt. Steigt der Budgetüberschuß und damit das Rentenvermögen, reduzieren die Privaten die Vererbung, so daß die Vermögensbildung insgesamt unberührt bleibt. Rente und Budgetüberschuß haben somit gegenläufige Effekte auf die Vererbung. Damit entscheiden sie darüber, ob es in der Wirtschaft zu Vererbung kommt oder nicht. Übersteigt das Rentenvermögen ein kritisches Niveau, fällt die Vererbung auf Null. Bei dieser Randlösung ist die Rentenversicherung somit nicht mehr neutral. Dieses kritische Niveau ist um so höher, je höher die Rente ist. Sofern das Vererbungsmotiv durch eine entsprechende Wahl des Budgetüberschusses unwirksam ist, wird die Wirtschaft nicht mehr durch das Modell altruistischer Individuen beschrieben, sondern durch das egoistischer. In diesem Modell sind Kapital und Einkommen nicht unabhängig von der Höhe der Rente.

Bei der Einführung einer im Umlageverfahren finanzierten Rente erhöht die Rente in vollem Umfang die Vererbung der Alten. Im Gegenzug reduzieren die Jungen ihre Pro-Kopf-Ersparnis im Umfang der Kopfsteuer. Die private Vermögensbildung wird insgesamt nicht tangiert. Bei der Einführung einer im Kapitaldeckungsverfahren finanzierten Rente kompensieren sich der die Vererbung erhöhende Effekt der Rente und der die Vererbung reduzierende Effekt des Budgetüberschusses. Die Höhe der Vererbung wird nicht tangiert. Wie im

Modell ohne Altruismus reduzieren die Jungen ihrer Ersparnis im Umfang der Steuer. Die dadurch ausgelöste Reduktion der privaten Vermögensbildung wird durch das Rentenvermögen kompensiert, somit bleibt das Pro-Kopf-Kapital unverändert. Die optimale Rentenfinanzierung maximiert den Pro-Kopf-Konsum im langfristigen Gleichgewicht. Sofern Eltern den Konsum ihrer Kinder geringer als den eigenen schätzen, ist der Pro-Kopf-Konsum unterhalb des maximalen. Insofern erhöht die optimale Finanzierung das Pro-Kopf-Kapital und den Pro-Kopf-Konsum. Dies impliziert, daß es bei einer optimalen Finanzierung immer zu einer Randlösung ohne Vererbung kommt.

Die Untersuchung der dynamischen Prozesse zeigt, daß bei einer Erhöhung des Budgetüberschusses der Pro-Kopf-Konsum von Jungen und Alten konstant bleibt. Dies gilt sowohl langfristig als auch im Anpassungsprozeß. Die Erhöhung des Budgetüberschusses pro Kopf läßt zunächst die Pro-Kopf-Ersparnis der Jungen und die Pro-Kopf-Vererbung der Alten sinken. Mittelfristig wächst das Rentenvermögen, so daß die Kopfsteuer gesenkt werden kann. Bei konstantem Pro-Kopf-Konsum der Jungen muß die Ersparnis pro Kopf ansteigen. Im Alter erhalten die Individuen eine geringere Erbschaft. Deshalb vererben sie selbst weniger. Dieser Prozeß setzt sich fort. In dem Maß, in dem das Rentenvermögen wächst, fällt die Vererbung und damit das Vermögen der Privaten. Die Vermögensbildung insgesamt und damit das Pro-Kopf-Kapital bleiben konstant.

Bei einer Erhöhung der Rente bei konstantem Pro-Kopf-Budgetüberschuß muß die Kopfsteuer steigen. Der Pro-Kopf-Konsum wird jedoch weder kurzfristig noch langfristig tangiert. Dies impliziert, daß die Jungen ihre Ersparnis entsprechend der Steuererhöhung senken und die Alten ihre Vererbung entsprechend der Rentenerhöhung steigern. Damit bleibt die private Vermögensbildung insgesamt konstant, und somit bleibt auch das Pro-Kopf-Kapital unverändert. Die Rentenerhöhung verändert somit nur die Zusammensetzung des Vermögens: Sie erhöht den geerbten Anteil, und sie reduziert den im Lebenszyklus gebildeten Anteil. Ein Anstieg der interpersonellen Diskontrate erlaubt kurzfristig ein höheres Konsumniveau. Langfristig führt es jedoch zu einem Rückgang des Pro-Kopf-Kapitals, und damit sinken Einkommen und Konsum je Kopf.

V

Unsichere Lebenszeit

1. Einleitung

Wie im vorangegangenen Kapitel wird der Einfluß der Rentenversicherung beim Vorliegen von Vererbung untersucht. Während im Kapitel IV altruistische Individuen unterstellt wurden, bei denen Eltern den Nutzen ihrer Kinder berücksichtigen und deshalb einen Teil ihres Vermögens vererben, wird in diesem Kapitel angenommen, daß die Konsumplanung unter Unsicherheit stattfindet. Während der Jugend ist nicht bekannt, welcher Konsum während des Alters realisiert werden kann. Die wesentliche Beschränkung des Konsums liegt in der unsicheren Lebenszeit: Niemand weiß, wie alt er wird.[1] Wird die Lebenszeit überschätzt, kommt es zur Vererbung. Im folgenden soll untersucht werden, ob diese Form der ungeplanten Vererbung zu ähnlichen Konsequenzen führt wie die planmäßige Vererbung, die bei altruistischen Eltern zustande kommt: Wie wirken die Rente und die Form ihrer Finanzierung bei unsicherer Lebenszeit? Des weiteren erlaubt dieses Modell mit unsicherer Lebenszeit eine Analyse der Folgen einer alternden Bevölkerung. Welche Konsequenzen hat eine höhere Lebenserwartung für die Rentenversicherung, das Pro-Kopf-Kapital und den Nutzen?

Der Einfluß einer unsicheren Lebenszeit auf die Konsum-Spar-Entscheidung wurde zuerst von Yaari (1965) analysiert. Im Vordergrund der Untersuchung stand die individuelle Entscheidung. Ignoriert wurde der Einfluß der

1 Zu empirischen Untersuchungen über die Ursachen von Vererbung vgl. Hurd (1987), Hurd (1989) sowie Börsch-Supan und Stahl (1991).

Vererbung auf das makroökonomische Gleichgewicht. In makroökonomischen Modellen bestehen zwei Möglichkeiten, eine unsichere Lebenszeit zu modellieren. Der häufiger genutzte Ansatz geht auf Blanchard (1985) zurück. Das Ziel dieses Ansatzes ist es, eine individuelle dynamische Optimierung mit endlichem Horizont in einem Modell in stetiger Zeit abzubilden. Damit bildet das Modell eine Brücke zwischen Modellen überlappender Generationen in diskreter Zeit, die auf Diamond (1965) zurückgehen, und Modellen in stetiger Zeit mit unendlichem Horizont, die auf Ramsey (1928) zurückgehen. In den Arbeiten von Weil (1985) und Buiter (1988) wurde der Ansatz von Blanchard wesentlich erweitert. Während in Blanchard (1985) eine konstante Bevölkerung unterstellt wurde, lassen Weil und Buiter unterschiedliche Geburten- und Sterberaten zu. Damit besteht die Möglichkeit, daß die Bevölkerung wächst oder schrumpft. In all diesen Modellen wird jedoch unterstellt, daß die private Ersparnis durch eine versicherungsmathematisch faire Rentenversicherung stattfindet. Die Einführung anderer Formen der Rentenversicherung, die im folgenden untersucht werden sollen, würde das Modell sprengen. Deshalb wird hier ein anderer Ansatz verwendet, der auf die Arbeiten von Sheshinski und Weiss (1981), Eckstein, Eichenbaum und Peled (1985a,b), Abel (1985) und Abel (1987a) zurückgeht. Dabei wird das Diamond Modell überlappender Generationen genutzt. Das Leben des repräsentativen Individuums erstreckt sich über zwei Perioden: die Jugend und das Alter. Die unsichere Lebenszeit wird dadurch modelliert, daß die Dauer der zweiten Lebensperiode während der Jugend nicht bekannt ist. Diese Struktur wird hier übernommen. Wesentliche Unterschiede ergeben sich jedoch in den weiteren Annahmen: Sheshinski und Weiss unterstellen, daß es neben der Vererbung aufgrund der unsicheren Lebenszeit auch Vererbung aufgrund von Altruismus gegenüber den Nachkommen gibt. Diese stellt ein konstantes Pro-Kopf-Kapital und damit einen konstanten Zins sicher. Eckstein u.a. nehmen eine Wirtschaft ohne Kapital an. Abel führt Kapital ein, läßt aber den Zins konstant. Im Gegensatz dazu werden hier das Kapital und der Zins endogen bestimmt. Dies ist möglich, da hier eine einfachere Nutzenfunktion - vom Cobb-Douglas-Typ - unterstellt wird.

Im folgenden werden das kurzfristige und das langfristige Gleichgewicht abgeleitet. Für das langfristige Gleichgewicht werden die speziellen Finanzierungsverfahren, also das Umlageverfahren, das Kapitaldeckungsverfahren und die optimale Finanzierung, betrachtet. Des weiteren wird die optimale Rente abgeleitet, und der Einfluß einer veränderten Lebenserwartung untersucht. Am Ende des 2. Abschnitts wird eine Stabilitätsanalyse durchgeführt. Im 3. Abschnitt folgt dann die Untersuchung verschiedener Anpassungsprozesse. Dabei werden eine Erhöhung des Budgetüberschusses, eine Erhöhung der Rente und ein Anstieg der Lebenserwartung betrachtet. Das Kapitel schließt mit einer Zusammenfassung der Ergebnisse im 4. Abschnitt.

2. Modell

2.1. Kurzfristiges Gleichgewicht

Zunächst ein kurzer Blick auf die hier unterstellte Bevölkerungsentwicklung: Es wird angenommen, daß Individuen maximal zwei Perioden leben. Die Zahl der Jungen - die sich im ersten Lebensabschnitt befinden - wird mit N bezeichnet. Am Ende der ersten Lebenshälfte bekommt jedes Individuum 1 + n Nachkommen. Die Zahl der Individuen in der nachfolgenden Generation ist somit (1 + n)N. Nach der Geburt der Nachkommen verstirbt ein gewisser Teil $1 - \pi$ der Eltern, der überlebende Anteil π wird zur alten Generation. Somit bezeichnet π die Überlebenswahrscheinlichkeit eines Individuums.

Die Unternehmen produzieren unter Einsatz von Kapital K und Arbeit N den homogenen Output Y. Wie bisher wird eine Produktionsfunktion vom Cobb-Douglas-Typ unterstellt: $Y = K^{\alpha}N^{\beta}$. Die Pro-Kopf-Produktion y ist eine Funktion des Pro-Kopf-Kapitals: $y = k^{\alpha}$. Der Zins entspricht dem Grenzprodukt des Kapitals $r = \alpha y/k$ und der Lohn dem Grenzprodukt der Arbeit $w = \beta k^{\alpha}$.

Die Rentenversicherung wird durch das im ersten Kapitel entwickelte allgemeine Modell mit fixiertem Pro-Kopf-Budgetüberschuß beschrieben. Jeder Rentner erhält eine Pro-Kopf-Rente in Höhe von g. Die Rentenausgaben G entsprechen dem Produkt aus der Rente und der Zahl der Rentner πN_{-1}, damit gilt: $G = g\pi N_{-1}$. Zur Finanzierung erhebt der Staat von jedem Jungen die Kopfsteuer t. Die Steuereinnahmen entsprechen somit $T = tN$. Außerdem erzielt der Staat Zinseinnahmen aus dem Rentenvermögen A in Höhe von rA. Als Budgetrestriktion der Rentenversicherung ergibt sich: $B = T + rA - G$. Ausgedrückt in Pro-Kopf-Größen gilt: $b = t + ra - \pi g/(1 + n)$. Da der Staat die Rente pro Kopf und den Budgetüberschuß pro Kopf fixiert, ist die Steuer pro Kopf endogen. Der Budgetüberschuß vergrößert das Rentenvermögen: $A_{+1} = A + B$. Damit gilt in Pro-Kopf-Größen: $(1 + n)a_{+1} = a + b$.

Der Nutzen des repräsentativen Individuums wird durch den Konsum während der Jugend und den während des Alters bestimmt. Dabei ist die Höhe des Konsums während des Alters unsicher. Diese Unsicherheit wird hier durch eine unsichere Lebenszeit modelliert. Einige Individuen versterben am Ende ihres Arbeitslebens und kommen somit nicht in den Genuß ihrer Ruhestandsperiode. Ihre Ersparnis wird somit zwangsweise vererbt. Um eine klare Abgrenzung gegenüber dem Kapitel mit altruistischen Haushalten zu bekommen, wird hier angenommen, daß diese Vererbung keinerlei Nutzen für das vererbende Individuum stiftet. Somit beziehen die Individuen, die vorzeitig gestorben sind, keinen Nutzen aus ihrer Ersparnis. Wenn sie das Rentenalter erreichen, überleben sie die gesamte Periode. Es besteht also keine Unsicherheit mehr. Dies hat zur Folge, daß sie ihr gesamtes Vermögen konsumieren und keine Erbschaft hinterlassen.

Unter diesen Umständen kann das Individuum zwei Fehler machen: Zum einen kann es sparen, aber das Rentenalter nicht erreichen, so daß ihm Nutzen während der Arbeitsperiode entgangen ist. Zum anderen kann es aufgrund der unsicheren Lebenszeit nicht ausreichend sparen, so daß der Konsum im Alter geringer ist als eigentlich gewünscht. Welcher Fehler gemacht worden ist, stellt sich allerdings erst heraus, wenn die Jugend beendet und der Fehler nicht mehr korrigierbar ist. Bei der intertemporalen Nutzenmaximierung muß das Individuum die Möglichkeit dieser Fehler berücksichtigen. Es wird dabei die Fehler mit deren Wahrscheinlichkeiten gewichten. Im folgenden wird davon ausgegangen, daß jedes Individuum seine subjektive Überlebenswahrscheinlichkeit abschätzt. Betrachtet wird das repräsentative Individuum, mit der subjektiven Überlebenswahrscheinlichkeit $\tilde{\pi}$. Diese subjektive Überlebenswahrscheinlichkeit muß nicht notwendig mit der objektiven durchschnittlichen Überlebenswahrscheinlichkeit π übereinstimmen. Schätzt das repräsentative Individuum seine subjektive Überlebenswahrscheinlichkeit größer als die objektive ein, so bedeutet dies, daß die Individuen eine besondere Aversion gegen den Fehler haben, im Alter ihren Konsum einschränken zu müssen. Liegt die subjektive Einschätzung unterhalb der objektiven, so haben die Individuen eine besondere Aversion gegen den Fehler, in der Jugend zu sparen und nicht in den Genuß dieser Ersparnis zu kommen.

Der Nutzen des repräsentativen Individuums ergibt sich aus dem Nutzen des Konsums während der Arbeitsperiode c^1 und während der Ruhestandsperiode c^2. Da dieser unsicher ist, wird der Nutzen in der zweiten Periode mit der subjektiven Wahrscheinlichkeit $\tilde{\pi}$, diese zu erleben, gewichtet.[2]

$$u = \tilde{\gamma} \log c^1 + \tilde{\pi}\tilde{\delta} \log c^2, \quad \text{mit } \tilde{\gamma} + \tilde{\delta}\tilde{\pi} = 1 \tag{1}$$

Im folgenden wird zur Vereinfachung der Schreibweise $\gamma = \tilde{\gamma}$ und $\delta = \tilde{\delta}\tilde{\pi}$ gesetzt. Die Zeitpräferenz $\theta = \gamma/\delta - 1$ ist somit von der individuellen Einschätzung der Überlebenswahrscheinlichkeit abhängig. In der ersten Lebensphase arbeitet das repräsentative Individuum und erhält dafür den Lohn w. Außerdem erhält es eine Erbschaft q, mit $q \geq 0$. Dabei gilt $q > 0$ sofern die Eltern früh gestorben sind, und $q = 0$ sofern die Eltern beide Lebensabschnitte erlebt haben. Ein Teil dieses Einkommens muß als Steuer zur Finanzierung der Renten abgeführt werden. Das verbleibende Einkommen kann entweder für den Konsum während der Jugend c^1 oder für die Ersparnis s verwendet werden. Damit ergibt sich die Budgetrestriktion für die erste Lebensphase: $w + q = c^1 + s + t$. In der zweiten Lebensphase befindet sich das Individuum, sofern es sie erlebt, im Ruhestand. Der Konsum kann entweder durch die verzinste Ersparnis oder durch die Rente finanziert werden. Da kein Vererbungsmotiv besteht und keine Unsicherheit über die Lebenszeit, wird dieses Individuum keine Erbschaft hinterlassen. Der Konsum während des Alters c^2 entspricht somit: $c^2 = (1 + r_{+1})s + g$. Damit ergibt sich die intertemporale Budgetrestriktion:

$$c^1 + \frac{c^2}{1 + r_{+1}} = w + q + \frac{g}{1 + r_{+1}} - t \tag{2}$$

Die Maximierung des Nutzens unter Berücksichtigung der Nebenbedingung führt zu der Aufteilung des Konsums über den Lebenszyklus:

---

2 Die individuelle Nutzenmaximierung sowie die Ableitung der aggregierten Sparfunktion folgt in den Grundzügen Abel (1985/1989). Dabei wird von Abel nicht zwischen individueller und objektiver Überlebenswahrscheinlichkeit unterschieden.

$$c^2 = \frac{(1+r_{+1})c^1}{1+\theta} \tag{3}$$

Dabei ist die Zeitpräferenz θ von der subjektiven Einschätzung der Lebenserwartung abhängig. Durch Einsetzen in die Nebenbedingung ergibt sich die Konsumfunktion für die Jugend:

$$c^1 = \gamma(w+q+\frac{g}{1+r_{+1}}-t) \tag{4}$$

Aus der Budgetrestriktion für die Arbeitsphase folgt die Sparfunktion:

$$s = \delta(w+q-t) - \frac{\gamma g}{1+r_{+1}} \tag{5}$$

Offensichtlich sind der Konsum und die Ersparnis davon abhängig, ob eine Erbschaft gemacht wurde oder nicht. Dies ist davon abhängig, ob die Eltern ihre Ruhestandsphase erlebt haben oder ob sie vorzeitig verstorben sind. Ist dies der Fall, ist die Höhe der Erbschaft abhängig davon, ob die Eltern selbst eine Erbschaft gemacht haben oder nicht. Offensichtlich sind der Konsum und die Ersparnis durch die Familiengeschichte beeinflußt, d.h. davon, wie viele Generationen der Familie schon nach dem ersten Lebensabschnitt gestorben sind. Im folgenden wird zwischen Konsumenten verschiedenen Typs unterschieden. Konsumenten vom Typ 0 haben keine Erbschaft gemacht, die vom Typ 1 erhalten die Erbschaft aus einer Generation, d.h. ihre Eltern sind nach der Arbeitsperiode gestorben, und ihre Großeltern haben beide Lebensabschnitte erlebt. Bei Konsumenten vom Typ 2 haben sowohl die Eltern als auch die Großeltern ihren Ruhestand nicht erlebt. Die Konsumenten vom Typ 2 erhalten somit die Erbschaft aus zwei Generationen. Allgemein erhalten Konsumenten vom Typ n die Erbschaft von n Generationen. Aus der allgemeinen Konsum- und Sparfunktion wird nun die für Konsumenten vom jeweiligen Typ gültige abgeleitet. Konsumenten vom Typ 0 erhalten keine Erbschaft und somit gilt:

$$c^{1(0)} = \gamma(w-t+\frac{g}{1+r_{+1}})$$

$$s^{(0)} = \delta(w-t) - \frac{\gamma g}{1+r_{+1}}$$

Konsumenten vom Typ 1 erhalten aus der Ersparnis ihrer Eltern eine Erbschaft. Die Konsumfunktion der Konsumenten vom Typ 1 entspricht damit:

$$c^{1(1)} = \gamma(w-t+\frac{g}{1+r_{+1}}+q^{(1)})$$

und deren Sparfunktion ist:

$$s^{(1)} = \delta(w-t+q^{(1)}) - \frac{\gamma g}{1+r_{+1}}$$

Die Erbschaft $q^{(1)}$ bestimmt sich aus der Ersparnis der vorhergehenden Generation. Da diese verzinst und auf n Kinder verteilt wird, entspricht die Höhe dieser Erbschaft:

$$q^{(1)} = \frac{1+r_{+1}}{1+n} s_{-1}^{(0)}$$

Einsetzen in die Sparfunktion ergibt:

$$s^{(1)} = \delta(w-t) - \frac{\gamma g}{1+r_{+1}} + \frac{\delta(1+r_{+1})}{1+n} s_{-1}^{(0)}$$

Die Erbschaft der Konsumenten von Typ 2 entspricht:

$$q^{(2)} = \frac{1+r_{+1}}{1+n} s_{-1}^{(1)}$$

Damit ergibt sich deren Sparfunktion als: $s^{(2)} = \delta(w-t) - \frac{\gamma g}{1+r_{+1}} + \frac{\delta(1+r_{+1})}{1+n} s_{-1}^{(1)}$

Allgemein gilt für Individuen vom Typ i die Konsumfunktion:

$$c^{1(i)} = \gamma(w - t + \frac{g}{1 + r_{+1}}) + \frac{\gamma(1 + r_{+1})}{(1 + n)} s_{-1}^{(i-1)} \qquad (6)$$

und die Sparfunktion:

$$s^{(i)} = \delta(w - t) - \frac{\gamma g}{1 + r_{+1}} + \frac{\delta(1 + r_{+1})}{1 + n} s_{-1}^{(i-1)} \qquad (7)$$

Konsum und Ersparnis eines Individuums vom Typ i entsprechen somit denen eines Individuums vom Typ 0 und einem Anteil der Erbschaft, die sich aus der Ersparnis der Eltern bildet, die zu Individuen vom Typ i – 1 gehörten. Somit können diese Funktionen vereinfacht dargestellt werden:

$$c^{1(i)} = c^{1(0)} + \frac{\gamma(1 + r_{+1})}{1 + n} s_{-1}^{(i-1)} \qquad (8)$$

$$s^{(i)} = s^{(0)} + \frac{\delta(1 + r_{+1})}{1 + n} s_{-1}^{(i-1)} \qquad (9)$$

Um die gesamtwirtschaftliche Ersparnis (der Jungen) bzw. die durchschnittliche Pro-Kopf-Ersparnis der Jungen abzuleiten, muß zunächst die Ersparnis der Individuen unterschiedlichen Typs aggregiert werden. Die gesamte Ersparnis S ergibt sich als Summe der Ersparnisse von Individuen $S^{(i)}$ unterschiedlichen Typs:

$$S = S^{(0)} + S^{(1)} + S^{(2)} + ... + S^{(n)} ...$$

Die durchschnittliche Pro-Kopf-Ersparnis (der Jungen), entspricht der gesamten Ersparnis (der Jungen) bezogen auf die Zahl der Individuen in der jungen Generation s = S/N. Das Gewicht der Individuen des Typs j an der Gesamtheit der Generation ist: $\pi(1 - \pi)^j$. Verdeutlicht wird dies durch Abbildung V.1.

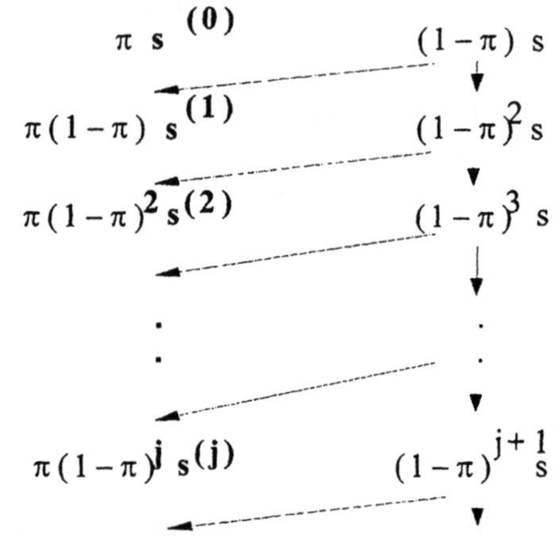

Abbildung V.1: Aggregation der Pro-Kopf-Ersparnis

In der ersten Zeile stehen zwei Typen von Individuen, diejenigen, deren Eltern beide Perioden gelebt haben (Typ 0 gewichtet mit deren Anteil π), und diejenigen,, deren Eltern nach dem Arbeitsleben verstorben sind (deren Anteil beträgt $1 - \pi$). In der zweiten Zeile findet dann die Unterscheidung statt, ob diese Individuen dem Typ 1 angehören oder einem höheren Typ. Sofern die Großeltern überlebt haben, gehören die Individuen dem Typ 1 an. Der Anteil dieser Individuen ist $\pi(1 - \pi)$. Der Anteil der Individuen, die dem Typ 2 oder einem höheren Typ angehören ist $(1 - \pi)^2$. In dieser Form werden die Individuen immer weiter untergliedert. Die durchschnittliche Pro-Kopf-Ersparnis ergibt sich als Summe der linken Spalte und damit als:

$$s = \sum_{j=0}^{\infty} \pi(1-\pi)^j s^{(j)} \tag{10}$$

Dabei ist $s^{(j)}$:

$$s^{(j)} = s^{(0)} + \frac{\delta(1+r_{+1})}{1+n} s_{-1}^{(j-1)} \tag{11}$$

mit $s^{(0)} = \delta(w-t) - \dfrac{\gamma g}{1+r_{+1}}$ und $w = \beta y$.

Nun zur Kapitaldynamik. Das Kapital der nächsten Periode kann entweder durch das private Vermögen oder durch das Rentenvermögen finanziert werden. Das private Vermögen der nächsten Periode bestimmt sich aus der Ersparnis der Jungen dieser Periode, somit gilt: $K_{+1} = S + A_{+1}$. In Pro-Kopf-Größen ergibt sich: $(1 + n)k_{+1} = s + (1 + n)a_{+1}$.

Zusammengefaßt kann das kurzfristige Gleichgewicht durch ein System von acht Gleichungen beschrieben werden:

$$y = k^{\alpha} \tag{12.1}$$

$$r = \frac{\alpha y}{k} \tag{12.2}$$

$$s^{(0)} = \beta\delta y - \delta t - \frac{\gamma g}{1 + r_{+1}} \tag{12.3}$$

$$s^{(i)} = s^{(0)} + \frac{\delta(1 + r_{+1})}{1 + n} s_{-1}^{(i-1)} \tag{12.4}$$

$$s = \sum_{j=0}^{\infty} \pi(1 - \pi)^{j} s^{(j)} \tag{12.5}$$

$$(1 + n)k_{+1} = s + (1 + n)a_{+1} \tag{12.6}$$

$$(1 + n)a_{+1} = a + b \tag{12.7}$$

$$b = t + ra - \frac{\pi g}{1 + n} \tag{12.8}$$

Endogen sind a_{+1}, k_{+1}, r, $s^{(0)}$, $s^{(i)}$, s, t und y.

2.2. Langfristiges Gleichgewicht

Im langfristigen Gleichgewicht sind die Pro-Kopf-Größen des Rentenvermögens und des Kapitals konstant: $a_{+1} = a$ und $k_{+1} = k$. Deshalb muß auch die durchschnittliche Ersparnis pro Kopf konstant sein, was wiederum impliziert, daß die Pro-Kopf-Ersparnis der Individuen eines Typs konstant ist $s^{(i)} = s^{(i)}_{-1}$. Folglich kann das langfristige Gleichgewicht in Pro-Kopf-Größen als System von acht Gleichungen charakterisiert werden:

$$y = k^{\alpha} \tag{13.1}$$

$$r = \frac{\alpha y}{k} \tag{13.2}$$

$$s^{(0)} = \beta\delta y - \delta t - \frac{\gamma g}{1+r} \tag{13.3}$$

$$s^{(i)} = s^{(0)} + \frac{\delta(1+r)}{1+n} s^{(i-1)} \tag{13.4}$$

$$s = \sum_{j=0}^{\infty} \pi(1-\pi)^{j} s^{(j)} \tag{13.5}$$

$$(1+n)k = s + (1+n)a \tag{13.6}$$

$$a = \frac{b}{n} \tag{13.7}$$

$$b = t + ra - \frac{\pi g}{1+n} \tag{13.8}$$

Endogen sind a, k, r, $s^{(0)}$, $s^{(i)}$, s, t und y.

Im folgenden werden nun die Pro-Kopf-Größen der endogenen Variablen explizit bestimmt. Die Pro-Kopf-Ersparnis eines Individuums vom Typ i ist in (13.4) gegeben. Die Auflösung der geometrischen Reihe führt zu:

$$s^{(j)} = s^{(0)} \sum_{i=0}^{j} \mu^{i} \qquad \text{mit } \mu = \frac{\delta(1+r)}{1+n}$$

Einsetzen in (13.5) liefert die durchschnittliche Pro-Kopf-Ersparnis:

$$s = \sum_{j=0}^{\infty} \left[\pi(1-\pi)^{j} s^{(0)} \sum_{i=0}^{j} \mu^{i} \right] \tag{14}$$

Für $\mu > 1$ strebt s gegen unendlich. Allerdings ist μ selbst nicht unabhängig von s. Es gilt $\mu > 1$ für $(1 + r) > (1 + n)/\delta$. Mit steigender Ersparnis pro Kopf steigt jedoch auch das Pro-Kopf-Kapital, und damit sinkt der Zins. Im langfristigen Gleichgewicht gilt somit immer $\mu \leq 1$. Für $\mu \leq 1$ konvergiert die durchschnittliche Pro-Kopf-Ersparnis gegen:

$$s = \frac{s^{(0)}}{1-(1-\pi)\mu} = \frac{(1+n)s^{(0)}}{1+n-\delta(1-\pi)(1+r)} \tag{15}$$

Da im langfristigen Gleichgewicht immer die Bedingung $\mu \leq 1$ erfüllt sein muß, ergibt sich eine untere Schranke für das Pro-Kopf-Kapital. Die durchschnittliche Pro-Kopf-Ersparnis wächst so lange, bis $\mu = 1$ gilt. Dies ist der Fall für:

$$r^{\#} = \frac{1+n-\delta}{\delta} \tag{16}$$

Da der Zins dem Grenzprodukt des Kapitals entspricht, folgt daraus die untere Schranke für das Pro-Kopf-Kapital:

$$k^{\#} = \left(\frac{\alpha\delta}{1+n-\delta} \right)^{1/\beta} \tag{17}$$

Weiter gilt im langfristigen Gleichgewicht entsprechend zu (13.6): k = s/(1 + n) + a. Dabei ist das Pro-Kopf-Rentenvermögen in (13.7) mit a = b/n gegeben. Wie (15) zeigt ist die durchschnittliche Ersparnis pro Kopf abhängig von der Pro-Kopf-Ersparnis der Individuen vom Typ 0. Um diese zu bestimmen, wird zunächst aus (13.7) und (13.8) die Kopfsteuer berechnet:

$$t = \frac{\pi g}{1+n} - \frac{(r-n)b}{n} \tag{18}$$

Damit entspricht die Ersparnis eines Individuums vom Typ 0:

$$s^{(0)} = \beta\delta k^{\alpha} + \frac{\delta(r-n)b}{n} - \frac{\delta\pi g}{1+n} - \frac{\gamma g}{1+r} \tag{19}$$

Die durchschnittliche Pro-Kopf-Ersparnis ergibt sich, wenn (19) in (15) eingesetzt wird:

$$s = \frac{1+n}{1+n-\delta(1-\pi)(1+r)}\left[\beta\delta k^{\alpha} + \frac{\delta(r-n)b}{n} - \frac{\delta\pi g}{1+n} - \frac{\gamma g}{1+r}\right] \tag{20}$$

Nun kann das gleichgewichtige Pro-Kopf-Kapital bestimmt werden. Dazu wird (20) und (13.7) in (13.6) eingesetzt. Da sich die resultierende Gleichung nicht nach dem Pro-Kopf-Kapital auflösen läßt, wird sie nach dem exogen gegebenen Pro-Kopf-Budgetüberschuß aufgelöst:

$$b = \frac{n}{1+\gamma n+\delta r-\delta(1-\pi)(1+r)} \left[(1+n-\delta(1-\pi)(1+r))k - \beta\delta k^{\alpha} + \frac{\delta\pi g}{1+n} + \frac{\gamma g}{1+r}\right] \text{ mit } r = \alpha k^{-\beta} \tag{21}$$

In Abbildung V.1 ist die Inverse der Gleichung (21) dargestellt. Der Verlauf entspricht im wesentlichen dem, der sich im Modell ohne Vererbung bei sicherer Lebenszeit ergeben hat. Der Unterschied besteht darin, daß sich im Modell mit sicherer Lebenszeit für Budgetdefizite zwei Gleichgewichte ergaben. Hier greift stattdessen die untere Schranke. Die private Vermögensakkumulation über die Vererbung stellt sicher, daß das Pro-Kopf-Kapital nicht unter $k^{\#}$ sinkt. Für $b > b^{\#}$ steigt das Pro-Kopf-Kapital, wenn der Pro-Kopf-Budgetüberschuß steigt.

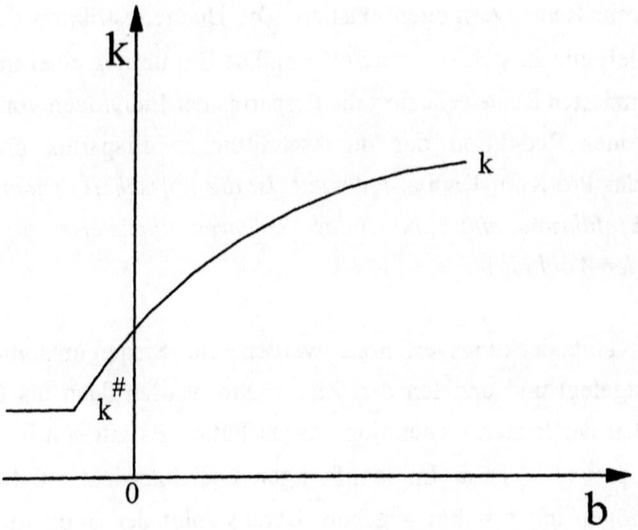

Abbildung V.2: Langfristiges Gleichgewicht - Kapital pro Kopf

Weiter ergibt sich aus (21), daß $db/dg > 0$ ist. Da $dk/db > 0$, folgt $dk/dg < 0$. Eine Erhöhung der Rente reduziert somit das Pro-Kopf-Kapital. Zurückzuführen ist dies auf einen Rückgang der privaten Ersparnis: Diese sinkt, weil das verfügbare Pro-Kopf-Einkommen sinkt, denn die höhere Rente erfordert eine höhere Pro-Kopf-Steuer. Des weiteren reduziert sich das Sparmotiv, denn ein größerer Teil der Altersvorsorge findet über die Rente statt.

Als Resultat aus diesem Abschnitt läßt sich festhalten: *Eine Erhöhung des Pro-Kopf-Budgetüberschusses führt zu einem höheren Pro-Kopf-Kapital. Eine Erhöhung der Pro-Kopf-Rente reduziert das Pro-Kopf-Kapital.*

2.3. Spezielle Finanzierungsformen

Im Umlageverfahren decken die Steuereinnahmen der laufenden Periode genau die Rentenausgaben, und der Budgetüberschuß ist Null. Daraus ergibt sich, daß kein Rentenvermögen existiert. Die Budgetrestriktion der Rentenversicherung vereinfacht sich zu $t = \pi g/(1 + n)$. Die Einführung einer im Umlageverfahren finanzierten Rente reduziert die Ersparnis der Individuen vom Typ 0. Dies führt zu einer Reduktion der durchschnittlichen Ersparnis pro Kopf, die wiederum das Pro-Kopf-Kapital reduziert. *Ist die Wirtschaft dynamisch effizient, führt die Einführung einer im Umlageverfahren finanzierten Rente zu einer Reduktion der Wohlfahrt.*

Im Kapitaldeckungsverfahren werden die Steuereinnahmen für eine Periode festgelegt und erzielen den Zins r. Sie werden dann als Rente an die Überlebenden der letzten Generation ausgeschüttet. Es gilt somit $G = (1 + r)T$ und damit $g = (1 + r)t/\pi$. Im langfristigen Gleichgewicht ist das Pro-Kopf-Rentenvermögen mit $a = b/n$ gegeben. Daraus folgt der Budgetüberschuß pro Kopf als $b = nt/(1 + n)$. Dieser entspricht demjenigen, der sich im Modell mit sicherer Lebenszeit bei dem Kapitaldeckungsverfahren ergeben hat. Setzt man diese Budgetrestriktion in die Sparfunktion der Individuen vom Typ 0 ein, ergibt sich: $s^{(0)} = \beta\delta k^{\alpha} - (\delta\pi + \gamma)t / \pi$. Entsprechend zu (15) führt eine Veränderung in $s^{(0)}$ zu einer gleichgerichteten und noch größeren Veränderung der durchschnittlichen Ersparnis. Durch Einsetzen in $\Delta k = \Delta a + \Delta s/(1 + n)$ kann die durch die Einführung einer im Kapitaldeckungsverfahren finanzierten Rente ausgelöste Veränderung des Pro-Kopf-Kapitals bestimmt werden:

$$\Delta k = \left[1 - \frac{1}{1-(1-\pi)\mu}\,\frac{\gamma + \delta\pi}{\pi}\right]\frac{\Delta t}{1+n} < 0 \tag{22}$$

Somit führt die Einführung einer im Kapitaldeckungsverfahren finanzierten Rente - im Gegensatz zum Modell mit sicherer Lebenszeit - zu einer Reduktion des Pro-Kopf-Kapitals. Dies ist auf den Versicherungsaspekt der Rente zurückzuführen. Da die Rentenversicherung alle Beiträge ausschüttet, aber nur ein Teil jeder Generation überlebt, ist die interne Verzinsung der Steuer (definiert als g/t) größer als der auf die private Ersparnis erzielte Zins. Dies bewirkt, daß der durch die Einführung der Rente ausgelöste Rückgang der Ersparnis größer ist als die Steuer. Die Steuer bestimmt im Kapitaldeckungsverfahren aber den Budgetüberschuß und damit das Pro-Kopf-Rentenvermögen. Somit kann das Rentenvermögen nicht den Rückgang des privaten Vermögens - ausgelöst durch den Rückgang der Pro-Kopf-Ersparnis der Jungen - kompensieren. *Die Einführung einer im Kapitaldeckungsverfahren finanzierten Rente ist nicht neutral bezüglich der Kapitalakkumulation und des Pro-Kopf-Einkommens.*

Eine optimale Finanzierung der Rente ist gewährleistet, wenn der Budgetüberschuß die goldene Regel sicherstellt. Im langfristigen Gleichgewicht muß der Zins der Wachstumsrate entsprechen, und damit gilt für das Kapital pro Kopf $k = (\alpha/n)^{1/\beta}$. Durch die Bedingung $r = n$ vereinfacht sich die Budgetrestriktion der Rentenversicherung zu $t = \pi g/(1 + n)$. Die Pro-Kopf-Steuer deckt somit genau die Auszahlungen der Renten pro Kopf, die Zinseinnahmen werden zur Akkumulation des Rentenvermögens verwendet. Durch Einsetzen in Gleichung (21) ergibt sich:

$$b^* = \frac{n}{1+n-\delta(1-\pi)(1+n)} \left[(1+n-\delta(1-\pi)(1+n))k - \beta\delta k^{\alpha} + \frac{(\gamma+\delta\pi)g}{1+n}\right] \qquad (23)$$

Sofern die Rente steigt, steigt der optimale Pro-Kopf-Budgetüberschuß. Dabei ist der Einfluß der Pro-Kopf-Rente auf den optimalen Pro-Kopf-Budgetüberschuß größer als im Modell mit sicherer Lebenszeit.

In Tabelle V.1 sind der sich bei den unterschiedlichen Finanzierungsformen ergebende Pro-Kopf-Budgetüberschuß und das daraus resultierende Pro-Kopf-Kapital angegeben. In einer Wirtschaft ohne Rentenversicherung ergibt sich bei den angenommenen Parametern ein Pro-Kopf-Kapital von $k = 0{,}09422$. Bei diesem ist die Wirtschaft dynamisch ineffizient. Die Einführung einer umlagefinanzierten Rente reduziert die Ersparnis und damit das Pro-Kopf-Kapital. Sowohl bei einer Rente von $g = 0{,}3$ als auch bei $g = 0{,}2$ ist das Ausmaß dieser Reduktion jedoch zu groß. Selbst eine volle Fundierung dieser Rente führt noch zu einem Pro-Kopf-Kapital, welches kleiner als das optimale ist. Wünschenswert ist somit eine überfundierte Rente. Ein Vergleich mit Tabelle I.2 zeigt, daß bei einer im Umlageverfahren oder im Kapitaldeckungsverfahren finanzierten Rente die Vererbung ceteris paribus zu einem höheren Pro-Kopf-Kapital führt. Der im Kapitaldeckungsverfahren und im optimalen Verfahren notwendige Pro-Kopf-Budgetüberschuß ist jeweils kleiner als im Modell mit sicherer Lebenszeit (vgl. Kapitel I 2.5.).

Tabelle V.1: Vergleich der speziellen Finanzierungsformen

	g = 0,2		g = 0,3	
	b	k	b	k
Umlageverfahren	0	0,0582	0	0,0437
Kapitaldeckungsverfahren	0,0315	0,0813	0,0455	0,0752
Optimale Finanzierung	0,0380	0,0857	0,0622	0,0857
Angenommene Parameterwerte: $\alpha = 0{,}2$; $\beta = 0{,}8$; $\gamma = 0{,}6$; $\delta = 0{,}4$; $\pi = 2/3$; $n = 1{,}427$				

2.4. Optimale Rente

Bisher war die Rente exogen. Nun wird untersucht, welche Rente optimal ist, d.h. welche Rente den Nutzen maximiert. Wie oben gezeigt, führt eine Erhöhung der Rente zu einem Rückgang der Ersparnis und damit, bei gegebenem Pro-Kopf-Budgetüberschuß, zu einer Reduktion des Pro-Kopf-Kapitals. Dies ist nur dann wünschenswert, wenn sich die Wirtschaft im dynamisch ineffizienten Bereich befindet. Andererseits steht es dem Staat offen, einen Rückgang der Ersparnis durch einen erhöhten Budgetüberschuß auszugleichen. Welche Rente ist aber optimal, wenn stets der optimale Budgetüberschuß gewählt wird? Die Veränderung des Nutzens bei einer Variation der Rente ist abhängig von der Veränderung des Konsums während der Jugend und während des Alters. Unter Beachtung der Bedingungen für den optimalen Steady State ($r = n$ und $t = \pi g/(1 + n)$), ergibt sich aus der Konsumfunktion (4):

$$\frac{dc^1}{dg}=\frac{\gamma(1-\pi)}{1+n}>0 \tag{24}$$

Der Konsum in der Ruhestandsperiode entspricht $c^2 = (1 + r)s + g$. Mit $r = n$ und $ds/dg = - dc^1/dg - dt/dg$ folgt daraus:

$$\frac{dc^2}{dg}=\frac{1+n-\gamma-\delta\pi}{1+n}>0 \tag{25}$$

Eine Erhöhung der Pro-Kopf-Rente führt somit zu einem Anstieg des Pro-Kopf-Konsums während der Jugend und während des Alters. Die Individuen teilen ihren Konsum entsprechend der Gleichung (3) auf, die sich im optimalen Steady State zu $c^2 = \delta(1 + n)c^1/\gamma$ vereinfacht. Das Konsumniveau im Alter steht somit in einem festen Verhältnis zu dem während der Jugend. Die optimale Rente muß diese Aufteilung des Konsums ermöglichen. Eine Rentenerhöhung erfordert nun zunächst eine höhere Steuer von den Jungen, wohingegen diese den Nutzen aus der Rente erst im Alter ziehen. Die somit maximal mögliche Rente ergibt sich bei einer Ersparnis von Null.[3] Es ist für die Individuen optimal, die gesamte Altersvorsorge über die Rente zu treffen. Dies ist darauf zurückzuführen, daß es dann nicht mehr zu Vererbung kommt, die dem Vererbenden keinen Nutzen stiftet.

Setzt man die Ersparnis in Gleichung (13.3) auf Null so ergibt sich durch Auflösen und unter Beachtung von $r = n$ und $k = (\alpha/n)^{1/\beta}$:

$$g^*=\frac{\beta\delta(1+n)}{\gamma+\delta\pi}\left[\frac{\alpha}{n}\right]^{1/\beta} \tag{26}$$

Ein Anstieg von δ bewirkt einen Anstieg der optimalen Rente. Steigt dagegen die objektive Überlebenswahrscheinlichkeit, so sinkt ceteris paribus die optimale Rente. Tatsächlich wird jedoch ein Anstieg der Überlebenswahrscheinlichkeit

---

3 Zu einem vergleichbaren Resultat kommen Sheshinski und Weiss (1981). Diese untersuchen die Spar- und Konsumentscheidung bei Vorliegen eines Vererbungsmotivs und gleichzeitiger Unsicherheit über die Lebenszeit. Ihr Resultat besagt, daß die gesamte Altersvorsorge über die Rente getroffen wird und nur die geplante Vererbung zu privater Ersparnis führt.

auch zu einer niedrigeren Zeitpräferenzrate führen, so daß sich bei einem steigenden π auch δ erhöht.

Als Resultat ist festzuhalten: *Bei Unsicherheit über die Lebenszeit und keinerlei Altruismus gegenüber den Nachkommen ist es für die Individuen optimal, die gesamte Altersvorsorge über die Rente zu treffen.*

2.5. Der Einfluß der Überlebenswahrscheinlichkeit

Von besonderem Interesse ist in diesem Modell, wie sich ein Anstieg der objektiven Überlebenswahrscheinlichkeit π auswirkt. Dabei wird zunächst davon ausgegangen, daß die subjektive Überlebenswahrscheinlichkeit $\tilde{\pi}$ konstant ist. Um den Einfluß der Überlebenswahrscheinlichkeit auf das Pro-Kopf-Kapital zu erhalten, wird die Sparfunktion genauer untersucht. Dies ist möglich, da sich die Ersparnis pro Kopf und das Pro-Kopf-Kapital im Bereich stabiler Gleichgewichte stets gleichgerichtet bewegen. Die Analyse der Sparfunktion zeigt, daß ein Anstieg von π die Ersparnis über zwei Kanäle reduziert. Zum einen reduziert sich die Pro-Kopf-Ersparnis der Individuen vom Typ 0, da die Beiträge zur Rentenversicherung steigen. Zum anderen wird aufgrund der gestiegenen Überlebenswahrscheinlichkeit weniger vererbt. Da jeder Erbe einen Teil seiner Erbschaft spart, reduziert der Rückgang der Vererbung die Ersparnis weiter. Mit der Reduktion der Pro-Kopf-Ersparnis reduziert sich auch das Pro-Kopf-Kapital.

Ein Anstieg der objektiven Lebenserwartung wird sich zumindest langfristig auch in einem Anstieg der subjektiv erwarteten Überlebenswahrscheinlichkeit $\tilde{\pi}$ widerspiegeln. Mit einem Anstieg von $\tilde{\pi}$ steigt δ, und gleichzeitig sinkt γ, da $\delta = \tilde{\delta}\tilde{\pi}$ und $\gamma = 1 - \delta$ gilt. Ein Anstieg von δ erhöht die Ersparnis der Jungen vom Typ 0 - zumindest solange die Pro-Kopf-Steuer zur Rentenversicherung t kleiner ist als der Lohn w. Über die Vererbungsdynamik steigt die durchschnittliche Ersparnis in noch größerem Ausmaß. Da sich Ersparnis und Kapital, jeweils pro Kopf, gleichgerichtet bewegen, steigt mit der Pro-Kopf-Ersparnis auch das Pro-Kopf-Kapital.

Tatsächlich werden die Individuen auf einen Anstieg der objektiven Lebenserwartung immer reagieren und dementsprechend auch die Zeitpräferenzrate senken. Wie gesehen, hebt eine Senkung der Zeitpräferenz die Wirkung eines Anstiegs der Lebenserwartung tendenziell auf. Welcher der Effekte dominiert, hängt wesentlich von den konkreten Parametern des Modells und insbesondere auch von der Höhe der Rente und der Form ihrer Finanzierung ab. Je höher die Rente ist, desto größer ist die durch einen Anstieg der Lebenserwartung ausgelöste zusätzliche Belastung der Jungen. Gleichzeitig reduziert die Rente das Sparmotiv, so daß bei einer hohen Rente weniger gespart wird. Ein konstanter prozentualer Rückgang der Zeitpräferenz hat bei einer hohen Rente absolut eine geringere Wirkung auf die Ersparnis als bei einer niedrigen Rente. Je größer der Fundierungsgrad, d.h. je größer der Budgetüberschuß pro Kopf, desto geringer ist der Anteil des über die private Ersparnis finanzierten Kapitals. Dies bedeutet auch, daß ein Rückgang der privaten Ersparnis prozentual eine geringere Wirkung auf das Pro-Kopf-Kapital hat. Verdeutlicht werden diese Zusammenhänge in einem numerischen Beispiel. In Tabelle V.2 ist für unterschiedliche Pro-Kopf-Renten und Pro-Kopf-Budgetüberschüsse jeweils der prozentuale Anstieg der subjektiv erwarteten Überlebenswahrscheinlichkeit angegeben, der die Zeitpräferenzrate so senkt, daß das Pro-Kopf-Kapital bei einem Anstieg der objektiven Überlebenswahrscheinlichkeit um 10% konstant bleibt.

Es zeigt sich, daß nur bei einer sehr hohen umlagefinanzierten Rente ein Anstieg der subjektiven Überlebenswahrscheinlichkeit in etwa gleichem Umfang des Anstiegs der objektiven Überlebenswahrscheinlichkeit notwendig ist, damit das Pro-Kopf-Kapital unverändert bleibt. Bei kleineren Renten oder bei einer höheren Fundierung reicht schon ein deutlich geringerer Anstieg von $\tilde{\pi}$ aus, damit das Pro-Kopf-Kapital konstant bleibt. *Geht man davon aus, daß zumindest langfristig die subjektiv erwartete Überlebenswahrscheinlichkeit der objektiven gleicht, so führt eine erhöhte Überlebenswahrscheinlichkeit zu einem Anstieg des Pro-Kopf-Kapitals.*

Tabelle V.2:
Notwendiger Anstieg der subjektiv erwarteten Überlebenswahrscheinlichkeit

Unterstellte Parameterwerte: $\alpha = 0{,}2$; $\beta = 0{,}8$; $\gamma = 0{,}6$; $\delta = 0{,}4$; $\pi = 2/3$; $n = 1{,}427$

Die Wahl von γ und δ begründet sich folgendermaßen: Ohne Unsicherheit über die Lebenszeit gewichten die Individuen den Konsum in beiden Lebensabschnitten gleich, d.h. $\tilde{\gamma} = \tilde{\delta} = 0{,}5$. Die subjektiv erwartete Überlebenswahrscheinlichkeit wird identisch der objektiven angenommen, so daß $\tilde{\pi} = 2/3$ gilt. Daraus ergibt sich eine Zeitpräferenzrate von $\gamma/\delta - 1 = 0{,}5$. Aus der Normierung $\gamma + \delta = 1$ folgt $\gamma = 0{,}6$ und $\delta = 0{,}4$. Von dieser Situation ausgehend steigt die Überlebenswahrscheinlichkeit um 10%.

b	g = 0,2	g = 0,3	g = 0,4	g = 0,5
0,00	5,70%	6,74%	8,29%	10,76%
0,02	5,03%	5,70%	6,56%	7,71%
0,04	4,62%	5,10%	5,70%	6,44%
0,06	4,31%	4,69%	5,15%	5,70%

2.6. Stabilität

Die Dynamik des kurzfristigen Gleichgewichts kann zu einem System von zwei Differenzengleichungen komprimiert werden, $a_{+1} = p(a, k)$ und $k_{+1} = q(a, k)$. Zunächst zur Analyse der Bewegungsgleichung des Pro-Kopf-Rentenvermögens. Entsprechend (12.7) wird die Bewegung des Rentenvermögens pro Kopf durch $(1 + n)a_{+1} = a + b$ beschrieben. Daraus ergibt sich offensichtlich: $da_{+1}/da = 1/(1 + n) < 1$. Die aa-Linie, bei der $a_{+1} = a$ gilt, wird durch:

$$a = \frac{b}{n} \tag{27}$$

bestimmt. Im Phasendiagramm (Abbildung V.3) ist die senkrechte aa-Linie dargestellt. Wie die Bewegungspfeile anzeigen, wächst das Rentenvermögen links von der Grenzlinie, und rechts davon fällt es.

Gleichung (12.6) ist die Bewegungsgleichung des Pro-Kopf-Kapitals. Um die kk-Linie abzuleiten, wird $k_{+1} = k$ gesetzt. Die Konstanz des Pro-Kopf-Kapitals impliziert, daß die Pro-Kopf-Ersparnis konstant ist. Damit kann für die Ersparnis s der Ausdruck $s^{(0)}/[1-(1-\pi)\mu]$ mit $\mu = \delta(1 + r_{+1})/(1 + n)$ eingesetzt werden. Dabei stellt die Vererbungsdynamik $\mu \geq 1$ sicher. Ein Pro-Kopf-Kapital, bei dem $\mu = 1$ gilt, wird somit unabhängig von der Höhe des Rentenvermögens pro Kopf sichergestellt. In diesem Bereich gilt somit $dk_{+1}/da = 0$ und damit $ds/da = -1$. Übersteigt das Pro-Kopf-Rentenvermögen die kritische Grenze, beginnt das Pro-Kopf-Kapital mit dem Rentenvermögen zu wachsen. Es gilt $\mu < 1$ und $dk_{+1}/da > 0$. Als kk-Linie, bei der $k_{+1} = k$ gilt, ergibt sich:

$$a = \frac{1+n}{(1+\delta\alpha k^{-\beta})(1+n)-\varphi} \left[(1+n-\varphi)k - \beta\delta k^{\alpha} + \frac{\delta\pi g}{1+n} + \frac{\gamma g}{1+\alpha k^{-\beta}} - \frac{(1-\delta)(1+n)-\varphi}{1+n} b\right] \quad (28)$$

mit $\varphi = \delta(1-\pi)(1+\alpha k^{-\beta})$

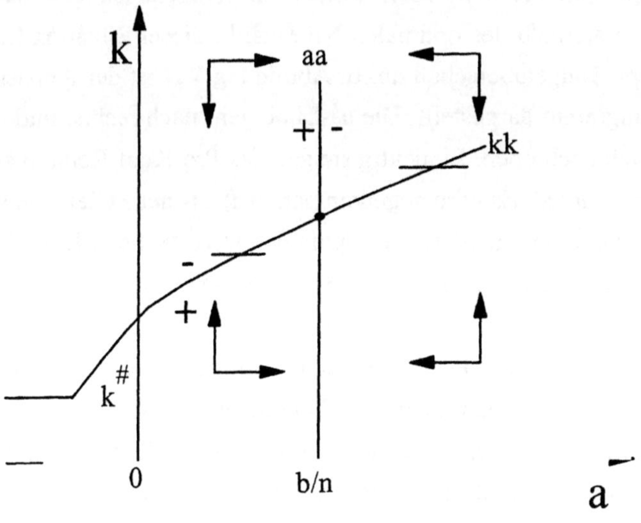

Abbildung V.3: Phasendiagramm

In Abbildung V.3 ist die Inverse der Gleichung (28) dargestellt. *Wie sich aus dem Phasendiagramm ergibt, ist das Gleichgewicht stabil.*

3. Dynamik der Anpassung

Im folgenden werden die Anpassungsprozesse untersucht, die durch unterschiedliche Schocks ausgelöst werden. Dabei wird in Abschnitt 3.1. eine Veränderung des Pro-Kopf-Budgetüberschusses und in 3.2. eine Veränderung der Pro-Kopf-Rente angenommen. In Abschnitt 3.3. wird ein Anstieg der Lebenserwartung unterstellt.

3.1. Erhöhung des Budgetüberschusses

Zu Beginn befindet sich die Wirtschaft im langfristigen Gleichgewicht. Der Budgetüberschuß und das Rentenvermögen, jeweils pro Kopf, sind konstant. Ebenso ruhen die Pro-Kopf-Größen der Investitionen und des Kapitals. Damit bleiben auch Pro-Kopf-Einkommen und Pro-Kopf-Konsum unverändert. Es wird angenommen, daß die Wirtschaft dynamisch effizient ist, d.h. das Pro-Kopf-Kapital liegt unterhalb des optimalen Niveaus. In dieser Situation hebt der Staat den Pro-Kopf-Budgetüberschuß an. In Abbildung V.4 ist der Anpassungsprozeß im Phasendiagramm dargestellt. Die aa-Linie geht nach rechts, und die kk-Linie verschiebt sich nach oben. Eindeutig steigen das Pro-Kopf-Rentenvermögen und das Pro-Kopf-Kapital. Es wird angenommen, daß das neue Gleichgewichtsniveau des Kapitals weiterhin unterhalb des optimalen Niveaus liegt. Der Richtungspfeil zeigt den Anpassungsprozeß in dieses neue Gleichgewicht.

Kurzfristig sind das Pro-Kopf-Rentenvermögen und das Pro-Kopf-Kapital konstant. Daraus folgt, daß auch das Einkommen sowie der Lohn jeweils pro Kopf auf ihrem Niveau verharren. Da sich der Budgetüberschuß erhöht hat, die Rente aber unberührt blieb, muß die Pro-Kopf-Steuer angehoben werden. Dies reduziert Einkommen, Konsum und Ersparnis der Jungen. Mittelfristig erhöht der gestiegene Budgetüberschuß das Rentenvermögen pro Kopf. Dessen Anstieg überkompensiert den Rückgang der privaten Ersparnis. Somit steigen die Investitionen und das Kapital, jeweils pro Kopf, stetig an. Dies führt zu einer

Erhöhung des Einkommens und damit zu einem Anstieg der Ersparnis. Die steigende Ersparnis führt auch zu einem Anstieg der Vererbung, was wiederum die durchschnittliche Ersparnis erhöht und damit den Prozeß verstärkt.

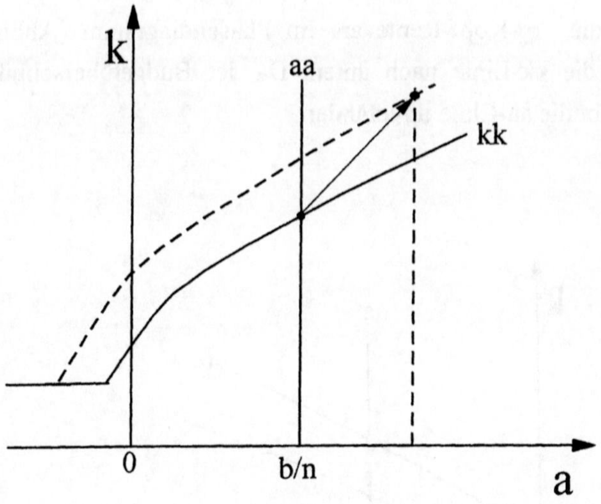

Abbildung V.4: Phasendiagramm - Erhöhung des Budgetüberschusses

Mit der Zeit bewegt sich die Wirtschaft in ein neues langfristiges Gleichgewicht. In diesem sind der Pro-Kopf-Budgetüberschuß und das Pro-Kopf-Rentenvermögen wieder konstant. Ebenso bewegen sich die Investitionen und das Kapital pro Kopf nicht mehr. Die Pro-Kopf-Größen des Rentenvermögens und des Kapitals sind oberhalb ihres ursprünglichen Niveaus. Damit sind auch Einkommen und Konsum pro Kopf erhöht worden. *Die zeitliche Entwicklung der endogenen Variablen gleicht der, die sich im Modell egoistischer Haushalte ohne Vererbung ergeben hat.* (Vgl. die Zeitpfade in Abbildung I.9).

3.2. Erhöhung der Rente

Nun zu dem Anpassungsprozeß der durch eine Erhöhung der Pro-Kopf-Rente ausgelöst wird. Zunächst befindet sich die Wirtschaft im langfristigen Gleichgewicht. Der Budgetüberschuß und das Rentenvermögen sind ebenso wie die Investitionen und das Kapital, jeweils pro Kopf, konstant. In dieser Situation hebt der Staat die Pro-Kopf-Rente an. Im Phasendiagramm (Abbildung V.5) verschiebt sich die kk-Linie nach unten. Da der Budgetüberschuß pro Kopf konstant ist, bleibt die aa-Linie unverändert.

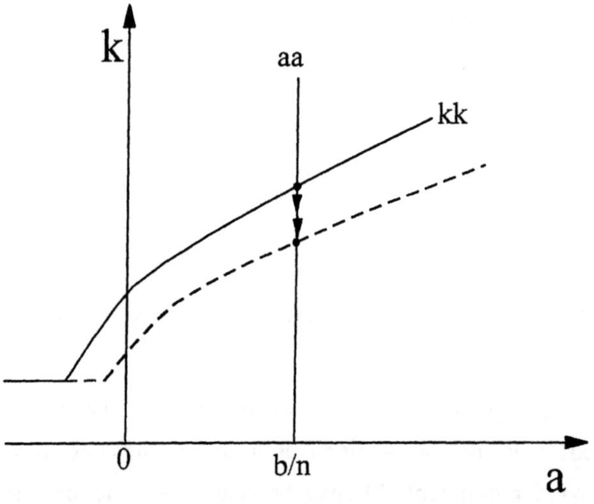

Abbildung V.5: Phasendiagramm - Erhöhung der Rente

Kurzfristig sind die Bestandsgrößen, also das Rentenvermögen und das Kapital pro Kopf, unveränderlich. Die gestiegene Rente erfordert bei einem konstanten Budgetüberschuß pro Kopf eine höhere Steuer. Diese vermindert das verfügbare Einkommen und damit die Pro-Kopf-Ersparnis. Zusätzlich fällt diese, weil ein größerer Teil der Altersvorsorge von der Rente getragen wird. Mit der Pro-Kopf-Ersparnis gehen auch die Pro-Kopf-Investitionen zurück. Das Pro-Kopf-Kapital sinkt Runde um Runde. Dadurch reduzieren sich auch das Einkommen, der Konsum und die Ersparnis. Weiter führt eine gesunkene Ersparnis auch zu einer immer geringeren Vererbung. Dies verstärkt den Rückgang des Kapitals pro Kopf.

Mit der Zeit bewegt sich die Wirtschaft in ein neues langfristiges Gleichgewicht. Die Investitionen pro Kopf und damit auch das Pro-Kopf-Kapital sind ebenso wie der Budgetüberschuß und das Rentenvermögen pro Kopf wieder konstant. Damit bleiben auch Pro-Kopf-Einkommen, Pro-Kopf-Konsum und Pro-Kopf-Ersparnis auf einem gleichbleibenden Niveau. Während das Pro-Kopf-Rentenvermögen im Laufe dieses Prozesses konstant blieb, ist das Pro-Kopf-Kapital und damit das Pro-Kopf-Einkommen gesunken. Da sich die Wirtschaft annahmegemäß, vor und nach dem Schock, im dynamisch effizienten Bereich befindet, ist mit dem Einkommen auch der Konsum gesenkt worden. *Die Zeitpfade gleichen wiederum denen, die sich im Modell egoistischer Haushalte bei einer sicheren Lebenszeit ergeben haben* (vgl. Abbildung I.11).

3.3. Anstieg der Lebenserwartung

Im folgenden soll der Anpassungsprozeß, der durch einen Anstieg der Lebenserwartung ausgelöst wird, untersucht werden. In der Ausgangssituation befindet sich die Wirtschaft im langfristigen Gleichgewicht. Investitionen und Kapital pro Kopf sind ebenso wie die Pro-Kopf-Größen des Budgetüberschusses und des Rentenvermögens konstant. Folglich bleiben auch Einkommen, Konsum und Ersparnis jeweils pro Kopf konstant. In dieser Situation steigt die Lebenserwartung. Es wird davon ausgegangen, daß zunächst nur die objektive Lebenserwartung steigt. Langsam passen die Individuen dann ihre subjektive Lebenserwartung der objektiven an.

Im Phasendiagramm (Abbildung V.6) führt der Anstieg der objektiven Überlebenswahrscheinlichkeit dazu, daß die kk-Linie nach unten geht (Linie 1). Langfristig steigt auch die subjektive Überlebenswahrscheinlichkeit. Damit verschiebt sich die kk-Linie nach oben (Linie 2). Wie Tabelle V.2 zeigt, wird dieser

Effekt in der Regel dominieren, so daß Linie 2 noch oberhalb der ursprünglichen kk-Linie liegt.

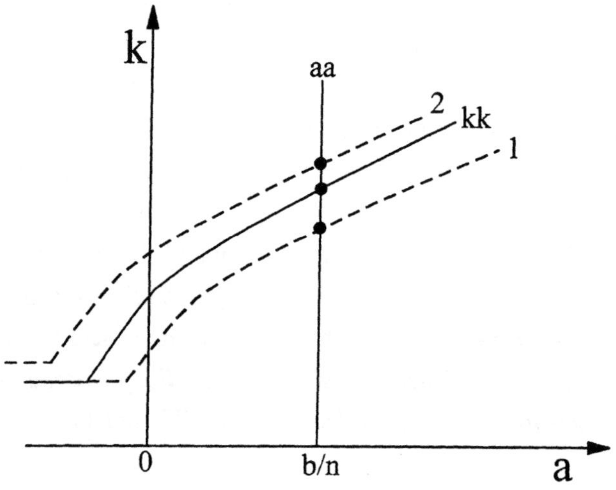

Abbildung V.6: Phasendiagramm - Anstieg der Lebenserwartung

Kurzfristig führt der Anstieg der objektiven Überlebenswahrscheinlichkeit zu höheren Rentenausgaben. Da der Pro-Kopf-Budgetüberschuß konstant ist, erfordern diese einen Anstieg der Pro-Kopf-Steuer. Kurzfristig ist das Kapital pro Kopf und damit das Einkommen pro Kopf konstant. Deshalb führt die Steuererhöhung zu einem Rückgang des Pro-Kopf-Konsums und der Pro-Kopf-Ersparnis. Dieser läßt mittelfristig das Pro-Kopf-Kapital sinken. Damit fällt auch das Pro-Kopf-Einkommen, was wiederum die Pro-Kopf-Ersparnis reduziert. Die reduzierte Ersparnis führt über die Vererbungsdynamik zu einem immer weiteren Rückgang der Ersparnis, so daß der Prozeß noch weiter gestärkt wird.

Mit der Zeit realisieren die Individuen die gestiegene Lebenserwartung und erhöhen aus diesem Grund die Ersparnis. Dadurch kommt es zu einer Umkehr des oben beschriebenen Prozesses. Die Pro-Kopf-Ersparnis steigt, dadurch wird die Kapitalbildung gestärkt. Der Rückgang des Pro-Kopf-Kapitals wird zunächst gestoppt. Dann beginnt das Pro-Kopf-Kapital wieder zu steigen, und damit wächst auch das Pro-Kopf-Einkommen, was wiederum die Pro-Kopf-Ersparnis erhöht. Verstärkt wird dieser Prozeß durch die Vererbungsdynamik. Langfristig sind das Pro-Kopf-Kapital, die Pro-Kopf-Ersparnis und die Pro-Kopf-Vererbung wieder konstant. Ebenso bleibt das Rentenvermögen pro Kopf unverändert. Das Pro-Kopf-Kapital ist über sein ursprüngliches Niveau hinaus gestiegen. Damit ist auch das Pro-Kopf-Einkommen angewachsen. Unter der Annahme einer weiterhin dynamisch effizienten Wirtschaft ist auch der Pro-Kopf-Konsum und der Nutzen angewachsen. Abbildung V.7 illustriert den zeitlichen Verlauf ausgewählter Größen.

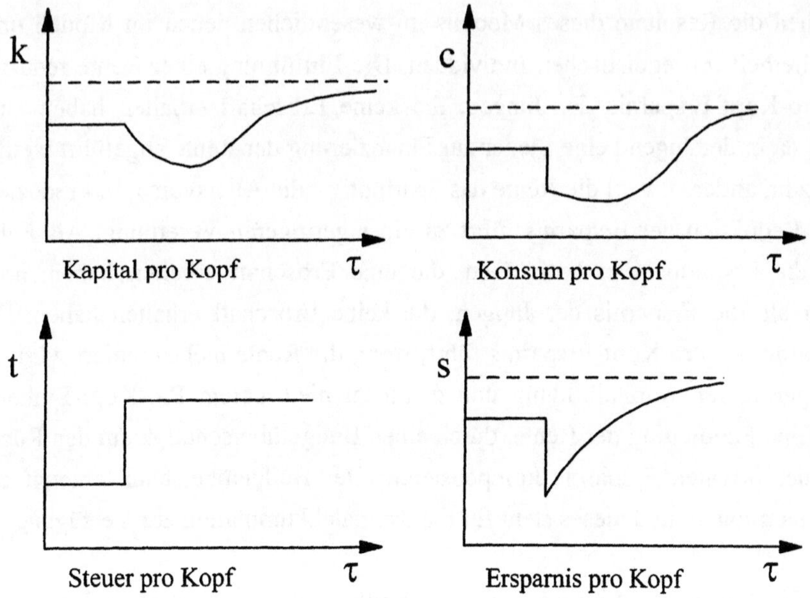

Abbildung V.7: Zeitpfade - Anstieg der Lebenserwartung

Als Ergebnis kann festgehalten werden: *Ein Anstieg der objektiven Überlebenswahrscheinlichkeit führt, sofern er nicht sofort von den Individuen realisiert wird, kurzfristig zu einem Rückgang der Pro-Kopf-Ersparnis. Dieser läßt mittelfristig das Pro-Kopf-Kapital, das Pro-Kopf-Einkommen und den Pro-Kopf-Konsum absinken. Erst wenn die Individuen die gestiegene Lebenserwartung realisieren und deshalb entsprechend mehr sparen, wird dieser Prozeß gestoppt und rückgängig gemacht. Langfristig kommt es sogar zu einem Anstieg der Pro-Kopf-Größen des Kapitals, des Einkommens und des Konsums.*

4. Zusammenfassung

In diesem Kapitel wurde angenommen, daß die Lebenszeit der Individuen unsicher ist. Stilisiert wurde dies durch die Annahme, daß ein Teil der Individuen nach Beendigung ihres Arbeitslebens stirbt und somit nicht das Rentenalter erlebt. Die Ersparnis dieser Individuen wird somit zwangsweise vererbt.

Untersucht wurde der Einfluß der Rente und der ihrer Finanzierung auf das Pro-Kopf-Kapital, das Pro-Kopf-Einkommen und die Wohlfahrt. Dabei entsprechen die Resultate dieses Modells im wesentlichen denen im Modell ohne Unsicherheit mit egoistischen Individuen. Die Einführung einer Rente reduziert die Pro-Kopf-Ersparnis der Jungen, die keine Erbschaft erhalten haben: zum einen, da in der Jugend eine Steuer zur Finanzierung der Rente abgeführt werden muß, zum anderen, weil die Rente das Sparmotiv - die Altersvorsorge - reduziert. Diese Reduktion der Ersparnis führt zu einer geringeren Vererbung. Als Folge sinkt die Ersparnis von Individuen, die eine Erbschaft erhalten haben, noch stärker als die Ersparnis der Jungen, die keine Erbschaft erhalten haben. Die Reduktion der Pro-Kopf-Ersparnis führt, wenn die Rente nicht fundiert wird, zu einer geringeren Kapitalbildung und damit zu niedrigerem Pro-Kopf-Einkommen. Eine Fundierung der Rente, durch einen Budgetüberschuß, kann den Rückgang der privaten Ersparnis kompensieren: Der Budgetüberschuß erzeugt ein Rentenvermögen, und dieses steht für die Kapitalakkumulation zur Verfügung.

Eine optimale Finanzierung der Rente stellt das optimale Pro-Kopf-Kapital sicher. Dieses erlaubt den maximalen Pro-Kopf-Konsum und Nutzen. Wie numerische Simulationen zeigen, ist es empirisch sinnvoll anzunehmen, daß der Budgetüberschuß pro Kopf im Kapitaldeckungsverfahren kleiner als der optimale ist. Dies ist zum Teil darauf zurückzuführen, daß das Pro-Kopf-Kapital durch die Einführung einer im Kapitaldeckungsverfahren finanzierten Rente reduziert wird. Das Rentenvermögen kann den Rückgang des privaten Vermögens nicht kompensieren, da die Pro-Kopf-Ersparnis der Jungen um mehr als die zur Finanzierung der Rente gezahlte Steuer gesenkt wird. Zu dieser starken Reaktion der Pro-Kopf-Ersparnis kommt es, da für das Individuum die Altersvorsorge über die Rente günstiger ist als über die private Ersparnis. Im Gegensatz zum Modell ohne Unsicherheit ist das Kapitaldeckungsverfahren nicht neutral bezüglich der Kapitalakkumulation. Im Umlageverfahren ist der Budgetüberschuß Null, und somit ist die Kapitalausstattung geringer als im Kapitaldeckungsverfahren. Da schon diese kleiner als die optimale ist, reduziert das Umlageverfahren die Wohlfahrt.

Sofern die Rente über ein optimales Verfahren finanziert wird, stellt dieses eine optimale Kapitalausstattung sicher. In diesem Fall ist es für die Individuen optimal, die gesamte Altersvorsorge über die Rente zu treffen. Dies ist darauf zurückzuführen, daß es dann nicht mehr zur Vererbung kommt, die - in diesem Modell - dem Vererbenden keinen Nutzen stiftet.

Eine verstärkte Alterung wird im Modell durch einen Anstieg der Überlebenswahrscheinlichkeit abgebildet. Ein Anstieg der Überlebenswahrscheinlichkeit macht bei konstantem Pro-Kopf-Budgetüberschuß eine höhere Steuer zur Finanzierung der Rente notwendig. Die Steuererhöhung reduziert die private Ersparnis. Gleichzeitig kommt es zu einer geringeren Vererbung. Beides führt zu einem weiteren Rückgang der Pro-Kopf-Ersparnis und damit zu einer geringeren Vermögensbildung. Dies führt zu einem Absinken des Pro-Kopf-Kapitals und Pro-Kopf-Einkommens. Sofern die Individuen allerdings die erhöhte Wahrscheinlichkeit eines längeren Lebens registrieren, werden sie auch entsprechende Vorsorge treffen und demgemäß mehr für das Alter sparen. Dieser Effekt auf die private Vermögensbildung ist in der Regel deutlich stärker als der über die Steuererhöhung ausgelöste, so daß es unter diesen Bedingungen bei einer Alterung der Bevölkerung zu einem Anstieg des Kapitals und Einkommens pro Kopf kommt.

Die Analyse der Anpassungsprozesse hat gezeigt, daß eine Erhöhung des Pro-Kopf-Budgetüberschusses - obwohl langfristig wünschenswert - die Individuen kurzfristig schlechter stellt. Eine Erhöhung der Rente erhöht die Wohlfahrt der derzeit Alten. Alle weiteren Generationen werden schlechter gestellt. Auch diese Ergebnisse entsprechen denen, die im Modell egoistischer Individuen mit sicherer Lebenszeit abgeleitet wurden.

Bei der Untersuchung des Anpassungsprozesses, der durch einen Anstieg der Überlebenswahrscheinlichkeit ausgelöst wird, wurde angenommen, daß die Individuen den Anstieg der Überlebenswahrscheinlichkeit nicht sofort realisieren. Insofern hat die höhere Lebenserwartung zunächst keinen Einfluß auf die Zeitpräferenzrate. Kurzfristig löst der Anstieg der Überlebenswahrscheinlichkeit einen Rückgang der Pro-Kopf-Ersparnis aus, der zu einem Rückgang des Pro-Kopf-Kapitals und des Pro-Kopf-Einkommens führt. Erst langsam werden die Individuen die gestiegene Lebenserwartung realisieren und deshalb mehr sparen. Damit beginnt auch das Pro-Kopf-Kapital wieder zu steigen. Langfristig ist sogar ein Anstieg des Pro-Kopf-Kapitals über das Ausgangsniveau zu erwarten. Damit steigt auch das Pro-Kopf-Einkommen und der Pro-Kopf-Konsum.

Teil 2

Offene Wirtschaft

VI

Fixierter Budgetüberschuß

1. Einleitung

Im ersten Teil wurde eine geschlossene Wirtschaft unterstellt, in der das inländische Kapital dem inländischen Vermögen entspricht. Nun wird eine offene Wirtschaft untersucht. In dieser besteht zum einen die Möglichkeit, inländisches Kapital durch eine Verschuldung im Ausland zu finanzieren, und zum anderen, inländisches Vermögen im Ausland anzulegen. Es wird unterstellt, daß weltweit ein homogenes Gut produziert wird. Dabei können Ausländer das Gut im Inland und Inländer das Gut im Ausland erwerben. Die Funktion des internationalen Handels besteht somit darin, ein Auseinaderklaffen von inländischer Produktion und inländischer Verwendung zu ermöglichen. Überschreitet die inländische Produktion die inländische Verwendung, so entsteht ein Handelsbilanzüberschuß. Dieser läßt ein Auslandsvermögen entstehen, auf das Zinsen erzielt werden. Diese müssen vom Ausland finanziert werden. Langfristig sind dazu Handelsbilanzüberschüsse im Ausland notwendig. Insofern fokussiert das Modell auf den intertemporalen Aspekt des internationalen Handels und blendet den Aspekt der Spezialisierung aus. Dies erscheint angemessen, da die Rentenversicherung im wesentlichen die intertemporale Konsum-Spar-Entscheidung und damit die Vermögensbildung beeinflußt, nicht aber die Produktionsbedingungen. Grundlegende Darstellungen des Wachstumsmodells der kleinen offenen Wirtschaft finden sich in Blanchard und Fischer (1989), Eaton (1989) und in Barro und Sala-i-Martin (1995).

In den Kapiteln VI bis VIII wird eine kleine offene Wirtschaft mit perfekter Kapitalmobilität unterstellt. Unter dieser Annahmen ist der inländische Zins exogen durch den weltweiten Zins bestimmt. Da die Gewinnmaximierung der Unternehmen sicherstellt, daß das Grenzprodukt des Kapitals mit dem Zins übereinstimmt, ist mit einem exogenen Zins auch das Pro-Kopf-Kapital fixiert. Diese Bedingung ist einem großen Teil der Literatur zur Rentenversicherung zugrundegelegt, so zum Beispiel Samuelson (1958) und Aaron (1966). Dort werden das Umlageverfahren und das Kapitaldeckungsverfahren verglichen. Die Argumentation beruht im wesentlichen darauf, daß eine Beurteilung der Effizienz beider Verfahren durch einen Vergleich des exogenen Zinses und der exogenen Bevölkerungswachstumsrate möglich ist. Ist der Zins kleiner als die Bevölkerungswachstumsrate, ist das Umlageverfahren effizienter. Wenn aber der Zins größer als die Wachstumsrate ist, ist das Kapitaldeckungsverfahren vorzuziehen. Was dabei übersehen wird, ist, daß das inländische private Vermögen und das Rentenvermögen über das Auslandsvermögen entscheiden. Mit anderen Worten entscheiden sie darüber, in welchem Ausmaß sich inländisches und ausländisches Kapital im Besitz von Inländern und von Ausländern befinden. Wie aus der Literatur über Staatsschulden bekannt, sind mit dieser Frage eindeutige Wohlfahrtsimplikationen verknüpft, siehe zum Beispiel Persson (1985) und Frenkel, Razin und Sadka (1991).

Wie im ersten Teil wird der Analyse ein neoklassisches Wachstumsmodell zugrundegelegt. Die Mikrofundierung der Konsum-Spar-Entscheidung wird durch ein Modell überlappender Generationen gegeben. Dabei wird die Rentenfinanzierung durch das allgemeine Modell beschrieben. Dem Staat als Träger der Rentenversicherung stehen drei Instrumente zur Verfügung: Die Rente, die Steuer und der Budgetüberschuß. In diesem Kapitel wird angenommen, daß der Staat die Rente und den Budgetüberschuß jeweils pro Kopf fixiert. Die Kopfsteuer ergibt sich endogen. In diesem Rahmen werden die folgenden Fragen behandelt: Existiert eine optimale Finanzierung, d.h. ein optimaler Budgetüberschuß? Wie schneiden das Umlageverfahren und das Kapitaldeckungsverfahren im Vergleich zum optimalen Verfahren ab? Wie wirkt eine Veränderung der Rente? Und welchen Einfluß haben die anderen Parameter des Modells? Von besonderem Interesse sind dabei die Zeitpräferenz, die Bevölkerungsgröße und das Bevölkerungswachstum. Wie in der geschlossenen Wirtschaft wird sowohl eine Analyse des langfristigen Gleichgewichts als auch eine Untersuchung der Dynamik vorgenommen.

Das Kapitel gliedert sich folgendermaßen: Im 2. Abschnitt wird das Modell eingeführt. Zunächst wird das kurzfristige, dann das langfristige Gleichgewicht abgeleitet. Im Anschluß findet ein Vergleich der speziellen Finanzierungsformen statt. Den Abschluß des zweiten Abschnitts bildet die Untersuchung der Stabilität des langfristigen Gleichgewichts. Der dritte Abschnitt widmet sich der Analyse der Anpassungsdynamik. Dabei werden eine Erhöhung des Budgetüberschusses, eine Erhöhung der Rente, eine Reduktion der Zeitpräferenz und Veränderungen der demographischen Struktur untersucht. Im 4. Abschnitt wird eine Zusammenfassung der Ergebnisse gegeben.

2. Modell

2.1. Kurzfristiges Gleichgewicht

Jedes Individuum lebt zwei Perioden - Jugend und Alter. Die Zahl der Jungen, die zu Beginn einer Periode geboren werden, ist N. Zu dem selben Zeitpunkt werden die Jungen der vorhergehenden Generation zu den Alten, deren Zahl somit N_{-1} entspricht. Die Relation zwischen der Zahl der Jungen und der Alten ist durch die natürliche Wachstumsrate der Bevölkerung $n = N/N_{-1} - 1$ bestimmt. Diese wird als positiv und im Zeitablauf konstant angenommen.

Die Rentenversicherung wird durch das in Kapitel I entwickelte Modell mit fixiertem Budgetüberschuß beschrieben: Der Staat fixiert die Pro-Kopf-Rente g. Die Zahl der Rentner entspricht derjenigen der Beschäftigten in der vorherigen Periode, also N_{-1}. Daraus folgen die Ausgaben der Rentenversicherung in der laufenden Periode $G = gN_{-1}$. Zur Finanzierung dieser Ausgaben wird von jedem Jungen eine Kopfsteuer t erhoben. Somit sind die Steuereinnahmen durch $T = tN$ gegeben. Weiter wird angenommen, daß der Staat den Budgetüberschuß pro Kopf b fixiert. Der aggregierte Budgetüberschuß entspricht $B = bN$. Der Budgetüberschuß vergrößert das Rentenvermögen A, somit ergibt sich das Rentenvermögen der nächsten Periode als $A_{+1} = A + B$. Auf das Rentenvermögen wird der Zins r erzielt. Damit kann die Budgetrestriktion der Rentenversicherung als $B = T + rA - G$ geschrieben werden. Mit $a = A/N$ und der konstanten Bevölkerungswachstumsrate $n = N/N_{-1} - 1$ kann diese Budgetrestriktion in Pro-Kopf-Größen transformiert werden: $b = t + ra - g/(1 + n)$. Da der Staat die Rente pro Kopf und den Budgetüberschuß pro Kopf fixiert, muß die Steuer pro Kopf endogen angepaßt werden. Mit Hilfe von $A_{+1}/N = (1 + n)a_{+1}$ kann die Dynamik des Pro-Kopf-Rentenvermögens spezifiziert werden: $(1 + n)a_{+1} = a + b$.

Nun zum Prozeß der Produktion: Unter Verwendung von Kapital K und Arbeit N produzieren die Unternehmen einen homogenen Output Y. Das Arbeitsangebot entspricht der Zahl der Jungen. Der Lohn ist flexibel, so daß stets die gesamte angebotene Arbeit eingesetzt wird. Die Technologie ist vom Cobb-Douglas-Typ: $Y = K^{\alpha}N^{\beta}$ mit $\alpha > 0$, $\beta > 0$ und $\alpha + \beta = 1$. Damit ist die Pro-Kopf-Produktion y eine Funktion des Pro-Kopf-Kapitals k: $y = k^{\alpha}$.

Für die kleine offene Wirtschaft ist der Auslandszins r^* ein Datum. Bei perfekter Kapitalmobilität legen die Investoren ihr Geld immer zum höchstmöglichen Zins an. Insofern stellt die Zinsarbitrage sicher, daß der Inlandszins dem konstanten Auslandszins entspricht: $r = r^*$. Die Unternehmen maximieren den Gewinn unter vollständiger Konkurrenz. Folglich entspricht das Grenzprodukt des Kapitals dem Zins $\alpha Y/K = \alpha y/k = r$ und der Lohn dem Grenzprodukt der Arbeit $w = \beta Y/N = \beta y$.

Das repräsentative Individuum maximiert eine Cobb-Douglas-Nutzenfunktion. Dabei hängt der Nutzen vom Konsum während der Jugend c^1 und während des Alters c^2 ab. Während der Jugend arbeitet das Individuum und erhält dafür den Lohn w. Dieser wird für Konsum während der Jugend c^1, für die Ersparnis s und für die Steuer t verwendet: $w = c^1 + s + t$. In der zweiten Lebenshälfte befindet sich das Individuum im Ruhestand. Der Konsum im Alter wird über die Ersparnis und den darauf erzielten Zins oder die Rente g finanziert: $c^2 = (1 + r)s + g$. Die Maximierung der Nutzenfunktion unter Berücksichtigung der Budgetrestriktionen führt zu der Sparfunktion: $s = \beta\delta y - \delta t - \gamma g/(1 + r)$.

Nun zur Vermögensdynamik: Das Vermögen der Inländer kann im Inland in Form von Kapital K oder im Ausland in Form von Auslandsvermögen F gehalten werden. Dabei entspricht das Kapital der nächsten Periode der Summe aus den Investitionen I und dem Kapital dieser Periode $K_{+1} = K + I$. Das Auslandsvermögen der nächsten Periode wird durch das Auslandsvermögen und den Leistungsbilanzüberschuß E dieser Periode gebildet: $F_{+1} = F + E$. Der Leistungsbilanzüberschuß setzt sich aus dem Nettoexport X und den Zinsen auf das Auslandsvermögen zusammen: $E = X + rF$. Dabei entspricht der Nettoexport dem nicht im Inland abgesetzten Teil der Produktion: $X = Y - C - I$. Das von Inländern gehaltene Vermögen in der nächsten Periode ist: $F_{+1} + K_{+1} = F + E + K + I = (1+r)F + K + Y - C$. Dabei entspricht die Produktion dem inländischen Einkommen, das sich aus Lohneinkommen W und inländischem Zinseinkommen rK zusammensetzt. Der aggregierte Konsum C ist die Summe aus dem aggregierten Konsum der Alten $C^2_{-1} = c^2_{-1}N_{-1}$ und dem aggregierten Konsum der Jungen $C^1 = c^1 N$. Damit kann die Gleichung für die Vermögensakkumulation zu: $F_{+1} + K_{+1} = (1+r)(F+K) + W - C^1 - C^2_{-1}$ umgeformt werden.

Das Vermögen dieser Periode ist entweder durch privates Vermögen V oder das Rentenvermögen A finanziert worden. Das private Vermögen ist durch die Ersparnis der Alten während ihrer Jugend gebildet worden: $V = S_{-1}$. Folglich gilt: $F + K = A + V = A + S_{-1}$. Der Konsum der Alten wird nun aus dieser Ersparnis, dem darauf erzielten Zins und aus der Rente finanziert: $C^2_{-1} = (1+r)S_{-1} + G$. Die Differenz zwischen dem Lohneinkommen und dem Konsum der Jungen entspricht der Summe aus Ersparnis der Jungen und den Steuerzahlungen: $W - C^1 = S + T$. Damit gilt für die Vermögensakkumulation: $F_{+1} + K_{+1} = S + T + (1 + r)A - G$. Mit $A_{+1} = A + B$ und $B = T + rA - G$ wird das Vermögen in der nächsten Periode durch: $F_{+1} + K_{+1} = A_{+1} + S$ bestimmt.

Jetzt bleibt noch zu bestimmen, wie das inländische Vermögen auf Kapital und Auslandsvermögen verteilt wird. Die Transformation der Produktionsfunktion $Y = K^{\alpha}N^{\beta}$ und der Grenzproduktivitätsbedingung $\alpha Y/K = r = \text{const}$ in Wachstumsraten ergibt: $\hat{Y} = \alpha\hat{K} + \beta\hat{N}$ und $\hat{Y} = \hat{K}$. Daraus folgt unmittelbar $\hat{K} = \hat{N} = n$. Die Wachstumsrate des Kapitals entspricht immer der Bevölkerungswachstumsrate, und somit wird das Kapital der nächsten Periode durch $K_{+1} = (1+n)K$ bestimmt. Das Pro-Kopf-Kapital ist folglich konstant, und zwar nicht nur im Steady State, sondern auch im kurzfristigen Gleichgewicht. Wird diese Bedingung in der Vermögensdynamik berücksichtigt, so kann das Auslandsvermögen der nächsten Periode durch $F_{+1} = A_{+1} + S - (1+n)K$ bestimmt werden. Transformiert in Pro-Kopf-Größen gilt: $(1+n)f_{+1} = (1+n)a_{+1} + s - (1+n)k$

Als Zusammenfassung der bisher dargestellten Zusammenhänge kann das kurzfristige Gleichgewicht, dargestellt in Pro-Kopf-Größen, durch ein System von sechs Gleichungen charakterisiert werden:[1]

---

1 Wie in der geschlossenen Wirtschaft, zeigt das Modell formal starke Analogien zum Modell mit Staatsschulden, vgl. Carlberg (1995).

$$y = k^{\alpha} \tag{1.1}$$

$$r = \frac{\alpha y}{k} \tag{1.2}$$

$$s = \beta\delta y - \delta t - \frac{\gamma g}{1+r} \tag{1.3}$$

$$(1+n)f_{+1} = s + (1+n)a_{+1} - (1+n)k \tag{1.4}$$

$$(1+n)a_{+1} = a + b \tag{1.5}$$

$$b = t + ra - \frac{g}{1+n} \tag{1.6}$$

Die endogenen Variablen des Modells sind: a_{+1}, f_{+1}, k, s, t und y.

Aus den Gleichungen (1.1) und (1.2) folgt, daß das Pro-Kopf-Kapital kurzfristig konstant ist. Dies impliziert auch eine konstante Produktion pro Kopf:

$$k = \left[\frac{\alpha}{r}\right]^{\frac{1}{\beta}} \tag{2}$$

$$y = \left[\frac{\alpha}{r}\right]^{\frac{\alpha}{\beta}} \tag{3}$$

Offensichtlich sind das Kapital pro Kopf und die Produktion pro Kopf ausschließlich durch den Auslandszins und die Parameter der Produktionsfunktion bestimmt. Insbesondere sind sie unabhängig von der Rente und der Form ihrer Finanzierung.

2.2. Langfristiges Gleichgewicht

Im langfristigen Gleichgewicht sind das Pro-Kopf-Rentenvermögen und das Pro-Kopf-Auslandsvermögen konstant, $a_{+1} = a$ und $f_{+1} = f$. Folglich kann das langfristige Gleichgewicht, wiederum in Pro-Kopf-Größen, als System von sechs Gleichungen formuliert werden:

$$y = k^{\alpha} \tag{4.1}$$

$$r = \frac{\alpha y}{k} \tag{4.2}$$

$$s = \beta\delta y - \delta t - \frac{\gamma g}{1+r} \tag{4.3}$$

$$(1+n)f = s + (1+n)a - (1+n)k \tag{4.4}$$

$$a = \frac{b}{n} \tag{4.5}$$

$$b = t + ra \frac{g}{1+n} \tag{4.6}$$

Dabei sind a, f, k, s, t und y die endogenen Variablen.

Im weiteren soll nun das Modell explizit nach den endogenen Variablen aufgelöst werden. Offensichtlich entsprechen Pro-Kopf-Kapital und Pro-Kopf-Einkommen ihren, in den Gleichungen (2) und (3) angegebenen, kurzfristig konstanten Niveaus. Um eine explizite Lösung für das Auslandsvermögen pro Kopf zu erhalten, muß zunächst die Pro-Kopf-Ersparnis bestimmt werden. Dazu wird mit Hilfe von (4.5) und (4.6) die Kopfsteuer ermittelt:

$$t = \frac{g}{1+n} - \frac{(r-n)b}{n} \tag{5}$$

Zwei Fälle können hier unterschieden werden. Sofern der Zins größer als die Wachstumsrate ist ($r > n$), führt eine Erhöhung des Budgetüberschusses pro Kopf zu einer Reduktion der Steuer. Wenn der Budgetüberschuß auf einen kritischen Wert $b' = ng/[(1+n)(r-n)]$ erhöht wird, fällt die Steuer auf Null. Die Rentenzahlungen können vollständig aus den Zinseinnahmen der Rentenversicherung finanziert werden. Sofern der Zins aber kleiner als die Wachstumsrate ist ($r < n$), führt eine Erhöhung des Budgetüberschusses pro Kopf zu einem Anstieg der Steuer. Empirisch relevant ist jedoch der Fall einer dynamisch effizienten Wirtschaft, in dem der Zins größer als die Wachstumsrate ist. Insofern gilt: *Eine Erhöhung des Budgetüberschusses pro Kopf reduziert die Kopfsteuer.*

Wird nun die Steuer aus Gleichung (5) in die Sparfunktion (4.3) und dieses zusammen mit der Bestimmungsgleichung für das Rentenvermögen (4.5) in (4.4) eingesetzt, so ergibt sich das Auslandsvermögen pro Kopf:

$$(1+n)f = \beta\delta y - (1+n)k + \frac{(1+\gamma n+\delta r)b}{n} - \frac{(1+\gamma n+\delta r)g}{(1+n)(1+r)} \tag{6}$$

Offensichtlich führt eine Erhöhung des Budgetüberschusses zu einem linearen Anstieg des Auslandsvermögens. Eine Erhöhung der Rente führt hingegen zu einer linearen Reduktion des Auslandsvermögens. Abbildung VI.1 zeigt das Auslandsvermögen pro Kopf in Abhängigkeit vom Budgetüberschuß pro Kopf. Dabei wird der Verlauf für zwei verschiedene Niveaus der Rente $g_0 < g_1$ dargestellt.

Bisher ist allerdings noch nicht bekannt, welche Wohlfahrtswirkungen sich aus Veränderungen des Auslandsvermögens ergeben. Es gilt zu untersuchen, unter welchen Bedingungen ein Anstieg und unter welchen Bedingungen ein Rückgang des Pro-Kopf-Auslandsvermögens wünschenswert ist. Welches Auslandsvermögen pro Kopf ist optimal, und mit welchem Pro-Kopf-Budgetüberschuß wird dieses realisiert? Diese Fragen werden im nächsten Abschnitt untersucht.

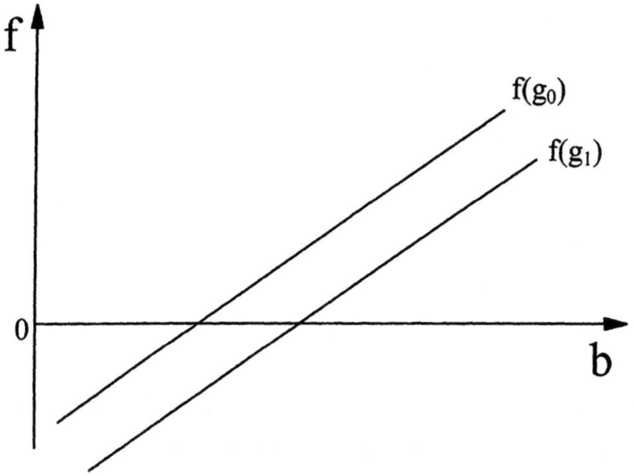

Abbildung VI.1: Auslandsvermögen

2.3. Spezielle Finanzierungsformen

Das Wohlfahrtskriterium ist der Nutzen des repräsentativen Individuums. Dieser ist maximal, wenn der Pro-Kopf-Konsum maximal ist. Zunächst wird nun der Pro-Kopf-Konsum bestimmt. Dazu wird die aggregierte Vermögensdynamik betrachtet. Das Vermögen der Inländer kann im Inland in Form von Kapital K oder im Ausland in Form von Auslandsvermögen F gehalten werden. In der nächsten Periode wird das Kapital um die Investitionen I und das Auslandsvermögen um den Leistungsbilanzüberschuß E vermehrt: $K_{+1} + F_{+1} = K + I + F + E$. Der Leistungsbilanzüberschuß setzt sich aus dem Nettoexport X und den Zinsen auf das Auslandsvermögen zusammen: $E = X + rF$. Dabei entspricht der Nettoexport dem nicht im Inland abgesetzten Teil der Produktion: $X = Y - C - I$. Damit ergibt sich die aggregierte Budgetrestriktion: $K_{+1} + F_{+1} = K + (1+r)F + Y - C$. Bei perfekter Kapitalmobilität ist das Pro-Kopf-Kapital konstant. Somit führt die Transformation in Pro-Kopf-Größen zu: $(1+n)f_{+1} = y - c - nk + (1+r)f$. Im langfristigen Gleichgewicht ist das Auslandsvermögen konstant, somit ergibt sich für den Pro-Kopf-Konsum:

$$c = y - nk - (n - r)f \tag{7}$$

Eine Erhöhung des Pro-Kopf-Budgetüberschusses hat keinen Einfluß auf Pro-Kopf-Kapital, Pro-Kopf-Produktion und Zins. In (7) wird ausschließlich das Auslandsvermögen vom Budgetüberschuß beeinflußt. Somit gilt $dc/db = (r - n)\, df/db$. Da das Auslandsvermögen pro Kopf eindeutig mit dem Budgetüberschuß pro Kopf steigt ($df/db > 0$), gilt $dc/db > 0$ für $r > n$ und $dc/db < 0$ für $r < n$. Empirisch relevant ist der Fall $r > n$. Somit führt eine Erhöhung des Pro-Kopf-Budgetüberschusses zu einem Anstieg des Pro-Kopf-Konsums.

Nun zur Untersuchung des Kapitaldeckungsverfahrens. Die Steuereinnahmen dieser Periode bilden das Rentenvermögen der nächsten Periode. Das Rentenvermögen und die darauf erzielten Zinsen werden zur Finanzierung der Rente in der nächsten Periode verwendet. Ausgedrückt in Pro-Kopf-Größen ergibt sich: $(1 + n)a_{+1} = t$. Im langfristigen Gleichgewicht gilt: $a_{+1} = a = b/n$. Damit vereinfacht sich die Budgetrestriktion der Rentenversicherung (4.6) zu $(n - r)b/n = t - g/(1 + n)$. Im Kapitaldeckungsverfahren entspricht die interne Verzinsung der Kopfsteuer dem Zins; es gilt somit: $g = (1 + r)t$. Durch Einsetzen in die Budgetrestriktion und Auflösen folgt der Pro-Kopf-Budgetüberschuß $b = nt/(1 + n)$. Damit gilt:

$$b = \frac{ng}{(1+n)(1+r)} \tag{8}$$

Um den Einfluß des Kapitaldeckungsverfahrens zu verdeutlichen, werden diese Beziehungen in die Gleichgewichtsbedingung für das Pro-Kopf-Auslandsvermögen (6) eingesetzt. Die Gleichung vereinfacht sich zu $(1 + n)f = \beta\delta y - (1 + n)k$, und somit ergibt sich:

$$f = \left(\frac{\beta\delta r}{\alpha(1+n)} - 1\right)k \tag{9}$$

Offensichtlich ist das Gleichgewichtsniveau des Pro-Kopf-Auslandsvermögens unabhängig von der Höhe der Rente. Es wird durch die Wachstumsrate, die Parameter der Produktionsfunktion, den Auslandszins und die inländische Zeitpräferenz bestimmt. Worauf ist dieses Resultat zurückzuführen? Eine Erhöhung der Rente wird durch eine Erhöhung des Pro-Kopf-Budgetüberschusses kompensiert. Zur Finanzierung von Rente und Budgetüberschuß muß auch die Steuer angehoben werden. Die Sparfunktion (4.3) zeigt, daß in diesem Fall die Ersparnis pro Kopf genau um den Betrag des Steueranstiegs reduziert wird: $\Delta s = -\Delta t$. Dies ist offensichtlich darauf zurückzuführen, daß sich beide mit derselben Rate verzinsen. Der Budgetüberschuß pro Kopf steigt um: $\Delta b = n\Delta t/(1+n)$, und dadurch steigt das Rentenvermögen pro Kopf um: $\Delta a = \Delta t/(1+n)$. Als Resultat verändert sich das Auslandsvermögen pro Kopf nicht: $\Delta f = \Delta s/(1+n) + \Delta a = 0$. Da die Pro-Kopf-Ersparnis der Jungen in dem Umfang reduziert wird, in dem die Steuer ansteigt, ändert sich der Pro-Kopf-Konsum der Jungen nicht. Formal folgt dies aus: $\Delta c^1 = \Delta w - \Delta s - \Delta t$ und $\Delta s = -\Delta t$ sowie $\Delta w = 0$. Ebenso bleibt der Konsum der Alten unverändert, da die Rentenerhöhung genau die Reduktion der Ersparnis kompensiert: $\Delta c^2 = (1+r)\Delta s + \Delta g$ mit $\Delta s = -\Delta t = -\Delta g/(1+r)$. Die Steuer ist somit ein perfektes Substitut für die private Ersparnis.

Im Fall des Umlageverfahrens decken die Steuereinnahmen der laufenden Periode genau die Rentenausgaben der laufenden Periode. Der Budgetüberschuß ist aggregiert und damit auch pro Kopf Null. Aus $b = 0$ folgt im langfristigen Gleichgewicht $a = 0$. Es existiert somit kein Rentenvermögen. Die Budgetrestriktion der Rentenversicherung (4.6) reduziert sich zu $t = g/(1+n)$. Damit ergibt sich für das Pro-Kopf-Auslandsvermögen:

$$(1+n)f = \beta\delta y - (1+n)k - \frac{(1+\gamma n + \delta r)g}{(1+n)(1+r)} \tag{10}$$

Im Kapitaldeckungsverfahren gilt $(1+n)f = \beta\delta y - (1+n)k$. Demzufolge ist das Pro-Kopf-Auslandsvermögen im Umlageverfahren eindeutig kleiner als im Kapitaldeckungsverfahren. Dies ist darauf zurückzuführen, daß die Rente die private Ersparnis reduziert, und diese Reduktion nicht durch das Rentenvermögen kompensiert wird. *Da im Fall einer dynamisch effizienten Wirtschaft (r > n) mit dem Auslandsvermögen der Pro-Kopf-Konsum und der Nutzen steigt, reduziert das Umlageverfahren die Wohlfahrt. Nur wenn die Wirtschaft dynamisch ineffizient ist, steigt durch das Umlageverfahren die Wohlfahrt.*

Insofern kann ein Vergleich der Effizienz des Umlageverfahrens und des Kapitaldeckungsverfahrens - wie von Samuelson (1958) und Aaron (1966) vorgeschlagen - durch einen Vergleich des exogenen Zinses und der exogenen Bevölkerungswachstumsrate vorgenommen werden: Ist der Zins kleiner als die Bevölkerungswachstumsrate, ist das Umlageverfahren effizienter. Im empirisch relevanten Fall ist der Zins aber größer als die Wachstumsrate: Somit ist das Kapitaldeckungsverfahren vorzuziehen.

In der Tabelle VI.1 finden sich für ein numerisches Beispiel die Gleichgewichtswerte ausgewählter Größen. Dabei wird zum einen ein Umlageverfahren und zum anderen ein Kapitaldeckungsverfahren unterstellt.

Nun soll noch auf die Konsequenzen eines Rückgangs des Bevölkerungswachstums eingegangen werden. Im Umlageverfahren steigt entsprechend zu $t = g/(1 + n)$ die Steuer pro Kopf. Im Gegensatz dazu wird sie im Kapitaldeckungsverfahren nicht tangiert, da $t = g/(1 + r)$ gilt und der Zins exogen ist. Als Folge führt die Reduktion von n im Umlageverfahren zu einer verminderten Pro-Kopf-Ersparnis der Jungen, während diese im Kapitaldeckungsverfahren konstant bleibt. Im Kapitaldeckungsverfahren wird der Budgetüberschuß pro Kopf reduziert. Da jedoch ein geringerer Pro-Kopf-Budgetüberschuß notwendig ist, um das Pro-Kopf-Rentenvermögen konstant zu halten, steigt trotz des Rückgangs des Pro-Kopf-Budgetüberschusses das Pro-Kopf-Rentenvermögen. Damit steigen dann auch das Auslandsvermögen pro Kopf und der Konsum pro Kopf. Dabei sollte jedoch bedacht werden, daß dies der Periodenkonsum ist. Über den Nutzen, der sich aus dem Lebenszykluskonsum ergibt, können keine eindeutigen Aussagen getroffen werden. Im Umlageverfahren existiert kein Rentenvermögen. Durch den Bevölkerungsrückgang sinkt die Pro-Kopf-Ersparnis. Andererseits ist eine geringere Vermögensbildung notwendig, um das Auslandsvermögen pro Kopf konstant zu halten. Deshalb ist der Effekt eines Rückgangs der Wachstumsrate auf das Auslandsvermögen nicht eindeutig. Bei einer hohen Rente wird der durch den Rückgang der Wachstumsrate ausgelöste Steueranstieg die Ersparnis

Tabelle VI.1: Vergleich der speziellen Finanzierungsformen

	Gleichgewichtswerte für g = 0,2									
	b	k	f	y+rf	t	s	a	c^1	c^2	u
Umlageverfahren	0,0000	0,0487	–0,0055	0,534	0,0824	0,1049	0,0000	0,2498	0,5402	0,3401
Kapitaldeckungsverfahren	0,0363	0,0487	0,0233	0,599	0,0617	0,1132	0,0254	0,2623	0,5671	0,3571
	Gleichgewichtswerte für g = 0,3									
	b	k	f	y+rf	t	s	a	c^1	c^2	u
Umlageverfahren	0,0000	0,0487	–0,0199	0,502	0,1236	0,0699	0,0000	0,2436	0,5268	0,3317
Kapitaldeckungsverfahren	0,0544	0,0487	0,0233	0,599	0,0925	0,0824	0,0381	0,2623	0,5671	0,3571

Angenommene Parameterwerte: $\alpha = 0{,}2$; $\beta = 0{,}8$; $\gamma = 0{,}6$; $\delta = 0{,}4$; $n = 1{,}427$; $n_j = 0{,}03$; $r = 2{,}243$; $r_j = 0{,}04$

pro Kopf so stark reduzieren, daß das Auslandsvermögen pro Kopf sinkt. Bei einer niedrigeren Rente ist der Rückgang der Ersparnis geringer, und so kommt es trotz der reduzierten Pro-Kopf-Ersparnis zu einem Anstieg des Auslandsvermögens pro Kopf. Da der Effekt auf das Auslandsvermögen nicht eindeutig ist, können auch keine eindeutigen Aussagen über den Konsum und den Nutzen getroffen werden.

Insgesamt kann für die Wirkung eines Rückgangs der Bevölkerungsrate festgestellt werden: *Die Generationen nach dem Rückgang der Wachstumsrate profitieren bei einem hohen Budgetüberschuß pro Kopf und einer niedrigen Rente stärker, als bei einem niedrigen Budgetüberschuß pro Kopf und einer hohen Rente.*

2.4. Stabilität

Die Dynamik des kurzfristigen Gleichgewichts, dargestellt im Gleichungssystem (1), kann zu zwei Differenzengleichungen komprimiert werden. Formal sind dies die Gleichungen für das Pro-Kopf-Auslandsvermögen $f_{+1} = p(a, f)$ und für das Pro-Kopf-Rentenvermögen $a_{+1} = q(a, f)$. Die Gleichung für das Pro-Kopf-Rentenvermögen ist aus dem Abschnitt 2.1. bekannt:

$$(1+n)a_{+1} = a+b \tag{11}$$

Für die Stabilitätsanalyse wird nun zunächst Gleichung (11) genauer betrachtet. Dabei wird deutlich, daß $da_{+1}/da = 1/(1+n) < 1$ gilt. Weiter folgt aus (11), daß die aa-Grenzlinie, bei der $a_{+1} = a$ gilt, durch:

$$a = \frac{b}{n} \tag{12}$$

definiert ist. Folglich ist die aa-Linie in Abbildung VI.2 eine Senkrechte an der Stelle $a = b/n$. Aus der Ableitung $da_{+1}/da < 1$ folgt, daß das Rentenvermögen pro Kopf rechts der aa-Linie fällt und links der aa-Linie steigt.

Um die Differenzengleichung für das Auslandsvermögen zu erhalten, werden die Sparfunktion (1.3) und die Bewegungsgleichung für das Pro-Kopf-Rentenvermögen (11) in (1.4) eingesetzt. Dann wird die endogene Kopfsteuer t mit Hilfe der Budgetrestriktion (1.6) substituiert. Durch Umformen ergibt sich:

$$(1+n)f_{+1} = \beta\delta y - (1+n)k + (1+\delta r)a + \gamma b - \frac{(1+\gamma n+\delta r)g}{(1+n)(1+r)} \tag{13}$$

Um die ff-Linie abzuleiten, wird in (13) die Bedingung $f_{+1} = f$ eingesetzt:

$$(1+n)f = \beta\delta y - (1+n)k + (1+\delta r)a + \gamma b - \frac{(1+\gamma n+\delta r)g}{(1+n)(1+r)} \tag{14}$$

Folglich ist die ff-Linie eine Gerade mit der Steigung $(1+\delta r)/(1+n)$. Aus (13) wird $df_{+1}/df = 0 < 1$ deutlich. Somit steigt das Pro-Kopf-Auslandsvermögen unterhalb der ff-Linie, und es fällt oberhalb davon.

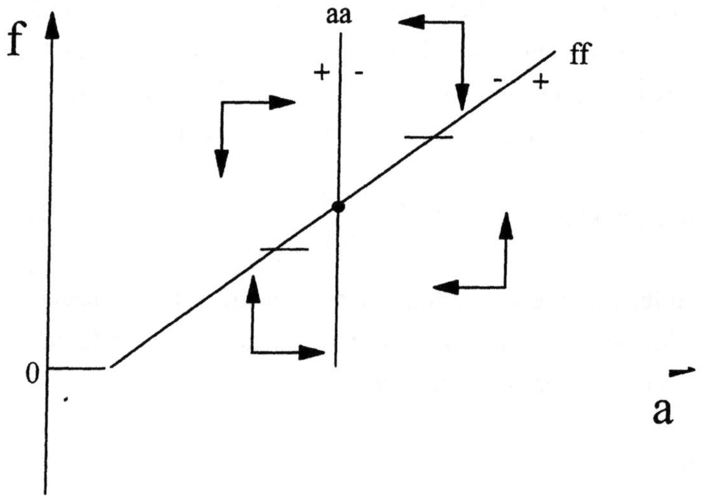

Abbildung VI.2: Phasendiagramm

Wie das Phasendiagramm zeigt, ist das langfristige Gleichgewicht stabil.

3. Dynamik der Anpassung

Im folgenden werden die Anpassungsprozesse untersucht, die durch unterschiedliche Schocks ausgelöst werden. Dabei wird in Abschnitt 3.1. eine Veränderung des Pro-Kopf-Budgetüberschusses und in 3.2. eine Veränderung der Pro-Kopf-Rente angenommen. In Abschnitt 3.3. wird dann eine simultane Erhöhung von Rente und Budgetüberschuß betrachtet, bei dem die Rentenerhöhung kapitalgedeckt finanziert wird. Abschließend wird in 3.4. ein Anstieg der Bevölkerung unterstellt. Durchgehend wird dabei eine dynamisch effiziente Wirtschaft, bei der der Zins größer als die Wachstumsrate ist, angenommen.

3.1. Erhöhung des Budgetüberschusses

Vor der Erhöhung des Budgetüberschusses befindet sich die Wirtschaft im langfristigen Gleichgewicht. Der Budgetüberschuß pro Kopf ist, ebenso wie das Rentenvermögen pro Kopf, konstant. Der Zins, das Pro-Kopf-Kapital und das Pro-Kopf-Einkommen sind fixiert. Des weiteren bleiben der Leistungsbilanzüberschuß pro Kopf und das Auslandsvermögen pro Kopf unverändert. In dieser Situation erhöht der Staat den Budgetüberschuß pro Kopf. Im Phasendiagramm (Abbildung VI.3) verschiebt sich die aa-Linie nach rechts und die ff-Linie nach oben. Der Pfeil zeigt, wie sich die Pro-Kopf-Größen des Rentenvermögens und des Auslandsvermögens in der Zeit bewegen.

Kurzfristig sind das Pro-Kopf-Rentenvermögen und das Pro-Kopf-Auslandsvermögen konstant. Folglich bleiben das Pro-Kopf-Einkommen und das Pro-Kopf-Einkommen der Inländer konstant. Die Erhöhung des Pro-Kopf-Budgetüberschusses erfordert bei konstanter Rente eine Steuererhöhung. Diese reduziert das verfügbare Pro-Kopf-Einkommen der Jungen und damit deren Pro-Kopf-Ersparnis und deren Pro-Kopf-Konsum. Damit zeigt sich auch in der offenen Wirtschaft, daß eine Erhöhung des Budgetüberschusses zumindest eine

Generation schlechter stellt und somit nicht Pareto-optimal ist.[2] Die Reduktion des Pro-Kopf-Konsums führt bei Konstanz von Pro-Kopf-Produktion und Pro-Kopf-Investitionen zu einem höheren Nettoexport pro Kopf. Dieser erhöht den Leistungsbilanzüberschuß pro Kopf.

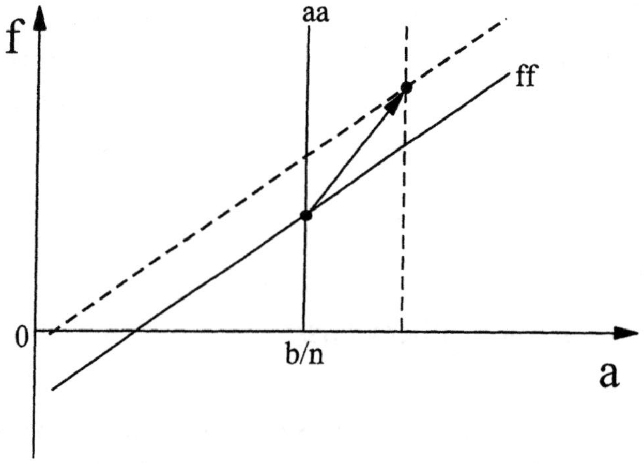

Abbildung VI.3: Phasendiagramm - Erhöhung des Budgetüberschusses

Mittelfristig vergrößert der Pro-Kopf-Budgetüberschuß das Pro-Kopf-Rentenvermögen. Damit steigt trotz des Rückgangs der Pro-Kopf-Ersparnis der Jungen das Pro-Kopf-Vermögen der Inländer. Da der Zins exogen fixiert ist, bleibt das Pro-Kopf-Kapital im Inland konstant. Der Leistungsbilanzüberschuß pro Kopf vergrößert das Auslandsvermögens pro Kopf. Auf das Auslandsvermögen werden Zinsen erzielt, die das Pro-Kopf-Einkommen der Inländer steigen lassen. Zunächst wird nur das zusätzliche Rentenvermögen im Ausland angelegt, da die Jungen ihre Pro-Kopf-Ersparnis reduziert haben. Die Zinsen auf das Rentenvermögen erlauben jedoch eine Reduktion der Kopfsteuer. Dies führt zu

2 Dies wurde zunächst von Verbon (1989) gezeigt, der auch die Möglichkeit der Kompensation berücksichtigt. Daß diese Möglichkeit nicht besteht, ergibt sich, wenn man beachtet, daß die Kompensation nur durch eine höhere Rente in der nächsten Periode erfolgen kann. Ein Anstieg der Rente verursacht jedoch einen weiteren Rückgang der Ersparnis, vgl. Abschnitt 3.2. Zur vollständigen Kompensation der höheren Steuer müßte ihre interne Verzinsung (1+r) sein. Dann liegt jedoch der Fall eines vollständig fundierten Rentenanstiegs vor, bei dem die Kapitalbildung nicht tangiert wird, vgl. Abschnitt 3.3.

einem Anstieg des Pro-Kopf-Konsums und der Pro-Kopf-Ersparnis der Jungen. Die steigende Pro-Kopf-Ersparnis führt zu einer weiteren Erhöhung des Pro-Kopf-Auslandsvermögens. Die darauf erzielten Zinsen erhöhen den Leistungsbilanzüberschuß pro Kopf. Gleichzeitig führt der gestiegene Pro-Kopf-Konsum zu einer Reduktion des Nettoexports pro Kopf, so daß der Anstieg des Pro-Kopf-Leistungsbilanzüberschusses gebremst wird.

Mit der Zeit konvergiert die Wirtschaft gegen eine neues langfristiges Gleichgewicht. Der Budgetüberschuß und das Rentenvermögen - jeweils pro Kopf - bleiben auf konstanten Niveaus. Ebenso sind der Leistungsbilanzüberschuß und das Auslandsvermögen pro Kopf konstant. Die Pro-Kopf-Größen des Auslandsvermögens und des Rentenvermögens sind gegenüber dem Ausgangsniveau gestiegen. Damit ist auch der Pro-Kopf-Konsum und der Nutzen gestiegen. Abbildung VI.4 illustriert die Zeitpfade einiger ausgewählter Variablen.

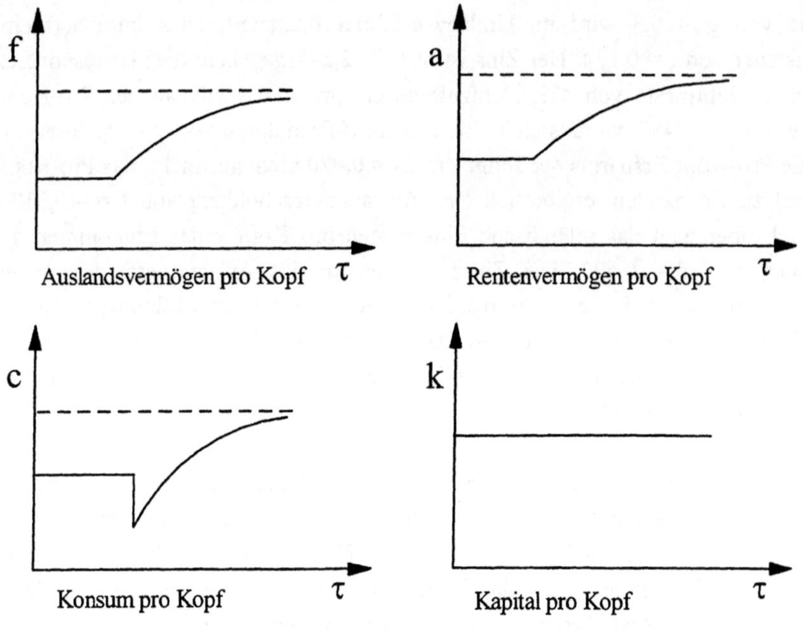

Abbildung VI.4: Zeitpfade - Erhöhung des Budgetüberschusses

Aus diesem Abschnitt soll das folgende Resultat festgehalten werden*: Ein Anstieg des Pro-Kopf-Budgetüberschusses wird den Konsum und den Nutzen von zumindest einer Generation verschlechtern, obwohl er langfristig wünschenswert ist.*

In Box VI.1 wird ein numerisches Beispiel für den Anpassungsprozeß, der sich bei dem Übergang von einem Umlageverfahren zu einem Kapitaldeckungsverfahren ergibt, dargestellt.[3] Im Anhang sind die Ergebnisse in einer Tabelle zusammengefaßt.

Box VI.1: Numerisches Beispiel - Erhöhung des Budgetüberschusses

Unterstellte Parameterwerte:
$\alpha = 0{,}2$; $\beta = 0{,}8$; $\gamma = 0{,}6$; $\delta = 0{,}4$; $g = 0{,}3$; $n = 1{,}427$; $r = 2{,}243$

Zu Beginn ruht die Wirtschaft im langfristigen Gleichgewicht. Eine Pro-Kopf-Rente von $g = 0{,}3$ wird im Umlageverfahren finanziert. Dies impliziert eine Kopfsteuer von $t = 0{,}124$. Der Zins ist mit $r = 2{,}243$ gegeben; dies korrespondiert mit einer Jahresrate von 4%. Demzufolge entspricht das Niveau des Pro-Kopf-Kapitals $k = 0{,}0487$, woraus sich eine Pro-Kopf-Produktion von $y = 0{,}546$ ergibt. Da die Pro-Kopf-Ersparnis der Jungen mit $s = 0{,}070$ nicht ausreicht, das Pro-Kopf-Kapital zu finanzieren, ergibt sich eine Auslandsverschuldung von $f = -0{,}0199$. Folglich übersteigt das inländische Einkommen pro Kopf y das Einkommen der Inländer $y + rf = 0{,}502$. Die Zinszahlungen an das Ausland erfordern einen Nettoexport pro Kopf von $x = 0{,}016$. Es ergibt sich ein Leistungsbilanzdefizit pro Kopf von $e = -0{,}028$, bei dem die Auslandsschulden pro Kopf konstant verbleiben. Da sich die Wirtschaft im langfristigen Gleichgewicht befindet, verbleiben alle Pro-Kopf-Größen im Zeitablauf konstant.

Jetzt beschließt der Staat einen Systemwechsel. Nach dem Anpassungsprozeß soll die Rente im Kapitaldeckungsverfahren finanziert werden. Dazu wird der Pro-Kopf-Budgetüberschuß auf $b = 0{,}054$ gesetzt. Um den Anstieg des Budgetüberschusses zu finanzieren, wird die Kopfsteuer auf $t = 0{,}178$ angehoben. Dies reduziert die Pro-Kopf-Ersparnis der Jungen um etwa 30% auf $s = 0{,}0482$.

3 Die Simulation dient der Illustration der theoretischen Ergebnisse. Eine empirisch gehaltvollere Simulation, im Rahmen eines Modells mit sieben überlappenden Generationen, findet sich bei Raffelhüschen und Erling Risa (1995).

Gleichzeitig wird der Konsum pro Kopf um etwa 7% reduziert. Damit verdreifacht sich der Nettoexport pro Kopf auf x = 0,0489. Aus dem Leistungsbilanzdefizit wird ein Überschuß. Der Budgetüberschuß läßt in der nächsten Periode ein Rentenvermögen pro Kopf von a = 0,0224 enstehen, und der Leistungsbilanzüberschuß reduziert die Auslandsschulden auf f = – 0,0065. Die auf das Rentenvermögen erzielten Zinsen erlauben eine Reduktion der Steuer auf t = 0,128. Damit steigt auch die Pro-Kopf-Ersparnis der Jungen wieder an, wobei sie mit s = 0,068 beinahe ihr Ausgangsniveau erreicht. In der folgenden Periode steigt das Rentenvermögen weiter auf a = 0,0316. Rentenvermögen und das aus der Ersparnis der Jungen gebildete private Vermögen übersteigen jetzt das Kapital im Inland, so daß sich die Auslandsschulden in ein Auslandsvermögen wandeln: f = 0,0111. Aufgrund der steigenden Zinseinnahmen aus dem Rentenvermögen kann die Steuer weiter auf t = 0,107 gesenkt werden. Die Kopfsteuer ist niedriger als im Umlageverfahren. Folglich steigt die Pro-Kopf-Ersparnis auf s = 0,077. Mit dem Anstieg des Pro-Kopf-Auslandsvermögens steigt auch das Einkommen der Inländer auf y + rf = 0,571. Die Pro-Kopf-Ersparnis und der Pro-Kopf-Konsum steigen, während der Pro-Kopf-Nettoexport fällt. Trotz des Exportrückgangs steigt aufgrund der Zinseinnahmen das Auslandsvermögen pro Kopf. Vier Perioden nach dem Schock ist die Pro-Kopf-Ersparnis der Jungen auf s = 0,081 und das Pro-Kopf-Rentenvermögen auf a = 0,037 gestiegen. Daraus ergibt sich ein Auslandsvermögen pro Kopf von f = 0,0212. Über 90% des Anpassungsprozesses des Auslandsvermögens sind jetzt abgeschlossen. Nach zwei weiteren Perioden sind es etwa 99%.

Endlich konvergiert die Wirtschaft in ein neues langfristiges Gleichgewicht. Das Pro-Kopf-Rentenvermögen bleibt bei a = 0,0381 konstant und die Pro-Kopf-Ersparnis bei s = 0,0824. Daraus ergibt sich ein konstantes Pro-Kopf-Auslandsvermögen von f = 0,0233. Das Einkommen der Inländer konvergiert gegen y + rf = 0,599. Die Kopfsteuer ist bei t = 0,093 konstant. Im Verlauf des Anpassungsprozesses haben sich die Auslandsschulden in ein Auslandsvermögen verwandelt. Das Auslandsvermögen pro Kopf wird durch einen Leistungsbilanzüberschuß pro Kopf von e = 0,034 konstant gehalten. Dabei erlaubt der Leistungsbilanzüberschuß einen Nettoimport pro Kopf von x = – 0,019. Im Anpassungsprozeß ist das Einkommen der Inländer um beinahe 20% gestiegen. Die Pro-Kopf-Ersparnis der Jungen ist um 18% nach oben gegangen. Der Konsum von Jungen und Alten ist wie auch das Niveau des Nutzens um etwa 8% erhöht worden.

3.2. Erhöhung der Rente

Zu Beginn befindet sich die Wirtschaft im langfristigen Gleichgewicht. Der Budgetüberschuß pro Kopf ist ebenso wie das Rentenvermögen pro Kopf konstant. Ebenso bleiben der Leistungsbilanzüberschuß pro Kopf und das Auslandsvermögen pro Kopf konstant. Folglich sind auch die Pro-Kopf-Größen des Einkommens der Inländer, des Konsums und der Ersparnis konstant. In dieser Situation erhöht der Staat die Rente. Dadurch wird im Phasendiagramm (Abbildung VI.5) die ff-Linie nach unten verschoben, wohingegen die aa-Linie nicht tangiert wird. Wie das Phasendiagramm zeigt, bewegt sich die Wirtschaft entlang der aa-Linie in ein neues langfristiges Gleichgewicht mit einem niedrigeren Niveau des Pro-Kopf-Auslandsvermögens.

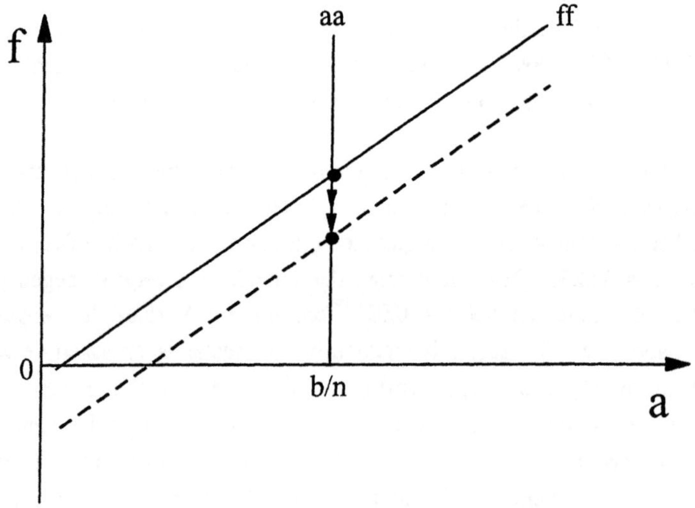

Abbildung VI.5: Phasendiagramm - Erhöhung der Rente

Kurzfristig ist das Auslandsvermögen pro Kopf und damit das Einkommen der Inländer pro Kopf konstant. Da mit der Erhöhung der Rente die Pro-Kopf-Ausgaben der Rentenversicherung ansteigen, der Budgetüberschuß pro

Kopf aber konstant bleibt, muß die Steuer pro Kopf erhöht werden. Diese Steuererhöhung reduziert das verfügbare Pro-Kopf-Einkommen der Jungen. Der Konsum der Jungen sinkt, da die in der nächsten Periode bezogene höhere Rente den Steueranstieg nicht kompensieren kann. Die zum Zeitpunkt der Rentenerhöhung Alten werden durch die zusätzliche Rente besser gestellt: ihr Konsum steigt. Der Anstieg von Steuer und Rente reduziert das verfügbare Einkommen und das Sparmotiv. Beides führt zu einem Absinken der Pro-Kopf-Ersparnis. Da die Steuererhöhung bei den Jungen zu einer Reduktion von Konsum und Ersparnis geführt hat, die Alten aber die Rentenerhöhung vollständig für den Konsum verwenden, ist der inländische Verbrauch insgesamt gestiegen, und damit fallen der Nettoexport und der Leistungsbilanzüberschuß

In der zweiten Periode sinkt das private Vermögen, da die Jungen in der ersten Periode ihre Ersparnis reduziert haben. Das Rentenvermögen pro Kopf bleibt unberührt. Die Reduktion des Leistungsbilanzüberschusses reduziert das Auslandsvermögen. Die Pro-Kopf-Größen des Kapitals, des Einkommens und des Lohns bleiben unverändert. Da auch Zins und Rentenvermögen pro Kopf konstant sind, bleibt die Steuer auf dem gestiegenen Niveau. Folglich verändern sich weder der Pro-Kopf-Konsum noch die Pro-Kopf-Ersparnis.[4] Im weiteren Zeitverlauf bleiben alle Pro-Kopf-Größen konstant: Die Wirtschaft befindet sich wieder im langfristigen Gleichgewicht. Abbildung VI.6 zeigt die Zeitpfade ausgewählter Variabler. Ein numerisches Beispiel findet sich in Box VI.2, die dazugehörige Tabelle im Anhang.

Als Fazit kann festgehalten werden: *Eine Erhöhung der Rente pro Kopf führt bei konstantem Budgetüberschuß pro Kopf zu einer einmaligen und permanenten Reduktion des Konsums pro Kopf und des Nutzens. Nur die erste Generation profitiert.*

---

4 Dies ist eine Besonderheit des Modells überlappender Generationen, in dem die Ersparnis ausschließlich aus dem Lohn- und nicht aus dem Zinseinkommen gebildet wird. So finden sich im Solow-Wachstumsmodell - in dem die Ersparnis aus dem gesamten Einkommen gebildet wird - andere Ergebnisse. Vgl. dazu Carlberg (1996).

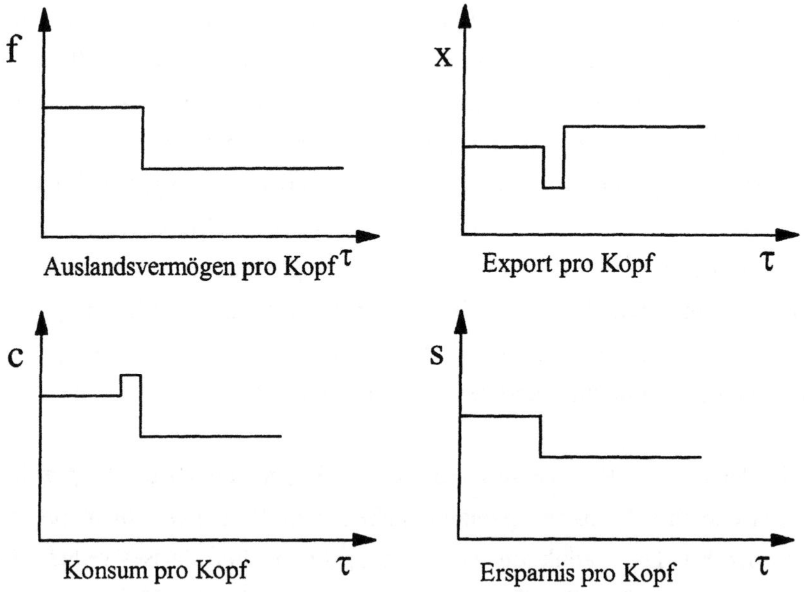

Abbildung VI.6: Zeitpfade - Erhöhung der Rente

Die durch die Rentenerhöhung ausgelöste Dynamik wird nun kurz mit der verglichen, die sich bei einer Erhöhung der Zeitpräferenz ergibt. Die Individuen haben eine stärkere Präferenz für den augenblicklichen Konsum und werden deshalb während der Jugend mehr konsumieren und weniger sparen. Formal bedeutet dies, daß sich die Parameter der Nutzenfunktion verändern; γ steigt und δ fällt. Die Analyse beginnt wiederum im langfristigen Gleichgewicht. Alle Pro-Kopf-Größen sind konstant. Nun steigt die Zeitpräferenz. Im Phasendiagramm bleibt die aa-Linie unverändert und die ff-Linie geht nach unten, siehe Abbildung VI.5. Der Anpassungsprozeß des Pro-Kopf-Auslandsvermögens entspricht dem, der durch eine Erhöhung der Rente ausgelöst wurde. Folglich entwickeln sich auch das Pro-Kopf-Einkommen, die Pro-Kopf-Ersparnis und der Pro-Kopf-Konsum entsprechend, siehe Abbildung VI.6.

Box VI.2: Numerisches Beispiel - Erhöhung der Rente

Unterstellte Parameterwerte: $\alpha = 0{,}2$; $\beta = 0{,}8$; $\gamma = 0{,}6$; $\delta = 0{,}4$; b = 0,02; n = 1,427

Zu Beginn befindet sich die Wirtschaft im langfristigen Gleichgewicht. Der Zins ist mit r = 2,24 gegeben, damit entspricht die Jahresrate 4%. Damit entspricht das Pro-Kopf-Kapital k = 0,0487, woraus sich ein Pro-Kopf-Einkommen von y = 0,546 und ein Lohn von w = 0,437 ergibt. Die Rente pro Kopf ist mit g = 0,2 gegeben. Der Pro-Kopf-Budgetüberschuß entspricht b = 0,02. Dies ist unterhalb der Fundierung im Kapitaldeckungsverfahren. Aus dem Budgetüberschuß ergibt sich ein Rentenvermögen von a = 0,014. Zur Finanzierung der Rente werden Steuern pro Kopf in Höhe von t = 0,071 erhoben. Damit entspricht die Steuer etwa 16% des Lohns. Die Pro-Kopf-Ersparnis ist mit s = 0,1095 gegeben. Damit übersteigt das inländische Vermögen das inländische Kapital, so daß ein Auslandsvermögen pro Kopf von f = 0,0104 gehalten wird. Auf dieses werden Zinsen von rf = 0,024 erzielt, die einen Nettoimport pro Kopf von x = –0,0085 erlauben. Der Leistungsbilanzüberschuß pro Kopf entspricht somit e = 0,015. Bis jetzt bleiben alle Pro-Kopf-Größen konstant.

In dieser Situation hebt der Staat die Rente pro Kopf auf g = 0,3 an. Um die gestiegene Rente zu finanzieren, muß die Steuer pro Kopf auf t = 0,1122 angehoben werden. Damit beträgt der Anteil der Steuer am Lohn beinahe 26%. Dies reduziert die Pro-Kopf-Ersparnis der Jungen um etwa 32% auf s = 0,0745 und deren Konsum um 2,5%. Der Konsum der Alten steigt um 18%, so daß der gesamte Pro-Kopf-Konsum um 7% angehoben wird. Als Folge steigt der Nettoimporte um den Faktor 5 auf x = – 0,043. Dadurch wird aus dem Leistungsbilanzüberschuß ein Defizit. In der nächsten Periode fällt das Pro-Kopf-Auslandsvermögen auf f = – 0,004. Die Pro-Kopf-Ersparnis und der Pro-Kopf-Konsum der Jungen verbleiben auf den Niveaus der Vorperiode. Der Konsum der Alten wird reduziert, da sie während ihrer Jugend die Ersparnis reduziert hatten. Ihr Konsum ist geringer als vor der Rentenerhöhung, so daß auch der gesamte Konsum pro Kopf niedriger als im ursprünglichen Steady State ist. Der inländische Verbrauch ist nun geringer als die inländische Produktion, so daß ein Pro-Kopf-Export von x = 0,003 möglich ist. Dieser hält das Leistungsbilanzdefizit pro Kopf auf e = – 0,006 konstant. Bei diesem Leistungsbilanzdefizit werden die entstandenen Pro-Kopf-Auslandsschulden konstant gehalten, so daß alle Größen im weiteren Zeitverlauf unverändert bleiben: Die Wirtschaft befindet sich im neuen langfristigen Gleichgewicht.

3.3. Kapitalgedeckte Erhöhung der Rente

Wie oben gezeigt, führt eine Rentenerhöhung bei konstantem Pro-Kopf-Budgetüberschuß zu einer Reduktion des Pro-Kopf-Auslandsvermögens, des Pro-Kopf-Einkommens der Inländer und des Pro-Kopf-Konsums. Dies kann jedoch vermieden werden, indem der Pro-Kopf-Budgetüberschuß angehoben wird. Wie für das langfristige Gleichgewicht gezeigt, bleibt das Auslandsvermögen pro Kopf von der Rente unberührt, wenn diese im Kapitaldeckungsverfahren finanziert wird. Da hier eine Erhöhung der Rente betrachtet wird, bedeutet dies, daß die zusätzliche Rente im Kapitaldeckungsverfahren finanziert werden muß. Betrachtet wird jetzt der Anpassungsprozeß, der sich ergibt, wenn die Rentenerhöhung kapitalgedeckt finanziert wird. Dabei wird zwischen zwei Szenarien unterschieden. Im ersten erhöht der Staat die Rente in der nächsten Periode. Dann verbleibt sie auf dem gestiegenen Niveau. Im zweiten Szenario erhöht der Staat die Rente sofort. Die derzeit Alten und die Alten in allen zukünftigen Perioden erhalten diese höhere Rente. Offensichtlich wird die Wohlfahrt der derzeit Alten erhöht, da diese nicht für die höhere Rente gezahlt haben. Dann stellt sich die Frage, welche Generation diesen Wohlfahrtanstieg finanziert.

Zum ersten Szenario: Am Anfang ruht die Wirtschaft im langfristigen Gleichgewicht. Der Leistungsbilanzüberschuß pro Kopf und das Auslandsvermögen pro Kopf sind ebenso wie der Budgetüberschuß pro Kopf und das Rentenvermögen pro Kopf konstant. Folglich sind auch das Pro-Kopf-Einkommen der Inländer und der Pro-Kopf-Konsum unveränderlich. Der Staat beschließt die Rente zu erhöhen, welche die derzeit Jungen im Alter erhalten. Diese Rentenerhöhung wird im Kapitaldeckungsverfahren vorgenommen. Deshalb wird den Jungen eine höhere Steuer auferlegt. Dabei entspricht der Steueranstieg dem Barwert der Rentenerhöhung: $\Delta t = \Delta g/(1 + r)$. Da die Rente in der laufenden Periode unverändert bleibt, steigt der Pro-Kopf-Budgetüberschuß um den Betrag der Steuererhöhung: $\Delta b = \Delta t$. Aufgrund der höheren Rente und Steuer reduzieren die Jungen ihre Ersparnis pro Kopf: $\Delta s = - \delta\Delta t - \gamma\Delta g/(1 + r) = -\Delta t$. Damit kompensiert der Anstieg des Pro-Kopf-Budgetüberschusses genau den Rückgang der Pro-Kopf-Ersparnis. Insgesamt wird die inländische Vermögensbildung nicht tangiert, und somit bleibt das Auslandsvermögen pro Kopf konstant. In der Folgeperiode gilt weiter, daß die Steuererhöhung dem Barwert der Rentenerhöhung entspricht: $\Delta t = \Delta g/(1+r)$. Damit wird die Pro-Kopf-Ersparnis der in dieser Periode Jungen wieder um den Betrag der Steuererhöhung reduziert. Um die Veränderung des Pro-Kopf-Budgetüberschusses zu bestimmen, muß jetzt berücksichtigt werden, daß die Rentenerhöhung wirksam wird und daß in der vorangegangenen Periode ein zusätzliches Rentenvermögen geschaffen wurde; damit gilt: $\Delta b = \Delta t + r\Delta a - \Delta g/(1+n)$. Unter Berücksichtigung von $\Delta g = \Delta t_{-1}/(1+r) = \Delta t/(1+r)$ und $\Delta a = \Delta b_{-1}/(1+n) = \Delta t/(1+n)$ ergibt sich $\Delta b = n\Delta t/(1+n) = n\Delta g/[(1+n)(1+r)]$. Also ist auch in der Folgeperiode das Rentenvermögen um $\Delta t/(1+n)$ erhöht, so daß die Reduktion der Pro-Kopf-Ersparnis genau kompensiert wird. Das Pro-Kopf-Auslandsvermögen bleibt weiter unverändert.

Damit kann das folgende Resultat festgehalten werden: *Wird eine Erhöhung der Rente für die derzeit Jungen im Kapitaldeckungsverfahren finanziert, bleibt das Pro-Kopf-Auslandsvermögen sowohl im Anpassungsprozeß als auch im langfristigen Gleichgewicht unberührt. Der Pro-Kopf-Budgetüberschuß wird über zwei Perioden endogen angepaßt. In jeder Periode gilt, daß der Barwert der Rentenerhöhung dem Steueranstieg entspricht.* Der Anpassungsprozeß verläuft analog zu dem in der geschlossenen Wirtschaft.

Im zweiten Szenario wird nun unterstellt, daß der Staat die Rente sofort erhöht. Die Wohlfahrt der derzeit Alten wird eindeutig erhöht. Dies impliziert, daß die Rente für diese Generation nicht kapitalgedeckt erhöht wird. Zunächst wird untersucht, ob es möglich ist die Rentenerhöhung für die Alten vorzunehmen, ohne dabei eine andere Generation schlechter zu stellen. Die Steuererhöhung für die Jungen soll, wie im ersten Szenario, dem Barwert der Rentenerhöhung entsprechen: $\Delta t = \Delta g/(1+r)$. Kurzfristig ist das Rentenvermögen pro Kopf konstant, und damit folgt aus der Budgetrestriktion der Rentenversicherung: $\Delta b = \Delta t - \Delta g/(1+n) = (n-r)\Delta g/[(1+n)(1+r)] < 0$. Da der Budgetüberschuß pro Kopf sinkt und da, wie im ersten Szenario, die private Pro-Kopf-Ersparnis der Jungen um den Betrag der Steuererhöhung reduziert wird, sinkt in der nächsten Periode das Auslandsvermögen pro Kopf. Wird das Postulat, daß die Steuererhöhung dem Barwert der Rentenerhöhung entspricht, weiter aufrechterhalten, so sinkt der Pro-Kopf-Budgetüberschuß in der zweiten Periode noch weiter. Wieder entsprechen die zusätzlichen Steuern nicht den zusätzlichen Ausgaben, und zudem ist auch das Rentenvermögen pro Kopf gesunken und damit die Zinseinnahmen der Rentenversicherung. Es kommt zu einer weiteren Verdrängung des Auslandsvermögens. Wird dieser Prozeß fortgesetzt, sinkt der Pro-Kopf-Budgetüberschuß Periode um Periode, und aus dem Budgetüberschuß wird ein Budgetdefizit. Als Folge sinkt das Rentenvermögen Periode um Periode, und aus dem Vermögen werden Schulden. Da das inländische Kapital pro Kopf konstant bleibt, wird das Auslandsvermögen pro Kopf reduziert, so daß aus dem Auslandsvermögen langfristig Auslandsschulden werden. Auf diese müssen Zinsen gezahlt werden, die durch eine weitere Verschuldung finanziert werden. Die Rentenschulden pro Kopf und die Auslandsschulden pro Kopf explodieren. Da die Steuer konstant gehalten wird, bleiben der Konsum und die Ersparnis konstant. Die Instabilität von Pro-Kopf-Rentenschulden und Pro-Kopf-Auslandsschulden hat keinen Einfluß auf die Ersparnis der Jungen und den Konsum. Allerdings stößt das Modell hier an seine Grenzen: Zum einen bleibt eine Wirtschaft mit gegen unendlich gehenden Auslandsschulden pro Kopf nicht länger klein, und somit wird der Zins steigen. Zum anderen werden Kreditrestriktionen greifen, da das Ausland nicht bereit sein wird, eine unendliche Verschuldung des Inlands zu finanzieren. *Somit zeigt sich, daß es unmöglich ist, die Wohlfahrt einer Generation zu erhöhen, ohne die Wohlfahrt mindestes einer anderen zu reduzieren*. Die Ursache für die Instabilität besteht darin, daß der Pro-Kopf-Budgetüberschuß Periode um Periode sinkt und nicht konstant gehalten wird.

Eine alternative Strategie besteht darin, den Pro-Kopf-Budgetüberschuß sofort auf dem langfristig kapitaldeckenden Niveau zu fixieren. Wie wirkt sich diese Politik aus? Am Anfang ruht die Wirtschaft wieder im langfristigen Gleichgewicht - alle Kopfgrößen sind konstant. In dieser Situation erhöht der Staat die Pro-Kopf-Rente und den Pro-Kopf-Budgetüberschuß. Dabei wird der Budgetüberschuß pro Kopf so erhöht, daß die zusätzliche Rente langfristig im Kapitaldeckungsverfahren finanziert wird: $\Delta b = n\Delta g/[(1 + n)(1 + r)]$. Im Phasendiagramm, siehe Abbildung VI.7, verschiebt sich die aa-Linie nach rechts und die ff-Linie nach unten. Der Pfeil zeigt die Bewegung in der Zeit.

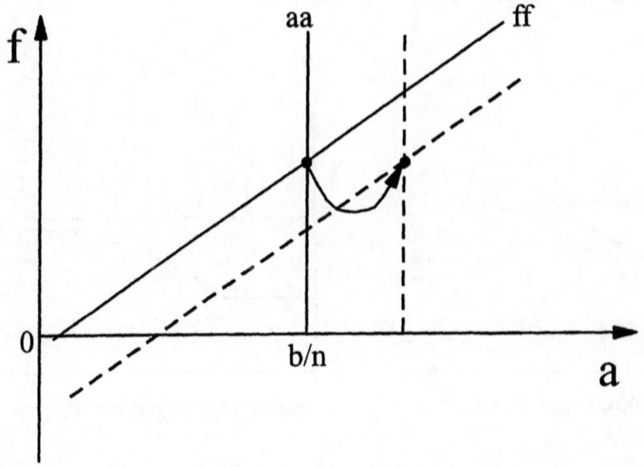

Abbildung VI.7: Phasendiagramm - Langfristig kapitalgedeckte Rentenerhöhung

Kurzfristig wird die Steuer über das langfristig im Kapitaldeckungsverfahren notwendige Maß angehoben. Die Renten- und Steuererhöhung reduziert die Pro-Kopf-Ersparnis der Jungen. Zunächst kann dies nicht durch die Erhöhung des Budgetüberschusses ausgeglichen werden. Somit kommt es in den Folgeperioden zu einem Rückgang des Auslandsvermögens pro Kopf. Damit sinkt auch das Pro-Kopf-Einkommen der Inländer. Die Ersparnis der Jungen wird davon nicht tangiert, da diese aus dem Lohn gebildet wird, der konstant verbleibt. Mit der Zeit vergrößert der Pro-Kopf-Budgetüberschuß das Pro-Kopf-Rentenvermögen. Dies erlaubt eine Reduktion der Steuer. Damit steigt auch die Pro-Kopf-Ersparnis der Jungen. Durch das Wachstum des Rentenvermögens und der Pro-Kopf-Ersparnis beginnt auch das Auslandsvermögen pro Kopf zu steigen.

Langfristig konvergiert die Steuer gegen den Barwert der Rentenerhöhung. Der Pro-Kopf-Budgetüberschuß und das Pro-Kopf-Rentenvermögen sind wieder konstant. Ebenso die Pro-Kopf-Ersparnis und folglich auch das Pro-Kopf-Auslandsvermögen. Die Pro-Kopf-Ersparnis ist gegenüber dem Ausgangsniveau um den Betrag der Steuererhöhung reduziert worden. Das Pro-Kopf-

Rentenvermögen kompensiert diesen Rückgang der Ersparnis, so daß das Pro-Kopf-Auslandsvermögen wieder auf sein Ausgangsniveau zurückgekehrt ist. Für ausgewählte Zeitpfade vergleiche Abbildung VI.8.

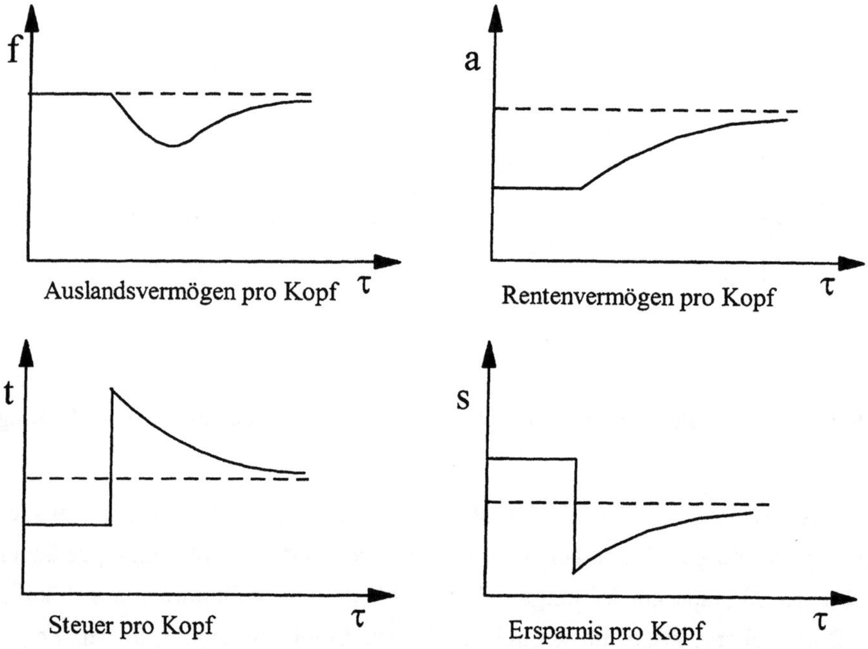

Abbildung VI.8: Zeitpfade - Langfristig kapitalgedeckte Rentenerhöhung

3.4. Demographische Schocks

Zwei Schocks werden im folgenden untersucht. Das Auftreten von geburtenstarken Jahrgängen, d.h. ein transitorischer Anstieg des Bevölkerungswachstums, sowie ein permanenter Rückgang der Wachstumsrate. Welche Wirkung hat ein transitorischer Anstieg der Geburtenrate, d.h. das Auftreten geburtenstarker Jahrgänge? Vor dem Schock befindet sich die Wirtschaft im langfristigen Gleichgewicht. Die Bevölkerung wächst mit konstanter Rate. Die

Pro-Kopf-Größen des Budgetüberschusses und des Rentenvermögens sind ebenso wie die der Leistungsbilanz und die des Auslandsvermögens konstant. Entsprechend verändern sich das Pro-Kopf-Einkommen der Inländer und der Pro-Kopf-Konsum nicht. In dieser Situation kommt es zu einem Anstieg der Geburtenrate, der die Bevölkerung vergrößert. Da der Anstieg der Wachstumsrate transitorisch ist, werden im Phasendiagramm weder die aa-Linie noch die ff-Linie berührt, siehe Abbildung VI.9. Das langfristige Gleichgewicht wird nicht verändert.

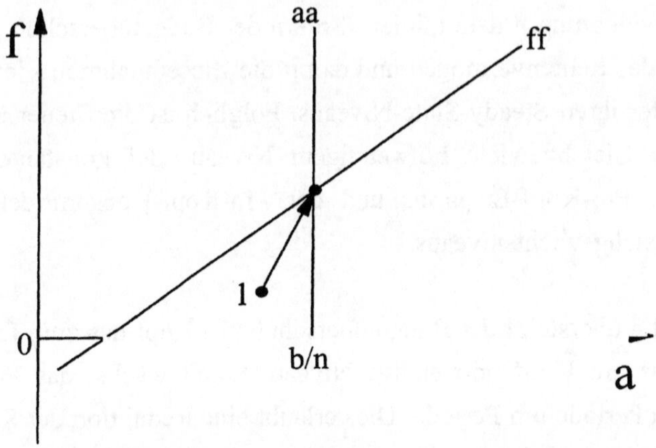

Abbildung VI.9: Phasendiagramm - Anstieg der Bevölkerung

Kurzfristig verbleiben die Bestandsgrößen Auslandsvermögen, Kapital und Rentenvermögen konstant. Der Anstieg der Bevölkerung führt dann dazu, daß die Kopfgrößen proportional zum Bevölkerungsanstieg reduziert werden: Somit wird die Wirtschaft aus dem Gleichgewicht gebracht. Der Rückgang des Kapitals pro Kopf erhöht den Zins. Dies führt bei perfekter Kapitalmobilität sofort zu einem Kapitalzufluß, der das Pro-Kopf-Kapital auf sein altes Niveau zurückbringt und damit den Zins wieder auf das Weltmarktniveau. Gleichzeitig reduziert der Kapitalzufluß das Auslandsvermögen ein zweites Mal. Das kurzfristige Gleichgewicht befindet sich im Punkt 1 in Abbildung VI.9.

Bezüglich der Steuerentwicklung liegen in der ersten Periode zwei gegenläufige Effekte vor: Zum einen ist das Verhältnis zwischen Alten und Jungen zu Gunsten der Jungen gestiegen, so daß deshalb die Steuer sinkt. Zum anderen ist das Rentenvermögen pro Kopf gefallen und damit auch die Zinseinnahmen pro Kopf. Dies macht bei konstantem Budgetüberschuß pro Kopf eine höhere Steuer notwendig. Welcher der beiden Effekte dominiert, ist von den Niveaus des Pro-Kopf-Budgetüberschusses, der Rente, des Zinses und der Wachstumsrate abhängig. Dabei ist der die Steuer erhöhende und den Konsum senkende Effekt um so stärker, je höher der Budgetüberschuß pro Kopf ist. In der zweiten Periode, d.h. wenn die geburtenstarken Jahrgänge alt werden, wird das Verhältnis zwischen Alten und Jungen wieder durch die konstante Wachstumsrate der Bevölkerung n determiniert. Sofern der Budgetüberschuß pro Kopf positiv ist, sind das Rentenvermögen und damit die Zinseinnahmen - jeweils pro Kopf - noch unter ihren Steady-State-Niveaus. Folglich ist die Steuer über dem im langfristigen Gleichgewicht notwendigem Niveau. Bei konstantem Lohn liegen dann die Pro-Kopf-Ersparnis und der Pro-Kopf-Konsum der Jungen unterhalb der Gleichgewichtsniveaus.

Mittelfristig übersteigt der Budgetüberschuß pro Kopf das zum Erhalt des Rentenvermögens pro Kopf notwendige Niveau. Somit wächst das Pro-Kopf-Rentenvermögen Periode um Periode. Dies erlaubt eine Reduktion der Steuer, so daß die Pro-Kopf-Ersparnis der Jungen bei konstantem Lohn ansteigt. Der Anstieg von Rentenvermögen und Ersparnis läßt das Auslandsvermögen wieder anwachsen. Langfristig sind die Pro-Kopf-Größen des Rentenvermögens und des Auslandsvermögens wieder konstant. Beide sind auf das Niveau vor dem Schock zurückgekehrt. Ebenso der Konsum und die Ersparnis. Im Anpassungsprozeß sind alle Generationen schlechter gestellt als ohne Bevölkerungsanstieg.

Bisher wurde ein positiver Budgetüberschuß pro Kopf betrachtet. Im Umlageverfahren ist der Budgetüberschuß Null, es existiert kein Rentenvermögen und damit auch keine Zinseinnahmen. Die Steuer wird ausschließlich durch die Wachstumsrate bestimmt. Folglich wird in der ersten Periode die Steuer für die geburtenstarke Generation gesenkt. Sie erhält einen höheren Konsum. In der zweiten Periode ist die Steuer wieder auf ihrem ursprünglichen

Wert. Damit sind auch die Ersparnis pro Kopf und der Konsum pro Kopf wieder auf ihren langfristigen Gleichgewichtsniveaus.

Sofern ein Budgetdefizit und damit eine Verschuldung der Rentenversicherung vorliegt, werden durch den Bevölkerungsanstieg die Schulden pro Kopf reduziert. Der Anpassungsprozeß verläuft anlog zu dem bei einem Budgetüberschuß, nur daß jetzt alle Generationen im Anpassungsprozeß geringere Kopfsteuern zahlen müssen, da die Zinslast pro Kopf gesunken ist. Als Folge werden alle Generationen im Anpassungsprozeß besser gestellt. Das langfristige Gleichgewicht wird wiederum nicht tangiert.

Folgende Konsequenzen des Schocks werden deutlich: *Die geburtenstarken Jahrgänge können durch den Schock gewinnen oder verlieren. Die nachfolgenden Generationen erhalten einen geringeren Konsum pro Kopf. Die Einschnitte in den Konsum sind dabei um so stärker, je größer der Budgetüberschuß pro Kopf ist. In einem Umlageverfahren profitiert die erste Generation, während alle anderen nicht tangiert werden. Sofern ein negativer Budgetüberschuß vorliegt, d.h. im Steady State eine Verschuldung der Rentenversicherung, werden alle Generation im Anpassungsprozeß besser gestellt.*

Wie wirkt sich nun im Vergleich ein Rückgang des Bevölkerungswachstums aus? Vor dem Schock befindet sich die Wirtschaft im langfristigen Gleichgewicht. Die Bevölkerung wächst mit konstanter Rate. Alle Pro-Kopf-Größen bleiben unverändert. In dieser Situation sinkt die Geburtenrate permanent. Im Phasendiagramm wird die aa-Linie nach rechts und die ff-Linie nach oben verschoben, siehe Abbildung VI.10. Das neue Gleichgewicht liegt bei einem höheren Rentenvermögen pro Kopf und bei einem höheren Pro-Kopf-Auslandsvermögen. (Wie die Diskussion über den Rückgang des Bevölkerungswachstums im Abschnitt 2.3. gezeigt hat, ist dies nicht notwendig der Fall).

Kurzfristig wird die Wirtschaft aus dem Gleichgewicht gebracht. Der Rückgang des Wachstums der Bevölkerung führt zu einer geringeren Zahl von Jungen, als bei konstanter Wachstumsrate zu erwarten wäre. Bei konstanter Wachstumsrate wären das Auslandsvermögen pro Kopf und das Rentenvermögen pro Kopf unverändert. Da die Zahl der Jungen im Vergleich nun geringer ist, steigen Rentenvermögen und Kapital pro Kopf. Das kurzfristige Gleichgewicht liegt im Punkt 1 der Abbildung VI.10.

Mittelfristig übersteigen der Budgetüberschuß und der Leistungsbilanzüberschuß die zum Erhalt des Gleichgewichts notwendigen Maße, so daß Rentenvermögen und Auslandsvermögen, jeweils pro Kopf, ansteigen. Damit steigt auch der Konsum pro Kopf. Langfristig konvergiert die Wirtschaft gegen das neue Steady State. Die Pro-Kopf-Größen des Auslandsvermögens, des Rentenvermögens und des Konsums sind wieder konstant und gegenüber dem Ausgangsniveau gestiegen.

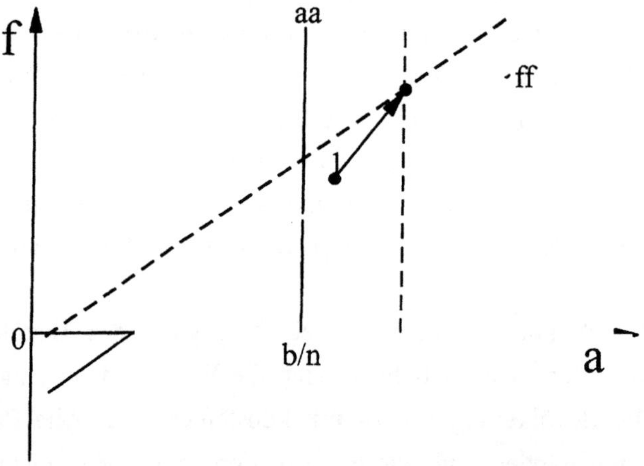

Abbildung VI.10: Reduktion der Bevölkerungswachstumsrate

Aus dem Anpassungsprozeß ergibt sich, daß die Generationen nach dem Rückgang der Bevölkerungswachstumsrate einen höheren Konsum pro Kopf erhalten als die Generationen vor dem Rückgang der Wachstumsrate. Insofern erscheint es fragwürdig, ob die Generationen nach dem Rückgang der Wachstumsrate durch das Rentenversicherungssystem besonders belastet sind. Allerdings lassen sich aus den Veränderungen des Periodenkonsums keine Rückschlüsse auf den Nutzen ziehen.

4. Zusammenfassung

In diesem Kapitel wurde die Wirkung der Rente und die ihrer Finanzierung in der offenen Wirtschaft untersucht. Die Rentenversicherung wurde durch das bereits im ersten Kapitel entwickelte Modell mit festem Budgetüberschuß beschrieben: Der Staat fixiert die Rente und den Budgetüberschuß pro Kopf. Die Steuer ergibt sich endogen. Dieses Rentenversicherungssystem wurde in das neoklassische Wachstumsmodell der offenen Wirtschaft integriert. Dabei wurde die Mikrofundierung der Konsum-Spar-Entscheidung durch ein Modell überlappender Generationen gegeben. Das Modell ermöglicht damit die Analyse und den Vergleich verschiedener Finanzierungsformen der Rentenversicherung. Sowohl das langfristige Gleichgewicht als auch die Dynamik der Anpassung wurden analysiert.

Für die kleine offene Wirtschaft mit perfekter Kapitalmobilität ist der Auslandszins ein Datum. Investoren legen ihr Geld immer zum höchstmöglichen Zins an. Insofern sorgt die Zinsarbitrage dafür, daß der Inlandszins immer dem Auslandszins entspricht. Das Kapital paßt sich dann stets so an, daß sein Grenzprodukt dem Zins entspricht. Als Folge davon ist das Pro-Kopf-Kapital im Inland konstant. Damit sind auch die inländische Produktion und das Einkommen, jeweils pro Kopf, exogen fixiert. Untersucht wurde der Einfluß der Rente und der ihrer Finanzierung auf das Vermögen der Inländer. Dieses bestimmt, in welchem Ausmaß Inländer ausländisches Kapital oder Ausländer inländisches Kapital besitzen, mit anderen Worten das Auslandsvermögen. Die Höhe des Auslandsvermögens hat dann Effekte auf das Einkommen der Inländer und damit auf den Konsum und die Wohlfahrt.

Die Einführung einer Rente reduziert die private Ersparnis zum einen, da in der Jugend eine Steuer zur Finanzierung der Rente abgeführt werden muß, zum anderen, weil die Rente das Sparmotiv - die Altersvorsorge - reduziert. Die Reduktion der Pro-Kopf-Ersparnis führt, sofern die Rente nicht fundiert wird, zu einer geringeren Vermögensbildung und damit zu einem niedrigeren Einkommen der Inländer und einem niedrigeren Konsum. Dieser Effekt kann durch eine Fundierung der Rente, d.h. durch einen Budgetüberschuß, kompensiert werden: Der Budgetüberschuß vergrößert das Rentenvermögen und damit das Vermögen der Inländer.

Die Analyse des langfristigen Gleichgewichts zeigt, daß eine Erhöhung des Pro-Kopf-Budgetüberschusses zu einer Erhöhung des Pro-Kopf-Auslandsvermögens und des Pro-Kopf-Einkommens der Inländer führt. Sofern die Wirtschaft dynamisch effizient ist, führt eine Erhöhung des Budgetüberschusses pro Kopf zu einer niedrigeren Steuer pro Kopf, zu einem höheren Konsum pro Kopf und zu einem höheren Nutzen.

Im Kapitaldeckungsverfahren bilden die Steuereinnahmen dieser Periode das Rentenvermögen der nächsten Periode. Die Rente wird in jeder Periode durch das bestehende Rentenvermögen und die darauf erzielten Zinsen finanziert. In diesem System kompensiert das Rentenvermögen genau den durch die Einführung der Rente ausgelösten Rückgang der Ersparnis. Somit werden weder das Auslandsvermögen pro Kopf noch der Konsum pro Kopf durch die Einführung einer Rentenversicherung tangiert. Im Umlageverfahren decken die Steuereinnahmen einer Periode genau die Rentenausgaben dieser Periode. Der Budgetüberschuß ist Null, und es besteht kein Rentenvermögen. Da die Einführung einer Rente die private Ersparnis reduziert und dieses nicht durch einen Budgetüberschuß kompensiert wird, ist das Vermögen im Umlageverfahren immer kleiner als im Kapitaldeckungsverfahren. Damit reduziert das Umlageverfahren das Auslandsvermögen pro Kopf und in einer dynamisch effizienten Wirtschaft den Konsum pro Kopf und die Wohlfahrt. Ebenso reduziert eine Erhöhung der Rente die private Ersparnis. Dies führt - wenn diese Reduktion der privaten Ersparnis nicht durch einen höheren Budgetüberschuß kompensiert wird - zu einer Reduktion des Vermögens, und damit sinkt auch das Einkommen der Inländer und deren Konsum.

Bei der Analyse der Dynamik wurde zunächst gezeigt, daß eine Erhöhung des Pro-Kopf-Budgetüberschusses kurzfristig eine höhere Steuer erfordert. Dadurch sinkt der Konsum. Dieser Konsumrückgang erlaubt einen höheren Nettoexport, der den Leistungsbilanzüberschuß vergrößert. Mittelfristig führt der erhöhte Pro-Kopf-Budgetüberschuß zu einem Anwachsen des Pro-Kopf-Rentenvermögens, und die Zunahme des Leistungsbilanzüberschusses pro Kopf erhöht das Auslandsvermögen pro Kopf. Langfristig konvergiert die Wirtschaft gegen ein neues Steady State. In diesem sind Auslandsvermögen, Einkommen der Inländer und Konsum, jeweils pro Kopf, auf einem im Vergleich zur Ausgangssituation höheren Niveau konstant. Damit wurde gezeigt, daß durch eine Erhöhung des Budgetüberschusses die Wohlfahrt im langfristigen Gleichgewicht zwar verbessert wird, dafür aber mindestens eine Generation schlechter gestellt wird. Folglich ist diese Politik nicht Pareto-effizient.

Eine Erhöhung der Rente reduziert die private Ersparnis. Wenn diese Reduktion der privaten Ersparnis nicht durch einen höheren Budgetüberschuß ausgeglichen wird, sinkt das Auslandsvermögen und damit der Pro-Kopf-Konsum. Dies reduziert die Wohlfahrt aller Generationen außer der ersten, welche die höhere Rente bezieht, obwohl sie nicht dafür gezahlt hat. Der Anpassungsprozeß bei einem Anstieg der Zeitpräferenz gleicht im wesentlichen dem, der durch eine Erhöhung der Rente ausgelöst wird. Um die negativen Folgen eines Anstiegs der Zeitpräferenz oder einer Rentenerhöhung auszugleichen, muß auch der Budgetüberschuß pro Kopf erhöht werden. Damit das Auslandsvermögen durch eine Rentenerhöhung nicht tangiert wird, muß die zusätzliche Rente im Kapitaldeckungsverfahren finanziert werden.

Für diese kapitalgedeckte Rentenerhöhung wurden zwei Szenarien betrachtet. Im ersten wird die von den derzeit Jungen im Alter bezogene Rente angehoben. Zur Finanzierung dieser Rente wird den Jungen eine Steuer in Höhe des Barwerts der Rentenerhöhung auferlegt. Als Folge von Renten- und Steuererhöhung reduzieren die Jungen die Pro-Kopf-Ersparnis um den Betrag der Steuererhöhung. Im gleichen Umfang steigt jedoch der Pro-Kopf-Budgetüberschuß, so daß die Vermögensbildung insgesamt nicht beeinflußt wird. In den folgenden Perioden gleicht die Zunahme des Pro-Kopf-Rentenvermögens den Rückgang des privaten Pro-Kopf-Vermögens aus, so daß das Pro-Kopf-Auslandsvermögen weiter konstant bleibt.

Im zweiten Szenario wird die Rente sofort erhöht. Die zum Zeitpunkt der Rentenerhöhung Alten erhalten einen Wohlfahrtsgewinn. Mindestens eine andere Generation muß dafür eine Reduktion ihrer Wohlfahrt hinnehmen. Sofern der

Staat den Pro-Kopf-Budgetüberschuß zum Zeitpunkt der Rentenerhöhung auf das langfristig kapitaldeckende Niveau anhebt, bedeutet dies für die in der ersten Periode Jungen eine Steuer, die größer ist als der Barwert der Rentenerhöhung. Die dadurch ausgelöste Reduktion der Ersparnis kann zunächst nicht durch den Budgetüberschuß kompensiert werden. Folglich sinken das Vermögen pro Kopf, das Einkommen der Inländer pro Kopf und der Pro-Kopf-Konsum. Mittelfristig steigt das Pro-Kopf-Rentenvermögen. Damit wachsen auch die Zinseinnahmen der Rentenversicherung, und die Steuer kann reduziert werden. Dies führt zu einer höheren Pro-Kopf-Ersparnis der Jungen. Das Anwachsen des Rentenvermögens und der Ersparnis erlaubt eine verstärkte Akkumulation des Auslandsvermögens. Langfristig konvergieren das Auslandsvermögen pro Kopf und damit das Pro-Kopf-Einkommen der Inländer sowie der Pro-Kopf-Konsum gegen ihre ursprünglichen Niveaus.

Weiter wurden die Folgen eines transitorischen Anstiegs und eines permanenten Rückgangs der Geburtenrate untersucht. Der transitorische Anstieg erhöht einmalig die Bevölkerungsgröße. Es zeigt sich, daß die Wohlfahrtswirkungen von der Höhe des Budgetüberschusses abhängig sind. Sofern dieser positiv ist, ist der Effekt auf die erste (die geburtenstarke Generation) von der Höhe der Rente abhängig: Diese Generation profitiert von dem zu ihren Gunsten veränderten Verhältnis zwischen Alten und Jungen, was von der Tendenz her steuermindernd wirkt. Andererseits sinken die Zinseinnahmen aus dem Rentenvermögen pro Kopf, was tendenziell steuererhöhend wirkt. Alle weiteren Generationen werden im Anpassungsprozeß schlechter gestellt. Das Steady State wird nicht tangiert. Im Umlageverfahren profitiert die erste Generation durch die in diesem Fall eindeutig niedrigere Steuer. Alle weiteren Generationen werden nicht tangiert.

Bei einem permanenten Rückgang der Geburtenrate werden in der Regel das Pro-Kopf-Auslandsvermögen und der Pro-Kopf-Konsum für alle Generationen nach dem Rückgang der Wachstumsrate höher sein als für die Generationen vor dem Rückgang der Wachstumsrate. Dabei profitieren die Generationen nach dem Rückgang der Wachstumsrate um so stärker, je höher der Budgetüberschuß pro Kopf ist.

VII

Fixierte Steuer

1. Einleitung

Im vorangegangenen Kapitel wurde ein fixierter Pro-Kopf-Budgetüberschuß betrachtet. Jetzt wird hingegen angenommen, daß der Staat die Steuer und die Rente jeweils pro Kopf fixiert. Folglich ergibt sich der Budgetüberschuß endogen. Wie in Kapitel II für die geschlossene Wirtschaft gezeigt wurde, führt dieser Strategiewechsel zu vollständig veränderten Eigenschaften des langfristigen Gleichgewichts. Untersucht wurde dort ein primärer Budgetüberschuß, bei dem die Steuereinnahmen stets die Rentenausgaben übersteigen. In der geschlossenen Wirtschaft führte diese Strategie immer zu einem dynamisch ineffizienten Gleichgewicht, bei dem der Zins kleiner als die Wachstumsrate der Bevölkerung ist. In der kleinen offenen Wirtschaft mit perfekter Kapitalmobilität können die inländische Ersparnis und das Rentenvermögen den exogenen gegebenen Weltzins nicht beeinflussen. Deshalb kann die Finanzierung der Rentenversicherung nicht zur dynamischen Ineffizienz führen. Somit gilt es zu untersuchen, welche Effekte ein primärer Budgetüberschuß in diesem Fall hat. Wie in Kapitel II beschränkt sich die Untersuchung auf einen primären Budgetüberschuß. Eine Untersuchung von Staatsschulden und primären Budgetdefiziten in der kleinen offenen Wirtschaft findet sich bei Carlberg (1995).

Das Kapitel gliedert sich folgendermaßen: Im 2. Abschnitt werden das kurzfristige und das langfristige Gleichgewicht abgeleitet. Weiter wird die Stabilität des langfristigen Gleichgewichts untersucht. Im 3. Abschnitt wird der durch eine Steuererhöhung ausgelöste Anpassungsprozeß betrachtet. Im 4. Abschnitt werden die Ergebnisse zusammengefaßt.

2. Modell

2.1. Kurzfristiges Gleichgewicht

Die Bevölkerung setzt sich aus zwei Generationen zusammen, den Jungen und den Alten. Die Zahl der Jungen ist N. Die Alten sind die Jungen der vorangegangenen Generation, somit entspricht deren Zahl N_{-1}. Die Relation zwischen der Zahl der Jungen und der der Alten wird durch die konstante Wachstumsrate der Bevölkerung $n = N/N_{-1} - 1$ bestimmt.

Die Produktionsfunktion ist vom Cobb-Douglas-Typ. Damit ist die Pro-Kopf-Produktion eine Funktion des Pro-Kopf-Kapitals $y = k^{\alpha}$. Aufgrund der vollständigen Konkurrenz entspricht das Grenzprodukt des Kapitals dem Zins $\alpha y/k = r$ und der Lohn dem Grenzprodukt der Arbeit $w = \beta y$. Der individuelle Lebenszyklus erstreckt sich über zwei Perioden. Der Nutzen des repräsentativen Individuums u wird durch den Konsum während der Jugend c^1 und während des Alters c^2 bestimmt. Dessen Präferenzstruktur wird durch eine Cobb-Douglas-Nutzenfunktion wiedergegeben: $u = \gamma \log c^1 + \delta \log c^2$. Während der Jugend arbeitet das Individuum und erhält den Lohn w, mit dem der Konsum während der Jugend, die Ersparnis s und die Steuer t finanziert werden: $w = c^1 + s + t$. Im Alter kann der Konsum nur durch die private Ersparnis, auf die der Zins r_{+1} erzielt wird, und durch die Rente g finanziert werden: $c^2 = (1 + r_{+1})s + g$. Die Maximierung der Nutzenfunktion unter Beachtung der Budgetrestriktionen führt zu der Sparfunktion: $s = \beta\delta y - \delta t - \gamma g/(1 + r_{+1})$.

Die Rentenversicherung zahlt an jede alte Person eine fixierte Pro-Kopf-Rente g. Die Rentenausgaben G entsprechen dem Produkt aus Pro-Kopf-Rente und der Zahl der Alten: $G = gN_{-1}$. Um diese zu finanzieren, wird von jeder jungen Person eine Kopfsteuer t erhoben. Das Steueraufkommen ist das Produkt aus der Kopfsteuer und der Zahl der Jungen: $T = tN$. Die Differenz zwischen Steuereinnahmen und Rentenausgaben entspricht dem primären Budgetüberschuß, der im folgenden durchgehend als positiv angenommen wird, also $T - G > 0$. Für die Pro-Kopf-Größen bedeutet dies: $t > g/(1 + n)$. Die Rentenversicherung besitzt ein Vermögen A, auf das sie den Zins r erzielt. Die Zinseinnahmen belaufen sich somit auf rA. Die Summe aus primärem Budgetüberschuß und Zinseinnahmen ergibt den Budgetüberschuß: $B = T + rA - G$. Der Budgetüberschuß vergrößert das Rentenvermögen, dessen Entwicklung dann durch: $A_{+1} = A + B$ beschrieben wird. Durch Einsetzen der Bestimmungsgleichung des Budgetüberschusses folgt: $A_{+1} = (1 + r)A + T - G$. Transformiert in Pro-Kopf-Größen gilt: $(1 + n)a_{+1} = (1 + r)a + t - g/(1 + n)$.

Nun zur Dynamik des Kapitals K und des Auslandsvermögens F. Kapital und Auslandsvermögen der nächsten Periode können entweder durch das private Vermögen oder das Rentenvermögen finanziert werden. Das private Vermögen der nächsten Periode bildet sich aus der Ersparnis der Jungen dieser Periode, somit gilt: $F_{+1} + K_{+1} = A_{+1} + S$. In der kleinen offenen Wirtschaft entspricht der Zins immer dem exogen gegebenen Auslandszins $r = r^*$. Das Kapital paßt sich stets so an, daß das Grenzprodukt dem Zins entspricht. Folglich wächst das Kapital mit der konstanten Rate des Bevölkerungswachstums: $K_{+1} = (1 + n)K$. Damit kann die Dynamik des Auslandsvermögens in Pro-Kopf-Größen durch $(1 + n)f_{+1} = (1 + n)a_{+1} + s - (1 + n)k$ erfaßt werden. Als Zusammenfassung wird das kurzfristige Gleichgewicht in einem System von fünf Gleichungen dargestellt:

$$y = k^{\alpha} \tag{1.1}$$

$$r = \frac{\alpha y}{k} \tag{1.2}$$

$$s = \beta\delta y - \delta t - \frac{\gamma g}{1+r} \tag{1.3}$$

$$(1 + n)a_{+1} = (1 + r)a + t - \frac{g}{1+n} \tag{1.4}$$

$$(1 + n)f_{+1} = (1 + n)a_{+1} + s - (1 + n)k \tag{1.5}$$

Die endogenen Variablen sind: a_{+1}, f_{+1}, k, s und y.

Aus Gleichung (1.1) und (1.2) folgt, daß das Pro-Kopf-Kapital kurzfristig konstant ist. Dies impliziert auch eine konstante Produktion pro Kopf:

$$k = \left[\frac{\alpha}{r}\right]^{\frac{1}{\beta}} \tag{2}$$

$$y = \left[\frac{\alpha}{r}\right]^{\frac{\alpha}{\beta}} \tag{3}$$

Da das Pro-Kopf-Einkommen konstant ist und die Rente sowie die Kopfsteuer exogen fixiert sind, bleibt entsprechend der Gleichung (1.3) auch die Pro-Kopf-Ersparnis der Jungen konstant.

2.2. Langfristiges Gleichgewicht

Im Steady State sind das Rentenvermögen pro Kopf und das Auslandsvermögen pro Kopf konstant: $a_{+1} = a$ und $f_{+1} = f$. Damit kann das langfristige Gleichgewicht durch die vier folgenden Gleichungen beschrieben werden:

$$y = k^{\alpha} \tag{4.1}$$

$$r = \frac{\alpha y}{k} \tag{4.2}$$

$$(1+n)a = (1+r)a + t - \frac{g}{1+n} \tag{4.3}$$

$$(1+n)f = (1+n)a + \beta\delta y - \delta t - \frac{\gamma g}{1+r} - (1+n)k \tag{4.4}$$

Endogen sind hier: a, f, k und y.

Kapital und Einkommen pro Kopf entsprechen den kurzfristig konstanten Niveaus, die in den Gleichungen (2) und (3) angegeben sind. Aus Gleichung (4.3) kann das Rentenvermögen pro Kopf bestimmt werden:

$$a = \frac{1}{n-r}\left[t - \frac{g}{1+n}\right] \tag{5}$$

Es wird angenommen, daß stets t > g/(1+n) gilt. Wie Gleichung (5) zeigt, müssen zwei Fälle unterschieden werden. Sofern der Zins kleiner als die Wachstumsrate ist, existiert ein positives Rentenvermögen. Ist aber der Zins größer als die Wachstumsrate der Bevölkerung, so ist das Rentenvermögen im langfristigen Gleichgewicht negativ. Dies scheint im Widerspruch zu einem primären Budgetüberschuß t > g/(1+n) zu stehen. Deshalb ist das langfristige Gleichgewicht wahrscheinlich instabil. Letztlich wird Gleichung (5) in (4.4) eingesetzt und umgeformt, um das Auslandsvermögen pro Kopf zu erhalten:

$$f = \frac{\beta\delta}{1+n}y - k + \frac{1+\gamma n+\delta r}{(1+n)(n-r)}\left[t - \frac{g}{1+r}\right] \tag{6}$$

Solange der Zins unterhalb der Wachstumsrate liegt, führt eine Steuererhöhung zu einem Anstieg des Pro-Kopf-Auslandsvermögens. Sofern der Zins aber größer als die Wachstumsrate ist, führt die Steuererhöhung zu einem Rückgang des Pro-Kopf-Auslandsvermögens. Dies läßt wiederum Instabilität vermuten.

Um den Einfluß der Steuer auf den Konsum zu ermitteln, wird die aggregierte Vermögensdynamik betrachtet. Das Vermögen der Inländer kann im Inland in Form von Kapital K oder im Ausland in Form von Auslandsvermögen F gehalten werden. In der nächsten Periode wird das Kapital um die Investitionen I und das Auslandsvermögen um den Leistungsbilanzüberschuß E vermehrt: $K_{+1} + F_{+1} = K + I + F + E$. Der Leistungsbilanzüberschuß setzt sich aus dem Nettoexport X und den Zinsen auf das Auslandsvermögen zusammen: E = X + rF. Dabei entspricht der Nettoexport dem nicht im Inland abgesetzten Teil der Produktion: X = Y – C – I. Damit ergibt sich die aggregierte Budgetrestriktion: $K_{+1} + F_{+1} = K + (1+r)F + Y - C$. Bei perfekter Kapitalmobilität ist das Pro-Kopf-Kapital konstant. Die Transformation in Pro-Kopf-Größen führt zu: $(1+n)f_{+1} = y$

$- c - nk + (1 + r)f$. Im langfristigen Gleichgewicht ist das Auslandsvermögen konstant, somit ergibt sich für den Pro-Kopf-Konsum:

$$c = y - nk - (n - r)f \tag{7}$$

Eine Erhöhung der Steuer hat keinen Einfluß auf Pro-Kopf-Kapital, Pro-Kopf-Produktion und Zins. In (7) wird ausschließlich das Auslandsvermögen von der Steuer beeinflußt. Somit gilt $dc/dt = (r - n)df/dt$. Offensichtlich müssen wieder die Fälle $r < n$ und $r > n$ unterschieden werden. Sofern der Zins kleiner als die Wachstumsrate ist ($r < n$), führt die Steuererhöhung zu einem Anstieg des Auslandsvermögens pro Kopf ($df/dt > 0$) und damit zu einem Rückgang des Konsums pro Kopf, $dc/dt < 0$. Die Ursache für den durch die Steuererhöhung ausgelösten Rückgang des Konsums besteht in der dynamischen Ineffizienz: Der durch den Anstieg des Auslandsvermögens hervorgerufene Anstieg des Pro-Kopf-Einkommens der Inländer rdf/dt ist kleiner als der zum Erhalt des zusätzlichen Pro-Kopf-Auslandsvermögens zusätzlich notwendige Pro-Kopf-Leistungsbilanzüberschuß ndf/dt. Sofern der Zins größer als die Wachstumsrate ist ($r > n$), führt die Steuererhöhung zu einem Rückgang des Auslandsvermögens ($df/dt < 0$) und damit zu einem Rückgang des Konsums, $dc/dt < 0$. Wieder läßt dieser Fall Instabilität vermuten.

2.3. Stabilität

Das kurzfristige Gleichgewicht kann in ein System von zwei Differenzengleichungen - für das Pro-Kopf-Rentenvermögen und das Pro-Kopf-Auslandsvermögen - komprimiert werden. Die erste Gleichung ist die Bewegungsgleichung des Pro-Kopf-Rentenvermögens, die der bereits eingeführten Gleichung (1.4) entspricht:

$$(1+n)a_{+1} = (1+r)a + t - \frac{g}{1+n} \tag{8}$$

Daraus ergibt sich $da_{+1}/da = (1+r)/(1+n)$ und somit $da_{+1}/da < 1$ für $r < n$ und $da_{+1}/da > 1$ für $r > n$. Um die aa-Linie zu erhalten, wird die Bedingung $a_{+1} = a$ in (8) eingesetzt:

$$a = \frac{1}{n-r}\left[t - \frac{g}{1+n}\right] \tag{9}$$

Die Abbildungen VII.1 und VII.2 zeigen den Verlauf der aa-Linie im Phasendiagramm. In Abbildung VII.1 wird der Fall $r < n$ angenommen. Daraus ergibt sich bei einem positiven Niveau des Rentenvermögens pro Kopf eine senkrechte aa-Linie. Da in diesem Fall $da_{+1}/da < 1$ gilt, fällt das Pro-Kopf-Rentenvermögen rechts der aa-Linie, und es steigt links davon. Der Fall $r > n$ wird in Abbildung VII.2 dargestellt. Hier verläuft die aa-Linie bei einem negativen Niveau des Pro-Kopf-Rentenvermögens senkrecht. Aus der Ableitung $da_{+1}/da > 1$ ist bekannt, daß das Pro-Kopf-Rentenvermögen links der aa-Linie fällt und rechts der aa-Linie steigt.

Nun zur Analyse der zweiten Differenzengleichung. Das Einsetzen der Gleichungen (1.3) und (1.4) in (1.5) führt zu:

$$(1+n)f_{+1} = (1+r)a + \gamma t - \frac{g}{1+n} - \frac{\gamma g}{1+r} + \beta\delta y - (1+n)k \tag{10}$$

Gleichung (10) definiert die Bewegung des Auslandsvermögens pro Kopf. Die ff-Linie, entlang der das Pro-Kopf-Auslandsvermögen konstant ist, ergibt sich durch Einsetzen von $f_{+1} = f$ in (10):

$$(1+n)f = (1+r)a + \gamma t - \frac{g}{1+n} - \frac{\gamma g}{1+r} + \beta\delta y - (1+n)k \tag{11}$$

Aufgrund von $df/da = (1+r)/(1+n)$ ist die ff-Linie in den Abbildungen VII.1 und VII.2 eine steigende Gerade. Aus (10) folgt offensichtlich $df_{+1}/df = 0$. Entsprechend fällt das Pro-Kopf-Auslandsvermögen oberhalb der ff-Linie, und es steigt unterhalb der ff-Linie. Aus den Abbildungen VII.1 und VII.2 wird deutlich: Das langfristige Gleichgewicht ist im Fall $r < n$ stabil und im Fall $r > n$

instabil. Empirisch ist der Fall r > n relevant. Folglich ist das langfristige Gleichgewicht instabil.

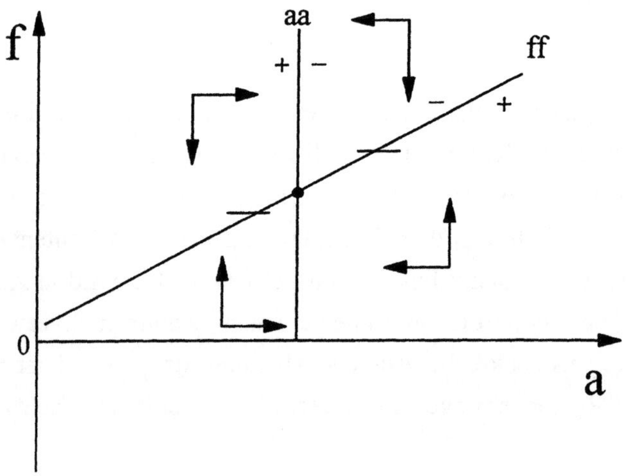

Abbildung VII.1: Phasendiagramm (r < n)

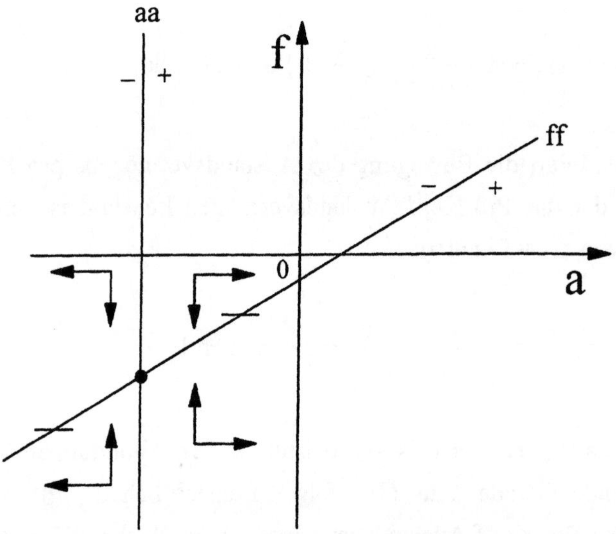

Abbildung VII.2: Phasendiagramm (r > n)

3. Dynamik der Anpassung

Nun zur Analyse der Anpassungsprozesse, die durch eine Erhöhung der Steuer ausgelöst werden. Offensichtlich müssen wieder die beiden Fälle r < n und r > n unterschieden werden.

Zunächst zur Analyse des stabilen Falls, in dem der Zins unterhalb der Bevölkerungswachstumsrate liegt (r < n). Zu Beginn ruht die Wirtschaft im langfristigen Gleichgewicht. Der Pro-Kopf-Budgetüberschuß und das Pro-Kopf-Rentenvermögen sind konstant. Ebenso bewegen sich weder Pro-Kopf-Investitionen noch Pro-Kopf-Kapital. Folglich bleibt auch die inländische Produktion pro Kopf unverändert. Der Leistungsbilanzüberschuß pro Kopf ist ebenso wie das Auslandsvermögen pro Kopf konstant. Damit bleibt dann auch das Pro-Kopf-Einkommen der Inländer unverändert. In dieser Situation erhöht der Staat die Kopfsteuer. Im Phasendiagramm verschiebt sich die aa-Linie nach rechts und die ff-Linie nach oben, siehe dazu Abbildung VII.3.

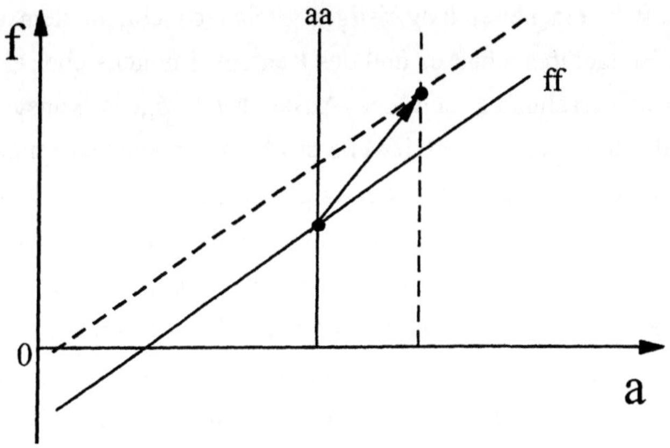

Abbildung VII.3: Phasendiagramm - Steuererhöhung (r < n)

Kurzfristig führt die Steuererhöhung zu einer Reduktion des Konsums pro Kopf und der Ersparnis der Jungen. Gleichzeitig führt sie zu einem Anstieg des

Pro-Kopf-Budgetüberschusses, der den Rückgang der privaten Pro-Kopf-Ersparnis überkompensiert. Folglich steigt die Vermögensbildung, während der Konsum zurückgeht. Die Pro-Kopf-Investitionen sind jedoch konstant. Die Reduktion des Konsums führt somit im gleichen Umfang zu einer Erhöhung des Exports. Damit vergrößert sich der Leistungsbilanzüberschuß.

Mittelfristig verbleiben Konsum und Ersparnis - jeweils pro Kopf - auf den gesunkenen Niveaus konstant, da sich weder die Steuer noch die Renten noch das Pro-Kopf-Einkommen verändern. Der Konsum der Alten ist reduziert, weil sie während ihrer Jugend die Ersparnis reduziert haben. Die Jungen sehen sich der gleichen Steuer und Rente gegenüber wie die Jungen der letzen Periode. Der Budgetüberschuß wächst von Periode zu Periode, da auf das zusätzlich geschaffene Rentenvermögen Zinsen erzielt werden. Der Budgetüberschuß vergrößert das Rentenvermögen. Dieses wird im Ausland investiert, so daß das Auslandsvermögen entsprechend wächst. Für den Konsum bleibt dies ohne Konsequenzen: Die Zinseinnahmen aus dem Auslandsvermögen entsprechen den Zinseinnahmen der Rentenversicherung, und diese werden zur weiteren Akkumulation des Rentenvermögens verwendet.

Da der Zins kleiner als die Wachstumsrate der Bevölkerung ist, konvergiert die Wirtschaft in ein neues langfristiges Gleichgewicht, in dem die Pro-Kopf-Größen des Budgetüberschusses und des Rentenvermögens ebenso wie die des Leistungsbilanzüberschusses und des Auslandsvermögens konstant sind. Kapital und inländisches Einkommen, jeweils pro Kopf, haben sich im gesamten Anpassungsprozeß nicht bewegt. Im neuen langfristigen Gleichgewicht sind das Pro-Kopf-Rentenvermögen und das Pro-Kopf-Auslandsvermögen höher als im ursprünglichen Gleichgewicht. Die Kopfgrößen des Kapitals und des inländischen Einkommens sind unverändert. Ein größerer Teil des inländischen Einkommens wird dazu verwendet, das Pro-Kopf-Auslandsvermögen konstant zu halten. Dies überkompensiert den Anstieg des Einkommens der Inländer aufgrund gestiegener Zinseinnahmen aus dem Auslandsvermögen. Deshalb ist der Pro-Kopf-Konsum der Jungen und der Alten gesunken. Folglich ist auch der Nutzen reduziert worden.

Nun zur Untersuchung des empirisch relevanten Falls, in dem der Zins größer als die Wachstumsrate ist (r > n). Wie aus der Stabilitätsanalyse bekannt, ist das langfristige Gleichgewicht in diesem Fall instabil. Deshalb startet die Analyse unter der Annahme eines ausgeglichenen Budgets b = 0. Es existiert kein Rentenvermögen. Ohne Beschränkung der Allgemeinheit wird weiter angenommen, daß die Leistungsbilanz ausgeglichen ist, und daß kein Auslandsvermögen existiert. Kapital, Einkommen, Ersparnis und Konsum - alle pro Kopf - verbleiben im Zeitablauf konstant. In dieser Situation erhöht der Staat die Kopfsteuer.

Kurzfristig werden dadurch der Pro-Kopf-Konsum und die Pro-Kopf-Ersparnis reduziert. Kapital und Einkommen pro Kopf bleiben konstant. Die Steuererhöhung läßt einen Budgetüberschuß entstehen. Da die Steuer den Konsum reduziert, wird jetzt ein Teil der inländischen Produktion exportiert. Damit entstehen ein Exportüberschuß und ein Leistungsbilanzüberschuß.

Mittelfristig führt der entstandene Budgetüberschuß zu einem wachsenden Pro-Kopf-Rentenvermögen. Auf dieses werden Zinsen erzielt, die den Pro-Kopf-Budgetüberschuß vergrößern. Dies führt zu einem akzelerierenden Wachstum des Pro-Kopf-Rentenvermögens. Das inländische Pro-Kopf-Kapital verbleibt konstant, so daß sein Grenzprodukt dem konstanten Zins entspricht. Folglich wird das Rentenvermögen im Ausland angelegt. Damit führt das wachsende Rentenvermögen zu einem wachsenden Auslandsvermögen. Die Zinseinnahmen aus Rentenvermögen und Auslandsvermögen erhöhen den Budgetüberschuß und den Leistungsbilanzüberschuß. Die Akkumulation des Pro-Kopf-Rentenvermögens wird zur Akkumulation des Pro-Kopf-Auslandsvermögens verwendet. Die Pro-Kopf-Größen des Kapitals und des Einkommens werden von diesem Prozeß tangiert. Das Pro-Kopf-Einkommen der Inländer steigt ohne Grenzen. Dabei wird das zusätzliche Einkommen zur weiteren Akkumulation des Vermögens verwendet. Der Pro-Kopf-Konsum bleibt konstant.

Langfristig wachsen das Pro-Kopf-Rentenvermögen und das Pro-Kopf-Auslandsvermögen ohne Grenzen. Das gesamte Rentenvermögen wird zur Finanzierung des Auslandsvermögens verwendet, und die Zinseinnahmen aus dem Auslandsvermögen werden zur weiteren Akkumulation des Rentenvermögens genutzt. Pro-Kopf-Ersparnis und Pro-Kopf-Konsum werden durch diese Instabilität nicht tangiert. Sie verbleiben auf ihren ursprünglich reduzierten Niveaus konstant. Mit Ausnahmen dieser einmaligen Reduktion liegen weder Wohlfahrtsgewinne noch Verluste vor. Einige Zeitpfade werden in der Abbildung VII.4 dargestellt.

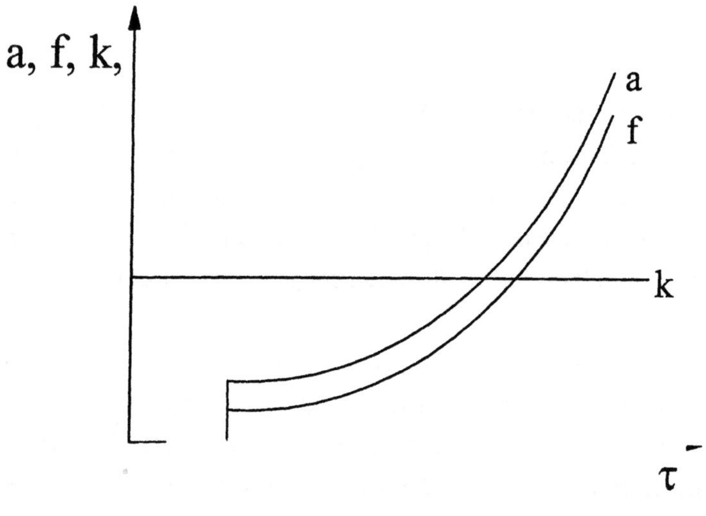

Abbildung VII.4: Zeitpfade - Steuererhöhung (r > n)

Tatsächlich wird eine Wirtschaft, in der das Auslandsvermögen gegen unendlich strebt, nicht klein bleiben. Somit wird der Zins sinken, und das Pro-Kopf-Kapital wird steigen. Trotzdem erscheint das Modellergebnis nicht besonders realistisch, da jeder Staat die Steuer senken wird, wenn das Rentenvermögen gegen unendlich geht. So wird tatsächlich immer ein Wechsel zu einer Strategie mit festem Pro-Kopf-Budgetüberschuß stattfinden.

4. Zusammenfassung

In diesem Kapitel wurde angenommen, daß der Staat die Steuer pro Kopf und die Rente pro Kopf fixiert. Damit ist der Pro-Kopf-Budgetüberschuß endogen. Die Analyse wurde auf den Fall eines primären Budgetüberschusses, in dem die Steuereinnahmen stets die Rentenausgaben übersteigen, beschränkt. In der kleinen offenen Wirtschaft mit perfekter Kapitalmobilität hat dies keinen Einfluß auf das Pro-Kopf-Kapital und das inländische Einkommen. Das Ziel der Untersuchung ist es somit, den Zusammenhang zwischen dem Rentenvermögen, dem Auslandsvermögen, dem Pro-Kopf-Einkommen der Inländer und dem Pro-Kopf-Konsum aufzuzeigen.

Als Resultat wird deutlich, daß zwei Fälle unterschieden werden müssen. Wenn der Zins kleiner als die Wachstumsrate der Bevölkerung ist, existiert ein eindeutiges stabiles Gleichgewicht. Eine Steuererhöhung vergrößert das Rentenvermögen und das Auslandsvermögen. Da die Wirtschaft dynamisch ineffizient ist, sind die zusätzlichen Zinseinnahmen aus dem Pro-Kopf-Auslandsvermögen geringer als der zum Erhalt des zusätzlichen Pro-Kopf-Auslandsvermögen notwendige Leistungsbilanzüberschuß pro Kopf. Deshalb werden durch die Steuererhöhung der Pro-Kopf-Konsum und der Nutzen reduziert.

Sofern der Zins größer als die Wachstumsrate der Bevölkerung ist, existiert kein stabiles langfristiges Gleichgewicht. Eine Erhöhung der Kopfsteuer vergrößert den Budgetüberschuß pro Kopf und den Leistungsbilanzüberschuß pro Kopf. Langfristig wachsen das Rentenvermögen pro Kopf und das Auslandsvermögen pro Kopf ohne Grenzen. Diese Instabilität hat keinen Einfluß auf Pro-Kopf-Konsum und Nutzen. Diese werden durch die Steuererhöhung einmalig reduziert und verbleiben dann auf den konstanten Niveaus. Es erscheint sehr unwahrscheinlich, daß der Staat angesichts eines gegen unendlich gehenden Rentenvermögens - welches keinerlei positive Effekte aufweist - diese Steuer aufrechterhalten wird. Empirisch ist der Zins größer als die Wachstumsrate, und somit wird eine Strategie einer fixierten Steuer nicht durchgehalten werden.

VIII

Dynamik der optimalen Finanzierung

1. Einleitung

In den beiden vorangegangenen Kapiteln wurden die Strategien des fixierten Budgetüberschusses und der fixierten Steuer untersucht. Dabei wurde eine kleine offene Wirtschaft mit perfekter Kapitalmobilität unterstellt. Es wurde gezeigt, daß die fixierte Steuer keine langfristig sinnvolle Strategie ist. Im Gegensatz dazu hat die Strategie des fixierten Budgetüberschusses zu einem stabilen langfristigen Gleichgewicht geführt. Eine Erhöhung des Budgetüberschusses führt langfristig zu einem höheren Auslandsvermögen. Sofern der Zins größer als die Wachstumsrate ist, werden dadurch der Konsum und der Nutzen gesteigert. Diese positiven Effekte treten langfristig ein. Im Anpassungsprozeß wird zumindest eine Generation durch die Erhöhung des Budgetüberschusses schlechter gestellt. Damit ist diese Politik nicht Pareto-optimal. Hier wird nun untersucht, welche Politik optimal ist, wenn der Nutzen aller Generationen berücksichtigt wird.

Es wird angenommen, daß der Staat eine Wohlfahrtsfunktion maximiert, die den Nutzen der derzeit lebenden Generationen wie auch den diskontierten Nutzen aller zukünftig lebenden Generationen berücksichtigt.[1] Somit maximiert der Staat die Wohlfahrt über einen unendlichen Zeithorizont. Welcher Budgetüberschuß ist unter diesen Bedingungen langfristig optimal? Und wie verläuft die optimale Anpassung an diesen Budgetüberschuß? Für die geschlossene Wirt-

1 Wie schon in Kapitel III läßt sich dieser Staat nicht politökonomisch begründen. Die durchgeführte Analyse ist normativ zu verstehen. Sie bildet das Referenzmaß für ein optimales Verhalten.

schaft wurde in Kapitel III gezeigt, daß es kurzfristig optimal ist, den Pro-Kopf-Budgetüberschuß über sein langfristig optimales Niveau hinaus anzuheben. Dadurch wird ein schneller Aufbau des Pro-Kopf-Rentenvermögens und damit des Pro-Kopf-Kapitals erreicht. Nun soll überprüft werden, ob sich in der kleinen offenen Wirtschaft ein ähnliches Resultat ergibt.

Die Untersuchung in diesem Kapitel beruht auf den Verfahren der dynamischen Optimierung. Das betrachtete Modell ist ein diskretes Analogon zu Modellen vom Ramsey-Typ (1928). Modelle dieser Art werden für die kleine offene Wirtschaft bei Blanchard und Fischer (1989) sowie bei Barro und Sala-i-Martin (1995) dargestellt. In Blanchard und Fischer (1989) wird neben der Modelldarstellung die Dynamik der Anpassung bei einem Produktivitätsschock analysiert. In Wyplosz (1991) und in Carlberg (1996) wird das Modell zur Analyse der deutschen Vereinigung verwendet. Untersuchungen der Rentenversicherung in diesem Modellrahmen fanden bisher nur im Rahmen von Simulationsuntersuchungen statt, so z.B. in Börsch-Supan (1994), der eine Zwei-Länder-Welt unterstellt, und in Schmidt und Straubhaar (1996), die eine kleine offene Wirtschaft annehmen.

Das Kapitel gliedert sich folgendermaßen: Im 2. Abschnitt wird das Modell hergeleitet und analysiert. Dann wird im 3. Abschnitt die durch Schocks ausgelöste Dynamik untersucht. Zunächst wird ein Wechsel in der Strategie untersucht: Es wird angenommen, daß die Rente bisher im Umlageverfahren finanziert wurde, da langfristige Implikationen vom Staat nicht beachtet wurden. Nun wechselt der Staat die Strategie und betreibt eine dynamische Optimierung. Abgeleitet werden die optimale Anpassung des Budgetüberschusses und die sich daraus ergebenden Zeitpfade des Auslandsvermögens, des Konsums und des Nutzens. Nach dieser Untersuchung werden die dynamischen Konsequenzen einer Rentenerhöhung und eines Anstiegs der Bevölkerung untersucht. Der 4. Abschnitt fast die wesentlichen Resultate zusammen.

2. Modell

Zu jedem Zeitpunkt leben zwei Generationen, die Jungen und die Alten. Die Zahl der Jungen ist N und die der Alten N_{-1}. Das Verhältnis zwischen der Zahl der Alten und der Zahl der Jungen ist durch die konstante Bevölkerungswachstumsrate $n = N/N_{-1} - 1$ bestimmt.

Die Unternehmen produzieren mit Hilfe von Kapital K und Arbeit N den homogenen Output Y. Dabei entspricht die Zahl der eingesetzten Arbeitskräfte der Zahl der Jungen. Die Produktionsfunktion ist vom Cobb-Douglas-Typ $Y = K^{\alpha}N^{\beta}$ und kann in Pro-Kopf-Größen als $y = k^{\alpha}$ geschrieben werden. Die Produktion kann für den Konsum, die Investitionen oder den Nettoexport verwendet werden: $Y = C + I + X$. Geschrieben in Pro-Kopf-Größen gilt: $y = c + i + x$. Für die kleine offene Wirtschaft ist der Weltmarktzins ein Datum: $r^* = \text{const}$. Bei perfekter Kapitalmobilität entspricht der inländische Zins immer dem Weltmarktzins: $r = r^*$. Da die Unternehmen den Gewinn unter vollständiger Konkurrenz maximieren, entspricht das Grenzprodukt des Kapitals immer dem Zins: $\alpha y/k = r$. Da der Zins exogen gegeben ist, paßt sich das Kapital an. Gleichzeitig entspricht der Lohn immer dem Grenzprodukt der Arbeit: $w = \beta y$.

Um die Dynamik des Kapitals abzuleiten, wird die Produktionsfunktion in Wachstumsraten transformiert: $\hat{Y} = \alpha\hat{K} + \beta\hat{N}$. Unter Beachtung von $\alpha Y/K = r = \text{const}$ und $\hat{N} = n$ ergibt sich $\hat{Y} = \hat{K} = n$. Folglich wachsen Kapital und Produktion mit der Rate des Bevölkerungswachstums. Also sind das Pro-Kopf-Kapital und die Pro-Kopf-Produktion stets konstant. Entsprechend sind die Pro-Kopf-Investitionen immer konstant mit $i = nk$.

Die Rentenversicherung wird durch das allgemeine Modell beschrieben. Der Staat zahlt an jede alte Person eine Pro-Kopf-Rente g. Zur Finanzierung der Rente stehen die Steuereinnahmen und die Zinsen auf das Rentenvermögen rA zur Verfügung. Die Steuereinnahmen entsprechen dem Produkt aus der Kopfsteuer t, die von den Jungen erhoben wird, und der Zahl der Jungen $T = tN$. Der Pro-Kopf-Budgetüberschuß entspricht der Differenz zwischen den Pro-Kopf-Einnahmen aus Steuern und Zinsen und den Pro-Kopf-Rentenausgaben: $b = t + ra - g/(1+n)$. Dabei stellt a das Rentenvermögen pro Kopf dar. Der Budgetüberschuß vermehrt das Rentenvermögen, so daß sich in Pro-Kopf-Größen $(1+n)a_{+1} = a + b$ ergibt.

Wie in den vorangegangenen Kapiteln fixiert der Staat die Pro-Kopf-Rente. Der Pro-Kopf-Budgetüberschuß und die Pro-Kopf-Steuer werden endogen angepaßt, um die Wohlfahrtsfunktion über einen unendlichen Horizont zu maximieren:[2]

$$W = \sum_{\tau=0}^{\infty} \log(c_\tau)\left(\frac{1}{1+\rho}\right)^{\tau} \longrightarrow \text{Max} \tag{1}$$

Die Wohlfahrt ist zu jedem Zeitpunkt τ eine Funktion des aggregierten Pro-Kopf-Konsums. Der Nutzen zukünftiger Generationen wird mit dem Faktor $1+\rho$, mit $\rho > 0$, diskontiert. Dabei ist ρ die soziale Zeitpräferenzrate.

Zu jedem Zeitpunkt muß der Staat darüber entscheiden, wie die inländischen Produktion auf Konsum, Investitionen und Nettoexport aufgeteilt wird: $Y = C + I + X$. Dabei erhöht der Konsum den Nutzen der augenblicklich lebenden Generationen. Im Gegensatz dazu vergrößern die Investitionen das Kapital $K_{+1} = K_{+1} + I$ und der Nettoexport den Leistungsbilanzüberschuß $E = X + rF$, der wiederum das Auslandsvermögen erhöht $F_{+1} = F + E$. Der nicht für den Konsum verwendete Anteil der inländischen Produktion erhöht somit das Vermögen der nächsten Periode und damit die Konsummöglichkeiten nachfolgender Generationen. Aus der Entstehungsgleichung der Produktion ergibt sich der Nettoexport als: $X = Y - C - I$. Mit $E = X + rF$ kann dann die Gleichung für die Dynamik des Auslandsvermögens als $F_{+1} = (1+r)F + Y - C - I$ geschrieben werden. Die Transformation in Kopfgrößen unter Beachtung von $i = nk$ liefert die aggregierte Budgetrestriktion:

$$(1+n)f_{+1} = (1+r)f + y - c - nk \tag{2}$$

---

2 Vgl. Siebert (1988) für die Maximierung bei endlichem Zeithorizont.

Die Maximierung der Wohlfahrtsfunktion (1) unter Beachtung der aggregierten Budgetrestriktion (2) ergibt als Lösung eine Differenzengleichung für den aggregierten Pro-Kopf-Konsum:

$$\frac{c_{+1}}{c} = \frac{1+r}{(1+\rho)(1+n)} \tag{3}$$

Der Lösungsweg entspricht dem, der in Kapitel III für die geschlossene Wirtschaft dargestellt wurde. Die Existenz eines langfristigen Gleichgewichts erfordert die in der Literatur übliche Annahme $\rho = (r-n)/(1+n)$.[3] Wird diese Bedingung in (3) eingesetzt, so wird deutlich, daß der Pro-Kopf-Konsum konstant ist. Folglich ist auch der Nettoexport $x = y-nk-c$ konstant. Einsetzen in Gleichung (2) und Umformen ergibt: $(1+n)f_{+1} - (1+r)f = x = \text{const.}$ Dies impliziert $f_{+1} = f$ und $x = (n-r)f$. Damit ergibt sich als wesentliches Resultat der dynamischen Optimierung: *Der Pro-Kopf-Konsum und das Pro-Kopf-Auslandsvermögen sind im Anpassungsprozeß konstant.*

Da das Auslandsvermögen konstant ist, kann mit Gleichung (2) der Pro-Kopf-Konsum bestimmt werden:

$$c = y + (r-n)f - nk \tag{4}$$

Dabei ist f der gegebene Startwert des Pro-Kopf-Auslandsvermögens.

Die Individuen maximieren ihren Nutzen u, der vom Konsum während der Jugend c^1 und während des Alters c^2 abhängt. Die Präferenzstruktur wird durch eine Cobb-Douglas-Nutzenfunktion beschrieben: $u = \gamma \log c^1 + \delta \log c^2$. Während ihrer Jugend arbeiten die Individuen und erhalten dafür den Lohn w, der für den Konsum c^1, die Ersparnis s und die Steuerzahlung t verwendet wird: $w = c^1 + s + t$. Der Konsum in der zweiten Lebenshälfte kann dann durch die Ersparnis und den darauf erzielten Zins und durch die Rente g finanziert werden: $c^2 = (1+r)s + g$. Die Maximierung der Nutzenfunktion unter Berücksichtigung der Budget-

3 So z.B. in Blanchard und Fischer (1989) sowie Barro und Sala-i-Martin (1995). Uzawa (1968) vermeidet diese Annahme, indem er die Zeitpräferenzrate endogenisiert. Dabei muß jedoch angenommen werden, daß ein Rückgang des Konsums die Zeitpräferenz senkt.

restriktionen führt zur Konsumfunktion: $c^1 = \gamma(w-t) + \gamma g/(1+r)$ und zur Sparfunktion: $s = \delta(w-t) - \gamma g/(1+r)$. Mit dieser kann auch der Konsum in der zweiten Lebenshälfte bestimmt werden. Das Verhältnis zwischen dem Konsum während des Alters und dem während der Jugend ist konstant durch $c^2/c^1 = (1+r)/(1+\theta)$ gegeben. Der aggregierte Pro-Kopf-Konsum in jeder Periode ist: $c = c^1 + c^2_{-1}/(1+n)$. Da das Verhältnis c^2/c^1 konstant ist und entsprechend (3) der aggregierte Pro-Kopf-Konsum im Zeitverlauf konstant ist, müssen auch der Pro-Kopf-Konsum der Jungen und der Alten konstant sein. Wird $c^2_{-1} = c^2 = (1+r)/(1+\theta)c^1$ in $c = c^1 + c^2_{-1}/(1+n)$ eingesetzt, und dabei beachtet, daß entsprechend (3) $(1+r) = (1+\rho)(1+n)$ gilt, so ergibt sich der aggregierte Pro-Kopf-Konsum als: $c = [1 + (1+\rho)/(1+\theta)]c^1$. Um die Notation zu vereinfachen, wird $\mu := 1 + (1+\rho)/(1+\theta)$ definiert. Damit gilt für den aggregierten Pro-Kopf-Konsum unter Verwendung der Verhaltensfunktionen: $c = \gamma\mu[\beta y - t + g/(1+r)]$

Zusammenfassend kann das kurzfristige Gleichgewicht durch ein System von sieben Gleichungen beschrieben werden:

$$y = k^{\alpha} \tag{5.1}$$

$$r = \alpha y/k \tag{5.2}$$

$$c = y + (r-n)f - nk \tag{5.3}$$

$$c = \gamma\mu\left(\beta y - t + \frac{g}{1+r}\right) \tag{5.4}$$

$$y = c + nk + x \tag{5.5}$$

$$b = t + ra - \frac{g}{1+n} \tag{5.6}$$

$$(1+n)a_{+1} = a + b \tag{5.7}$$

Die endogenen Variablen sind: a_{+1}, b, c, k, t, x und y.

Welche Schlußfolgerungen können aus dem kurzfristigen Gleichgewicht für die Rentenfinanzierung gezogen werden? Um dies zu beantworten, wird das System nach den bisher nicht explizit bestimmten endogenen Variablen a_{+1}, b und t aufgelöst. Dazu wird (5.3) mit (5.4) gleichgesetzt und umgeformt:

$$\frac{g}{1+r}-t=\frac{1}{\gamma\mu}[y+(r-n)f-nk]-\beta y=:\eta \tag{6}$$

Da die rechte Seite in (6) konstant ist, muß auch die linke Seite unbeweglich sein. Zur Vereinfachung der Notation wird die resultierende Konstante mit η bezeichnet. Aus (6) folgt, daß die Kopfsteuer konstant mit $t = g/(1+r)-\eta$ gegeben ist. Einsetzen in die Budgetrestriktion der Rentenversicherung (5.6) ermöglicht die Bestimmung des Pro-Kopf-Budgetüberschusses:

$$b=\frac{(n-r)g}{(1+n)(1+r)}+ra-\eta \tag{7}$$

Nun zur Bestimmung der Dynamik des Rentenvermögens. Das Auslandsvermögen und das inländische Kapital werden durch das private Vermögen und das Rentenvermögen finanziert. Das private Vermögen bildet sich aus der Ersparnis der Jungen in der Vorperiode, somit gilt: $(1+n)f_{+1}+(1+n)k_{+1}=s+(1+n)a_{+1}$. Durch Bildung erster Differenzen ergibt sich: $(1+n)\Delta f_{+1}+(1+n)\Delta k_{+1}=\Delta s+(1+n)\Delta a_{+1}$. Wie bereits gezeigt, sind die Pro-Kopf-Größen des Auslandsvermögens und des Kapitals konstant: $\Delta f=\Delta k=0$. Die Ersparnis der Jungen entspricht: $s=\beta\delta y-\delta t-\gamma g/(1+r)$. Wird die Steuer t, mit Hilfe von (6), durch $g/(1+r)-\eta$ ersetzt, zeigt sich $\Delta s=0$. Folglich gilt auch $\Delta a=0$. Unter Verwendung dieser Bedingung kann aus (5.7) das Rentenvermögen bestimmt werden:

$$a=\frac{b}{n} \tag{8}$$

Demzufolge kann ra in Gleichung (7) durch rb/n substituiert werden. Die Lösung für den optimalen Pro-Kopf-Budgetüberschuß ergibt:

$$b = \frac{ng}{(1+n)(1+r)} - \frac{n\eta}{n-r} \tag{9}$$

Als Resultat zeigt sich: *Die Steuer, der Budgetüberschuß und das Rentenvermögen, jeweils pro Kopf, sind im Anpassungsprozeß konstant.* Da alle Bestandsgrößen kurzfristig konstant sind, besteht kein Unterschied zwischen dem kurzfristigen und dem langfristigen Gleichgewicht. Zuletzt soll nun der Einfluß der Rentenversicherung auf den Pro-Kopf-Konsum und damit auf den Nutzen abgeleitet werden. Betrachtet man die Einführung einer Rentenversicherung, so gibt es nur zwei Finanzierungsverfahren, die der Bedingung genügen, daß das Rentenvermögen im Anpassungsprozeß konstant ist: das Kapitaldeckungsverfahren und das Umlageverfahren.

Im Kapitaldeckungsverfahren bilden die Steuereinnahmen dieser Periode das Rentenvermögen der nächsten Periode. Das Rentenvermögen und die darauf erzielten Zinsen werden zur Finanzierung der Rente in der nächsten Periode verwendet. Ausgedrückt in Pro-Kopf-Größen ergibt sich: $t = g/(1+r)$ und $(1+n)a_{+1} = t$. Damit gilt offensichtlich: $a_{+1} = a = g/[(1+n)(1+r)] = \text{const.}$ Aus Gleichung (6) folgt dann, daß die Konstante η gleich Null ist. Mit Gleichung (5.4) kann auf den Pro-Kopf-Konsum geschlossen werden: $c = \beta\gamma\mu y$.

Im Umlageverfahren ist der Budgetüberschuß gleich Null, und es existiert kein Rentenvermögen. Für das Verhältnis zwischen Steuer und Rente gilt: $t = g/(1+n)$. Somit ergibt sich für die Konstante $\eta = (r-n)g/[(1+n)(1+r)] = \rho g/(1+r)$. Der Pro-Kopf-Konsum kann dann aus (5.4) und (6) abgeleitet werden: $c = \beta\gamma\mu[\beta y - \rho g/(1+r)]$. Folglich ist der Pro-Kopf-Konsum im Umlageverfahren eindeutig kleiner als im Kapitaldeckungsverfahren. Damit kann als Resultat festgehalten werden: *Die Wohlfahrt im langfristigen Gleichgewicht ist im Umlageverfahren geringer als im Kapitaldeckungsverfahren.* Dieses Resultat bezieht sich aber auf das langfristige Gleichgewicht und impliziert keinesfalls, daß ein Wechsel vom Umlageverfahren zum Kapitaldeckungsverfahren dynamisch optimal ist oder auch nur, daß eine Rentenerhöhung immer kapitalgedeckt finanziert werden muß. Dies sind die Fragen der optimalen Anpassung, die im nächsten Abschnitt behandelt werden.

3. Dynamik der Anpassung

3.1. Wechsel zur optimalen Finanzierung

Bisher wurde die Rente im Umlageverfahren finanziert, da der Staat die langfristigen Konsequenzen nicht beachtet hat. Nun wird ein Wechsel zur dynamischen Optimierung vorgenommen. Ist es optimal, zu einem Kapitaldeckungsverfahren zu wechseln? Wie sehen die Konsequenzen für den Konsum und das Auslandsvermögen aus?

Zu Beginn ruht die Wirtschaft im langfristigen Gleichgewicht. Die Rente wird im Umlageverfahren finanziert, der Budgetüberschuß ist Null, und es existiert kein Rentenvermögen. Die Kopfsteuer ist durch $t = g/(1+n)$ bestimmt.

Nun wird der Wechsel zur dynamischen Optimierung vorgenommen. Aus Gleichung (6) ist die Kopfsteuer bekannt: $t = g/(1 + r) - \eta$. Einsetzen in die Bestimmungsgleichung (5.6) für den Pro-Kopf-Budgetüberschuß unter Beachtung der Tatsache, daß kein Rentenvermögen ($a = 0$) existiert, liefert:

$$b = \frac{g}{1+r} - \frac{g}{1+n} - \eta = \frac{(n-r)g}{(1+n)(1+r)} - \eta \tag{10}$$

Der optimale Budgetüberschuß pro Kopf ist in (9) gegeben und hängt offensichtlich von der Konstanten η ab. Weil der Budgetüberschuß im Anpassungsprozeß konstant ist, kann η durch Gleichsetzen von (9) und (10) bestimmt werden:

$$\eta = \frac{(n-r)g}{(1+n)(1+r)} \tag{11}$$

Durch Einsetzen von (11) in (9) oder (10) ergibt sich der neue optimale Budgetüberschuß pro Kopf als Null, $b = 0$. Damit entspricht die Steuer pro Kopf: $t = g/(1 + n)$. Als Resultat läßt sich festhalten: *Sofern die Rente einmal im*

Umlageverfahren eingeführt wurde, ist es dynamisch optimal, das Umlageverfahren beizubehalten. Der Grund liegt darin, daß der erst langfristig eintretende Wohlfahrtsgewinn durch eine höhere Fundierung nicht den Wohlfahrtsverlust ausgleichen kann, den die Generationen, die den Wechsel finanzieren, erleiden. Da kein Wechsel in der Rentenfinanzierung vorgenommen wird, bleiben alle anderen Variablen konstant.

Dieses Ergebnis ist konträr zu dem in der geschlossenen Wirtschaft (vgl. Kapitel III). Die unterschiedlichen Ergebnisse für die geschlossene und die offene Wirtschaft sind darauf zurückzuführen, daß in der geschlossenen Wirtschaft jede Zeitpräferenzrate möglich ist, wohingegen in der offenen Wirtschaft die Zeitpräferenz in einem festen Verhältnis zu dem exogenen Zins und der exogenen Bevölkerungswachstumsrate stehen muß. Dies ist offensichtlich eine sehr restriktive Annahme.

Bisher wurde untersucht, ob ein Wechsel der Rentenfinanzierung dynamisch optimal ist. Nun soll untersucht werden, wie eine Rentenerhöhung finanziert werden sollte.

3.2. Erhöhung der Rente

Wenn der Staat eine Rentenerhöhung vornimmt, müssen zwei Szenerien unterschieden werden: Im ersten ist der Staat um die Wohlfahrt der derzeit Jungen besorgt, wenn sie alt werden. Deshalb wird die Rente in der nächsten Periode erhöht und verbleibt dann auf dem gestiegenen Niveau. Im zweiten Szenario will der Staat die Wohlfahrt der derzeit Alten erhöhen. Deshalb wird die Rente sofort erhöht. Die derzeit Alten und die Alten in allen zukünftigen Perioden erhalten diese höhere Pro-Kopf-Rente. Offensichtlich wird die Wohlfahrt der derzeit Alten erhöht, da diese nicht für die höhere Rente gezahlt haben. Dann stellt sich die Frage welche Generation diesen Wohlfahrtsanstieg finanziert.

Zunächst das erste Szenario: Es wird angenommen, daß der Staat die Rente in der nächsten Periode anhebt. Die derzeit Jungen und alle zukünftigen Generationen werden im Alter die höhere Rente beziehen. In diesem Fall ist es offensichtlich optimal, die Rentenerhöhung kapitalgedeckt vorzunehmen. Aus Gleichung (6) kann der Steueranstieg $\Delta t = \Delta g/(1+r)$ gefolgert werden. Daraus ergibt sich $\Delta\eta = 0$. Die Erhöhung des Pro-Kopf-Budgetüberschusses entspricht $\Delta b = n\Delta t/(1+n)$, und damit steigt das Pro-Kopf-Rentenvermögen um $\Delta a = \Delta t/(1+n)$. Die Pro-Kopf-Ersparnis der Jungen wird um den Betrag der Steuererhöhung reduziert $\Delta s = -\Delta t$. Da die Erhöhung des Rentenvermögens den Rückgang der Ersparnis kompensiert, bleibt das Pro-Kopf-Auslandsvermögen und damit der Pro-Kopf-Konsum der Jungen und der Alten unverändert. Als Resultat wird deutlich: *Wenn der Staat die Rente für die derzeit Jungen wie für alle zukünftigen Generationen erhöht, ist es dynamisch optimal, dies im Kapitaldeckungsverfahren zu tun. Dann werden weder das Auslandsvermögen pro Kopf noch der Konsum pro Kopf tangiert.*

Nun wird das zweite Szenario betrachtet. Der Staat erhöht die an die derzeit Alten und die Alten aller zukünftigen Generationen gezahlte Pro-Kopf-Rente. Diese Rentenerhöhung kann entweder durch eine Steuererhöhung oder durch eine Reduktion des Budgetüberschusses finanziert werden: $\Delta b = \Delta t - \Delta g/(1+n)$. Eine dynamisch optimale Strategie impliziert: $\Delta t = \Delta g/(1+r) - \Delta\eta$. Folglich entspricht die Veränderung des Pro-Kopf-Budgetüberschusses:

$$\Delta b = \frac{(n-r)\Delta g}{(1+n)(1+r)} - \Delta\eta \tag{12}$$

Gleichung (9) gibt den optimalen Budgetüberschuß pro Kopf an. Durch Bildung erster Differenzen folgt:

$$\Delta b = \frac{n\Delta g}{(1+n)(1+r)} - \frac{n\Delta\eta}{n-r} \tag{13}$$

Durch Gleichsetzen der in (12) und (13) angegebenen Veränderung des Budgetüberschusses kann die Veränderung der Konstanten η bestimmt werden:

$$\Delta\eta = \frac{(n-r)\Delta g}{(1+n)(1+r)} \tag{14}$$

Einsetzen von (14) in $\Delta t = \Delta g/(1+r) - \Delta\eta$ ermöglicht die Bestimmung der Kopfsteuer, und diese kann in (13) verwendet werden, um die Veränderung des Budgetüberschusses zu bestimmen. Es ergibt sich:

$$\Delta t = \frac{\Delta g}{1+n} \tag{15}$$

$$\Delta b = 0 \tag{16}$$

Folglich ist es dynamisch optimal, die Rentenerhöhung umlagefinanziert vorzunehmen. Da die Rentenerhöhung die Ersparnis reduziert und dies nicht durch ein Rentenvermögen kompensiert wird, fällt das Auslandsvermögen pro Kopf. Aus Gleichung (6) folgt: $\Delta f = \gamma\mu\Delta\eta/(r-n)$. Mit Hilfe von (14) ergibt sich:

$$\Delta f = -\frac{\gamma\mu\,\Delta g}{(1+n)(1+r)} \tag{17}$$

Dann kann Gleichung (5.3) zusammen mit $\rho = (r-n)/(1+n)$ verwendet werden, um den Konsumrückgang zu bestimmen:

$$\Delta c = -\frac{\gamma\mu\rho\Delta g}{(1+r)} \tag{18}$$

Die Rentenerhöhung führt zu einem einmaligen und permanenten Rückgang des Pro-Kopf-Auslandsvermögens und des Pro-Kopf-Konsums. Der Barwert des Konsumverzichts aller zukünftigen Generationen entspricht:

$$\sum_{\tau=1}^{\infty}(\Delta c_\tau)\left(\frac{1}{1+\rho}\right)^{\tau} = \sum_{\tau=1}^{\infty}\left(\frac{\gamma\mu\rho\Delta g}{(1+r)}\right)\left(\frac{1}{1+\rho}\right)^{\tau} = \frac{\gamma\mu\,\Delta g}{(1+r)}$$

Dieser Barwert des Konsumverzichts zukünftiger Generationen wird durch den Zuwachs des Konsums, den die derzeit lebenden Generationen erhalten, kompensiert. Dieser setzt sich aus dem Konsumgewinn der Alten und dem Verlust der Jungen zusammen. Damit kann die Schlußfolgerung gezogen werden: *Wenn der Staat die Wohlfahrt der derzeit Alten erhöht, indem er die Rente anhebt, ist es dynamisch optimal, die Rentenerhöhung umlagefinanziert vorzunehmen. Dadurch wird das Pro-Kopf-Auslandsvermögen und damit der Pro-Kopf-Konsum in einem Schritt andauernd reduziert. Die derzeit Jungen und alle zukünftigen Generationen finanzieren den Anstieg des Konsums der derzeit Alten.*

Wie gezeigt wurde besteht die dynamisch optimale Politik darin, die Rente zu erhöhen und den Budgetüberschuß pro Kopf konstant zu halten. Die zeitliche Entwicklung der Variablen entspricht somit der im Kapitel VI, Abschnitt 3.2., dargestellten.

3.3. Anstieg der Bevölkerung

Zu Beginn befindet sich die Wirtschaft im langfristigen Gleichgewicht. Das Auslandsvermögen pro Kopf, das Kapital pro Kopf und das Rentenvermögen pro Kopf sind konstant. In dieser Situation kommt es zu einem transitorischen Anstieg der Wachstumsrate, der die Bevölkerungsgröße dauerhaft erhöht. Durch die Bevölkerungszunahmen wird das Auslandsvermögen pro Kopf, wie auch das Rentenvermögen und das Kapital pro Kopf reduziert. Die Reduktion des Pro-Kopf-Kapitals führt zu einem Zinsanstieg, der einen Kapitalzufluß hervorruft. Der Kapitalzufluß endet, wenn der Zins wieder dem internationalen entspricht. Das Pro-Kopf-Kapital ist dann wieder auf sein altes Niveau zurückgekehrt. Die Folge des Kapitalzustroms ist eine weitere Reduktion des Auslandsvermögens pro Kopf. Was ist nun die dynamisch optimale Reaktion auf diesen Schock?

Wie gezeigt, verbleiben im Anpassungsprozeß alle Kopfgrößen konstant. Entsprechend der Gleichung (5.3), $c = y + (r - n)f - nk$, ruft die Reduktion des

Auslandsvermögens pro Kopf um Δf einen Rückgang des Konsums pro Kopf in Höhe von $\Delta c = (r - n)\Delta f$ hervor. Wie sich aus (5.4), (6) und (7) ergibt, wird diese Reduktion des Konsums durch eine einmalige und permanente Absenkung des Budgetüberschusses um $\Delta b = (r - n)\Delta f/\gamma\mu$ erreicht. Mit dem Budgetüberschuß wird das Rentenvermögen in einem Schritt reduziert. Dies läßt die Steuer ansteigen, und damit wird der Konsum pro Kopf im vorgegebenen Ausmaß reduziert. Im weiteren bleiben alle Kopfgrößen konstant.

Bei einem festen Budgetüberschuß läßt der Bevölkerungsanstieg das langfristige Gleichgewicht unverändert. Kurzfristig wird die Wirtschaft aus dem Gleichgewicht gebracht. Die Generationen, die sich im Anpassungsprozeß befinden, erleiden einen Nutzenverlust. Im Gegensatz dazu besteht die dynamisch optimale Politik darin, den Nutzenverlust gleichmäßig über alle zukünftigen Generationen zu verteilen. Somit wird das langfristige Gleichgewicht verändert, und der Anpassungsprozeß besteht in einem Sprung in das neue Gleichgewicht.

4. Zusammenfassung

Es wurde angenommen, daß der Staat eine Wohlfahrtsfunktion über einen unendlichen Horizont maximiert. Diese berücksichtigt den Nutzen der derzeit lebenden Generationen wie auch den diskontierten Nutzen aller zukünftig lebenden Generationen. Die Pro-Kopf-Rente ist fixiert, und der Staat verwendet den Pro-Kopf-Budgetüberschuß zur Optimierung der Wohlfahrtsfunktion. Das daraus resultierende langfristige Gleichgewicht und die Dynamik wurden abgeleitet.

Die dynamische Optimierung zeigt, daß die optimale Politik darin besteht, den Konsum pro Kopf im Zeitablauf konstant zu halten. Des weiteren bleibt das Auslandsvermögen pro Kopf im Anpassungsprozeß konstant. Dies impliziert die Konstanz der Kopfsteuer, des Pro-Kopf-Budgetüberschusses und des Pro-Kopf-Rentenvermögens. Bei der Einführung einer Rente erfüllen nur zwei Finanzierungsverfahren die Anforderung eines im Anpassungsprozeß konstanten Rentenvermögens: das Umlageverfahren und das Kapitaldeckungsverfahren. Wie gezeigt wurde, wird im Kapitaldeckungsverfahren ein größeres Auslandsvermögen als im Umlageverfahren realisiert. Deshalb ist die Wohlfahrt im Kapitaldeckungsverfahren immer höher als die im Umlageverfahren. Dies impliziert jedoch nicht, daß ein Wechsel vom Umlageverfahren zum Kapitaldeckungsverfahren wohlfahrtserhöhend wirkt. Im Gegenteil: Es wurde bewiesen, daß ein Wechsel nicht dynamisch effizient ist. Sofern das Umlageverfahren einmal eingeführt wurde, ist es dynamisch optimal, dieses beizubehalten. Der Grund liegt darin, daß der erst langfristig eintretende Wohlfahrtsgewinn durch eine höhere Fundierung nicht den Wohlfahrtsverlust ausgleichen kann, den die Generationen, die den Wechsel finanzieren, erleiden.

Sofern eine Rentenerhöhung für die derzeit Alten wie für die Alten aller zukünftigen Generationen vorgenommen wird, ist es optimal, die Rentenerhöhung umlagefinanziert vorzunehmen. Die Wohlfahrt der derzeit Alten wird eindeutig erhöht, da sie nicht für die höhere Rente gezahlt haben. Diese Wohlfahrtserhöhung für die Alten wird durch eine Reduktion des Konsums der derzeit

Jungen und aller zukünftigen Generationen kompensiert: Der Wohlfahrtsverlust der derzeigt Jungen und der zukünftigen Generationen entspricht dem Wohlfahrtsgewinn der derzeit Alten. Wird die Rente, welche die derzeit Jungen und alle zukünftigen Generationen im Alter erhalten, erhöht, ist es dynamisch optimal, die Rentenerhöhung kapitalgedeckt vorzunehmen. In diesem Fall wird keine Generation schlechter gestellt.

Bei einem Bevölkerungsanstieg wird der Budgetüberschuß sofort und dauerhaft gesenkt. Dadurch werden der Konsum und das Auslandsvermögen in einem Schritt dauerhaft reduziert. Die optimale Politik verteilt den Nutzenverlust, den bei einem festem Pro-Kopf-Budgetüberschuß einige Generationen erleiden müßten, gleichmäßig auf alle zukünftigen Generationen.

IX

Zwei Länder

1. Einleitung

Bisher wurde die Rentenversicherung entweder in der geschlossenen Wirtschaft oder in der kleinen offenen Wirtschaft untersucht. In der kleinen offenen Wirtschaft sind bei perfekter Kapitalmobilität die Faktorpreise sowie das inländische Einkommen und Kapital exogen determiniert. Die inländische Vermögensbildung entscheidet über das Auslandsvermögen und damit über das Einkommen der Inländer. Im Gegensatz dazu bestimmt in der geschlossenen Wirtschaft die Vermögensbildung die Kapitalbildung und damit das Einkommen. Sowohl in der kleinen offenen als auch in der geschlossenen Wirtschaft wurde die Wohlfahrt durch ein Umlageverfahren verschlechtert, sofern die Wirtschaft dynamisch effizient ist, wenn also der Zins größer als die Wachstumsrate der Bevölkerung ist. Umgekehrt wird dann die Wohlfahrt im langfristigen Gleichgewicht durch eine Erhöhung der Fundierung verbessert. Wie von Breyer und Wildasin (1993) gezeigt, müssen diese Resultate nicht für den mittleren Fall einer großen offenen Wirtschaft gelten: In dieser kann das Umlageverfahren die Wohlfahrt erhöhen, obwohl die Wirtschaft dynamisch effizient ist.

Breyer und Wildasin nehmen ein großes Land an, das als einziges in der Welt den Zins beeinflussen kann. Für alle anderen Länder ist der Zins exogen gegeben. Im Gegensatz dazu wird hier eine Welt, die aus zwei gleich großen Ländern besteht, unterstellt. Die Mikrofundierung der Konsum-Spar-Entscheidung wird wiederum durch überlappende Generationen gegeben. Eine der ersten Untersuchungen des Modells überlappender Generationen in einer Zwei-

Länder-Welt findet sich bei Buiter (1981). Untersuchungen des Gleichgewichts und der Dynamik des Modells unter Berücksichtigung des Staates finden sich in Persson (1985), Schmid (1988), Schmid (1990) und Carlberg (1995). Im folgenden wird unterstellt, daß die beiden Länder identisch sind. Der einzige Unterschied liegt im Rentenversicherungssystem. Bei einem integrierten Kapitalmarkt beeinflußt die Rente und ihre Finanzierung Kapital, Einkommen, Konsum und Nutzen in beiden Ländern. Untersucht werden sowohl das langfristige Gleichgewicht als auch die Dynamik der Anpassung.

Im zweiten Abschnitt wird das Modell eingeführt. Zunächst wird das kurzfristige dann das langfristige Gleichgewicht abgeleitet. Dessen Stabilität wird in Abschnitt 2.3. geprüft. Im Anschluß wird das Auslandsvermögen genauer untersucht. Dann wird eine optimale Finanzierung der Rente betrachtet. Dabei wird untersucht, wie sich eine optimale Finanzierung in einem Land in dem anderen auswirkt. Im 3. Abschnitt wird eine Analyse der Anpassungsprozesse vorgenommen. Dabei wird eine Erhöhung der Fundierung und eine Rentenerhöhung betrachtet. Der 4. Abschnitt faßt die wesentlichen Resultate zusammen.

2. Modell

2.1. Kurzfristiges Gleichgewicht

Die Welt setzt sich aus zwei Ländern $i = 1, 2$ zusammen. In beiden Länder leben die Individuen zwei Perioden - Jugend und Alter. Die Zahl der Jungen im jeweiligen Land ist N_i. Die Alten dieser Periode sind die Jungen der Vorperiode, und damit entspricht deren Zahl $N_{i,-1}$. Das Verhältnis zwischen Jungen und Alten ist durch die konstante Bevölkerungswachstumsrate $n_i = N_i/N_{i,-1}-1$ gegeben.

In beiden Ländern existiert eine Rentenversicherung, die durch das allgemeine Modell mit festem Budgetüberschuß beschrieben wird. Jeder Staat fixiert die Rente g_i. Damit ergeben sich die Ausgaben der Rentenversicherungen als Produkt der jeweiligen Rente und der Zahl der Alten: $G_i = g_i N_{i,-1}$. Zur Finanzierung der Rente erhebt jeder Staat eine Kopfsteuer t_i von jedem Jungen, so daß die Steuereinnahmen $T_i = t_i N_i$ entsprechen. Jeder Staat fixiert den Budgetüberschuß pro Kopf auf b_i. Die aggregierten Budgetüberschüsse sind $B_i = b_i N_i$. Diese vergrößern die jeweiligen Rentenvermögen A_i, so daß sich die Rentenvermögen der nächsten Periode als $A_{i,+1} = A_i + B_i$ ergeben. Auf die Rentenvermögen wird der Zins r_i erzielt, und somit können die Budgetrestriktionen durch $B_i = T_i + rA_i - G_i$ erfaßt werden. Mit $a_i = A_i/N_i$ und der jeweiligen konstanten Bevölkerungswachstumsrate ergeben sich die Budgetrestriktionen in Pro-Kopf-Größen: $b_i = t_i + ra_i - g_i/(1+n_i)$. Da die Renten und Budgetüberschüsse pro Kopf fixiert sind, werden die jeweiligen Kopfsteuern endogen angepaßt. Mit Hilfe von $A_{i,+1}/N_i = (1+n_i)a_{i,+1}$ kann auch die Dynamik der Rentenvermögen in Kopfgrößen gefaßt werden: $(1+n_i)a_{i,+1} = a_i + b_i$.

Die Unternehmen beider Länder produzieren unter Verwendung von Kapital und Arbeit einen homogenen Output Y. Dabei wird in beiden Ländern dieselbe Technologie verwendet, die sich durch die Cobb-Douglas-Produktionsfunktion[1] $Y_i = K_i^{\alpha} N_i^{\beta}$ mit $\alpha + \beta = 1$ und $\alpha, \beta > 0$ beschreiben läßt. Das Arbeitsangebot entspricht der Zahl der Jungen N_i. Damit ist die Pro-Kopf-Produktion eine Funktion des Pro-Kopf-Kapitals: $y_i = k_i^{\alpha}$.

Die Unternehmen maximieren ihren Gewinn unter vollständiger Konkurrenz. Folglich entspricht der Lohn jeweils dem Grenzprodukt der Arbeit $w_i = \beta y_i$ und der Zins dem jeweiligen Grenzprodukt des Kapitals: $r_i = \alpha y_i/k_i$. Kapital ist international mobil, und somit führt die Arbitrage zum Ausgleich der Zinsen: $r_1 = r_2 = r$. Bei gleicher Produktionstechnologie impliziert dies offensichtlich, daß das Pro-Kopf-Kapital, das Pro-Kopf-Einkommen und der Lohn in beiden Ländern identisch sind.

Die Individuen beider Länder haben identische Präferenzen.[2] Der Nutzen u_i des repräsentativen Individuums wird durch den Konsum während der Jugend c_i^1 und während des Alters c_i^2 bestimmt. Die Präferenzstruktur ist vom Cobb-Douglas-Typ: $u_i = \gamma \log c_i^1 + \delta \log c_i^2$ mit $\gamma + \delta = 1$ und $\gamma, \delta > 0$. Während der Jugend arbeiten die Individuen und erhalten dafür den Lohn w_i, der für den Konsum während der Jugend, die Ersparnis und die Steuer verwendet wird: $w_i = c_i^1 + s_i + t_i$. Der Konsum in der Ruhestandsperiode kann durch die private Ersparnis und die darauf erzielten Zinsen oder durch die Rente finanziert werden: $c_i^2 = (1+r_{+1})s_i + g_i$. Die Maximierung der Nutzenfunktionen unter Beachtung der Budgetrestriktionen führt zu den Sparfunktionen: $s_i = \beta\delta y_i - \delta t_i - \gamma g_i/(1+r_{+1})$.

Privates Vermögen V_i und Rentenvermögen A_i können zur Finanzierung des inländischen Kapitals K_i oder des Auslandsvermögens F_i verwendet werden: $K_i + F_i = A_i + V_i$. Das private Vermögen wird durch die Ersparnis der Jungen in der vorangegangenen Periode bestimmt. Diese entspricht der Pro-Kopf-Ersparnis multipliziert mit der Zahl der Jungen: $S_i = s_i N_i$. Inländisches Kapital und Auslandsvermögen der nächsten Periode werden durch $K_{1,+1} + F_{1,+1} = A_{1,+1} + S_1$ bestimmt. Unter Beachtung von $K_{i,+1}/N_i = (1+n_i)k_{i,+1}$ und $F_{i,+1}/N_i = (1+n_i)f_{i,+1}$

---

1 Allgemeinere Produktionsfunktionen sowie Unterschiede zwischen den Produktionsfunktionen der beiden Länder werden in Großmann (1990) untersucht.

2 Unterschiede in der Zeitpräferenz der beiden Länder untersucht Buiter (1981).

kann die Vermögensdynamik in Pro-Kopf-Größen als $(1+n_i)k_{i,+1} + (1+n_i)f_{i,+1} = s_i + (1+n_i)a_{i,+1}$ geschrieben werden.

Um das Modell zu komplettieren, muß nun noch beachtet werden, daß das Auslandsvermögen des Landes 1 den Auslandsschulden von Land 2 entspricht: $F_1 = -F_2$. Um die Analyse zu vereinfachen wird jetzt angenommen, daß beide Länder die gleich Bevölkerungsgröße haben: $N_1 = N_2$. Da diese Annahme zu jedem Zeitpunkt gelten soll, werden auch identische Bevölkerungswachstumsraten unterstellt: $n_1 = n_2 = n$. Daraus folgt für die Pro-Kopf-Größen von Auslandsvermögen und Auslandsschulden: $f_1 = -f_2$.

Als Zusammenfassung kann das kurzfristige Gleichgewicht durch die folgenden dreizehn Gleichungen beschrieben werden:

$$y_i = k_i^{\alpha} \tag{1.1}$$

$$r = \frac{\alpha y_i}{k_i} \tag{1.2}$$

$$s_i = \beta\delta y_i - \delta t_i - \frac{\gamma g_i}{1+r_{+1}} \tag{1.3}$$

$$b_i = t_i + ra_i - \frac{g_i}{1+n} \tag{1.4}$$

$$(1+n)a_{i,+1} = a_i + b_i. \tag{1.5}$$

$$(1+n)k_{i,+1} + (1+n)f_{i,+1} = s_i + (1+n)a_{i,+1}. \tag{1.6}$$

$$f_1 = -f_2 \tag{1.7}$$

Die endogenen Variablen sind $a_{i,+1}$, $f_{i,+1}$, $k_{i,+1}$, r, s_i, t_i, und y_i.

2.2. Langfristiges Gleichgewicht

Im langfristigen Gleichgewicht verbleiben das Rentenvermögen pro Kopf, das Kapital pro Kopf und das Auslandsvermögen pro Kopf in beiden Ländern konstant. Folglich kann das langfristige Gleichgewicht durch das folgende Gleichungssystem charakterisiert werden:

$$y_i = k_i^{\alpha} \tag{2.1}$$

$$r = \frac{\alpha y_i}{k_i} \tag{2.2}$$

$$s_i = \beta\delta y_i - \delta t_i - \frac{\gamma g_i}{1+r} \tag{2.3}$$

$$b_i = t_i + r a_i - \frac{g_i}{1+n} \tag{2.4}$$

$$a_i = \frac{b_i}{n} \tag{2.5}$$

$$(1+n)k_i + (1+n)f_i = s_i + (1+n)a_i. \tag{2.6}$$

$$f_1 = -f_2 \tag{2.7}$$

Die endogenen Variablen sind $a_{i,}$, $f_{i,}$, $k_{i,}$ r, s_i, t_i, und y_i.

Aus Gleichung (2.1) und (2.2) ergibt sich, daß die Kapitalausstattung pro Kopf in beiden Ländern identisch ist. Im folgenden sollen die Pro-Kopf-Größen für Land 1 explizit angegeben werden. Dazu wird die Summe über (2.6) gebildet, wobei neben $k_1 = k_2$ auch berücksichtigt wird, daß entsprechend (2.7) das Auslandsvermögen des einen Landes den Auslandsschulden des anderen entspricht, $f_1 = -f_2$. Somit ergibt sich:

$$(1+n)2k_1 = s_1 + s_2 + (1+n)a_1 + (1+n)a_2 \qquad (3)$$

Um die Pro-Kopf-Ersparnis der Jungen in den beiden Ländern zu bestimmen, werden zunächst die Gleichgewichtsbedingungen für die Rentenvermögen (2.5) in die jeweiligen Budgetrestriktionen (2.4) eingesetzt. Als Ergebnis erhält man die Kopfsteuern:

$$t_i = \frac{(n-r)b_i}{n} + \frac{g_i}{1+n} \qquad (4)$$

Werden die in (4) gegebene Steuer und die Produktionsfunktion (2.1) sowie die Grenzproduktivitätsbedingung (2.2) in die Sparfunktion (2.3) eingesetzt, folgt:

$$s_i = \beta\delta k_i^{\alpha} - \frac{\delta g_i}{1+n} - \frac{\gamma g_i}{1+\alpha k_i^{-\beta}} - \frac{\delta(n-\alpha k_i^{-\beta})b_i}{n} \qquad (5)$$

Einsetzen von (5) zusammen mit den Gleichgewichtsbedingungen für die Rentenvermögen (2.5) in (3) erlaubt es, eine implizite Gleichung für das Pro-Kopf-Kapital in Land 1 zu bestimmen. Da die Lösung für k_1 nicht explizit angegeben werden kann, wird die Gleichung nach der Summe der Pro-Kopf-Budgetüberschüsse $b_1 + b_2$ gelöst:

$$b_1 + b_2 = \frac{n}{1+\gamma n+\delta\alpha k_1^{-\beta}}\left[2(1+n)k_1 - 2\beta\delta k_1^{\alpha} + \frac{\delta(g_1+g_2)}{1+n} + \frac{\gamma(g_1+g_2)}{1+\alpha k_1^{-\beta}}\right] \qquad (6)$$

In Abbildung IX.1 ist der Verlauf der Inversen von Gleichung (6) dargestellt. Als Resultat wird deutlich: *Sofern die Summe der Pro-Kopf-Budgetüberschüsse positiv ist, also $b_1 + b_2 > 0$, existiert in der Regel ein eindeutiges gleichgewichtiges Niveau des Pro-Kopf-Kapitals. Dieses steigt, wenn der Pro-Kopf-Budgetüberschuß in einem der beiden Länder steigt. Ist die Summe der Pro-Kopf-Budgetüberschüsse negativ oder Null, also für $b_1 + b_2 \leq 0$, ergeben sich zwei gleichgewichtige Niveaus des Pro-Kopf-Kapitals. Das Pro-Kopf-Kapital im niedrigen Gleichgewicht steigt, das im hohen Gleichgewicht fällt, wenn der Budgetüberschuß pro Kopf in einem der Länder reduziert wird. Unterschreitet* *die Summe der Pro-Kopf-Budgetüberschüsse eine kritische Grenze, d.h. wenn das Defizit zu groß wird, also $b_1 + b_2 < b'$, existiert kein Gleichgewicht. Damit entspricht b' dem höchstzulässigen Budgetdefizit. Für sehr kleine positive Werte der Summe der Pro-Kopf-Budgetüberschüsse existieren drei Gleichgewichte.*

Um den Einfluß der Rente auf das Pro-Kopf-Kapital zu ermitteln, werden in Abbildung IX.2 die Gleichgewichtskurven für unterschiedliche Niveaus der Rente dargestellt. Dabei ist es, wie (6) zeigt, für das Pro-Kopf-Kapital im Land 1 unerheblich, in welchem Land die Rente variiert wird. Ausschlaggebend für das Niveau des Pro-Kopf-Kapitals ist die Summe der Renten $g_1 + g_2$. In Abbildung IX.2 ist $(g_1 + g_2)^0 < (g_1 + g_2)^1 < (g_1 + g_2)^2$ unterstellt.

Folgendes wird deutlich: *Sofern ein eindeutiges Gleichgewicht existiert, reduziert eine Erhöhung der Rente in einem der beiden Länder das gleichgewichtige Niveau des Pro-Kopf-Kapitals. Sofern zwei Gleichgewichte existieren, wird durch die Rentenerhöhung das obere Gleichgewichtsniveau reduziert und das untere Gleichgewichtsniveau wird erhöht. Dabei wird das höchstzulässige Budgetdefizit b' gesenkt. Sofern drei Gleichgewichte existieren, werden das obere und das untere Gleichgewichtsniveau reduziert, während das mittlere erhöht wird.*

Bevor das langfristige Gleichgewicht genauer untersucht wird, um die Effekte von Änderungen der Rente und des Budgetüberschusses auf Auslandsvermögen, Konsum und Nutzen zu ermitteln, muß die Stabilität des langfristigen Gleichgewichts geprüft werden.

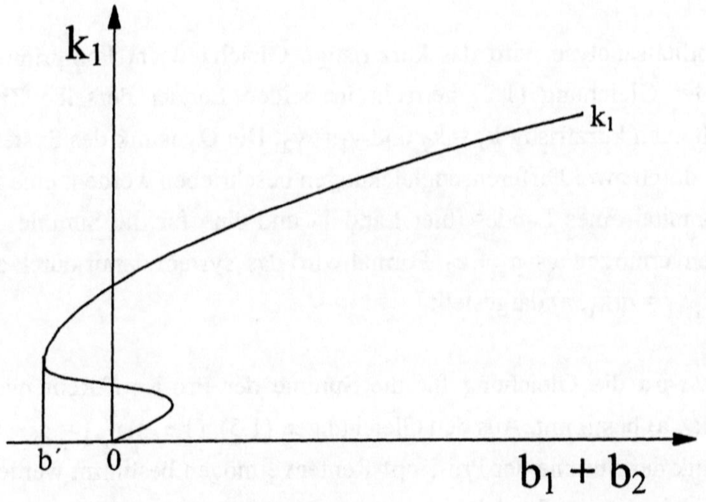

Abbildung IX.1: Langfristiges Gleichgewicht - Kapital pro Kopf

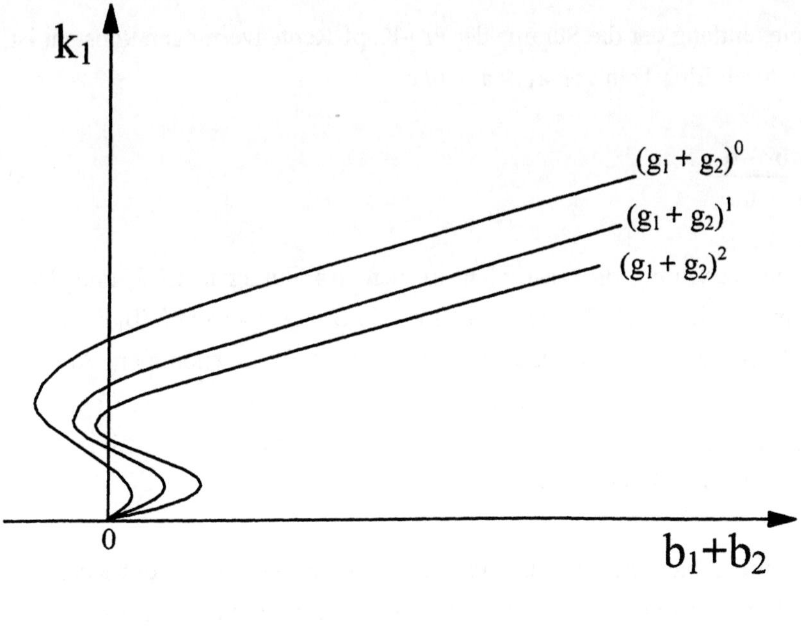

Abbildung IX.2: Einfluß der Rente auf das Kapital pro Kopf

2.3. Stabilität

Zur Stabilitätsanalyse wird das kurzfristige Gleichgewicht komprimiert. Entsprechend der Gleichung (1.2) herrscht in beiden Länder derselbe Zins. Demzufolge gilt auch kurzfristig $k_1 = k_2$ und $y_1 = y_2$. Die Dynamik des Systems kann von daher durch zwei Differenzengleichungen beschrieben werden: eine für das Pro-Kopf-Kapital eines Landes (hier Land 1) und eine für die Summe der Pro-Kopf-Rentenvermögen $a = a_1 + a_2$. Formal wird das System damit durch $a_{+1} = q(k_1, a)$ und $k_{1,+1} = q(k_1, a)$ dargestellt.

Zunächst wird die Gleichung für die Summe der Pro-Kopf-Rentenvermögen $a_{+1} = q(k_1, a)$ bestimmt. Aus den Gleichungen (1.5), $(1 + n)a_{i,+1} = a_i + b_i$, kann die Dynamik der Summe der Pro-Kopf-Rentenvermögen bestimmt werden. Als Differenzengleichung ergibt sich:

$$(1+n)a_{+1} = a + b_1 + b_2 \tag{7}$$

Die aa-Linie, entlang der die Summe der Pro-Kopf-Rentenvermögen konstant ist, erhält man durch Einsetzen von $a_{+1}= a$ in (7):

$$a = \frac{b_1 + b_2}{n} \tag{8}$$

Entsprechend verlaufen die aa-Linien in den Abbildungen IX.3 und IX.4 senkrecht. In Abbildung IX.3 wird als Summe ein Budgetüberschuß $(b_1 + b_2 > 0)$ und in IX.3 als Summe ein Budgetdefizit $(b_1 + b_2 < 0)$ angenommen. Aus (7) folgt $da_{+1}/da = 1/(1+n) < 1$. Daraus ergeben sich die Bewegungspfeile, die zeigen, daß das aggregierte Rentenvermögen pro Kopf rechts der aa-Linien fällt und links von den aa-Linien steigt.

Nun zur Ableitung der Bewegungsgleichung des Pro-Kopf-Kapitals. Werden Bedingungen identischer Produktions- und Einkommensniveaus zusammen mit den Sparfunktionen in die Gleichung für die Kapitalakkumulation (1.6) eingesetzt, ergibt sich: $(1+n)2k_{1,+1} = 2\beta\delta y_1 - \delta t_1 - \gamma g_1/(1+r_{+1}) + (1+n)a_{1,+1} - \delta t_2$

$-\gamma g_2/(1+r_{+1}) + (1+n)a_{2,+1}$. Da die Steuern endogen sind, können sie mit Hilfe von (1.4) durch $b_i - ra_i + g_i/(1+n)$ ersetzt werden. Weiter werden die Rentenvermögen der nächsten Perioden durch deren Akkumulationsgleichungen (1.5) ersetzt um damit

$$\begin{aligned}(1+n)2k_{1,+1} = {} & 2\beta\delta k_1^\alpha - \frac{\delta g_1}{1+n} - \frac{\gamma g_1}{1+\alpha k_{1,+1}^{-\beta}} - \frac{\delta g_2}{1+n} - \frac{\gamma g_2}{1+\alpha k_{1,+1}^{-\beta}} \\ & + \gamma(b_1+b_2) + (1+\alpha\delta k_1^{-\beta})(a_1+a_2)\end{aligned} \quad (9)$$

zu erreichen. Gleichung (9) beschreibt die Bewegung des Pro-Kopf-Kapitals in Land 1. Um die kk-Linie abzuleiten, wird in (9) die Bedingung $k_{1,+1} = k_1$ eingesetzt. Da eine explizite Lösung nach k_1 nicht möglich ist, wird die Gleichung nach der Summe der Pro-Kopf-Rentenvermögen aufgelöst:

$$\begin{aligned}a = {} & \frac{1}{1+\delta\alpha k_1^{-\beta}}\Big(2(1+n)k_1 - 2\beta\delta k_1^\alpha \\ & + \frac{\delta(g_1+g_2)}{1+n} + \frac{\gamma(g_1+g_2)}{1+\alpha k_1^{-\beta}} - (1-\delta)(b_1+b_2)\Big)\end{aligned} \quad (10)$$

Die kk-Linien in den Abbildungen IX.3 und IX.4 sind die inversen Funktionen der Gleichung (10). Um die Bewegungsrichtung des Pro-Kopf-Kapitals abseits der kk-Linien zu erhalten, wird (9) nach a differenziert, um $dk_{1,+1}/da > 0$ zu erreichen. Folglich steigt das Kapital rechts, und es fällt links der kk-Linien.

Zunächst wird eine positive Summe der Pro-Kopf-Budgetüberschüsse angenommen. Diese wird in Abbildung IX.3 dargestellt. Das Phasendiagramm zeigt, daß ein eindeutiges stabiles Gleichgewicht existiert. In Abbildung IX.4 wird in der Summe ein Pro-Kopf-Budgetdefizit unterstellt. In diesem Fall existieren zwei langfristige Gleichgewichte, $k_1^1 > k_1^2$. Wie das Phasendiagramm zeigt, ist das hohe Gleichgewichtsniveau des Pro-Kopf-Kapitals k_1^1 stabil, während das niedrige Gleichgewichtsniveau k_1^2 instabil ist.

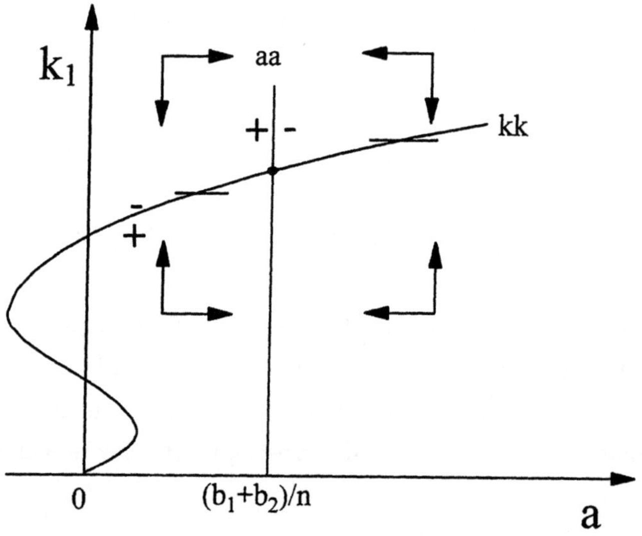

Abbildung IX.3: Phasendiagramm

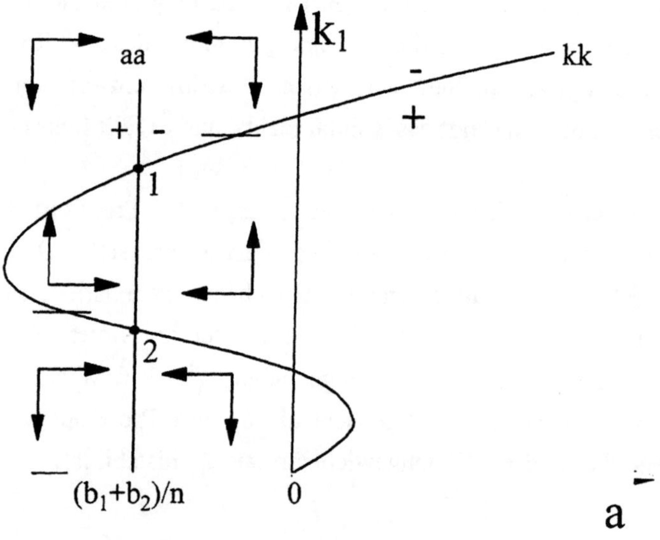

Abbildung IX.4: Phasendiagramm für ein Budgetdefizit

Im Fall von sehr kleinen Budgetüberschüssen existieren drei Gleichgewichte $k_1^1 > k_1^2 > k_1^3$. In diesem Fall ist das Gleichgewicht auf mittlerem Niveau k_1^2 instabil, während die Gleichgewichte auf hohem und niedrigem Niveau, also k_1^1 und k_1^3, stabil sind. Dabei ist k_1^3 nur lokal, in einem sehr kleinen Intervall[3], stabil: Sofern k einmal eine kritische Grenze überschritten hat, konvergiert das Pro-Kopf-Kapital gegen k_1^1. Insofern konzentriert sich die Analyse auf das obere Gleichgewichtsniveau.

Aus der Stabilitätsanalyse kann das folgende Resultat festgehalten werden: *Sofern die Summe der Pro-Kopf-Budgetüberschüsse oberhalb des kritischen Niveaus liegt, also $b_1 + b_2 > b'$, existiert ein stabiles Gleichgewicht. Für dieses stabile Gleichgewicht ist bekannt, daß das Kapital pro Kopf steigt, wenn der Budgetüberschuß pro Kopf in einem der Länder steigt, und es fällt, wenn die Rente in einem der Länder angehoben wird, siehe Abschnitt 2.2.*

Bisher ist allerdings noch nicht bekannt, in wessen Besitz sich das inländische und das ausländische Kapital befinden. Welches Land besitzt ein Auslandsvermögen und welches hat Auslandsschulden? Wie wirken die Budgetüberschüsse und die Renten auf die Auslandsposition, und wichtiger noch, welche Wohlfahrtswirkungen haben sie? Diese Fragen werden in den beiden nächsten Abschnitten untersucht.

2.4. Auslandsvermögen

Die Gleichungen (1.6), $(1+n)k_{i,+1} + (1+n)f_{i,+1} = s_i + (1+n)a_{i,+1}$, besagen, daß inländisches und ausländisches Kapital durch die Ersparnisse der Jungen, welche die jeweiligen privaten Vermögen bestimmen, und durch die Rentenver-

---

3 In einem numerischen Beispiel mit $\alpha = 0{,}2$; $\beta = 0{,}8$; $\gamma = 0{,}6$; $\delta = 0{,}4$; $g_1 = g_2 = 0{,}3$, $n = 1{,}427$ existieren drei Gleichgewichte im Intervall $b_1 + b_2 \in\ ]0, 10^{-6}]$. Offensichtlich ist dieses Intervall im Vergleich zu dem Intervall, daß als Grenzen den Budgetüberschuß im Umlage- und Kapitaldeckungsverfahren enthält, $b_1 + b_2 \in [0, 0{,}07]$, sehr klein. Sofern b für eine gewisse Zeit die Obergrenze des Intervalls, in dem drei Gleichgewichte existieren, übersteigt, steigt k in den Bereich, in dem das obere Gleichgewichtsniveau relevant ist.

mögen finanziert werden. Wird aus den Gleichungen (1.6) die Differenz zwischen Land 1 und Land 2 gebildet und dabei beachtet, daß sich zum einen Kapital und Einkommen in beiden Ländern gleichen und zum anderen das Auslandsvermögen des einen Landes die Auslandsschulden des anderen bildet, ergibt sich: $2(1+n)f_{1,+1} = s_1 - s_2 + (1+n)a_{1,+1} - (1+n)a_{2,+1}$. Unter Verwendung der Sparfunktionen (1.3) und der Akkumulationsgleichungen für die Rentenvermögen (1.5) folgt das Pro-Kopf-Auslandsvermögen des Landes 1:

$$2(1+n)f_{1,+1} = (1+\delta r)(a_1 - a_2) + \gamma(b_1 - b_2) - \frac{\delta(g_1 - g_2)}{1+n} - \frac{\gamma(g_1 - g_2)}{1+r_{+1}} \tag{11}$$

Sind die Präferenzstrukturen und die Technologien gegeben, wird die Entwicklung des Auslandsvermögens ausschließlich durch die Unterschiede zwischen den Rentenversicherungssystemen bestimmt. Dies begründet sich darin, daß die Rentenversicherungen den einzigen Unterschied zwischen ansonsten identischen Ländern darstellen. Langfristig gilt $f_{i,+1} = f_i$ und $a_i = b_i/n$, so daß sich (11) vereinfacht:

$$2(1+n)f_1 = \frac{1+\delta r+\gamma n}{n}(b_1 - b_2) - \frac{\delta(g_1 - g_2)}{1+n} - \frac{\gamma(g_1 - g_2)}{1+r} \tag{12}$$

Aus (12) kann nun eine Bedingung für eine ausgeglichene Auslandsposition abgeleitet werden. Dazu wird $f_1 = 0$ eingesetzt und nach b_1 aufgelöst:

$$b_1^x = b_2 + \frac{n(g_1 - g_2)}{(1+n)(1+r)} \tag{13}$$

Der kritische Budgetüberschuß in Land 1 hängt vom Budgetüberschuß im Land 2 sowie von der Differenz der Rentenniveaus ab. Sofern die Alten in beiden Ländern die gleiche Rente beziehen, ist die Auslandsposition ausgeglichen, wenn in beiden Ländern der gleiche Budgetüberschuß pro Kopf realisiert wird. Ist dies nicht der Fall, wird das Land mit dem höheren Pro-Kopf-Budgetüberschuß ein Auslandsvermögen besitzen. Das Land mit dem niedrigeren Pro-Kopf-Budgetüberschuß hat Auslandsschulden. Sofern in beiden Ländern der gleiche Budgetüberschuß pro Kopf realisiert wird, hält das Land mit der niedrigeren

Rente ein Auslandsvermögen. Entsprechend hat das Land mit der höheren Rente Auslandsschulden.

Sofern die Rente im Land 1 größer als die Rente im Land 2 ist, muß Land 1 einen höheren Budgetüberschuß realisieren als Land 2, um die Auslandsposition ausgeglichen zu halten. Der zusätzlich notwendige Pro-Kopf-Budgetüberschuß entspricht dem, der die Differenz zwischen den Renten kapitalgedeckt finanziert. Wird zum Beispiel die Rente in beiden Ländern im Umlageverfahren finanziert, dann hat Land 1 Auslandsschulden, sofern die Rente höher ist als in Land 2, d.h. sofern $g_1 > g_2$. Um eine ausgeglichene Auslandsposition zu erreichen ($f_1 = 0$), muß Land 1 die Differenz zwischen den beiden Rentenniveaus $g_1 - g_2$ kapitalgedeckt finanzieren. Dies ist immer der Fall, wenn die gesamte Rente im Kapitaldeckungsverfahren finanziert wird. Wenn beide Länder die gesamte Rente im Kapitaldeckungsverfahren finanzieren und folglich den Budgetüberschuß pro Kopf in Abhängigkeit von der Rente auf $b_i = ng_i/[(1+n)(1+r)]$ fixieren, ist die Auslandsposition unabhängig von den jeweiligen Rentenniveaus immer ausgeglichen.

Um den Einfluß von Änderungen des Pro-Kopf-Budgetüberschusses oder der Rente auf das Auslandsvermögen zu erhalten, muß (12) nach b_1 bzw. g_1 differenziert werden. Da in (12) der Zins endogen ist, wird die Ableitung zu komplex. Deshalb wird ein anderer Weg zur Bestimmung der Wirkungen von Veränderungen des Budgetüberschusses und der Rente gewählt: Gleichung (9) wird von (11) abgezogen. Durch Umformung ergibt sich eine Beziehung zwischen dem Pro-Kopf-Auslandsvermögen und dem Pro-Kopf-Kapital: $(1+n)f_{1,+1} = (1+n)k_{1,+1} - \beta\delta k_1^{\alpha}$. Im langfristigen Gleichgewicht gilt folglich: $f_1 = k_1 - \beta\delta k_1^{\alpha}/(1+n)$. Der Einfluß des Pro-Kopf-Budgetüberschusses auf das Pro-Kopf-Auslandsvermögen wird durch

$$\frac{df_1}{db_1} = \left[1 - \frac{\beta\delta r}{1+n}\right]\frac{dk_1}{db_1} \tag{14.1}$$

deutlich. Ebenso ergibt sich der Einfluß der Rente auf das Pro-Kopf-Auslandsvermögen durch:

$$\frac{df_1}{dg_1} = \left[1 - \frac{\beta\delta r}{1+n}\right]\frac{dk_1}{dg_1} \tag{14.2}$$

Wie die Stabilitätsuntersuchung gezeigt hat, gilt im relevanten Bereich stabiler Gleichgewichte $dk_1/db_1 > 0$ und $dk_1/dg_1 < 0$. Der Term innerhalb der Klammer ist positiv, sofern die Bedingung $r < (1+n)/\beta\delta$ erfüllt ist. Dabei ist r endogen und hängt vom Pro-Kopf-Kapital ab, das wiederum von dem Budgetüberschuß und der Rente beeinflußt wird. Wie im Anhang des Kapitels gezeigt wird, ist die Bedingung $r < (1+n)/\beta\delta$ für alle $b_1 + b_2 > b'$, und damit für alle langfristig durchhaltbaren Budgetüberschüsse erfüllt. Folglich ist die Ableitung df_1/db_1 immer positiv und df_1/dg_1 immer negativ. Die Beziehung zwischen dem Budgetüberschuß pro Kopf und dem Auslandsvermögen pro Kopf ist in Abbildung IX.5 dargestellt.

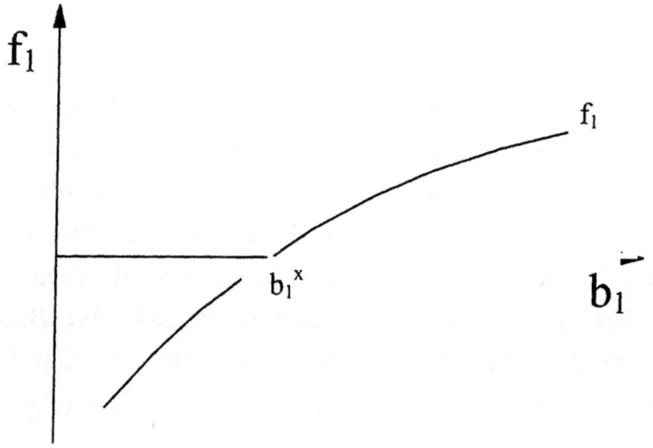

Abbildung IX.5: Auslandsvermögen pro Kopf

Als Resultat ergibt sich: *Eine Erhöhung des Pro-Kopf-Budgetüberschusses im Land 1 führt zu einem Anstieg des Pro-Kopf-Auslandsvermögens vom Land 1. Eine Erhöhung der Rente führt zu einer Reduktion des Pro-Kopf-Auslandsvermögens.*

2.5. Optimale Rentenfinanzierung

Die optimale Rentenfinanzierung maximiert den Nutzen des repräsentativen Individuums. Da Rente und Steuer die intertemporale Nutzenmaximierung nicht verzerren, ist der Nutzen maximal, wenn der Konsum pro Kopf ein Maximum annimmt. Im ersten Kapitel wurde für die geschlossene Wirtschaft gezeigt, daß der Pro-Kopf-Konsum maximal ist, wenn der Budgetüberschuß pro Kopf eine optimale Kapitalausstattung, bei der $r = n$ gilt, gewährleistet. Weiter wurde gezeigt, daß dieser optimale Budgetüberschuß bei sinnvollen Annahmen über die individuelle Zeitpräferenz größer ist als der Budgetüberschuß im Kapitaldeckungsverfahren. Da die Welt als Ganzes eine geschlossene Wirtschaft darstellt, wird im folgenden angenommen, daß, wenn beide Länder ihre Rente im Kapitaldeckungsverfahren finanzieren, in der Weltwirtschaft $r > n$ gilt. Offensichtlich kann Land 1 die Wohlfahrt weltweit erhöhen, indem es den Budgetüberschuß auf ein Niveau b_1^{**} anhebt, bei dem die Kapitalausstattung optimal ist, so daß $r = n$ gilt. Allerdings wird Land 1 nicht an der Wohlfahrt der Welt, sondern an der der eigenen Einwohner interessiert sein. Folglich wird nach einer Politik gesucht, die den Konsum pro Kopf in Land 1 maximiert.

Um den maximalen Pro-Kopf-Konsum in Land 1 zu bestimmen, wird die aggregierte Budgetrestriktion betrachtet. Das Einkommen jeder Periode kann für Konsum oder Investitionen verwendet werden. Das Vermögen setzt sich aus Kapital und Auslandsvermögen zusammen, und Investitionen können im Land 1 oder im Land 2 getätigt werden. Das Einkommen der Bewohner von Land 1 setzt sich aus dem inländischen Einkommen und dem Zinszufluß rF_1 zusammen. Formal kann die aggregierte Budgetrestriktion durch $K_{1,+1} + F_{1,+1} + C_1 = Y_1 + K_1 + (1+r)F_1$ beschrieben werden. Transformiert in Pro-Kopf-Größen gilt: $(1+n)k_{1,+1} + (1+n)f_{1,+1} + c_1 = y_1 + k_1 + (1+r)f_1$. Im langfristigen Gleichgewicht verbleiben das Kapital und das Auslandsvermögen, jeweils pro Kopf, konstant. Damit wird der Konsum pro Kopf in Land 1 durch

$$c_1 = y_1 - nk_1 - (n - r)f_1 \tag{15.1}$$

bestimmt. Entsprechend ist der Konsum pro Kopf in Land 2 durch:

$$c_2 = y_1 - nk_1 + (n - r)f_1 \tag{15.2}$$

definiert. Die Ableitungen von (15.1) und (15.2) nach dem Pro-Kopf-Budgetüberschuß des Landes 1 führen, unter Beachtung von (14.1), zu:

$$\frac{dc_1}{db_1} = \left[(r-n)(2 - \frac{\beta\delta r}{1+n}) - \alpha\beta f_1 k_1^{-(1+\beta)} \right] \frac{dk_1}{db_1} \tag{16.1}$$

$$\frac{dc_2}{db_1} = \left[(r-n)\frac{\beta\delta r}{1+n} + \alpha\beta f_1 k_1^{-(1+\beta)} \right] \frac{dk_1}{db_1} \tag{16.2}$$

Offensichtlich sind die Vorzeichen der Ableitungen vom Zins und vom Auslandsvermögen pro Kopf abhängig, wobei beide wiederum durch das Gleichgewichtsniveau des Kapitals pro Kopf bestimmt werden. Wie im letzten Abschnitt gezeigt, hält Land 1 ein Auslandsvermögen, sofern der Budgetüberschuß pro Kopf eine kritische Grenze übersteigt ($b_1 > b^x$). Andererseits existieren Auslandsschulden, wenn der Budgetüberschuß kleiner als der kritische ist ($b_1 < b^x$). Betrachtet wird nun der kritische Budgetüberschuß b^x, bei dem $f_1 = 0$ gilt: Sofern die Weltwirtschaft dynamisch effizient ist, also $r > n$ gilt, profitieren beide Länder von einem Anstieg des Budgetüberschusses. Sofern die Ersparnisse und Rentenvermögen die Wirtschaft in den dynamisch ineffizienten Bereich geführt haben ($r < n$), wird eine Reduktion des Pro-Kopf-Budgetüberschusses die Wohlfahrt erhöhen.

Nehmen wir nun eine Situation an, in der beide Länder die gleichen Rentenversicherungssysteme, also gleiche Renten und gleiche Budgetüberschüsse, betreiben. Weiter sei angenommen, daß dies die Wirtschaft dynamisch effizient läßt. Von dieser Situation ausgehend wird der Pro-Kopf-Budgetüberschuß in Land 1 erhöht, um das optimale Pro-Kopf-Kapital, bei dem $r = n$ gilt, sicherzustellen. Dies impliziert ein Auslandsvermögen im Land 1 und Auslandsschulden im Land 2 ($f_1 > 0$, $f_2 < 0$). In diesem Fall ist die Ableitung (16.1) eindeutig negativ, so daß eine Reduktion des Budgetüberschusses den Konsum in Land 1 erhöht. Das für Land 1 optimale Pro-Kopf-Kapital liegt damit bei einem Niveau mit $r < n$. Folglich liegt der optimale Pro-Kopf-Budgetüberschuß b_1^*

unterhalb des Budgetüberschusses b_1^{**}, der die optimale Kapitalausstattung für die Welt sicherstellt. Gleichzeitig ist die Ableitung von (16.2) an der Stelle $r = n$ eindeutig positiv, und somit wird ein Rückgang der Fundierung im Land 1 den Konsum in Land 2 reduzieren. Dies bedeutet, daß in der Umgebung des weltwirtschaftlich optimalen Steady States Land 1 seinen Konsum auf Kosten von Land 2 erhöhen kann. Die Begründung liegt darin, daß Land 1 bei b_1^{**} ein Auslandsvermögen hält. Eine Reduktion von b_1 führt zu einem geringeren Auslandsvermögen des Landes 1 und zu einem geringeren Kapital pro Kopf in beiden Ländern. Bei verringertem Pro-Kopf-Kapital steigt der Zins. Dieser Zinsanstieg überkompensiert die Inländer für den Rückgang ihres Vermögens. Da ausgehend von b_1^{**} eine Reduktion von b_1 die Wohlfahrt aller Generationen erhöht, ist die Kapitalausstattung bei b_1^{**} aus Sicht von Land 1 dynamisch ineffizient. In Abbildung IX.6 wird die Beziehung zwischen dem Budgetüberschuß in Land 1 und dem Konsum pro Kopf in beiden Ländern noch einmal verdeutlicht.

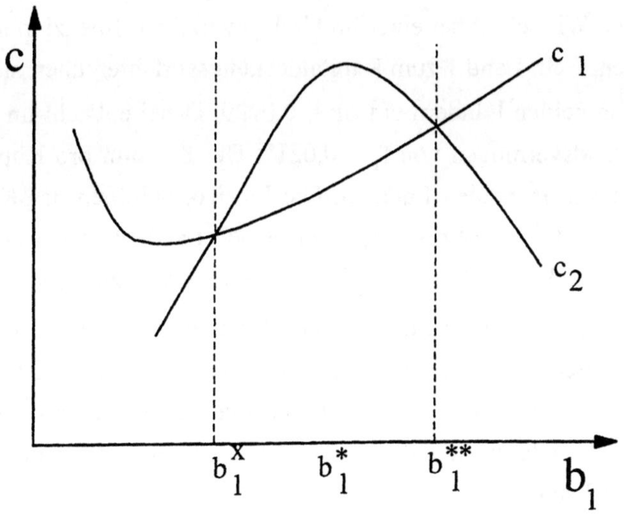

Abbildung IX.6: Konsum pro Kopf

Als Ergebnis wird deutlich: *Wird der Konsum im Land 1 maximiert, so erfordert dies einen Budgetüberschuß pro Kopf der größer ist als der im Land 2. Somit hält Land 1 ein Auslandsvermögen. Im Vergleich zu einer Situation mit gleichen Budgetüberschüssen und ausgeglichenen Auslandspositionen wird der Konsum pro Kopf in beiden Ländern erhöht. Der für Land 1 optimale Budgetüberschuß ist jedoch geringer als der, der die weltweit optimale Kapitalausstattung sicherstellt und damit den Konsum weltweit maximiert. Ausgehend von der weltweit optimalen Kapitalausstattung kann Land 1 seinen Konsum auf Kosten von Land 2 erhöhen.*

In Tabelle IX.1 sind die Gleichgewichtswerte ausgewählter Variabler für ein numerisches Beispiel berechnet. Dabei wird in beiden Ländern die gleiche Rente gezahlt: $g_1 = g_2 = 0{,}3$. Im oberen Teil der Tabelle wird für Land 2 ein Umlageverfahren, im unteren ein Kapitaldeckungsverfahren unterstellt.

Wird die Rente im Land 2 im Umlageverfahren finanziert, so ist die Auslandsposition ausgeglichen, wenn auch Land 1 seine Rente im Umlageverfahren finanziert. Die Pro-Kopf-Größen von Kapital, Einkommen und Konsum sowie der Nutzen sind in beiden Ländern identisch und entsprechen denen, die sich in einer geschlossenen Wirtschaft bei einer im Umlageverfahren finanzierten Rente von $g = 0{,}3$ ergeben. Geht Land 1 zum Kapitaldeckungsverfahren über, steigt das Pro-Kopf-Kapital in beiden Ländern um $\Delta k = 0{,}0229$. Dabei entsteht im Land 1 ein Pro-Kopf-Auslandsvermögen von $f_1 = 0{,}0217$. Der Konsum pro Kopf steigt ebenso wie der Nutzen in beiden Ländern. Die Pro-Kopf-Größen des Kapitals, des Einkommens und des Konsums steigen in beiden Ländern weiter an, wenn Land 1 den optimalen Budgetüberschuß b_1^* realisiert. Gleichzeitig steigen das Auslandsvermögen im Land 1 und die Auslandsschulden im Land 2. Wird der Budgetüberschuß weiter erhöht, so daß der Konsum weltweit optimal ist, steigen das Pro-Kopf-Kapital, das Pro-Kopf-Einkommen und das Pro-Kopf-Auslandsvermögen im Land 1. Allerdings fällt der Konsum und der Nutzen im Land 1 während er im Land 2 steigt.

Tabelle IX.1: Vergleich der speziellen Finanzierungsformen

Land 2: Umlageverfahren									
	b_1	k_1	f_1	a_1	y_1	c_1	c_2	u_1	u_2
Umlageverfahren	0,000	0,0276	0,0000	0,0000	0,4876	0,4483	0,4483	0,3107	0,3107
Kapitaldeckungsverfahren	0,055	0,0508	0,0219	0,0385	0,5509	0,4948	0,4622	0,3568	0,3333
Optimale Finanzierung	0,091	0,0632	0,0340	0,0638	0,5756	0,4988	0,4720	0,3618	0,3424
Weltweit Optimal	0,160	0,0857	0,0560	0,1121	0,6119	0,4895	0,4895	0,3560	0,3560
Land 2: Kapitaldeckungsverfahren									
	b_1	k_1	f_1	a_1	y_1	c_1	c_2	u_1	u_2
Umlageverfahren	0,000	0,0508	–0,0219	0,0000	0,5509	0,4622	0,4948	0,3333	0,3568
Kapitaldeckungsverfahren	0,070	0,0794	0,0000	0,0491	0,6026	0,4892	0,4892	0,3558	0,3558
Optimale Finanzierung	0,082	0,0839	0,0035	0,0575	0,6091	0,4896	0,4893	0,3561	0,3559
Weltweit Optimal	0,087	0,0857	0,0050	0,0610	0,6118	0,4895	0,4895	0,3560	0,3560
Angenommene Parameterwerte: $\alpha = 0{,}2$; $\beta = 0{,}8$; $\gamma = 0{,}6$; $\delta = 0{,}4$; $g_1 = g_2 = 0{,}3$; $n = 1{,}427$									

Sofern die Rente im Land 2 im Kapitaldeckungsverfahren finanziert wird, hat Land 1 beim Umlageverfahren Auslandsschulden. Als Folge sind Konsum und Nutzen im Land 1 geringer als im Land 2. Eine ausgeglichene Auslandsposition ergibt sich, wenn auch Land 1 die Rente im Kapitaldeckungsverfahren finanziert. In diesem Fall sind Konsum und Nutzen in beiden Ländern identisch. Wird im Land 1 der Budgetüberschuß b_1^* realisiert, hält Land 1 ein Auslandsvermögen. Konsum und Nutzen sind im Land 1 maximal und größer als im Land 2. Bei b_1^{**} ist das Auslandsvermögen im Land 1 noch größer. Konsum und Nutzen sind in beiden Ländern gleich. Weltweit ist der Konsum maximal, wobei der Konsum im Land 1 geringer und im Land 2 höher als bei b_1^* ist. Die Differenz zwischen b_1^* und b_1^{**} ist in diesem Fall allerdings sehr viel geringer als in dem Fall, in dem Land 2 seine Rente im Umlageverfahren finanziert.

3. Dynamik der Anpassung

Im folgenden werden die Anpassungsprozesse untersucht, die durch eine Erhöhung des Budgetüberschusses bzw. durch eine Erhöhung der Rente ausgelöst werden. Wie die Analyse des langfristigen Gleichgewichts gezeigt hat, sind die Effekte von Änderungen der Rente und des Budgetüberschusses wesentlich von der Ausgangssituation abhängig. Für die dynamische Analyse wird nun eine Ausgangssituation gewählt, die empirisch sinnvoll erscheint: In beiden Ländern beziehen die Alten die gleiche Rente. Des weiteren wird von beiden Staaten der Budgetüberschuß in gleicher Höhe fixiert. Dabei sind die Budgetüberschüsse unterhalb der im Kapitaldeckungsverfahren notwendigen Niveaus. Weiter wird angenommen, daß die Kapitalausstattung unterhalb der optimalen ist.

3.1. Erhöhung des Budgetüberschusses

Am Anfang ruht die Wirtschaft im stabilen langfristigen Gleichgewicht. Die Pro-Kopf-Größen von den Budgetüberschüssen und den Rentenvermögen sind ebenso wie die von Investitionen und Kapital konstant. Folglich bleiben auch Einkommen und Konsum, jeweils pro Kopf, konstant. Da beide Länder gleiche Rentenversicherungssysteme betreiben, ist die Auslandsposition ausgeglichen. In dieser Situation wird der Pro-Kopf-Budgetüberschuß im Land 1 auf sein optimales Niveau - bei dem der Konsum in Land 1 langfristig maximal ist - angehoben.

Im Phasendiagramm (Abbildung IX.7) verschiebt sich die aa-Linie nach rechts, während die kk-Linie nach oben geht. In Abbildung IX.7 wird die Bewegung der beiden Größen in der Zeit durch den Pfeil angezeigt.

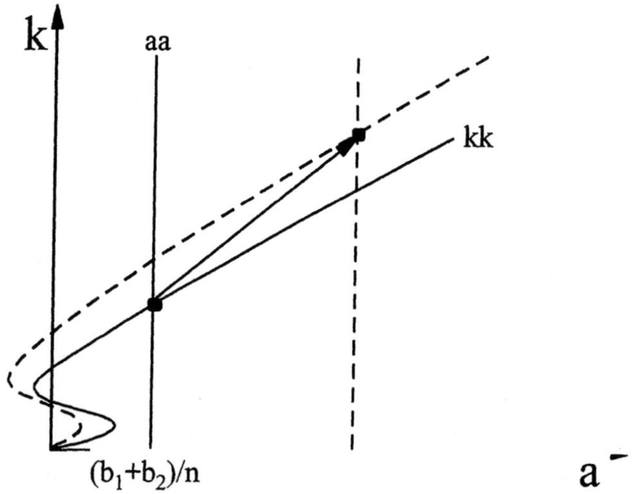

Abbildung IX.7: Phasendiagramm - Erhöhung des Budgetüberschusses

Zunächst zu Land 1: Kurzfristig bleiben die Pro-Kopf-Größen der Bestandsgrößen, also die des Auslandsvermögens, des Kapitals und des Rentenvermögens, konstant. Folglich ist auch das Einkommen pro Kopf unverändert. Da der Budgetüberschuß pro Kopf erhöht wurde und die Rente unverändert ist, muß die Steuer angehoben werden. Die Steuererhöhung reduziert den Konsum pro Kopf und die Ersparnis pro Kopf. Damit wird, wie in der geschlossenen und der kleinen offenen Wirtschaft, mindestens eine Generation schlechter gestellt: eine Pareto-optimale Erhöhung der Fundierung ist auch hier nicht möglich. Welche Wirkungen zeigen sich nun kurzfristig im Land 2? Da sich Kapital pro Kopf und Einkommen pro Kopf im Land 1 nicht verändert haben, bleiben sie auch in Land 2 konstant. In diesem wurden keine Änderungen an der Rentenversicherung vorgenommen, und somit bleibt auch der Pro-Kopf-Konsum in Land 2 unverändert.

Im Land 1 wird mittelfristig durch den gestiegenen Pro-Kopf-Budgetüberschuß das Rentenvermögen pro Kopf erhöht. Dies überkompensiert den Rückgang des privaten Vermögens aufgrund der geringeren Pro-Kopf-Ersparnis. Somit steigen die Investitionen pro Kopf und damit das Kapital pro Kopf. Dies führt zu einem Zinsrückgang. Damit wird es für Investoren im Land 1 attraktiv, im Land 2 zu investieren. Folglich steigen auch im Land 2 die Investitionen und damit das Kapital pro Kopf. Eine Erhöhung des Leistungsbilanzüberschusses pro Kopf im Land 1 ist das Spiegelbild der Auslandsinvestitionen. Folglich steigt das Auslandsvermögen in Land 1 kontinuierlich, während es im Land 2 gleichmäßig fällt. Mit dem Kapital wachsen auch der Lohn und das Pro-Kopf-Einkommen und zwar im Land 1 und im Land 2. Als Folge steigen in beiden Ländern die Ersparnis und der Konsum. Die in beiden Ländern gestiegene Pro-Kopf-Ersparnis vergrößert wiederum das Kapital pro Kopf.

Mit fortschreitender Zeit konvergiert die Wirtschaft gegen ein neues langfristiges Gleichgewicht. Die Pro-Kopf-Größen des Budgetüberschusses und des Rentenvermögens sind ebenso wie die der Investitionen und des Kapitals und die des Leistungsbilanzüberschusses und des Auslandsvermögens konstant. Die Pro-Kopf-Größen des Rentenvermögens und des Kapitals sind gestiegen. Des weiteren ist im Anpassungsprozeß im Land 1 ein Auslandsvermögen entstanden, während im Land 2 im gleichen Umfang Auslandsschulden aufgebaut wurden. Das Pro-Kopf-Kapital ist in beiden Ländern gestiegen und somit auch das Pro-Kopf-Einkommen, der Lohn und der Konsum pro Kopf.

Der Anpassungsprozeß wird noch einmal in der Abbildung IX.8 verdeutlicht. Als Resultat läßt sich festhalten: *Eine Erhöhung des Pro-Kopf-Budgetüberschusses im Land 1 führt kurzfristig zu einer Reduktion des Pro-Kopf-Konsums im Land 1. Der Konsum pro Kopf im Land 2 wird kurzfristig nicht tangiert. Mittelfristig steigt das Kapital pro Kopf und damit der Konsum pro Kopf in beiden Ländern. Dabei baut Land 1 ein Auslandsvermögen auf, während sich Land 2 entsprechend verschuldet. Der Konsum pro Kopf im Land 1 wächst stärker als im Land 2, so daß langfristig die Einwohner des Landes 1 den höheren Konsumzuwachs erreichen.*

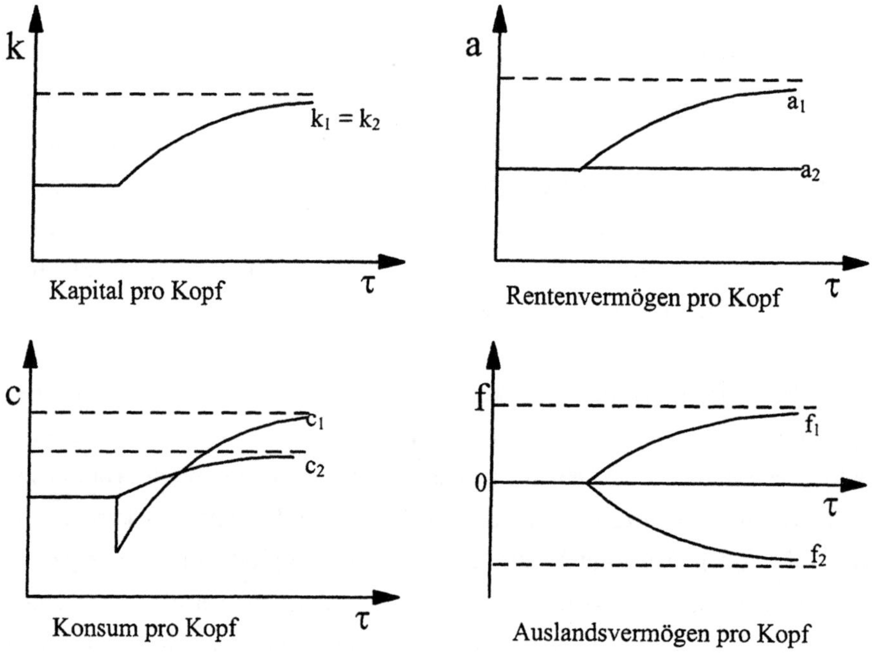

Abbildung IX.8: Zeitpfade - Erhöhung des Budgetüberschusses

3.2. Erhöhung der Rente

Vor der Rentenerhöhung befindet sich die Wirtschaft im stabilen langfristigen Gleichgewicht. Alle Pro-Kopf-Größen sind konstant. Beide Länder betreiben identische Rentenversicherungssysteme. Folglich sind die Auslandspositionen ausgeglichen. In dieser Situation wird im Land 1 die an die Alten gezahlte Rente erhöht. Dadurch wird im Phasendiagramm (Abbildung IX.9) die kk-Linie nach unten verschoben. Die aa-Linie wird hingegen nicht tangiert. Wie Abbildung IX.9 zeigt, bewegt sich die Wirtschaft entlang der aa-Linie in ein neues langfristiges Gleichgewicht mit einem niedrigeren Niveau des Pro-Kopf-Kapitals.

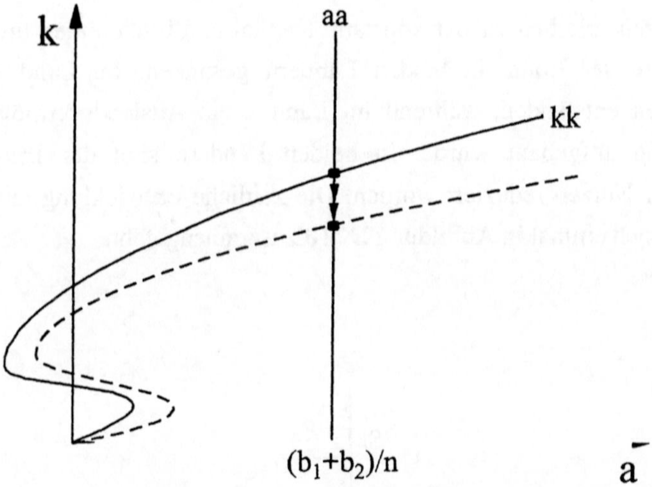

Abbildung IX.9: Phasendiagramm - Erhöhung der Rente

Kurzfristig sind Auslandsvermögen, Kapital und Einkommen, jeweils pro Kopf, konstant. Im Land 1 führt die Rentenerhöhung zu steigenden Pro-Kopf-Ausgaben der Rentenversicherung. Da der Budgetüberschuß pro Kopf aber konstant bleibt, muß die Steuer erhöht werden. Diese Steuererhöhung reduziert das verfügbare Pro-Kopf-Einkommen der Jungen. Der Konsum der Jungen sinkt, da die in der nächsten Periode bezogene höhere Rente den Steueranstieg nicht kompensieren kann. Die zum Zeitpunkt der Rentenerhöhung Alten werden durch die zusätzliche Rente besser gestellt: ihr Konsum steigt. Der Anstieg von Pro-Kopf-Steuer und Rente reduziert das verfügbare Pro-Kopf-Einkommen und das Sparmotiv. Beides führt zu einem Absinken der Pro-Kopf-Ersparnis. Land 2 wird bisher nicht tangiert, alle Größen bleiben konstant.

Mittelfristig führt die Reduktion der Pro-Kopf-Ersparnis zu einem kontinuierlichen Rückgang des Pro-Kopf-Kapitals. Dieser betrifft Land 1 und Land 2 im gleichen Maß, da der Zins stets identisch ist. Das Rentenvermögen pro Kopf bleibt unberührt. Mit dem Pro-Kopf-Kapital fallen auch der Lohn sowie die Pro-Kopf-Niveaus des Einkommens, des Konsums und der Ersparnis. Die Ersparnis fällt in beiden Ländern, und dies verstärkt den Rückgang des Pro-Kopf-Kapitals.

Im weiteren Zeitverlauf konvergiert die Wirtschaft gegen ein neues langfristiges Gleichgewicht. Die Pro-Kopf-Größen des Kapitals und des Auslandsvermögens bleiben wieder konstant. Kapital und Einkommen pro Kopf sind, ebenso wie der Lohn, in beiden Ländern gesunken. Im Land 1 sind Auslandsschulden entstanden, während im Land 2 ein Auslandsvermögen im gleichen Umfang aufgebaut wurde. In beiden Ländern sind der Pro-Kopf-Konsum und der Nutzen reduziert worden. Die zeitliche Entwicklung einzelner Variabler wird noch einmal in Abbildung IX.10 zusammengefaßt.

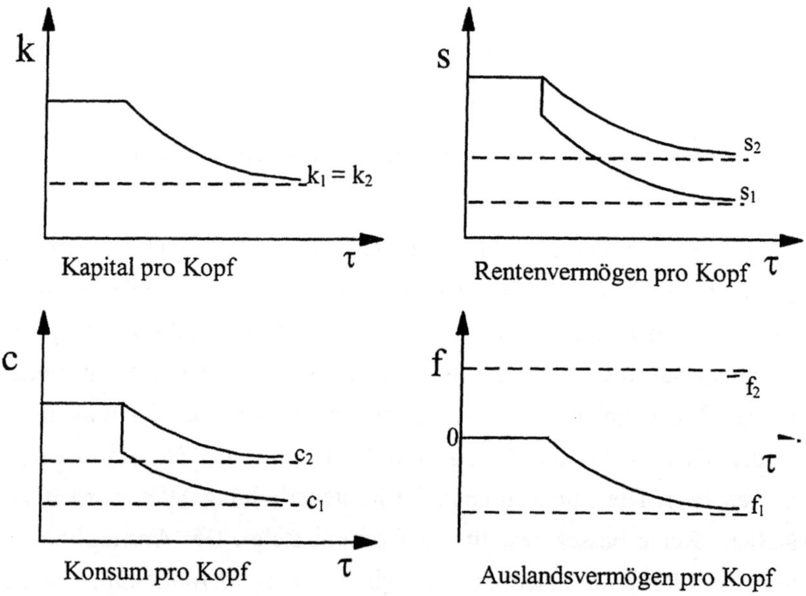

Abbildung IX.10: Zeitpfade - Erhöhung der Rente

Als Fazit kann festgehalten werden: *Eine Erhöhung der Rente pro Kopf führt - bei konstantem Budgetüberschuß pro Kopf - zu einer Reduktion des Konsums pro Kopf und des Nutzens und zwar in beiden Ländern für alle Generationen außer der ersten im Land 1. Diese erhält die höhere Pro-Kopf-Rente, obwohl sie dafür nicht gezahlt hat.*

4. Zusammenfassung

In diesem Kapitel wurde der Einfluß der Rente und ihrer Finanzierung in einer Zwei-Länder-Welt untersucht. Die Länder wurden mit Ausnahme der Rentenversicherung als identisch angenommen. Rente und Budgetüberschuß eines Landes wirken auf Auslandsvermögen, Kapital, Einkommen, Konsum und Nutzen in beiden Ländern. Untersucht wurde sowohl das langfristige Gleichgewicht als auch die Dynamik der Anpassung.

Für das Steady State wurde gezeigt: Sofern Land 1 die Rente erhöht, wird im Land 1 private Ersparnis verdrängt. Dies führt zu einer geringeren Kapitalbildung. Da die Arbitrage zum Zinsausgleich führt, betrifft die Reduktion des Kapitals beide Länder im gleichen Maß. Als Folge sinken Pro-Kopf-Einkommen, Pro-Kopf-Konsum und Nutzen in beiden Ländern. Im Land 1 ist die Reduktion des Konsums stärker, da dort das Auslandsvermögen reduziert wird, während es im Land 2 im gleichen Umfang erhöht wird.

Diesen negativen Folgen kann Land 1 entgegenwirken, indem es die Fundierung der Rente erhöht. Eine Erhöhung des Pro-Kopf-Budgetüberschusses führt zu einem Anstieg des Kapitals in beiden Ländern. Dabei nimmt das Auslandsvermögen im Land 1 zu, während es im Land 2 abnimmt. Ist die Höhe der Rente in beiden Ländern identisch, ergibt sich eine ausgeglichene Auslandsposition, wenn beide Länder den gleichen Budgetüberschuß pro Kopf realisieren. Bei ungleichen Budgetüberschüssen hält das Land mit dem höheren Pro-Kopf-Budgetüberschuß ein Auslandsvermögen, das mit dem niedrigeren Auslandsschulden. Sind die Budgetüberschüsse pro Kopf identisch, aber die Renten unterschiedlich, so hat das Land mit der höheren Rente Auslandsschulden, während das Land mit der niedrigeren Rente ein Auslandsvermögen besitzt. Finanzieren beide Länder die Rente im Kapitaldeckungsverfahren, ist die Auslandsposition immer ausgeglichen, unabhängig von den Niveaus der Renten. Dies ist darauf zurückzuführen, daß im Kapitaldeckungsverfahren eine höhere Rente durch einen höheren Budgetüberschuß ausgeglichen wird.

Eine Erhöhung des Pro-Kopf-Budgetüberschusses führt zu einem Anstieg des Pro-Kopf-Kapitals. Der durchschnittliche Konsum pro Kopf ist weltweit maximal, wenn die weltweite Kapitalausstattung optimal ist. In dieser Situation entspricht der Zins der Wachstumsrate. Offensichtlich kann jedes der Länder durch eine entsprechende Fixierung seines Pro-Kopf-Budgetüberschusses das optimale Kapital pro Kopf sicherstellen. Jeder Staat wird jedoch nicht am durchschnittlichen Konsum pro Kopf der Welt, sondern am Pro-Kopf-Konsum seiner Einwohner interessiert sein. Stellt nun Land 1 durch seinen Budgetüberschuß das optimale Kapital pro Kopf sicher, während Land 2 einen niedrigeren Budgetüberschuß pro Kopf fixiert, so kann der Konsum der Inländer im Land 1 durch eine Reduktion des Pro-Kopf-Budgetüberschusses erhöht werden. Dies geschieht auf Kosten der Bewohner des Landes 2, deren Pro-Kopf-Konsum sinkt. Insofern liegt der optimale Budgetüberschuß pro Kopf unterhalb dessen, der das weltweit optimale Pro-Kopf-Kapital sicherstellt. Andererseits erfordert ein maximaler Konsum im Land 1 einen Budgetüberschuß pro Kopf der größer ist als der im Land 2, so daß Land 1 ein Auslandsvermögen hält. Im Vergleich zu einer Situation mit gleichen Budgetüberschüssen und ausgeglichenen Auslandspositionen wird dadurch der Konsum pro Kopf in beiden Ländern erhöht.

Die Untersuchung der Anpassungsprozesse hat gezeigt, daß eine Erhöhung des Pro-Kopf-Budgetüberschusses im Land 1 kurzfristig eine höhere Steuer erfordert und deshalb zu einer Reduktion des Konsums pro Kopf im Land 1 führt. Dagegen wird der Pro-Kopf-Konsum im Land 2 kurzfristig nicht tangiert. Mittelfristig steigt das Kapital pro Kopf. Aufgrund der Zinsarbitrage geschieht dies in beiden Ländern. Damit steigen auch der Konsum pro Kopf und die Ersparnis pro Kopf - wiederum in beiden Ländern. Die erhöhte Ersparnis verstärkt den Anstieg des Kapitals. Im Land 2 wächst das private Vermögen; im Land 1 wachsen das private Vermögen und das Rentenvermögen. Deshalb baut Land 1 ein Auslandsvermögen auf, während sich Land 2 entsprechend verschuldet. Der Konsum pro Kopf im Land 1 wächst stärker als im Land 2, so daß langfristig die Einwohner des Landes 1 den höheren Konsumzuwachs erreichen.

Eine Erhöhung der Rente im Land 1 läßt dort die Pro-Kopf-Ersparnis der Jungen absinken. Land 2 wird davon zunächst nicht betroffen. Dann führt der Rückgang der Ersparnis in Land 1 zu einem Rückgang des Pro-Kopf-Kapitals in beiden Ländern. Dabei wird das Auslandsvermögen im Land 1 reduziert und das im Land 2 erhöht. Da aber der Lohn in beiden Ländern aufgrund des verringerten Kapitals sinkt, fällt die Ersparnis in beiden Ländern. Dies verstärkt den Rückgang der Kopfgrößen von Kapital, Einkommen und Konsum, was wiederum beide Länder betrifft. Am Ende ist das Kapital pro Kopf in beiden Ländern reduziert. Dadurch sind das Einkommen und der Konsum, jeweils pro Kopf, reduziert worden. Das Auslandsvermögen im Land 1 ist gesunken, das im Land 2 gestiegen. Deshalb ist der Konsumrückgang im Land 1 stärker als der im Land 2.

Anhang

Es soll bewiesen werden, daß für alle $b_1 > b_1'$ gilt: $df_1/db_1 > 0$. Dabei ist b_1' der kritische Budgetüberschuß pro Kopf im Land 1 (b_2 wird dabei als fixiert unterstellt). Da im Bereich stabiler Gleichgewichte stets $dk_1/db_1 > 0$ gilt, ist $df_1/db_1 > 0$ für $1 - \beta\delta r/(1+n) > 0$. Der kritische Zins $r^{\#}$ ist damit:

$$r^{\#} = (1+n)/\beta\delta \tag{A.1}$$

Der dazugehörige Wert von k_1 entspricht:

$$k_1^{\#} = \left(\frac{\alpha\beta\delta}{1+n}\right)^{1/\beta} \tag{A.2}$$

Der Gleichgewichtswert von k_1 wird durch

$$b_1 + b_2 = \frac{n}{1+\gamma n+\delta\alpha k_1^{-\beta}}\left[2(1+n)k_1 - 2\beta\delta k_1^{\alpha} + \frac{\delta(g_1+g_2)}{1+n} + \frac{\gamma(g_1+g_2)}{1+\alpha k_1^{-\beta}}\right] \tag{A.3}$$

bestimmt. Allerdings läßt sich daraus nicht das minimale k_1 ableiten. Da aber der kritische Wert b' fällt, wenn g fällt, wird der niedrigste mögliche Wert von b_1' bei $g_1 = g_2 = 0$ liegen, da $g_1, g_2 \geq 0$. Unter der Annahme $g_1 = g_2 = 0$ vereinfacht sich (A.3) zu:

$$b_1 = \frac{2(1+n)n}{1+\gamma n+\delta\alpha k_1^{-\beta}}\left[k_1 - \frac{\beta\delta}{1+n}k_1^{\alpha}\right] - b_2 \tag{A.4}$$

Durch Ableiten ergibt sich:

$$\frac{db_1}{dk_1} = \frac{2(1+n)n}{1+\gamma n+\delta\alpha k_1^{-\beta}}\left[1 - \frac{\beta\delta r}{1+n}\right] + \frac{2(1+n)n\alpha\beta\delta k_1^{-(1+\beta)}}{(1+\gamma n+\delta\alpha k_1^{-\beta})^2}\left[k_1 - \frac{\beta\delta}{1+n}k_1^{\alpha}\right]$$

(A.5)

Jetzt wird (A.5) an der Stelle $k_1 = k_1^{\#}$ ausgewertet. Der erste Ausdruck in (A.5) wird Null, da $1 - \beta\delta r/(1+n) = 0$ gilt, und der zweite Ausdruck vereinfacht sich zu:

$$\frac{db_1}{dk_1} = \frac{2(1+n)n\alpha\beta\delta {k^{\#}_1}^{-(1+\beta)}}{(1+\gamma n+\delta\alpha {k^{\#}_1}^{-\beta})^2}\left[1-\frac{1}{\alpha}\right]k^{\#} < 0 \qquad \text{(A.6)}$$

Bei $k_1 = k_1^{\#}$ gilt somit $db_1/dk_1 < 0$. Die Stabilitätsanalyse zeigt aber, daß $db_1/dk_1 < 0$ nur für $b_1 + b_2 < b'$ gültig sein kann. Folglich ist $df_1/db_1 > 0$, solange b_1 ein langfristiges Gleichgewicht erlaubt.•

X

Vergleich der Modelle

1. Einleitung

In der Arbeit wurde der Einfluß der Rente und der ihrer Finanzierung auf die Kapitalakkumulation, das Einkommen, den Konsum und die Wohlfahrt untersucht. Gegenstand der Untersuchung waren sowohl das langfristige Gleichgewicht als auch die Dynamik der Anpassung. Unterschiedliche Finanzierungsformen der Rente wurden durch ein allgemeines Modell der Rentenfinanzierung abgebildet.

Das allgemeine Modell der Rentenfinanzierung wurde in ein neoklassisches Wachstumsmodell integriert. Dabei wurde die Mikrofundierung der Konsum-Spar-Entscheidung durch ein Modell überlappender Generationen gegeben. Es wurde gezeigt, daß eine Rente die private Ersparnis der jungen Generation reduziert: Zum einen, da in der Jugend eine Steuer zur Finanzierung der Rente abgeführt werden muß, zum anderen, weil die Rente das Sparmotiv - die Altersvorsorge - verringert. Damit führt die Rente zu einem Rückgang der privaten Vermögensbildung. Die gesamtwirtschaftliche Vermögensbildung kann jedoch konstant gehalten werden, wenn die Rente fundiert wird, d.h. wenn ein Rentenvermögen den Rückgang des privaten Vermögens kompensiert. Untersucht wurde, welche Politik dazu erforderlich ist. Welche Fundierung ist optimal, und wie kann diese realisiert werden? Dabei kann sich die Optimalität auf das langfristige Gleichgewicht oder auf den Anpassungsprozeß beziehen.

Zur Steuerung der Entwicklung des Rentenvermögens hat der Staat bei einer fixierten Rente die Möglichkeit, zwischen zwei Instrumenten zu wählen:

dem Budgetüberschuß oder der Steuer. In einer wachsenden Wirtschaft muß der Staat das gewählte Instrumente proportional zur Bevölkerungsgröße fixieren, d.h. die Pro-Kopf-Größe wird fixiert. Sofern der Staat den Budgetüberschuß pro Kopf festlegt, ist die Steuer pro Kopf endogen. Fixiert er hingegen die Steuer pro Kopf, ergibt sich der Budgetüberschuß pro Kopf endogen. Beide Strategien wurden untersucht: In den Kapiteln I, IV, V, VI und IX fixiert der Staat den Budgetüberschuß pro Kopf. Die Steuer ergibt sich endogen. In den Kapiteln I, IV und V wurde die geschlossene Wirtschaft analysiert. Dabei wurde diese Politik zum einen in einer Wirtschaft ohne Vererbung, zum anderen in einer Wirtschaft mit Vererbung untersucht. Für die Ursachen der Vererbung wurden in den Kapiteln IV und V unterschiedliche Annahmen getroffen. In den Kapiteln VI und IX wurde der fixierte Budgetüberschuß in der offenen Wirtschaft untersucht. Dabei wurde in Kapitel VI eine kleine offene Wirtschaft und in Kapitel IX ein Zwei-Länder-Modell unterstellt. In den Kapiteln II und VII fixiert der Staat die Steuer pro Kopf, so daß der Budgetüberschuß angepaßt wird. Dabei wurde in Kapitel II die geschlossene Wirtschaft und in Kapitel VII die kleine offene Wirtschaft betrachtet. Weiter wurde in den Kapiteln III und VIII eine dynamisch optimale Strategie analysiert, zum einen für die geschlossenen Wirtschaft und zum anderen für die kleine offene Wirtschaft. Bei einer dynamisch optimalen Strategie verwendet der Staat den Budgetüberschuß pro Kopf, um eine Wohlfahrtsfunktion über einen unendlichen Horizont zu maximieren. Eine schematische Darstellung der Gliederung findet sich in Abbildung X.1.

Da sich am Ende jedes Kapitels eine Zusammenfassung findet, wird hier auf eine chronologische Zusammenfassung verzichtet. Statt dessen wird im folgenden ein Vergleich der verschiedenen Strategien in den unterschiedlichen Modellrahmen vorgenommen, d.h. es werden immer die Kapitel verglichen, die in Abbildung X.1 auf gleicher Ebene stehen. Dabei werden zunächst im 2. Abschnitt die Resultate der Analyse der langfristigen Gleichgewichte betrachtet, dann im 3. Abschnitt die unterschiedlichen Anpassungsprozesse. Der Vergleich von langfristigen Gleichgewichten beginnt mit den Modellen, in denen der Staat den Budgetüberschuß pro Kopf fixiert. Zunächst werden dabei die Modelle ohne Vererbung (Kapitel I, XI, IX), dann Modelle mit Vererbung betrachtet (Kapitel IV, V).

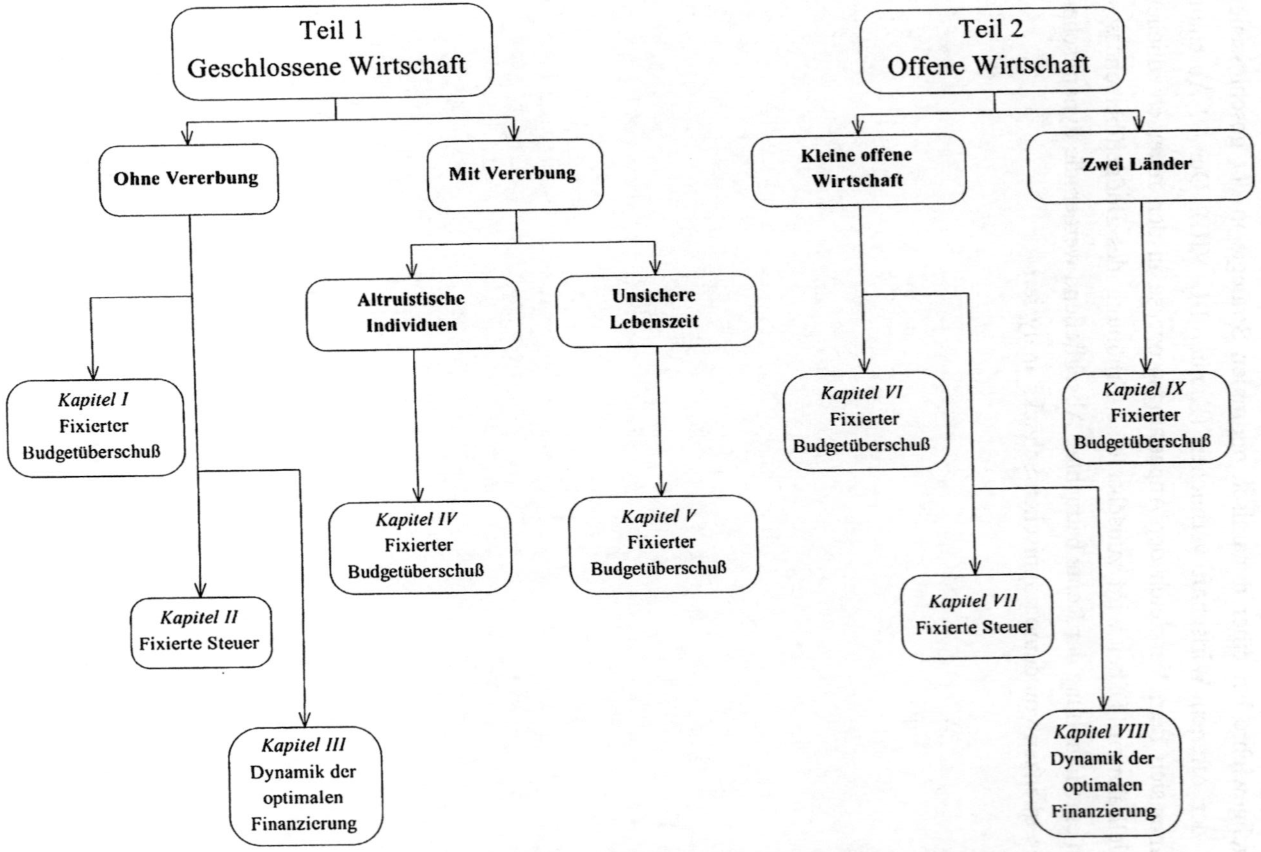

Abbildung X.1: Schematische Darstellung der Gliederung

Im Anschluß werden die Ergebnisse der Analyse einer fixierten Steuer in der geschlossenen und der kleinen offenen Wirtschaft einander gegenübergestellt (Kapitel II, VII). Im letzten Teil des 2. Abschnitts werden die langfristigen Gleichgewichte bei einer dynamisch optimalen Strategie in der geschlossenen und der offenen Wirtschaft verglichen (Kapitel III, VIII). Der 3. Abschnitt widmet sich dem Vergleich der Anpassungsprozesse in den unterschiedlichen Modellrahmen. Dabei wird zunächst eine Erhöhung des Budgetüberschusses, dann eine Erhöhung der Rente betrachtet. Abschließend werden die dynamischen Konsequenzen von demographischen Schocks analysiert.

2. Langfristiges Gleichgewicht

2.1. Fixierter Budgetüberschuß (ohne Vererbung)

Zunächst zur Strategie des fixierten Pro-Kopf-Budgetüberschusses in Modellen ohne Vererbung (Kapitel I, VI und IX). In allen Modellen existiert zumindest ein stabiles langfristiges Gleichgewicht. In der geschlossenen Wirtschaft und im Zwei-Länder-Modell können weitere Gleichgewichte existieren, die jedoch entweder instabil sind oder nur lokal, in sehr kleinen Intervallen, stabil sind. Der folgende Vergleich bezieht sich auf die stabilen Gleichgewichte.

In der *geschlossenen Wirtschaft* (Kapitel I) führt die Einführung einer Rente zu einer Reduktion der Pro-Kopf-Ersparnis. Sofern die Rente nicht fundiert wird, kommt es zu einer geringeren Kapitalbildung und damit zu einem niedrigeren Pro-Kopf-Einkommen. In einer dynamisch effizienten Wirtschaft wird dadurch der Pro-Kopf-Konsum gesenkt. Dieser Effekt kann durch eine Fundierung der Rente, d.h. durch einen Budgetüberschuß, kompensiert werden: Der Budgetüberschuß erzeugt ein Rentenvermögen, und dieses steht für die Kapitalakkumulation zur Verfügung. Im langfristigen Gleichgewicht führt eine Erhöhung des Pro-Kopf-Budgetüberschusses zu einer Erhöhung des Pro-Kopf-Kapitals und des Pro-Kopf-Einkommens. Solange die Wirtschaft dynamisch effizient ist, werden dadurch der Pro-Kopf-Konsum und die Wohlfahrt gesteigert. Bei einer optimalen Rentenfinanzierung wird der Pro-Kopf-Budgetüberschuß so fixiert, daß es zu einer optimalen Kapitalbildung kommt. Diese ermöglicht den höchsten Pro-Kopf-Konsum und damit den maximalen Nutzen.

In der *kleinen offenen Wirtschaft* (Kapitel V) mit perfekter Kapitalmobilität ist der Auslandszins gegeben. Die Zinsarbitrage sorgt dafür, daß der Inlandszins immer dem Auslandszins entspricht. Das Kapital paßt sich dann stets so an, daß sein Grenzprodukt dem Zins entspricht. Somit sind das Pro-Kopf-Kapital und das Pro-Kopf-Einkommen im Inland konstant. Die inländische Vermögensbildung bestimmt das Ausmaß, in dem Inländer ausländisches Kapital oder Ausländer inländisches Kapital besitzen, mit anderen Worten das Auslandsvermögen. Die Höhe des Auslandsvermögens wirkt dann auf das Einkommen der Inländer und damit auf den Konsum und die Wohlfahrt. Langfristig führt eine Erhöhung des Budgetüberschusses zu einer Erhöhung des Auslandsvermögens und des Einkommens der Inländer. Sofern die Wirtschaft dynamisch effizient ist, werden dadurch der Konsum und die Wohlfahrt gesteigert. Es gilt, je höher der Budgetüberschuß, desto niedriger die Steuer und desto höher der Konsum und die Wohlfahrt.

In einer *Zwei-Länder-Welt* (Kapitel IX) führt die Einführung einer Rente im Land 1 zu einem Rückgang der privaten Vermögensbildung. Sofern die Rente nicht fundiert wird, kommt es zu einer geringeren Kapitalbildung. Da die Arbitrage zum Zinsausgleich führt, betrifft die Reduktion des Pro-Kopf-Kapitals beide Länder im gleichen Maß. Als Folge sinken die Pro-Kopf-Einkommen und in einer dynamisch effizienten Wirtschaft auch Pro-Kopf-Konsum und Nutzen in beiden Ländern. Im Land 1 ist die Reduktion des Konsums stärker, da dort das Auslandsvermögen reduziert wird, während es im Land 2 im gleichen Umfang erhöht wird. Diesen negativen Folgen kann Land 1 entgegenwirken, indem es die Fundierung der Rente erhöht. Eine Erhöhung des Budgetüberschusses pro Kopf führt zu einem Anstieg des Kapitals in beiden Ländern. Dabei nimmt das Auslandsvermögen im Land 1 zu, während es im Land 2 abnimmt. Ist die Höhe der Rente und des Budgetüberschusses in beiden Ländern identisch, so ist die Auslandsposition ausgeglichen. Bei ungleichen Budgetüberschüssen hält das Land mit dem höheren Budgetüberschuß ein Auslandsvermögen, das mit dem niedrigeren Auslandsschulden. Sind die Budgetüberschüsse identisch, aber die Renten unterschiedlich, so hat das Land mit der höheren Rente Auslandsschulden, während das Land mit der niedrigeren Rente ein Auslandsvermögen besitzt. Da eine Erhöhung des Budgetüberschusses zu einem Anstieg des Kapitals führt, kann Land 1 den Konsum pro Kopf beider Länder maximieren. Jeder Staat wird jedoch nicht am Konsum pro Kopf der Welt, sondern am Pro-Kopf-Konsum seiner Einwohner interessiert sein. Stellt nun Land 1 durch seinen Budgetüberschuß das weltweit optimale Kapital pro Kopf sicher, während Land 2 einen niedrigeren Budgetüberschuß pro Kopf fixiert, so kann der Konsum der Einwohner des Landes 1 durch eine Reduktion des Pro-Kopf-Budgetüberschusses erhöht werden. Dies geschieht auf Kosten der Einwohner des Landes 2, deren

Pro-Kopf-Konsum sinkt. Insofern liegt der national optimale Budgetüberschuß unterhalb dessen, der das weltweit optimale Kapital sicherstellt. Andererseits erfordert ein maximaler Konsum im Land 1 einen Budgetüberschuß pro Kopf, der größer ist als der im Land 2, so daß Land 1 ein Auslandsvermögen hält. Im Vergleich zu einer Situation mit gleichen Budgetüberschüssen und ausgeglichenen Auslandspositionen wird dadurch der Konsum pro Kopf in beiden Ländern erhöht.

Wie wirken nun die häufig diskutierten speziellen Finanzierungsverfahren: das Kapitaldeckungsverfahren und das Umlageverfahren? Im Kapitaldeckungsverfahren bilden die Steuereinnahmen dieser Periode das Rentenvermögen der nächsten Periode. Die Rente wird in jeder Periode durch das bestehende Rentenvermögen und die darauf erzielten Zinsen finanziert. In diesem System kompensiert das Rentenvermögen genau den Rückgang der Ersparnis. Somit wird in der *geschlossenen Wirtschaft* das Pro-Kopf-Kapital und in der *offenen Wirtschaft* das Pro-Kopf-Auslandsvermögen nicht tangiert. Da im Kapitaldeckungsverfahren eine höhere Rente durch einen höheren Budgetüberschuß ausgeglichen wird, ist bei *zwei Ländern*, die sich nur in der Höhe ihrer Renten unterscheiden, die Auslandsposition immer ausgeglichen, wenn beide Länder die Rente im Kapitaldeckungsverfahren finanzieren.

Im Umlageverfahren decken die Steuereinnahmen einer Periode genau die Rentenausgaben derselben Periode. Der Budgetüberschuß ist Null, und es besteht kein Rentenvermögen. Da die Rente die private Pro-Kopf-Ersparnis reduziert und dieses nicht durch einen Budgetüberschuß kompensiert wird, ist in der *geschlossenen Wirtschaft* das Pro-Kopf-Kapital und in der *offenen Wirtschaft* das Pro-Kopf-Auslandsvermögen kleiner als im Kapitaldeckungsverfahren.

2.2. Fixierter Budgetüberschuß (mit Vererbung)

Zwei Ursachen für Vererbung wurden untersucht. In Kapitel IV wurde *Altruismus gegenüber den Kindern* angenommen, und in Kapitel V wurde

Unsicherheit über die Lebenszeit unterstellt. Dabei wurde jeweils eine geschlossene Wirtschaft angenommen.

Sofern *Eltern altruistisch gegenüber ihren Kindern* sind, berücksichtigt jede Generation den Nutzen der nachfolgenden Generation. Somit haben die Individuen trotz einer endlichen Lebenszeit einen unendlichen Planungshorizont. Sofern der Altruismus gegenüber der nachfolgenden Generation genügend stark ausgeprägt ist, werden die Eltern planmäßig Vererbungen vornehmen. Dies führt dazu, daß Konsum und Ersparnis unabhängig von der Höhe der Rente und der Form ihrer Finanzierung sind. Die Einführung einer Rente im Umlageverfahren reduziert die Ersparnis der Jungen und erhöht die Vererbung der Alten. Insgesamt bleibt die private Vermögensbildung unberührt. Bei einer Fundierung der Rente über einen Budgetüberschuß, reduzieren die Privaten die Vererbung, so daß die Vermögensbildung insgesamt unberührt bleibt. Rente und Budgetüberschuß haben somit gegenläufige Effekte auf die Vererbung. Damit entscheiden sie darüber, ob es in der Wirtschaft zu Vererbung kommt oder nicht. Übersteigt das Rentenvermögen ein kritisches Niveau, fällt die Vererbung auf Null. Jenseits dieser Randlösung ist das Rentenversicherungssystem somit nicht mehr neutral. Dieses kritische Niveau ist um so höher, je höher die Rente ist. Sofern das Vererbungsmotiv durch eine entsprechende Wahl des Budgetüberschusses unwirksam ist, wird die Wirtschaft nicht mehr durch das Modell altruistischer Individuen beschrieben, sondern durch das egoistischer. In diesem sind Kapital und Einkommen nicht unabhängig von der Höhe der Rente.

Im Umlageverfahren erhöht die Rente in vollem Umfang die Vererbung der Alten. Im Gegenzug reduzieren die Jungen ihre Pro-Kopf-Ersparnis im Umfang der Kopfsteuer. Die private Vermögensbildung insgesamt wird nicht tangiert. Im Kapitaldeckungsverfahren kompensieren sich der die Vererbung erhöhende Effekt der Rente und der die Vererbung reduzierende Effekt des Budgetüberschusses. Die Höhe der Vererbung wird nicht tangiert. Wie im Modell ohne Vererbung reduzieren die Jungen ihre Ersparnis im Umfang der Steuer. Die dadurch ausgelöste Reduktion der privaten Vermögensbildung wird durch das Rentenvermögen kompensiert, somit bleibt das Pro-Kopf-Kapital unverändert. Die optimale Rentenfinanzierung maximiert den Pro-Kopf-Konsum. Sofern Eltern den Konsum ihrer Kinder geringer schätzen als den eigenen, liegt der Pro-

Kopf-Konsum unterhalb des maximalen. Insofern erhöht die optimale Finanzierung das Pro-Kopf-Kapital und den Pro-Kopf-Konsum. Dies impliziert, daß es bei einer optimalen Finanzierung immer zu einer Randlösung ohne Vererbung kommt. Der aggregierte Vermögenstransfer zur nächsten Generation übersteigt den individuell gewünschten. Dadurch wird jedoch die Wohlfahrt aller Generationen erhöht.

Im Kapitel V wurde *Vererbung aufgrund einer unsicheren Lebenszeit* angenommen. Die Eigenschaften dieses Modells entsprechen im wesentlichen denen des Modells ohne Unsicherheit mit egoistischen Haushalten. Die Einführung einer Rente reduziert die private Pro-Kopf-Ersparnis der Jungen, die keine Erbschaft erhalten haben. Dafür sind zwei Gründe verantwortlich: Zum einen muß in der Jugend eine Steuer zur Finanzierung der Rente abgeführt werden, zum anderen reduziert die Rente das Sparmotiv der Altersvorsorge. Diese Reduktion der Ersparnis führt zu einer geringeren Vererbung. Damit sinkt die Ersparnis von Individuen, die eine Erbschaft erhalten, in noch stärker. Die Reduktion der Pro-Kopf-Ersparnis führt, sofern die Rente nicht fundiert wird, zu einer geringeren Kapitalbildung und damit zu niedrigeren Pro-Kopf-Einkommen und Pro-Kopf-Konsum. Eine Fundierung der Rente, durch einen Budgetüberschuß, kann den Rückgang der Ersparnis kompensieren: Der Budgetüberschuß erzeugt ein Rentenvermögen, und dieses steht für die Kapitalakkumulation zur Verfügung.

Eine optimale Finanzierung der Rente stellt das optimale Pro-Kopf-Kapital sicher. Dieses erlaubt den maximalen Pro-Kopf-Konsum und Nutzen. Wie numerische Simulationen zeigen, ist es empirisch sinnvoll anzunehmen, daß der Budgetüberschuß pro Kopf im Kapitaldeckungsverfahren kleiner als der optimale ist. Dies ist zum Teil darauf zurückzuführen, daß das Pro-Kopf-Kapital durch eine im Kapitaldeckungsverfahren finanzierte Rente reduziert wird. Das Rentenvermögen kann den Rückgang des privaten Vermögens nicht kompensieren, da die Pro-Kopf-Ersparnis der Jungen um mehr als die zur Finanzierung der Rente gezahlte Steuer gesenkt wird. Zu dieser starken Reaktion der Pro-Kopf-Ersparnis kommt es, da für das Individuum die Altersvorsorge über die Rente günstiger ist als über die private Ersparnis. Im Gegensatz zum Modell ohne Unsicherheit ist das Kapitaldeckungsverfahren somit bezüglich der Kapitalakkumulation nicht neutral. Im Umlageverfahren ist der Budgetüberschuß Null, und somit ist der Kapitalstock geringer als im Kapitaldeckungsverfahren. Da schon diese kleiner als die optimale ist, reduziert das Umlageverfahren die Wohlfahrt.

Sofern die Rente optimal finanziert wird, stellt der Budgetüberschuß den optimalen Kapitalstock sicher. In diesem Fall ist es für die Individuen optimal, die gesamte Altersvorsorge über die Rente zu treffen. Dies ist darauf zurückzuführen, daß es dann nicht mehr zu Vererbung kommt, die - in diesem Modell - dem Vererbenden keinen Nutzen stiftet.

2.3. Fixierte Steuer

Nun soll gezeigt werden, welche Konsequenzen sich ergeben, wenn der Staat nicht den Budgetüberschuß pro Kopf, sondern die Steuer pro Kopf fixiert. Die Strategie einer fixierten Steuer wurde im Kapitel II für die *geschlossene Wirtschaft* und im Kapitel VII für die *offene Wirtschaft* untersucht. Dabei wurde jeweils ein primärer Budgetüberschuß der Rentenversicherung angenommen, bei dem die Steuereinnahmen die Rentenausgaben übersteigen. In der *geschlossenen Wirtschaft* existiert ein stabiles langfristiges Gleichgewicht. Weiter können zwei instabile Gleichgewichte existieren. Diese Zusammenfassung konzentriert sich auf das stabile Gleichgewicht. Dieses ist immer dynamisch ineffizient, d.h. der Zins ist kleiner als die Wachstumsrate der Bevölkerung.

In der *kleinen offenen Wirtschaft* entspricht - bei unterstellter perfekter Kapitalmobilität - der Inlandszins dem exogen gegebenen Auslandszins. Insofern kann die fixierte Steuer nicht zur dynamischen Ineffizienz führen. Die Analyse zeigt, daß nur dann ein stabiles Gleichgewicht existiert, wenn die Wirtschaft dynamisch ineffizient ist, d.h. wenn der exogene Auslandszins kleiner ist als die ebenfalls exogene Wachstumsrate. Im realistischen Fall einer dynamisch effizienten Wirtschaft existiert kein stabiles Gleichgewicht.

Wie sind diese Ergebnisse kausal zu begründen? Da die Steuereinnahmen die Rentenausgaben übersteigen, entsteht ein Budgetüberschuß, der das Rentenvermögen vergrößert. Auf das Rentenvermögen werden Zinsen erzielt, die wiederum den Budgetüberschuß vergrößern. Der Budgetüberschuß steigt Periode um Periode, als Folge wächst das Rentenvermögen kontinuierlich. In der *geschlossenen Wirtschaft* vergrößert das Rentenvermögen das Kapital. Dadurch sinkt der Zins. Solange der Zins größer als die Wachstumsrate der Bevölkerung ist, wächst das Rentenvermögen schneller als die Bevölkerung. Folglich wächst das Pro-Kopf-Rentenvermögen und damit das Pro-Kopf-Kapital. Erst wenn der Zins unter die Wachstumsrate der Bevölkerung sinkt, wird das Wachstum des Pro-Kopf-Rentenvermögens und damit des Pro-Kopf-Kapitals gebremst. Durch die Steuer wird der Konsum pro Kopf reduziert. Insofern ist die fixierte Steuer in der geschlossenen Wirtschaft keine sinnvolle Strategie.

In der *offenen Wirtschaft* vergrößert das Rentenvermögen das Auslandsvermögen. Zins und Kapital pro Kopf bleiben konstant. Ist der Zins größer als die Wachstumsrate, wird das Wachstum des Pro-Kopf-Rentenvermögens und des Pro-Kopf-Auslandsvermögens nicht abgebremst. Die Wachstumsraten des Rentenvermögens und des Auslandsvermögens werden durch den Zins bestimmt und sind somit größer als die Wachstumsrate der Bevölkerung. Folglich steigen die Pro-Kopf-Größen kontinuierlich. Das Rentenvermögen wächst und wird zur Akkumulation des Auslandsvermögens verwendet; die darauf erzielten Zinsen vergrößern wieder das Rentenvermögen. Für den Konsum bleibt dies ohne Konsequenzen, da das Pro-Kopf-Einkommen, die Steuer und die Rente unbeweglich sind. Es erscheint sehr unwahrscheinlich, daß der Staat angesichts eines gegen unendlich gehenden Rentenvermögens - welches keinerlei positive Effekte aufweist - diese Steuer aufrechterhalten wird. Empirisch ist der Zins größer als die Wachstumsrate der Bevölkerung, und somit wird eine Strategie einer fixierten Steuer nicht durchgehalten werden.

Ist der Zins kleiner als die Wachstumsrate, wachsen Rentenvermögen und Auslandsvermögen langsamer als die Bevölkerung, so daß die Pro-Kopf-Größen gegen konstante Werte konvergieren. Der Konsum pro Kopf wird aufgrund der dynamischen Ineffizienz durch die fixierte Steuer reduziert. Somit ist die fixierte Steuer auch unter diesen Annahmen keine sinnvolle Strategie.

2.4. Dynamik der optimalen Finanzierung

Im Kapitel III wurde die Dynamik einer optimalen Finanzierung der Rente in der *geschlossenen Wirtschaft* und im Kapitel VIII in der *offenen Wirtschaft* untersucht. Der Staat maximiert eine Wohlfahrtsfunktion über einen unendlichen Horizont. Der Nutzen zukünftiger Generationen wird mit der sozialen Zeitpräferenzrate diskontiert. Die Pro-Kopf-Rente ist fixiert, und der Staat verwendet den Pro-Kopf-Budgetüberschuß und die Pro-Kopf-Steuer zur Optimierung der Wohlfahrtsfunktion.

Bei der Untersuchung der *geschlossenen Wirtschaft* wurde gezeigt, daß ein eindeutiges langfristiges Gleichgewicht existiert. Das Pro-Kopf-Kapital, das Pro-Kopf-Einkommen und der Pro-Kopf-Konsum sind unabhängig von der Höhe der Rente. Ihre Niveaus hängen ausschließlich von Parametern der Produktionsfunktion, der Bevölkerungswachstumsrate und der sozialen Zeitpräferenzrate ab. Der Staat verwendet den Pro-Kopf-Budgetüberschuß dazu, das optimale Pro-Kopf-Kapital sicherzustellen. Dabei gilt, je niedriger die Zeitpräferenz, desto höher sind das Pro-Kopf-Kapital und der Budgetüberschuß pro Kopf. Eine Erhöhung der Pro-Kopf-Rente führt zu einer Reduktion der Pro-Kopf-Ersparnis. Da das Pro-Kopf-Kapital aber unabhängig von der Rente ist, muß der Rückgang der Ersparnis vollständig durch den Budgetüberschuß kompensiert werden.

In der *kleinen offenen Wirtschaft* existiert ein langfristiges Gleichgewicht nur dann, wenn die Zeitpräferenz in einem bestimmten Verhältnis zum exogen gegebenen Zins und zum Bevölkerungswachstum steht. Ist diese Bedingung erfüllt, ergibt sich ein langfristiges Gleichgewicht, das abhängig von der Ausgangssituation ist. Als Resultat der dynamischen Optimierung erhalten alle Generationen den gleichen Konsum pro Kopf. Deshalb muß das Auslandsvermögen pro Kopf im Anpassungsprozeß konstant gehalten werden. Dies impliziert die Konstanz der Kopfsteuer, des Pro-Kopf-Budgetüberschusses und des Rentenvermögens pro Kopf. Bei der Einführung einer Rentenversicherung erfüllen nur zwei Finanzierungsverfahren die Anforderung eines im Zeitablauf konstanten Rentenvermögens: das Umlageverfahren und das Kapitaldeckungsverfahren. Wie gezeigt wurde, wird im Kapitaldeckungsverfahren ein größeres

Auslandsvermögen als im Umlageverfahren realisiert. Deshalb ist die Wohlfahrt im Kapitaldeckungsverfahren immer höher als die im Umlageverfahren. Dies bedeutet jedoch nicht, daß ein Wechsel vom Umlageverfahren zum Kapitaldeckungsverfahren dynamisch optimal ist (vgl. Abschnitt 3.1.).

3. Dynamik der Anpassung

3.1. Erhöhung des Budgetüberschusses

Eine Erhöhung des Budgetüberschusses pro Kopf erfordert zunächst höhere Steuern. Kurzfristig bleiben aber in der *geschlossenen Wirtschaft* (Kapitel I) das Kapital pro Kopf und in der *offenen Wirtschaft* (Kapitel VI) das Auslandsvermögen pro Kopf konstant. Damit bleibt auch das Einkommen pro Kopf (respektive das Einkommen der Inländer) konstant. Somit senkt die Steuererhöhung den Pro-Kopf-Konsum. In einer *Zwei-Länder-Welt* (Kapitel IX) gilt selbiges für Land 1, in dem der Budgetüberschuß erhöht wird. Das andere Land wird kurzfristig nicht tangiert.

Mittelfristig führt der erhöhte Budgetüberschuß zu einem Anwachsen des Pro-Kopf-Rentenvermögens. Damit steigt in der *geschlossenen Wirtschaft* das Pro-Kopf-Kapital und in der *offenen Wirtschaft* das Pro-Kopf-Auslandsvermögen. Dies läßt auch das Pro-Kopf-Einkommen (der Inländer) und den Pro-Kopf-Konsum anwachsen. In der *Zwei-Länder-Welt* wachsen Kapital und Einkommen in beiden Ländern. Das Auslandsvermögen nimmt im Land 1 zu, während es im Land 2 im gleichen Maß abnimmt.

Langfristig konvergiert die Wirtschaft gegen ein neues Steady State. In diesem sind Kapital bzw. Auslandsvermögen, Einkommen und Konsum, jeweils pro Kopf, auf einem im Vergleich zur Ausgangssituation höheren Niveau konstant. Damit wurde gezeigt, daß durch eine Erhöhung des Budgetüberschusses pro Kopf die Wohlfahrt im langfristigen Gleichgewicht zwar verbessert wird, dafür aber mindestens eine Generation schlechter gestellt wird. Folglich ist diese Politik nicht Pareto-effizient.

Im Kapitel III wurde für die *geschlossene Wirtschaft* eine *dynamisch optimale Anpassung des Budgetüberschusses* abgeleitet. Dabei maximiert der Staat eine Wohlfahrtsfunktion über einen unendlichen Horizont. Als Resultat ist das langfristige Gleichgewicht sattelpunktstabil. Damit existiert ein eindeutiger optimaler Anpassungspfad. Dann wurde ein Wechsel zur optimalen Finanzierung analysiert. Dabei wurde folgendes angenommen: Bisher hat der Staat die langfristigen Konsequenzen der Rentenfinanzierung nicht beachtet. Die Rente wurde im Umlageverfahren finanziert. Die optimale Politik besteht darin, den Pro-Kopf-Budgetüberschuß kurzfristig über das langfristig notwendige Niveau hinaus anzuheben. Daraus resultiert ein im Vergleich zu einer einmaligen Erhöhung des Budgetüberschusses noch stärkerer Rückgang des Pro-Kopf-Konsums. Als Folge wächst das Pro-Kopf-Kapital mittelfristig schneller und damit auch die Pro-Kopf-Größen des Einkommens, des Konsums und der Ersparnis. Die gestiegene Pro-Kopf-Ersparnis erlaubt einen Rückgang des Pro-Kopf-Budgetüberschusses. Die Wirtschaft konvergiert schneller als bei einer einmaligen Anhebung des Budgetüberschusses in ein neues langfristiges Gleichgewicht. Es wurde somit gezeigt, daß es in der geschlossenen Wirtschaft dynamisch optimal ist, die höchsten Kosten der Anpassung der ersten Generation aufzuerlegen. Dieses Ergebnis ist konträr zu dem in der *kleinen offenen Wirtschaft:* Für diese wurde bewiesen, daß ein Wechsel der Rentenfinanzierung, d.h. eine Erhöhung des Budgetüberschusses, nicht dynamisch effizient ist. Sofern das Umlageverfahren einmal eingeführt wurde, ist es dynamisch optimal, dieses beizubehalten. Der Grund liegt darin, daß der Wohlfahrtsverlust, den die Generationen erleiden, die den Wechsel finanzieren, genau den Wohlfahrtsgewinn der übrigen Generationen ausgleicht. Dieses Ergebnis mag auf die (notwendigen) restriktiven Annahmen über die Zeitpräferenz zurückzuführen sein. Diese muß in einem festen Verhältnis zu dem exogenen Zins und der exogenen Bevölkerungswachstumsrate stehen.

Sofern *Vererbung* aufgrund von *Altruismus gegenüber den Kindern* vorliegt (Kapitel IV), läßt die Erhöhung des Budgetüberschusses den Pro-Kopf-Konsum der Jungen und der Alten konstant. Dies gilt sowohl langfristig als auch im Anpassungsprozeß. Die Erhöhung des Budgetüberschusses pro Kopf läßt zunächst die Pro-Kopf-Ersparnis der Jungen und die Pro-Kopf-Vererbung der Alten sinken. Mittelfristig wächst das Rentenvermögen, so daß die Kopfsteuer gesenkt werden kann. Bei konstantem Pro-Kopf-Konsum der Jungen steigt die Ersparnis pro Kopf. Im Alter erhalten die Individuen eine geringere Erbschaft. Deshalb vererben sie selbst weniger. In dem Maß, in dem das Rentenvermögen wächst, fällt die Vererbung und damit das Vermögen der Privaten. Die Vermögensbildung insgesamt und damit das Pro-Kopf-Kapital bleiben konstant. Völlig anders sieht der Anpassungsprozeß aus, wenn die *Vererbung* aufgrund einer *unsicheren Lebenszeit* (Kapitel V) zustande kommt. Die dynamische Entwicklung gleicht dann im wesentlichen der, die im Modell egoistischer Individuen mit sicherer Lebenszeit (Kapitel I) ausgelöst wird.

3.2. Erhöhung der Rente

Eine Erhöhung der Rente reduziert kurzfristig die private Ersparnis. Wenn diese Reduktion der privaten Ersparnis nicht durch einen höheren Budgetüberschuß ausgeglichen wird, sinkt in der *geschlossenen Wirtschaft* (Kapitel I) mittelfristig das Pro-Kopf-Kapital und in der *offenen Wirtschaft* (Kapitel VI) das Auslandsvermögen pro Kopf. Damit sinken auch der Konsum pro Kopf und die Ersparnis pro Kopf. Dies verstärkt den Rückgang des Pro-Kopf-Kapitals bzw. des Pro-Kopf-Auslandsvermögens. Langfristig konvergieren die Pro-Kopf-Größen wieder gegen konstante, im Vergleich zum Ausgangsniveau niedrigere Werte. Im Anpassungsprozeß wird die Wohlfahrt aller Generationen außer der ersten - welche die höhere Rente bezieht, obwohl sie nicht dafür gezahlt hat - reduziert. Der Anpassungsprozeß bei einer Erhöhung der Rente gleicht im wesentlichen dem, der durch einen Anstieg der Zeitpräferenz ausgelöst wird.

Erhöht in einer *Zwei-Länder-Welt* (Kapitel IX) Land 1 die Rente, so wird dort die Ersparnis pro Kopf reduziert. Als Folge fällt das Kapital pro Kopf in beiden Ländern. Damit gehen die Pro-Kopf-Größen des Einkommens, des Konsums und der Ersparnis zurück. Dies betrifft beide Länder. Gleichzeitig fällt im Land 1 das Auslandsvermögen, während es im Land 2 ansteigt. In beiden Ländern wird die Wohlfahrt für alle Generationen, außer der ersten, reduziert. Dabei ist die Reduktion des Nutzens im Land 1 stärker als im Land 2.

Um die negativen Folgen einer Rentenerhöhung oder eines Anstiegs der Zeitpräferenz auszugleichen, muß auch der Budgetüberschuß pro Kopf erhöht werden. Damit das Pro-Kopf-Kapital durch eine Rentenerhöhung nicht tangiert wird, muß die zusätzliche Rente im Kapitaldeckungsverfahren finanziert werden. Für diese *kapitalgedeckte Rentenerhöhung* werden zwei Szenarien betrachtet. Im ersten wird die von den derzeit Jungen im Alter bezogene Rente angehoben. Zur Finanzierung dieser Rente wird den Jungen eine Steuer in Höhe des Barwerts der Rentenerhöhung auferlegt. Als Folge von Renten- und Steuererhöhung reduzieren die Jungen die Pro-Kopf-Ersparnis um den Betrag der Steuererhöhung. Im gleichen Umfang steigt jedoch der Pro-Kopf-Budgetüberschuß, so daß die Vermögensbildung nicht beeinflußt wird. In den folgenden Perioden gleicht das Rentenvermögen den Rückgang des privaten Vermögens aus, so daß in der *geschlossenen Wirtschaft* das Pro-Kopf-Kapital und in der kleinen *offenen Wirtschaft* das Pro-Kopf-Auslandsvermögen konstant bleibt. Diese Politik ist sowohl in der *geschlossenen Wirtschaft* (Kapitel III) wie auch in der *offenen Wirtschaft* (Kapitel VIII) *dynamisch optimal.*

Im zweiten Szenario wird die Rente sofort erhöht. Die zum Zeitpunkt der Rentenerhöhung Alten beziehen diese Rente, obwohl sie nicht dafür gezahlt haben. Somit wird ihre Wohlfahrt eindeutig erhöht. Mindestens eine andere Generation muß dafür eine Reduktion ihrer Wohlfahrt hinnehmen. Sofern der Staat den Pro-Kopf-Budgetüberschuß zum Zeitpunkt der Rentenerhöhung auf das Niveau anhebt, das langfristig die zusätzliche Rente im Kapitaldeckungsverfahren finanziert, bedeutet dies für die in der ersten Periode Jungen eine Steuererhöhung, die größer ist als der Barwert der Rentenerhöhung. Die dadurch ausgelöste Reduktion der Ersparnis kann zunächst nicht durch den Budgetüberschuß kompensiert werden. Folglich sinkt in der *geschlossenen Wirtschaft* das Kapital pro Kopf und in der *offenen Wirtschaft* das Auslandsvermögen pro Kopf. Als Folge gehen in beiden Fällen das Pro-Kopf-Einkommen und der Pro-Kopf-Konsum zurück. Mittelfristig steigt das Rentenvermögen pro Kopf und damit das Kapital pro Kopf bzw. das Auslandsvermögen pro Kopf. Dies führt zu steigenden Pro-Kopf-Einkommen und zu einer höheren Pro-Kopf-Ersparnis der Jungen. Langfristig konvergieren in der *geschlossenen Wirtschaft* das Pro-Kopf-Kapital und in der *offenen Wirtschaft* das Pro-Kopf-Auslandsvermögen gegen ihre ursprünglichen Niveaus. Damit kehren auch das Einkommen pro Kopf und der Konsum pro Kopf auf ihre ursprünglichen Werte zurück.

Wird eine Rentenerhöhung für die derzeit Alten sowie die Alten aller zukünftigen Generationen *dynamisch optimal* finanziert, so wird in der *geschlossenen Wirtschaft* (Kapitel III) der aggregierte Pro-Kopf-Konsum in jeder Periode konstant gehalten. Dies erfordert, daß die Rentenerhöhung langfristig kapitalgedeckt finanziert wird. Kurzfristig ist das Rentenvermögen aber konstant. Da die Rentenerhöhung den Konsum der Alten in der ersten Generation erhöht, müssen die in dieser Periode Jungen die Last tragen. Sie müssen die Rente der Alten finanzieren und mit dem Aufbau des Rentenvermögens beginnen. Der induzierte Anpassungsprozeß führt dazu, daß die Kinder derer, die zum Zeitpunkt der Rentenerhöhung jung waren, einen höheren Konsum pro Kopf erhalten als ohne Rentenerhöhung. Dann werden aber deren Kinder wieder schlechter gestellt. Diese intergenerationelle Umverteilung läßt diese Politik nicht als sinnvoll erscheinen. In der *offenen Wirtschaft* (Kapitel VIII) wird der aggregierte Konsum einmalig reduziert und verbleibt dann auf dem reduzierten Niveau konstant. Dies wird dadurch erreicht, daß die Rentenerhöhung umlagefinanziert wird.

Sofern *Vererbung aufgrund von Altruismus* vorliegt (Kapitel IV), führt eine Rentenerhöhung, bei konstantem Budgetüberschuß pro Kopf, zu einer Steuererhöhung. Der Pro-Kopf-Konsum wird jedoch weder kurzfristig noch langfristig tangiert. Dies impliziert, daß die Jungen ihre Ersparnis entsprechend der Steuererhöhung senken und die Alten ihre Vererbung entsprechend der Rentenerhöhung steigern. Damit bleibt die private Vermögensbildung insgesamt konstant, und somit bleibt auch das Pro-Kopf-Kapital unverändert. Die Rentenerhöhung verändert somit nur die Zusammensetzung des Vermögens: Sie erhöht den geerbten Anteil, und sie reduziert den im Lebenszyklus gebildeten Anteil. Bei *Vererbung aufgrund unsicherer Lebenszeit* (Kapitel V) führt die Rentenerhöhung zu ähnlichen Anpassungsprozessen wie bei egoistischen Individuen mit sicherer Lebenszeit (Kapitel I).

3.3. Demographische Schocks

Die Bundesrepublik - wie auch viele andere Industrienationen - wird durch verschiedene demographische Schocks getroffen: Zum ersten befinden sich derzeit besonders geburtenstarke Jahrgänge auf dem Arbeitsmarkt. Zum zweiten ist die Wachstumsrate in den letzten Jahrzehnten zurückgegangen, und sie wird, wie Prognosen zeigen, zumindest für eine längere Zeit auf einem niedrigen Niveau verharren. Zum dritten ist die Lebenserwartung deutlich gestiegen, so daß die Zahl der Rentner zugenommen hat. Diese Schocks werden in verschiedenen Modellen untersucht.

Das Auftreten von *geburtenstarken Jahrgängen* wird als *transitorischer Anstieg der Bevölkerungswachstumsrate* modelliert. Dieser führt zu einem Anstieg der Bevölkerung - sie ist in allen Folgeperiode größer, als sie ohne Schock wäre. Bei einem festen Budgetüberschuß wird das langfristige Gleichgewicht durch diesen Schock nicht tangiert. Kurzfristig reduziert der Bevölkerungsanstieg jedoch das Vermögen pro Kopf. In der *geschlossenen Wirtschaft* (Kapitel I) sinkt das Kapital pro Kopf und in der *offenen Wirtschaft* (Kapitel VI) das Auslandsvermögen pro Kopf. Gleichzeitig wird kurzfristig das Verhältnis zwischen Jungen und Alten zu Gunsten der Jungen verändert. Deshalb kann die Steuer pro Kopf reduziert werden. Die durch den Vermögensrückgang ausgelöste Reduktion des Pro-Kopf-Einkommens bzw. des Einkommens der Inländer wird jedoch nicht durch die niedrigere Steuer kompensiert. In den Folgeperioden ist das Verhältnis zwischen Jungen und Alten wieder durch die konstante Wachstumsrate determiniert. Gleichzeitig steigt jedoch das Vermögen pro Kopf und damit das Einkommen (der Inländer). Insofern leiden die geburtenstarken Jahrgänge am meisten unter diesem Schock.

Worin besteht nun die *dynamisch optimale Reaktion* auf den *transitorischen Anstieg der Bevölkerungswachstumsrate*? Im Kapitel III wurde für die geschlossene Wirtschaft gezeigt, daß ein möglichst schneller Wiederaufbau des Pro-Kopf-Kapitals die Wohlfahrtsfunktion maximiert. Dazu müssen die geburtenstarken Jahrgänge eine weitere Reduktion ihres Konsums hinnehmen. Im Gegensatz dazu wird in *der kleinen offenen Wirtschaft* (Kapitel

VIII) der Konsumverlust, den die geburtenstarken Jahrgänge ohne Reaktion des Staates erleiden würden, über alle zukünftigen Generationen verteilt. Somit wird das langfristige Gleichgewicht geändert. Ursächlich dafür ist, daß das langfristige Gleichgewicht immer von der Ausgangssituation abhängig ist (vgl. Abschnitt 2.4.).

Nun zu einem *permanentem Rückgang der Bevölkerungswachstumsrate.* Dieser verändert im Gegensatz zum transitorischen Anstieg der Wachstumsrate das langfristige Gleichgewicht. Allerdings können bei einem permanenten Rückgang des Bevölkerungswachstums schon die langfristigen Effekte nicht eindeutig und allgemein abgeleitet werden. In der geschlossenen Wirtschaft kann das Kapital pro Kopf steigen oder fallen, und in der offenen Wirtschaft kann die Änderung des Auslandsvermögens pro Kopf nicht bestimmt werden. Damit sind auch die Wirkungen auf das Einkommen pro Kopf und den Konsum pro Kopf nicht eindeutig. Für die speziellen Finanzierungsverfahren wurde jedoch in der *geschlossenen Wirtschaft* gezeigt, daß im optimalen Verfahren und im Kapitaldeckungsverfahren Kapital pro Kopf und Konsum pro Kopf steigen, wenn die Bevölkerungswachstumsrate zurückgeht. Allerdings ergibt sich kein eindeutiger Effekt auf den Nutzen. Dieser kann in Abhängigkeit von der Wachstumsrate vor und nach dem Schock steigen oder fallen. In der *offenen Wirtschaft* wird im Kapitaldeckungsverfahren das Auslandsvermögen pro Kopf zunehmen. Damit steigen auch das Einkommen der Inländer pro Kopf und der Pro-Kopf-Konsum. Im Umlageverfahren kann durch einen Rückgang der Wachstumsrate das Kapital pro Kopf (bzw. das Auslandsvermögen pro Kopf) und der Konsum pro Kopf erhöht oder gesenkt werden. Je höher die Rente und je niedriger die Wachstumsrate, desto eher wird eine Reduktion des Kapitals pro Kopf (bzw. des Auslandsvermögens pro Kopf) und des Konsums pro Kopf hervorgerufen. Allerdings ist die Wirkung auf den Nutzen nicht eindeutig.

Bei der *Analyse der Dynamik*, die durch einem *permanenten Rückgang* der Bevölkerungswachstumsrate ausgelöst wird, ist unterstellt worden, daß langfristig in der *geschlossenen Wirtschaft* das Kapital pro Kopf und in der *offenen Wirtschaft* das Auslandsvermögen pro Kopf ansteigt. Im Anpassungsprozeß ist dann der Pro-Kopf-Konsum für alle Generationen nach dem Rückgang der

Wachstumsrate höher als für die Generationen vor dem Rückgang. Dadurch ergibt sich jedoch wiederum kein eindeutiger Effekt auf den Nutzen.

Bei einer *dynamisch optimalen Reaktion* des Staates führt ein Rückgang des Bevölkerungswachstums in der *geschlossenen Wirtschaft* langfristig zu einer Erhöhung der Pro-Kopf-Größen des Kapitals, des Konsums und des Rentenvermögens. Im Anpassungsprozeß steigen der Konsum pro Kopf und das Kapital pro Kopf kontinuierlich. Der Budgetüberschuß pro Kopf wird zum Zeitpunkt des Schocks angehoben und dann reduziert. Somit erhalten die ersten Generationen geringere und spätere Generationen höhere Konsumzuwächse als bei festem Budgetüberschuß pro Kopf. In der *kleinen offenen Wirtschaft* kann eine dynamisch optimale Reaktion auf diesen Schock nicht sinnvoll analysiert werden, da die Zeitpräferenz in einem festen Verhältnis zu Zins und Wachstumsrate stehen muß. Insofern müßte es mit Veränderungen der Wachstumsrate, auch zu Veränderungen anderer exogener Größen kommen.

Eine *erhöhte Lebenserwartung* wurde im Modell mit *unsicherer Lebenszeit* (Kapitel V) untersucht. Die Wahrscheinlichkeit des repräsentativen Individuums, sein Rentenalter auch tatsächlich zu erleben, steigt. Ein Anstieg der Überlebenswahrscheinlichkeit macht eine höhere Steuer zur Finanzierung der Rente notwendig. Die Steuererhöhung reduziert die private Ersparnis. Gleichzeitig kommt es zu einer geringeren Vererbung. Beides führt zu einem weiteren Rückgang der Pro-Kopf-Ersparnis und damit zu einer geringeren Vermögensbildung. Dies führt zu einem Absinken des Pro-Kopf-Kapitals und Pro-Kopf-Einkommens. Sofern die Individuen allerdings die erhöhte Wahrscheinlichkeit eines längeren Lebens registrieren, werden sie auch entsprechende Vorsorge treffen und demgemäß mehr für das Alter sparen. Dieser Effekt auf die private Vermögensbildung ist in der Regel deutlich stärker als der über die Steuererhöhung ausgelöste, so daß es unter diesen Bedingungen bei einer Alterung der Bevölkerung zu einem Anstieg des Kapitals und Einkommens pro Kopf kommt.

Resultat

Eine Rente reduziert die private Pro-Kopf-Ersparnis der jungen Generation. Damit führt die Rente zu einem Rückgang des privaten Vermögens. Als Folge sinkt in der geschlossenen Wirtschaft das Pro-Kopf-Kapital und in der offenen Wirtschaft das Pro-Kopf-Auslandsvermögen. Die gesamtwirtschaftliche Vermögensbildung kann jedoch konstant gehalten werden, wenn die Rente fundiert wird, d.h. wenn ein Rentenvermögen den Rückgang des privaten Vermögens kompensiert.

Zur Steuerung der Entwicklung des Rentenvermögens stehen dem Staat bei einer fixierten Rente zwei Instrumente zur Verfügung: der Budgetüberschuß pro Kopf und die Steuer pro Kopf. Fixiert der Staat den Budgetüberschuß, so muß die Steuer endogen sein. Fixiert er hingegen die Steuer, ergibt sich der Budgetüberschuß endogen. Die Analyse hat gezeigt, daß der fixierte Budgetüberschuß zu einem stabilen langfristigen Gleichgewicht führt. Dagegen ist das langfristige Gleichgewicht bei einer fixierten Steuer entweder instabil oder dynamisch ineffizient. Folglich sollte der Staat den Budgetüberschuß fixieren.

Eine Erhöhung des Budgetüberschusses führt langfristig in der geschlossenen Wirtschaft zu einem Anstieg des Kapitals pro Kopf und in der offenen zu einem Anstieg des Auslandsvermögens. Sofern die Wirtschaft dynamisch effizient ist, werden dadurch der Konsum pro Kopf und die Wohlfahrt erhöht. In der geschlossenen Wirtschaft kann der Staat über einen optimalen Budgetüberschuß das optimale Kapital pro Kopf sicher stellen. Dadurch wird die Wohlfahrt maximiert. Der optimale Budgetüberschuß ist um so höher, je höher die Rente ist. Auch wird im Kapitaldeckungsverfahren der Budgetüberschuß der Rente endogen angepaßt. Dabei kompensiert der Budgetüberschuß genau den durch die Rente ausgelösten Rückgang der Ersparnis, so daß die gesamtwirtschaftliche Vermögensbildung nicht tangiert wird. Der Budgetüberschuß im Kapital-

Umlageverfahren ist der Budgetüberschuß Null, und es existiert kein Rentenvermögen. Folglich reduziert das Umlageverfahren den Kapitalstock und damit die Wohlfahrt.

Eine Erhöhung des Budgetüberschusses erfordert kurzfristig eine Steuererhöhung. Dagegen bleiben Vermögen und Einkommen kurzfristig konstant. Somit senkt die Steuererhöhung den Konsum und die Wohlfahrt. Folglich muß mindestens eine Generation leiden, um langfristig die Wohlfahrt zu erhöhen. In der geschlossenen Wirtschaft ist es dynamisch optimal, die höchsten Kosten der Anpassung der ersten Generation aufzuerlegen. Dadurch wird eine Wohlfahrtsfunktion, die den Nutzen der derzeit lebenden Generationen wie auch den diskontierten Nutzen aller zukünftig lebenden Generationen berücksichtigt, maximiert.

Tatsächlich wird die Kapitalbildung in den meisten Industrienationen nicht nur durch die umlagefinanzierte Sozialversicherung, sondern auch noch durch die Staatsverschuldung behindert. Dabei sind negative Konsequenzen der Staatsverschuldung den Politikern und der Öffentlichkeit in den letzten Jahren deutlicher geworden. Es zeigt sich, daß unter diesen Umständen eine Politik des Abbaus der Staatsverschuldung durchaus möglich ist. So ist zu hoffen, daß auch die quantitativ noch bedeutsamere Verdrängung des Kapitals durch das Umlageverfahren in das Bewußtsein rückt. Dann mag auch eine höhere Fundierung, die zwar die derzeit lebenden Generationen belastet, aber langfristig die Wohlfahrt verbessert, durchsetzbar sein.

Symbole

A, a	Rentenvermögen, Rentenvermögen pro Kopf
B, b	Budgetüberschuß, Budgetüberschuß pro Kopf
C, c	Konsum, Konsum pro Kopf
C^1, c^1	Konsum während der Jugend, Pro-Kopf-Konsum während der Jugend
C^2, c^2	Konsum während des Alters, Pro-Kopf-Konsum während des Alters
C^2_{-1}, c^2_{-1}	Konsum der Alten in der laufenden Periode, Pro-Kopf-Konsum der Alten in der laufenden Periode
E, e	Leistungsbilanzüberschuß, Leistungsbilanzüberschuß pro Kopf
F, f	Auslandsvermögen, Auslandsvermögen pro Kopf
G, g	Rentenausgaben, Rente pro Kopf
I, i	Investitionen, Investitionen pro Kopf
i	Index
j	Index
K, k	Kapital, Kapital pro Kopf
L	Lagrange-Funktion
N, n	Zahl der Jungen, Bevölkerungswachstumsrate
p	Funktionssymbol
Q, q	Erbschaft, Erbschaft pro Kopf
q	Funktionssymbol
r	Zins
S, s	Ersparnis (der Jungen), Ersparnis pro Kopf (der Jungen)
T, t	Steuereinnahmen, Steuer pro Kopf
u	Nutzen
V, v	Privates Vermögen, Privates Vermögen pro Kopf
W, w	Lohnsumme, Lohn
W	Wohlfahrtsfunktion
X, x	Nettoexport, Nettoexport pro Kopf
Y, y	Einkommen, Einkommen pro Kopf
α	Kapitalelastizität
β	Arbeitselastizität

γ	Parameter der Nutzenfunktion
δ	Parameter der Nutzenfunktion
λ	Faktor der Langrange-Nebenbedingung
μ	Konstante
η	Konstante
π	Überlebenswahrscheinlichkeit
$\tilde{\pi}$	Subjektive Überlebenswahrscheinlichkeit
θ	Individuelle Zeitpräferenz
ρ	Soziale Zeitpräferenz, Interpersonelle Zeitpräferenzrate
τ	Zeitindex

Anhang

Tabellarische Darstellung der Simulationen

Tabelle zu Box I.1: Numerisches Beispiel - Erhöhung des Budgetüberschusses

τ	b	k	a	y	w	r	t	s	c^1	c^2	c	u	g/w	t/w	s/w
-1	0	0,0276	0,0000	0,488	0,390	3,537	0,1236	0,0669	0,1996	0,6037	0,4483	0,3107	0,77	0,32	0,17
0	0,0701	0,0276	0,0000	0,488	0,390	3,537	0,1937	0,0285	0,1679	0,4024	0,4166	0,2382	0,77	0,50	0,07
1	0,0701	0,0406	0,0289	0,527	0,422	2,594	0,1188	0,0568	0,2460	0,4590	0,4118	0,3157	0,71	0,28	0,13
2	0,0701	0,0642	0,0408	0,577	0,462	1,799	0,1203	0,0677	0,2739	0,4770	0,4630	0,3419	0,65	0,26	0,15
3	0,0701	0,0736	0,0457	0,593	0,475	1,613	0,1200	0,0714	0,2833	0,4823	0,4798	0,3505	0,63	0,25	0,15
4	0,0701	0,0771	0,0477	0,599	0,479	1,554	0,1196	0,0727	0,2869	0,4841	0,4856	0,3537	0,63	0,25	0,15
5	0,0701	0,0785	0,0485	0,601	0,481	1,532	0,1194	0,0733	0,2883	0,4848	0,4877	0,3549	0,62	0,25	0,15
6	0,0701	0,0791	0,0489	0,602	0,482	1,523	0,1193	0,0735	0,2888	0,4851	0,4886	0,3554	0,62	0,25	0,15
7	0,0701	0,0793	0,0490	0,602	0,482	1,519	0,1192	0,0735	0,2891	0,4851	0,4890	0,3556	0,62	0,25	0,15
∞	0,0701	0,0795	0,0491	0,603	0,482	1,517	0,1192	0,0736	0,2892	0,4853	0,4892	0,3558	0,62	0,25	0,15

Angenommene Parameterwerte: $\alpha = 0,2$; $\beta = 0,8$; $\gamma = 0,6$; $\delta = 0,4$; $g = 0,3$; $n = 1,427$

Tabelle zu Box I.2: Numerisches Beispiel - Erhöhung der Rente

τ	g	k	a	y	w	r	t	s	c^1	c^2	c	u	g/w	t/w	s/w
-2	0,2	0,0818	0,0351	0,606	0,485	1,483	0,0804	0,1134	0,2910	0,4816	0,4894	0,356	0,41	0,17	0,23
-1	0,2	0,0818	0,0351	0,606	0,485	1,483	0,0804	0,1134	0,2910	0,5816	0,4894	0,384	0,41	0,17	0,23
0	0,3	0,0818	0,0351	0,606	0,485	1,483	0,1216	0,0792	0,2840	0,5159	0,5236	0,361	0,62	0,25	0,16
1	0,3	0,0677	0,0351	0,584	0,467	1,725	0,1131	0,0761	0,2776	0,5093	0,4902	0,354	0,64	0,24	0,16
2	0,3	0,0664	0,0351	0,581	0,465	1,752	0,1122	0,0758	0,2771	0,5087	0,4869	0,353	0,65	0,24	0,16
3	0,3	0,0662	0,0351	0,581	0,465	1,754	0,1121	0,0758	0,2770	0,5087	0,4866	0,353	0,65	0,24	0,16
4	0,3	0,0662	0,0351	0,581	0,465	1,754	0,1121	0,0758	0,2770	0,5087	0,4866	0,353	0,65	0,24	0,16
5	0,3	0,0662	0,0351	0,581	0,465	1,755	0,1121	0,0758	0,2770	0,5087	0,4866	0,353	0,65	0,24	0,16
∞	0,3	0,0662	0,0351	0,581	0,465	1,755	0,1121	0,0758	0,2770	0,5087	0,4866	0,353	0,65	0,24	0,16

Angenommene Parameterwerte: $\alpha = 0,2$; $\beta = 0,8$; $\gamma = 0,6$; $\delta = 0,4$; $b = 0,05$; $n = 1,427$

Tabelle zu Box II.1: Numerisches Beispiel - Transitorischer primärer Budgetüberschuß

τ	t	b	k	a	y	w	r	r_j	s	c^1	c^2	c	u
-1	0,1236	0,0000	0,0276	0,0000	0,488	0,390	3,537	0,052	0,0669	0,1996	0,6037	0,4483	0,3107
0	0,1360	0,0124	0,0276	0,0000	0,488	0,390	3,537	0,052	0,0600	0,1941	0,5594	0,4428	0,2965
1	0,1236	0,0169	0,0298	0,0051	0,495	0,396	3,322	0,050	0,0631	0,2095	0,5473	0,4400	0,3077
2	0,1236	0,0265	0,0351	0,0091	0,512	0,409	2,918	0,047	0,0640	0,2218	0,5287	0,4473	0,3139
3	0,1236	0,0377	0,0410	0,0146	0,528	0,422	2,576	0,043	0,0644	0,2343	0,5103	0,4521	0,3199
4	0,1236	0,0489	0,0481	0,0216	0,545	0,436	2,267	0,040	0,0652	0,2472	0,4962	0,4575	0,3267
5	0,1236	0,0583	0,0559	0,0290	0,562	0,449	2,010	0,037	0,0664	0,2593	0,4871	0,4637	0,3337
6	0,1236	0,0654	0,0633	0,0360	0,576	0,461	1,818	0,035	0,0678	0,2693	0,4819	0,4700	0,3399
7	0,1236	0,0704	0,0697	0,0418	0,587	0,470	1,684	0,033	0,0690	0,2770	0,4791	0,4756	0,3449
8	0,1236	0,0737	0,0747	0,0462	0,595	0,476	1,594	0,032	0,0700	0,2825	0,4775	0,4799	0,3485
9	0,1236	0,0758	0,0782	0,0494	0,601	0,481	1,536	0,032	0,0707	0,2863	0,4766	0,4830	0,3510
10	0,1236	0,0773	0,0807	0,0516	0,605	0,484	1,498	0,031	0,0712	0,2888	0,4761	0,4852	0,3527
∞	0,1236	0,0799	0,0857	0,0560	0,612	0,490	1,427	0,030	0,0722	0,2937	0,4752	0,4895	0,3560

Angenommene Parameterwerte: $\alpha = 0{,}2$; $\beta = 0{,}8$; $\gamma = 0{,}6$; $\delta = 0{,}4$; $g = 0{,}3$; $n = 1{,}427$

Tabelle zu Box III.1: Numerisches Beispiel - Wechsel zur optimalen Finanzierung

τ	b	k	a	y	w	g	r	r_j	t	s	c^1	c^2	c	u
-2	0,00000	0,0276	0,0000	0,488	0,390	0,300	3,537	0,052	0,1236	0,0669	0,1996	0,6037	0,4483	0,311
-1	0,00000	0,0276	0,0000	0,488	0,390	0,300	3,537	0,052	0,1236	0,0669	0,1996	0,5200	0,4483	0,293
0	0,02137	0,0276	0,0000	0,488	0,390	0,216	3,537	0,052	0,1105	0,0654	0,2142	0,5533	0,4284	0,313
1	0,01360	0,0357	0,0088	0,514	0,411	0,300	2,874	0,046	0,1119	0,0711	0,2279	0,5635	0,4559	0,327
2	0,01350	0,0385	0,0092	0,521	0,417	0,300	2,708	0,045	0,1121	0,0728	0,2321	0,5665	0,4643	0,332
3	0,01346	0,0394	0,0094	0,524	0,419	0,300	2,661	0,044	0,1121	0,0733	0,2334	0,5675	0,4668	0,333
4	0,01345	0,0396	0,0094	0,524	0,419	0,300	2,647	0,044	0,1122	0,0735	0,2338	0,5677	0,4676	0,333
5	0,01345	0,0397	0,0094	0,525	0,420	0,300	2,643	0,044	0,1122	0,0735	0,2339	0,5678	0,4678	0,334
6	0,01345	0,0397	0,0094	0,525	0,420	0,300	2,641	0,044	0,1122	0,0736	0,2339	0,5678	0,4679	0,334
7	0,01345	0,0397	0,0094	0,525	0,420	0,300	2,641	0,044	0,1122	0,0736	0,2339	0,5678	0,4679	0,334
∞	0,01345	0,0397	0,0094	0,525	0,420	0,300	2,641	0,044	0,1122	0,0736	0,2339	0,5678	0,4679	0,334

Angenommene Parameterwerte: $\alpha = 0{,}2$; $\beta = 0{,}8$; $\gamma = 0{,}6$; $\delta = 0{,}4$; $\rho = 0{,}5$; $g = 0{,}3$; $n = 1{,}427$

Tabelle zu Box IV.1: Numerisches Beispiel - Anstieg der interpersonellen Zeitpräferenz

τ	k	y	w	r	r_j	s	c^1	c^2	c	q	t
-1	0,0397	0,525	0,420	2,641	0,044	0,0621	0,2339	0,5678	0,4679	0,0343	0,1236
0	0,0397	0,525	0,420	2,641	0,044	0,0621	0,2339	0,6206	0,4679	0,0126	0,1236
1	0,0397	0,525	0,420	2,641	0,044	0,0705	0,2256	0,5981	0,4813	0,0132	0,1236
2	0,0342	0,509	0,407	2,977	0,047	0,0663	0,2174	0,5918	0,4639	0,0135	0,1236
3	0,0327	0,505	0,404	3,083	0,048	0,0650	0,2151	0,5900	0,4589	0,0135	0,1236
4	0,0323	0,503	0,403	3,114	0,048	0,0647	0,2145	0,5895	0,4576	0,0136	0,1236
5	0,0322	0,503	0,402	3,123	0,048	0,0646	0,2143	0,5893	0,4572	0,0136	0,1236
∞	0,0322	0,503	0,402	3,125	0,048	0,0645	0,2142	0,5893	0,4570	0,0136	0,1236

Angenommene Parameterwerte: $\alpha = 0{,}2$; $\beta = 0{,}8$; $\gamma = 0{,}6$; $\delta = 0{,}4$; $\rho = 0{,}5$; $g = 0{,}3$; $n = 1{,}427$

Tabelle zu Box VI.1: Numerisches Beispiel - Erhöhung des Budgetüberschusses

τ	b	a	k	f	y	y+rf	w	x	e	t	s	c^1	c^2	c	u
-1	0,0000	0,0000	0,0487	-0,0199	0,546	0,502	0,437	0,0162	-0,0284	0,1236	0,0699	0,2436	0,5268	0,4607	0,332
0	0,0544	0,0000	0,0487	-0,0199	0,546	0,502	0,437	0,0489	0,0042	0,1780	0,0482	0,2110	0,4562	0,4280	0,287
1	0,0544	0,0224	0,0487	-0,0065	0,546	0,532	0,437	0,0478	0,0333	0,1277	0,0683	0,2412	0,5214	0,4291	0,328
2	0,0544	0,0316	0,0487	0,0111	0,546	0,571	0,437	0,0085	0,0333	0,1070	0,0766	0,2536	0,5483	0,4684	0,345
3	0,0544	0,0354	0,0487	0,0183	0,546	0,587	0,437	-0,0077	0,0333	0,0985	0,0800	0,2587	0,5594	0,4846	0,352
4	0,0544	0,0370	0,0487	0,0212	0,546	0,594	0,437	-0,0144	0,0333	0,0950	0,0814	0,2608	0,5639	0,4913	0,355
5	0,0544	0,0377	0,0487	0,0225	0,546	0,597	0,437	-0,0171	0,0333	0,0935	0,0820	0,2617	0,5658	0,4940	0,356
∞	0,0544	0,0381	0,0487	0,0233	0,546	0,599	0,437	-0,0185	0,0340	0,0925	0,0824	0,2623	0,5671	0,4954	0,357

Angenommene Parameterwerte: $\alpha = 0,2$; $\beta = 0,8$; $\gamma = 0,6$; $\delta = 0,4$; $g = 0,3$; $n = 1,427$; $r = 2,243$

Tabelle zu Box VI.2: Numerisches Beispiel - Erhöhung der Rente

τ	g	k	f	a	y	y+rf	w	x	e	t	s	c^1	c^2	c	u
-2	0,2	0,0487	0,0104	0,0140	0,546	0,570	0,437	-0,0085	0,0148	0,0710	0,1095	0,2567	0,5551	0,4854	0,3495
-1	0,2	0,0487	0,0104	0,0140	0,546	0,570	0,437	-0,0085	0,0148	0,0710	0,1095	0,2567	0,6551	0,4854	0,3495
0	0,3	0,0487	0,0104	0,0140	0,546	0,570	0,437	-0,0435	-0,0201	0,1122	0,0745	0,2505	0,5416	0,5204	0,3679
1	0,3	0,0487	-0,0040	0,0140	0,546	0,537	0,437	0,0033	-0,0057	0,1122	0,0745	0,2505	0,5416	0,4736	0,3410
2	0,3	0,0487	-0,0040	0,0140	0,546	0,537	0,437	0,0033	-0,0057	0,1122	0,0745	0,2505	0,5416	0,4736	0,3410
∞	0,3	0,0487	-0,0040	0,0140	0,546	0,537	0,437	0,0033	-0,0057	0,1122	0,0745	0,2505	0,5416	0,4736	0,3410

Angenommene Parameterwerte: $\alpha = 0{,}2$; $\beta = 0{,}8$; $\gamma = 0{,}6$; $\delta = 0{,}4$; $b = 0{,}02$; $n = 1{,}427$, $r = 2{,}243$

Literaturverzeichnis

Aaron, H.J. (1966) The Social Insurance Paradox. *Canadian Journal of Economics and Political Science* 32: 371 - 374.

Abel, A.B. (1985) Precautionary Saving and Accidental Bequests. *American Economic Review* 75: 777 - 791.

Abel, A.B. (1987a) Aggregate Savings in the Presence of Private and Social Insurance. In: R. Dornbusch, S. Fischer und J. Bossons, Hg., *Macroeconomics and Finance.* Cambridge: MIT Press.

Abel, A.B. (1987b) Operative Gift and Bequest Motives. *American Economic Review* 77: 1037 - 1047.

Abel, A.B. (1989) Birth, Death and Taxes. *Journal of Public Economics* 39: 1 - 15.

Abel, A.B., N.G. Mankiw, L.H. Summers und R.J. Zeckhauser (1987) Assessing Dynamic Efficiency: Theory and Evidence. *Review of Economic Studies* 56: 1 - 20.

Alesie, R., A. Lusardie und A. Kapteyn (1995) *Saving and Wealth Holdings of the Elderly.* Economics Institute Discussion Paper, Tilburg.

Altig, D. und S.J. Davis (1993) Borrowing Constraints and Two-Sided Altruism with an Application to Social Security. *Journal of Economic Dynamics and Control* 17: 467 - 496.

Atkinson, A.B. und J.E. Stiglitz (1980) *Lectures on Public Economics.* New York: McGraw-Hill.

Auerbach, A.J. und L.J. Kotlikoff (1987) *Dynamic Fiscal Policy.* Cambridge: Cambridge University Press.

Auerbach, A.J., L.J. Kotlikoff, R.P. Hagemann und G. Nicoletti (1989) The Economic Dynamics of an Ageing Population: The Case of Four OECD Countries. *OECD Economic Sudies* 12: 97 - 129.

Azariadis, C. (1993) *Intertemporal Macroeconomics.* Oxford: Blackwell.

Balsako, Y., D. Cass und K. Shell (1980) Existence of Competitive Equilibrium in a General Overlapping Generations Model. *Journal of Economic Theory* 23: 307 -322.

Balsako, Y. und K. Shell (1980) The Overlapping-Generations Model, I: The Case of Pure Excange without Money. *Journal of Economic Theory* 23: 281 -306.

Barro, R.J. (1974) Are Government Bonds Net Wealth? *Journal of Political Economy* 82: 1095 - 1117.

Barro, R.J. (1978) *The Impact of Social Security on Private Saving - Evidence from U.S. Time Series.* Washington: American Enterprise Institute for Public Policy Research.

Barro, R.J. und J.W. Friedman (1977) On Uncertain Lifetimes. *Journal of Political Economy* 85: 843 - 849.

Barro, R.J. und X. Sala-i-Martin (1992) Public Finance in Models of Economic Growth. *Review of Economic Studies* 59: 645 - 661.

Barro, R.J. und X. Sala-i-Martin (1995) *Economic Growth.* New York: McGraw-Hill.

Becker, G.S. (1974) A Theory of Social Interactions. *Journal of Political Economy* 82: 1063 - 1094.

Berthold, N. und B. Külp (1987) *Rückwirkungen ausgewählter Systeme der Sozialen Sicherung auf die Funktionsfähigkeit der Marktwirtschaft.* Berlin: Dunker & Humblot.

Blanchard, O.J. (1985) Debt, Deficits and Finite Horizons. *Journal of Political Economy* 93: 223 - 247.

Blanchard, O.J. und S. Fischer (1989) *Lectures on Macroeconomics.* Cambridge: MIT Press.

Blümle, G. (1990) Der Einfluß verschiedener Alterssicherungssysteme auf das private Sparverhalten. In: B. Gahlen, H. Hesse und H.J. Ramser, Hg., *Theorie und Politik der Sozialversicherung.* Tübingen: J.C.B. Mohr.

Boadway, R., M. Marchand und P. Pestieau (1991) Pay-As-You-Go Social Security in a Changing Environment. *Journal of Population Economics* 4: 257 - 280.

Börsch-Supan, A. (1992) Population Aging, Social Security Design, and Early Retirement. *Journal of Institutional and Theoretical Economics* 148: 533 - 557.

Börsch-Supan, A. (1994) Migration, Social Security Systems, and Public Finance. In: H. Siebert, Hg., *Migration: A Challenge for Europe.* Tübingen: J.C.B. Mohr.

Börsch-Supan, A. und K. Stahl (1991) Life Cycle Savings and Consumption Constraints. Theory, Empirical Evidence, and Fiscal Implications. *Journal of Population Economics* 4: 233 - 255.

Bräuninger, M. (1994) *The Influence of Labour Growth on Capital Accumulation under a Pay-As-You-Go Social Security.* Institut für Theoretische Volkswirtschaftslehre, Universität der Bundeswehr, Hamburg.

Bräuninger, M. (1995a) *The Dynamics of Social Security with Generalised Finance.* Institut für Theoretische Volkswirtschaftslehre, Universität der Bundeswehr, Hamburg.

Bräuninger, M. (1995b) *Generalised Social Security Finance in a Two Country World.* Institut für Theoretische Volkswirtschaftslehre, Universität der Bundeswehr, Hamburg.

Bräuninger, M. (1996a) *Dynamics of Optimal Social Security Finance.* Institut für Theoretische Volkswirtschaftslehre, Universität der Bundeswehr, Hamburg.

Bräuninger, M. (1996b) Capital Accumulation under a Pay-As-You-Go Social Security: The Influence of Labour Growth. *International Journal of Social Economics* 23: 226 - 235.

Breyer, F. (1989) On the Intergenerational Pareto Efficiency of Pay-as-you-go Financed Pension Systems. *Journal of Institutional and Theoretical Economics* 145: 643 - 658.

Breyer, F. (1990) *Ökonomische Theorie der Alterssicherung.* München: Vahlen.

Breyer, F. und M. Kolmar (1995) *Does the Common Labor Market Imply the Need for a European Pension System?* Fakultät für Wirtschaftswissenschaften und Statistik, Konstanz.

Breyer, F. und M. Straub (1993) Welfare Effects of Unfunded Pension Systems when Labor Supply is Endogenous. *Journal of Public Economics* 50: 77 - 91.

Breyer, F. und D.E. Wildasin (1993) Steady State Welfare Effects of Social Security in a Large Open Economy. In: B. Felderer, Hg., *Public Pension Economics, Journal of Economics, Suppl. 7.* Wien: Springer-Verlag.

Brunner, J.K. (1990) Optimale Pensionsverträge im overlapping-generations-Modell. *Finanzarchiv* 48: 467 - 484.

Brunner, J.K. (1994) Redistribution and the Efficiency of the Pay-as-you-go Pension System. *Journal of Institutional and Theoretical Economics* 150: 511 - 523.

Brunner, J.K. (1996) Transition from a Pay-As-You-Go to a Fully Funded Pension System: The Case of Differing Individuals and Intragenerational Fairness. *Journal of Public Economics* 60: 131 - 146.

Buiter, W.H. (1979) Government Finance in an Overlapping-Generations Model with Gifts and Bequests. In: G.M. von Furstenberg, Hg., *Social Security Versus Private Saving.* Cambridge: Ballinger.

Buiter, W.H. (1980) Crowding out of Private Capital Formation by Government Borrowing in the Presence of Intergenerational Gifts and Bequests. *Greek Economic Review* 2: 111 - 142.

Buiter, W.H. (1981) Time Preference and International Lending and Borrowing in an Overlapping-Generations Model. *Journal of Political Economy* 89: 767 - 797.

Buiter, W.H. (1988) Death, Birth, Productivity Growth and Debt Neutrality. *Economic Journal* 98: 279 - 293.

Buiter, W.H. (1991) *Saving and Endogenous Growth. A Survey of Theory and Policy.* Centre of Economic Policy Research London: Discussion Paper No 606.

Buiter, W.H. und J. Carmichael (1984) Government Debt: Comment. *American Economic Review* 74: 762 - 765.

Burbidge, J.B. (1983a) Government Debt in an Overlapping-Generations Model with Bequests and Gifts. *American Economic Review* 73: 222 - 227.

Burbidge, J.B. (1983b) Social Security and Saving Plans in Overlapping Generations Models. *Journal of Public Economics* 21: 79 - 92.

Burmeister, E. und A.R. Dobell (1970) *Mathematical Theories of Economic Growth.* New York: Macmillan.

Calvo, G.A. und M. Obstfeld (1988) Optimal Time-Consitent Fiscal Policy with Finit Liftimes. *Econometrica* 56: 411 - 432.

Canton, E. und L. Meijdam (1996) *Altruism and the Macroeconomic Effects of Demographic Changes.* CentEr Discussion Paper, Tilburg.

Carlberg, M. (1983) Is Deficit Spending Feasible in the Long Run? *Zeitschrift für Wirtschafts- und Sozialwissenschaften* 103: 409 - 418.

Carlberg, M. (1988) *Public Debt, Taxation and Government Expenditures in a Growing Economy.* Berlin: Dunker & Humblot.

Carlberg, M. (1995) *Sustainability and Optimality of Public Debt.* Heidelberg: Physica Verlag.

Carlberg, M. (1996) *Deutsche Vereinigung, Kapitalbildung und Beschäftigung.* Heidelberg: Physica Verlag.

Carmichael, J. (1979) *The Role of Government Financial Policy in Economic Growth.* Princeton: PhD Dissertation.

Carmichael, J. (1982) On Barro's Theorem of Debt Neutrality: The Irrelevance of Net Wealth. *American Economic Review* 72: 202 - 213.

Carmichael, J. und K. Hawtrey (1981) Social Security, Government Finance, and Savings. *The Economic Record* 57: 332 - 343.

Chiang, A. (1984) *Fundamental Methods of Mathematical Economics.* New York: McGraw-Hill.

Chiang, A. (1992) *Elements of Dynamic Optimization.* New York: McGraw-Hill.

Cutler, D.M., J.M. Poterba, L.M. Sheiner und L.H. Summers (1990) An Aging Society: Opportunity or Challenge? *Brookings Papers on Economic Activity*: 1 - 56.

Deardorff, A.V. (1976) The Optimum Growth Rate for Population: Comment. *International Economic Review* 17: 510 - 515.

Diamond, P.A. (1965) National Debt in a Neoclassical Growth Model. *American Economic Review* 55: 1126 - 1150.

Diamond, P.A. (1977) A Framework for Social Security Analysis. *Journal of Public Economics* 8: 275 - 298.

Dornbusch, R. (1985) Intergenerational and International Trade. *Journal of International Economics* 18: 123 - 139.

Eaton, J. (1989) Foreign Public Capital Flows. In: H. Chenery und T.N. Srinivasan, Hg., *Handbook of Development Economics.* Amsterdam: North-Holland.

Eckstein, Z., M.S. Eichenbaum und D. Peled (1985a) The Distribution of Wealth and Welfare in the Presence of Incomplete Annuity Markets. *Quarterly Journal of Economics* 100: 789 - 806.

Eckstein, Z., M.S. Eichenbaum und D. Peled (1985b) Uncertain Lifetimes and the Welfare Enhancing Properties of Annuity Markets and Social Security. *Journal of Public Economics* 26: 303 - 326.

Felderer, B., Hg. (1986) *Beiträge zur Bevölkerungsökonomie. Schriften des Vereins für Socialpolitik.* Neue Folge Band 153. Berlin: Dunker & Humblot.

Felderer, B., Hg. (1987) *Kapitaldeckungsverfahren versus Umlageverfahren. Schriften des Vereins für Socialpolitik.* Neu Folgen Band 163. Berlin: Dunker & Humblot.

Felderer, B., Hg. (1990) *Bevölkerung und Wirtschaft. Schriften des Vereins für Socialpolitik.* Neu Folgen Band 202. Berlin: Dunker & Humblot.

Felderer, B. (1992) Does a Public Pension System Reduce Savings Rates and Birth Rates. *Journal of Institutional and Theoretical Economics* 148: 314 - 325.

Felderer, B., Hg. (1993) *Public Pension Economics, Journal of Economics Supplementum 7.* Wien: Springer-Verlag.

Feldstein, M.S. (1974) Social Security, Induced Retirement and Aggregate Capital Accumulation. *Journal of Political Economy* 82: 905 - 926.

Feldstein, M.S. (1977) Social Security and Private Savings: International Evidence in an Extended Life-cycle Model. In: M.S. Feldstein und R.P. Inman, Hg., *The Economics of Public Services.* London: Macmillan.

Feldstein, M.S. (1978) *Reply to Barro: The Impact of Social Security on Private Saving - Evidence from U.S. Time Series.* Washington: American Enterprise Institute for Public Policy Research.

Feldstein, M.S. (1985) The Optimal Level of Social Security Benefits. *Quarterly Journal of Economics* 100: 303 - 320.

Feldstein, M.S. (1990) Imperfect Annuity Markets, Unintended Bequests and the Optimal Age Structure of Social Security Benefits. *Journal of Public Economics* 41: 31 - 43.

Feldstein, M.S. (1995) Fiscal Policies, Capital Formation, and Capitalism. *European Economic Review* 39: 399 - 420.

Feldstein, M.S. (1996) Social Security and Saving: New Time Series Evidence. *National Tax Journal* 49: 151 - 164.

Fischer, S. und J.A. Frenkel (1972) Investment, the Two-Sector Model and Trade in Debt and Capital Goods. *Journal of International Economics* 2: 211 - 233.

Fleurbaey, M. und P. Michel (1994) Optimal Growth and Transfers between Generations. *Recherches Economiques de Louvain* 60: 281 - 300.

Frenkel, J.A., A. Razin und E. Sadka (1991) *International Taxation in an Integrated World.* Cambridge: MIT Press.

Gahlen, B., H. Hesse und H.J. Ramser, Hg. (1990) *Theorie und Politik der Sozialversicherung.* Tübingen: J.C.B. Mohr.

Grill, R. (1988) *Der Staat im Modell optimalen Wachstums.* Frankfurt a.M.: Peter Lang.

Großmann, H. (1990) *Auslandsverschuldung, Terms of Trade und überlappende Generationen.* Frankfurt a.M.: Peter Lang.

Hagemann, R.P. und G. Nicoletti (1989) Population Ageing: Economic Effects and some Policy Implications for Financing Public Pensions. *OECD Economic Sudies* 12: 51 - 96.

Hackmann, J. (1990) Freiheit und Sicherheit in Systemen der sozialen Sicherung. In: K. Schmidt, Hg., *Finanzierungsprobleme der sozialen Sicherung. Schriften des Vereins für Socialpolitik.* Neu Folgen Band 194. Berlin: Dunker & Humblot.

Homburg, S. (1988) *Theorie der Alterssicherung.* Berlin: Springer-Verlag.

Homburg, S. (1990) The Efficiency of Unfunded Pension Schemes. *Journal of Institutional and Theoretical Economics* 146: 640 - 647.

Homburg, S. (1992) *Efficient Economic Growth.* Berlin: Springer-Verlag.

Homburg, S. und W.F. Richter (1993) Harmonizing Public Debt and Public Pension Schemes in the European Community. In: B. Felderer, Hg., *Public Pension Economics, Journal of Economics, Suppl. 7.* Wien: Springer-Verlag.

Hurd, M.D. (1987) Savings of the Elderly and Desired Bequests. *American Economic Review* 77: 298 - 312.

Hurd, M.D. (1989) Mortality Risk and Bequests. *Econometrica* 57: 779 - 813.

Hurd, M.D. (1993) The Effect of Changes in Social Security on Bequests. In: B. Felderer, Hg., *Public Pension Economics, Journal of Economics, Suppl. 7.* Wien: Springer-Verlag.

Ihori, T. (1988) Optimal Deficits in a Growing Economy. *Journal of the Japanese and International Economies* 2: 526 - 542.

Ihori, T. (1994) Intergenerational Transfers and Economic Growth with Alternative Bequest Motives. *Journal of the Japanese and International Economies* 8: 329 - 342.

Ihori, T. (1995) *Public Finance in an Overlapping Generations Economy.* Tokyo: Discussion Paper, Faculty of Economics, University of Tokyo.

Jaeger, K. (1986) Konsummaximierung, Bevölkerungswachstum und Sparquote. In: B. Felderer, Hg., *Beiträge zur Bevölkerungsökonomie.* Berlin: Dunker & Humblot.

Jaeger, K. (1987) Optimale Anpassung der Rentenfinanzierung bei abnehmenden Wachstumsraten der Bevölkerung. In: B. Felderer, Hg., *Kapitaldeckungsverfahren versus Umlageverfahren.* Berlin: Dunker & Humblot.

Jaeger, K. (1989) The Serendipity Theorem Reconsidered: The Three-Generations Case without Inheritance. In: K.F. Zimmermann, Hg., *Economic Theory of Optimal Population.* Berlin: Springer-Verlag.

Jaeger, K. (1990) Allokations- und Distributionseffekte schrumpfender Bevölkerungen bei alternativen Alterssicherungssystemen in Modellen überlappender Generationen. In: B. Gahlen, H. Hesse und H.J. Ramser, Hg., *Theorie und Politik der Sozialversicherung.* Tübingen: J.C.B. Mohr.

Kitterer, W. (1988) Der Einfluß der Alterssicherung auf die gesamtwirtschaftliche Kapitalbildung. *Kredit und Kapital* 21: 383 - 405.

Kotlikoff, L.J. (1979) Social Security and Equilibrium Capital Intensity. *Quarterly Journal of Economics* 94: 233 - 253.

Kotlikoff, L.J. (1988) Intergenerational Transfers and Savings. *Journal of Economic Perspectives* 2: 41-58.

Kotlikoff, L.J. (1992) *Generational Accounting.* New York: The Free Press.

Kotlikoff, L.J. (1993) From Deficit Delusion to the Fiscal Balance Rule. Looking for an Economically Meaningful Way to Asses Fiscal Policy. In: B. Felderer (Hg.), *Public Pension Economics, Journal of Economics, Suppl. 7.* Wien: Springer-Verlag.

Kotlikoff, L.J. und L.H. Summers (1981) The Role of Intergenerational Transfers in Aggregate Capital Accumulation. *Journal of Political Economy* 89: 706 - 732.

Krelle, W. (1985) *Theorie des wirtschaftlichen Wachstums.* Berlin: Springer-Verlag.

Lang, G. (1993) *Asset Bubbles, Pay-As-You-Go Systems and Dynamic Efficiency.* Rheinische Friedrich-Wilhelm-Universität Bonn: Discussion Paper A-425.

Lindbeck, A. und J.W. Weibull (1986) Intergenerational Aspects of Public Transfers, Borrowing and Debt. *Scandinavian Journal of Economics* 88: 239 - 267.

Lipton, D., J. Poterba, J. Sachs und L. Summers (1982) Multiple Shooting in Rational Expectations Models. *Econometrica* 50: 1329 - 1333.

Mackenroth, G. (1952) Die Reform der Sozialpolitik durch einen deutschen Sozialplan. In: G. Albrecht, Hg., *Die Berliner Wirtschaft zwischen Ost und West - die Reform der Sozialpolitik durch einen deutschen Sozialplan. Verhandlungen auf der Sondertagung des Vereins für Socialpolitik.* Berlin: Dunker & Humblot.

McCandless, G.T. und N. Wallace (1991) *Introduction to Dynamic Macro-economic Theory, An Overlapping Generations Approach.* Cambridge: Harvard University Press.

Meijdam, L. und H.A.A. Verbon (1995) *Aging and Public Pensions in an Overlapping-Generations Model.* CentEr Discussion Paper, Tilburg.

Meijdam, L. und H.A.A. Verbon (1996) Aging and Political Decision Making on Public Pensions. *Population Economics* 9: 141 - 158.

Michaelis, J. (1989) *Optimale Finanzpolitik im Modell überlappender Generationen.* Frankfurt a.M.: Peter Lang.

Modigliani, F. (1988) The Role of Intergenerational Transfers and Life Cycle Saving in the Accumulation of Wealth. *Journal of Economic Perspectives* 2: 15- 40.

Mulligan, C.B. und X. Sala-i-Martin (1991) *A Note on the Time-Elimination Method for Solving Recursive Dynamic Models.* Cambridge: NBER Working Paper 116.

Neumann, M. (1985) Long Swings in Economic Development, Social Time Preference and Institutional Change. *Journal of Institutional and Theoretical Economics* 141: 21 - 35.

Neumann, M. (1986) *Möglichkeiten zur Entlastung der gesetzlichen Rentenversicherung durch kapitalbildende Vorsorgemaßnahmen.* Tübingen: J.C.B. Mohr.

Neumann, M. (1987) Entlastung der Gesetzlichen Alterssicherung durch kapitalbildende Maßnahmen. In: B. Felderer, Hg., *Kapitaldeckungsverfahren versus Umlageverfahren.* Berlin: Dunker & Humblot.

Neumann, M. (1992) *Zukunftsperspektiven im Wandel.* Tübingen: J.C.B. Mohr.

Neusser, K. (1993) Savings, Social Security and Bequests in an OLG Model. A Simulation Exercise for Austria. In: B. Felderer, Hg., *Public Pension Economics, Journal of Economics, Suppl. 7.* Wien: Springer-Verlag.

Nishimura, K. und J. Zhang (1995) Sustainable Plans of Social Security with Endogenous Fertility. *Oxford Economic Papers* 47: 182 - 194.

Okuno, M. (1983) The Burden of Debt and Intergenerational Distribution. *Keizai Kenkyu* 34: 203 - 215.

Perelman, S. und P. Pestieau (1994) *The Effect of Bequest Motives on the Level and Composition of Wealth in Belgium.* Economics Departement, Liège.

Persson, T. (1985) Deficits and Intergenerational Welfare in Open Economies. *Journal of International Economics* 19: 67 - 84.

Peters, W. (1991) Public Pensions in Transition. *Journal of Population Economics* 4: 155 - 175.

Phelps, E.S. (1961) The Golden Rule of Accumulation: A Fable of Growthmen. *American Economic Review* 51: 628 - 643.

Phelps, E.S. (1967) *Golden Rules of Economic Growth.* Amsterdam: North-Holland.

Raffelhüschen, B. (1988) Alterssicherung und Staatsverschuldung. *Finanzarchiv* 47: 60 - 76.

Raffelhüschen, B. (1989) *Anreizwirkungen des Systems der sozialen Alterssicherung.* Frankfurt a.M: Peter Lang.

Raffelhüschen, B. (1993) Funding Social Security Through Pareto-optimal Conversion Policies. In: B. Felderer, Hg., *Public Pension Economics, Journal of Economics, Suppl. 7.* Wien: Springer-Verlag.

Raffelhüschen, B. und A. Erling Risa (1995) *Generational Accounting and Intergenerational Welfare.* Economics Departement, Bergen.

Raffelhüschen, B. und A. Erling Risa (1996) Reforming Social Security in a Small Open Economy. *European Journal of Political Economy* 11: 469 - 485.

Raffelhüschen, B. und W. Kitterer (1990) Übergangsprobleme eines Systemwechsels in der sozialen Alterssicherung - Eine dynamische Simulationsanalyse. In: B. Felderer, Hg., *Bevölkerung und Wirtschaft. Schriften des Vereins für Socialpolitik.* Neu Folgen Band 202. Berlin: Dunker & Humblot.

Ramsey, F.P. (1928) A Mathematical Theory of Saving. *Economic Journal* 38: 543 - 559.

Richter, W.F. (1993) Intergenerational Risk Sharing and Social Security in an Economy with Land. In: B. Felderer, Hg., *Public Pension Economics, Journal of Economics, Suppl. 7.* Wien: Springer-Verlag.

Samuelson, P.A. (1958) An Exact Consumption-Loan Model of Interest with or without the Social Contrivance of Money. *Journal of the Political Economy* 66: 467 - 482.

Samuelson, P.A. (1975a) Optimal Social Security in a Life-Cycle Growth Model. *International Economic Review* 16: 539 - 544.

Samuelson, P.A. (1975b) The Optimum Growth Rate for Population. *International Economic Review* 16: 531 - 538.

Samuelson, P.A. (1976) The Optimum Growth Rate for Population: Agreement and Evaluations. *International Economic Review* 17: 516 - 525.

Sargent, T.J. (1987) *Dynamic Macroeconomic Theory.* Cambridge Massachusetts: Harvard University Press.

Schmähl, W. (1990) Demographic Change and Social Security. *Journal of Population Economics* 3: 159 - 177.

Schmid, M. (1988) Fiscal Strategies, Foreign Indebtness, and Overlapping Generations. *Empirica* 15: 95 - 115.

Schmid, M. (1990) On Fiscal PONZI Games in a World with Overlapping Generations. In: F. Gehrels, H. Herberg, H. Schneider und J.-J. Vosgerau, Hg., *Real Adjustment Processes under Floating Exchange Rates.* Berlin: Springer-Verlag.

Schmidt, C. und T. Straubhaar (1996) *Bevölkerungsentwicklung und Wirtschaftswachstum. Eine Simulationsanalyse für die Schweiz.* Economics Department, Hamburg.

Schmitt-Rink, G. (1989) Is There an Optimal Growth Rate of Population? In: K.F. Zimmermann, Hg., *Economic Theory of Optimal Population.* Berlin: Springer-Verlag.

Schulenburg, J.-M. Graf v.d., Hg. (1986) *Essays in Social Security Economics.* Berlin: Springer-Verlag.

Seidman, L.S. (1983) Social Security and Demographics in an Life Cycle Growth Model. *National Tax Journal* 36: 213 - 224.

Seidman, L.S. (1986) A Phase-Down of Social Security: The Transition in a Life Cycle Growth Model. *National Tax Journal* 39: 97 - 107.

Sheshinski, E. und Y. Weiss (1981) Uncertainty and Optimal Social Security Systems. *Quarterly Journal of Economics* 96: 189 - 206.

Siebert, H. (1988) Foreign Debt and Capital Accumulation. *Weltwirtschaftliches Archiv* 124: 618 - 630.

Steinmann, G., Hg. (1984) *Economic Consequences of Population Change in Industrialized Countries.* Berlin: Springer-Verlag.

Stokey, N.L. und R.E. Lucas Jr. (1989) *Recursive Methods in Economic Dynamics.* Cambridge: Harvard University Press.

Stoer, J. und R. Bulirsch (1978) *Einführung in die Numerische Mathematik.* Berlin: Springer-Verlag.

Taylor, J.B. (1983) New Econometric Approches to Stabilization Policy in Stochastic Models of Macroeconomic Fluctuation. In: Z. Griliches und M. D. Intriligator, Hg., *Handbook of Econometrics.* Amsterdam: North-Holland.

Tobin, J. (1980) *Asset Accumulatin and Economic Activity.* Oxford: Basil Blackwell.

Uzawa, H. (1968) Time Preference, the Consumption Function, and Optimum Asset Holdings. In: J. N. Wolfe, Hg., *Value, Capital and Growth.* Chicago: Aldine.

Van den Noord, P. und R. Herd (1994) Estimating Pension Liabilities: A Methodological Framework. *OECD Economic Sudies* 23: 131 - 158.

Verbon, H.A.A. (1989) Coversion Policies for Public Pension Plans in a Small Open Economy. In: B. A. Gustafsson und N. A. Klevmarken, Hg., *The Political Economy of Social Security.* Amsterdam: North-Holland.

Verbon, H.A.A. (1990a) Decision-Making on Old-age Transfers. In: F. Van Der Plog, Hg., *Advanced Lectures in Quantitative Economics.* London: Acadamic Press.

Verbon, H.A.A. (1990b) Transfers to the Old, Government Debt and Demographic Change. *Journal of Population Economics* 3: 89 - 104.

Vosgerau, H.-J. (1965) *Über optimales wirtschaftliches Wachstum.* Basel: Kyklos-Verlag.

Weil, P. (1985) *Essays on the Valuation of Unbacked Assets.* Harvard: Ph. D Thesis.

Weil, P. (1987) Love Thy Children, Reflections on the Barro Debt Neutrality Theorem. *Journal of Monetary Economics* 19: 377 - 391.

Weizsäcker, R.K. von (1993) *Bevölkerungsentwicklung, Rentenfinanzierung und Einkommensverteilung.* Berlin: Springer-Verlag.

Wolfram, S. (1991) Mathematica 2.2. Reading: Addison-Wesley.

Wellisch, D. (1991) *Intertemporale und Internationale Aspekte staatlicher Budgetdefizite.* Tübingen: J.C.B. Mohr.

Wyplosz, C. (1991) On the Real Exchange Rate Effects of German Unification. *Weltwirtschaftliches Archiv* 127: 1 - 17.

Yaari, M.E. (1965) Uncertain Lifetime, Life Insurance, and the Theory of the Consumer. *Review of Economic Studies* 32: 137 - 150.

Zimmermann, K.F., Hg. (1989) *Economic Theory of Optimal Population.* Berlin: Springer-Verlag.

Wirtschaftswissenschaftliche Beiträge

Band 136: Th. Christiaans, Learning by Doing in offenen Volkswirtschaften, 1997, ISBN 3-7908-0990-X

Band 137: A. Wagener, Internationaler Steuerwettbewerb mit Kapitalsteuern, 1997, ISBN 3-7908-0993-4

Band 138: P. Zweifel et al., Elektrizitätstarife und Stromverbrauch im Haushalt, 1997, ISBN 3-7908-0994-2

Band 139: M. Wildi, Schätzung, Diagnose und Prognose nicht-linearer SETAR-Modelle, 1997, ISBN 3-7908-1006-1

Band 140: M. Braun, Bid-Ask-Spreads von Aktienoptionen, 1997, ISBN 3-7908-1008-8

Band 141: M. Snelting, Übergangsgerechtigkeit beim Abbau von Steuervergünstigungen und Subventionen, 1997, ISBN 3-7908-1013-4

Band 142: Ph. C. Rother, Geldnachfragetheoretische Implikationen der Europäischen Währungsunion, 1997, ISBN 3-7908-1014-2

Band 143: E. Steurer, Ökonometrische Methoden und maschinelle Lernverfahren zur Wechselkursprognose, 1997, ISBN 3-7908-1016-9

Band 144: A. Groebel, Strukturelle Entwicklungsmuster in Markt- und Planwirtschaften, 1997, ISBN 3-7908-1017-7

Band 145: Th. Trauth, Ein Beitrag zur Theorie des endogenen Wachstums in interdependenten Volkswirtschaften, 1997, ISBN 3-7908-1019-3

Band 146: E. Lübke, Ersparnis und wirtschaftliche Entwicklung bei alternder Bevölkerung, 1997, ISBN 3-7908-1022-3

Band 147: F. Deser, Chaos und Ordnung im Unternehmen, 1997, ISBN 3-7908-1023-1

Band 148: J. Henkel, Standorte, Nachfrageexternalitäten und Preisankündigungen, 1997, ISBN 3-7908-1029-0

Band 149: R. Fenge, Effizienz der Alterssicherung, 1997, ISBN 3-7908-1036-3

Band 150: C. Graack, Telekommunikationswirtschaft in der Europäischen Union, 1997, ISBN 3-7908-1037-1

Band 151: C. Muth, Währungsdesintegration – Das Ende von Währungsunionen, 1997, ISBN 3-7908-1039-8

Band 152: H. Schmidt, Konvergenz wachsender Volkswirtschaften, 1997, ISBN 3-7908-1055-X

Band 153: R. Meyer, Hierarchische Produktionsplanung für die marktorientierte Serienfertigung, 1997, ISBN 3-7908-1058-4

Band 154: K. Wesche, Die Geldnachfrage in Europa, 1998, ISBN 3-7908-1059-2

Band 155: V. Meier, Theorie der Pflegeversicherung, 1998, ISBN 3-7908-1065-7

Band 156: J. Volkert, Existenzsicherung in der marktwirtschaftlichen Demokratie, 1998, ISBN 3-7908-1060-6

Band 157: Ch. Rieck, Märkte, Preise und Koordinationsspiele, 1998, ISBN 3-7908-1066-5

Band 158: Th. Bauer, Arbeitsmarkteffekte der Migration und Einwanderungspolitik, 1998, ISBN 3-7908-1071-1

Band 159: D. Klapper, Die Analyse von Wettbewerbsbeziehungen mit Scannerdaten, 1998, ISBN 3-7908-1072-X

<u>GPSR Compliance</u>

The European Union's (EU) General Product Safety Regulation (GPSR) is a set of rules that requires consumer products to be safe and our obligations to ensure this.

If you have any concerns about our products, you can contact us on ProductSafety@springernature.com

In case Publisher is established outside the EU, the EU authorized representative is:

Springer Nature Customer Service Center GmbH
Europaplatz 3
69115 Heidelberg, Germany

Batch number: 10815974

Printed by Printforce, the Netherlands